Erste Auflage 1996
© Insel Verlag Frankfurt am Main
und Leipzig 1996
Alle Rechte vorbehalten
Bildrechte am Schluß des Bandes
Druck: Wagner GmbH, Nördlingen
Printed in Germany

FRIEDRICH DIECKMANN

Franz Schubert

Eine Annäherung

Insel Verlag

INHALTSVERZEICHNIS

Erstes Hauptstück
Wo des Komponisten Land beschrieben wird

Einreise (9) / Absolutismus (19) / Vorhof (30) / Weinland (38) / Die Hauptstadt (43) / Der Kaiser (49) / Die große Maschine (56) / Macht der Kunst (66)

Zweites Hauptstück
Wo des Komponisten Erscheinung und seine Bildnisse beschrieben werden

Höldrichsmühle (76) / Dreiguldenblatt (78) / Neues Medium (82) / Ein Regentag im Mai (85) / Personenbeschreibung (89) / Bildverwandlungen (98) / Zwei Klaviere und eine Lustpartie (102) / Zeislwagen (107) / Charade (111) / Freundesschar (119) / Joseph Teltscher und ein Unbekannter (130) / Schwinds Erinnerungen (137)

Drittes Hauptstück
Wo vom Genie die Rede ist und der Komponist einige Lieder komponiert

Ein Begriff wird geboren (147) / Den Seinen gibt's der Herr im Schlaf (155) / Umgang mit einem Text (163) / Opusbildung (172) / Tongestalten Mignons (182)

Viertes Hauptstück
Wo der Komponist ein Gedicht zu Ende dichtet und sich wohlmeinender Ratschläge erwehrt

Auskultation des „Wanderers" (196) / Maß seiner selbst (209) / Basso ostinato (220)

Fünftes Hauptstück
Wo ein Traum und eine Oper in Sicht kommen und
der Komponist mehrere Gedichte verfaßt

Rhythmen der Erleuchtung (231) / Ein Traum (240) / Krisis (248) / Stimuli (256)

Sechstes Hauptstück
Wo von der Größe und vom Dämonischen die Rede
ist, von einer nächtlichen Ansprache
und zwei so gut wie unbekannten Frauen

Dauer der Werke (273) / Nächtliche Ansprache (282) / Mädchenbildnis zu Häupten (289) / Vom Dämonischen (301) / Geniologie (307) / Weltabschiedswerk (314)

Anhang

Daten zu Schuberts Leben und Werk (323)
Abbildungsverzeichnis (359)
Register (371)

Franz Schubert
Eine Annäherung

ERSTES HAUPTSTÜCK

Wo des Komponisten Land beschrieben wird

Einreise

Über das Dasein dieses Landes, dieses Zeitalters haben wir Abtrünnige und Überlebende zu befragen; den Mitlebenden, Einwohnenden blieb der Mund von Staats wegen verschlossen. In Frage steht das franziszeische Zeitalter, so benannt nach seiner monarchischen Hauptfigur, wie man von dem friderizianischen oder dem josephinischen Zeitalter spricht. An Gaben des Geistes und des Charakters, an Tatkraft und Talent ist Franz II., der sich im Lauf seiner Regierungszeit in Franz I. verwandelte, weder mit dem einen noch mit dem andern zu vergleichen. Aber braucht es Genie, um einer Epoche seinen Stempel aufzudrücken? Bedarf es dazu nicht bloß der Macht und eines Umgangs mit ihr, der die Beschränktheit der eigenen Individualität ohne Zögern zum Maßstab des Ganzen macht? Und der Dauer, die dies über Jahrzehnte hin festhält? Die Fähigkeit, einen vorhandenen Machtapparat auf die eigene Person auszurichten, ist kaum eine Gabe besonderen Ranges; es bedarf dazu nur einer Art von Unempfindlichkeit und Hartnäckigkeit. Heine hat mit dem Schicksal gehadert, das es einem Mann von der Statur Wellingtons vorbehielt, Napoleon zu fällen; er nannte es den Sieg der Dummheit über das Genie. Er hätte lieber von dem Sieg der Mittelmäßigkeit sprechen sollen. Über Franz II., der im Jahre 1806 angesichts der Napoleonischen Eroberungen die Kaiserwürde des Heiligen Römischen Reiches aufgab und sich schon zwei Jahre vorher zu einem neuen Kaiser, demjenigen Österreichs, gemacht hatte, hat Heine sich, aus naheliegenden Gründen, kaum je geäußert. Er hätte an ihm das eindrucksvollere Beispiel gefunden: wie ein Mann durch Hochmut und Furcht,

Selbstzufriedenheit und Tücke seines Zeitalters dauerhafter Herr wird als der Mann, der der Mit- und Nachwelt, wie immer sonst sie über ihn dachte, als die Verkörperung geschichtlicher Größe erschien.

Heine hat sich nur spärlich über diesen Herrscher geäußert; nicht allein die Sorge um sein publizistisches Wirken, auch Rücksicht auf seinen als Offizier in Habsburgischen Diensten stehenden Bruder mag ihn dabei bestimmt haben. Die einzige Äußerung, die er vor seiner Emigration nach Paris über ihn hat drucken lassen, ist von einer schwindelerregenden Subtilität in der Kunst, Unnennbares namhaft zu machen. Sie steht im dritten Teil der »Reisebilder«, gelegentlich einer Beschreibung der Innsbrucker Hofkirche; ein englisches Ehepaar, den Reiseführer in der Hand, betrachtet dort die bronzenen Fürstenstandbilder, geht aber in der falschen Richtung, so daß es die Frauenfiguren als solche von Männern, die männlichen aber als weibliche entziffert. Das ist ein ganz alberner Einfall, und erst am Ende merkt der Leser den Zielpunkt: »Ich, der ich gerne mit meinem Wissen nachhelfe«, erklärt der Autor, als er die beiden Engländer ratlos vor einer Darstellung Rudolf von Habsburgs in Weibskleidern stehen sieht, »bemerkte beiläufig: dergleichen habe wahrscheinlich das damalige Kostüm erfordert, auch könne es besonderer Wille der hohen Personen gewesen sein, so, und bei Leibe nicht anders, gegossen zu werden. So könne es ja dem jetzigen Kaiser einfallen, sich in einem Reifrock oder gar in Windeln gießen zu lassen; – wer würde was dagegen einwenden?«

Man kann sich die Erheiterung der Leser des Stuttgarter »Morgenblatts« bei dieser Stelle ausmalen und ebenso die Ratlosigkeit des Zensors. Er ließ sie passieren und auch eine andere, in der der Autor die 1815 um ihre Autonomie betrogenen Tiroler von den kaiserlichen Versprechungen sagen läßt: »Es war vielleicht so ernst nicht gemeint, und der Kaiser hat viel zu denken, und da geht ihm manches durch den Kopf.« Beide Stellen sind Seiltänze auf jener behördlich gesteckten Grenze, die das Sagbare von jenem Unsagbaren scheidet, das zugleich das Unsägliche ist; sie mögen Autor und Lesern als ein Sieg des Gei-

stes über jene stumpfe und dumpfe Macht erschienen sein, von der Bauernfeld, Heines Wiener Zeit- und Geistesgenosse, später schrieb:
> Uns Dichter, stumme Fische,
> Gesetzlose Kreatur –
> Uns schuppte damals lebendig
> Die alte Köchin, Censur.

Lesen wir die Sätze heute, so erscheint uns ihre Virtuosität eher als ein Indiz für die Ohnmacht statt für die Macht des Geistes; der sich behend unter den Schranken hindurchwindende wirkt mehr gelenkig als kraftvoll. Andere Töne schlägt Heine vier Jahre später aus Paris an, in der Vorrede zu seiner Artikelsammlung über »Französische Zustände«. Hier packt er den Stier bei den Hörnern, indem er ihn zugleich mit Blütenzweigen umwindet – es ist eine merkwürdige Stelle. »In der Tat«, ruft der durch Metternichs Intervention in der »Augsburger Allgemeinen Zeitung« zum Verstummen Gebrachte, »wir können gegen Österreich kämpfen, und todeskühn kämpfen, mit dem Schwert in der Hand; aber wir fühlen in tiefster Brust, daß wir nicht berechtigt sind, mit Scheltworten diese Macht zu schmähen. Österreich war immer ein offener, ehrlicher Feind, der nie seinen Ankampf gegen den Liberalismus geleugnet oder auf eine kurze Zeit eingestellt hätte. Metternich hat nie mit der Göttin der Freiheit geliebäugelt, ... – man wußte immer, wie man mit ihm dran war, man wußte, daß man sich vor ihm zu hüten hatte, und man hütete sich vor ihm. Er war immer ein sicherer Mann, der uns weder durch gnädige Blicke täuschte noch durch Privatmalicen empörte. Man wußte, daß er weder aus Liebe noch aus kleinlichem Hasse, sondern großartig im Geiste eines Systems handelte, welchem Österreich seit drei Jahrhunderten treu geblieben. Es ist dasselbe System, für welches Österreich gegen die Reformation gestritten; es ist dasselbe System, wofür es mit der Revolution in den Kampf getreten. ... Kaiser Franz hat für die Erhaltung dieses Systems den teuersten Gefühlen entsagt und unsägliches Herzleid erduldet, eben jetzt trägt er Trauer um den geliebten blühenden

Enkel*, den er jenem Systeme geopfert, dieser neue Kummer hat tief gebeugt das greise Haupt, welches einst die deutsche Kaiserkrone getragen – dieser arme Kaiser ist noch immer der wahre Repräsentant des unglücklichen Deutschlands!«

Eine Verbeugung vor Metternich, ein Piedestal für dessen Oberherrn – persönliche Rücksichten sind hier im Spiel, aber auch die räumliche Distanz: Österreich lag Heine ferner als Preußen. Kunstlos und ungeschmeidig, von Rücksichten frei und aus der Nähe der Erfahrung dringt eine andere Stimme aus dieser Zeit, von einem Mann, der Österreich kennengelernt und der es hinter sich gelassen hatte. Als Namenloser äußert er sich über sein Heimatland: Karl Postl aus Poppitz in Mähren, der sich später Charles Sealsfield nannte. Er kannte das Land, seine Klassenstruktur, seine Regierungspraxis, er hatte das alles gründlich studiert: als Gymnasiast in Znaim, als Student in Prag, als Novize des dortigen Kreuzherrenordens und schließlich sieben Jahre lang als Sekretär des Ordensgenerals. Er geriet in Prag in den Bannkreis der josephinischen Spätaufklärung, die auch die Theologie erfaßt hatte und am eindrucksvollsten durch den Professor Bolzano vertreten wurde, einen Theologen, der zugleich ein genialer Mathematiker war. Die Verketzerung dieses als Prediger, Schriftsteller und Universitätslehrer wirkenden Mannes durch Kaiser und Klerus war ein Schlüsselerlebnis für Postl; sie führte Ende 1819, unmittelbar nach den Karlsbader Beschlüssen, zu Bolzanos Amtsenthebung, der sich ein jahrelanger Prozeß anschloß. »Dieser akademische Lehrer«, beschreibt der einstige Schüler Bolzanos Ausschaltung, wurde »nach Konfiskation seiner Schriften wegen Irrlehre angeklagt und vor ein geistliches Gericht unter dem Vorsitz des Fürsterzbischofs gestellt. ›Verschonen Sie mich‹, sagte der Kaiser, als eine Fürstin sich in der gleichen Sache verwendete, ›der hat überspannte Ideen.‹« Schwer zu sagen, was den Oberherrn und seine geistlichen Schergen mehr beunruhigt haben mag, Bolzanos theologische Rationalität oder die Tatsache, daß dieser es

---

* Napoleons und Marie Louises Sohn Napoléon (1811-1832), den Herzog von Reichstadt.

vermocht hatte, dem Begriff des mathematisch Unendlichen eine strenge Bestimmung zu geben.

Als Sekretär des Ordensgroßmeisters hatte Postl Zugang zu Kreisen der böhmischen Aristokratie, die in entschiedener Opposition zu dem kaiserlichen Zentralismus stand. So fehlte es ihm, als er sich, des Ordenslebens überdrüssig, nach einem Übergang ins bürgerliche Leben umsah, nicht an Gönnern; mit gewichtigen Empfehlungen langte er im Frühjahr des Jahres 1823 in Wien an, um sich nach einer Stelle umzutun. Postl hat diese Stelle nie angetreten; statt dessen findet man ihn im Herbst dieses Jahres in New Orleans wieder. Er hatte die alte Welt von sich getan und war aufgebrochen, eine neue zu erkunden, über die er in der Folge in vielerlei Formen nach Europa berichtete, als Korrespondent derselben Zeitung, in der Heine über französische Zustände schrieb, als Verfasser geographischer Monographien, als Erzähler.

»War es Seelennot, war es Gewissensangst, die den Flüchtling aus der Heimat trieben? Oder war es der magische Ruf der Ferne, dem er gehorchte, das Gefühl einer Berufung, die sich innerhalb der hergebrachten Gewohnheiten seines bisherigen Lebens nie erfüllen würde?« So fragt der Nachwortverfasser einer Ausgabe des Sealsfieldschen »Kajütenbuches«, Leipzig 1962, und er weiß auch die Antwort: »Aus der ewigen Unruhe des menschlichen Herzens ... bereitet sich des Schicksals unwiderruflicher Beschluß.« Die Wirklichkeit sah konkreter aus. Postls Empfehlungen waren so gewichtig, daß er, wie Victor Klarwill, sein späterer Übersetzer, berichtet, Audienz bei dem Chef der kaiserlichen Hofkanzlei, Franz Joseph Grafen Saurau, erhielt, um sich für eine Anstellung bei der Studienhofkommission zu bewerben. Saurau war eine der finstersten und dauerhaftesten Figuren des Regimes; er hatte sich seine Sporen 1794 bei der Aushebung einiger frankreichfreundlicher Beamten und Offiziere verdient, die er unter der Anklage einer Jakobinerverschwörung vernichtete. Ein Jahr nach der Hinrichtung Ludwigs XIV., im zweiten Jahr des Krieges gegen die Revolutionstruppen, sollte an der josephinisch geprägten Beamtenschaft der Hauptstadt ein Exempel statuiert werden; es verfehlte nicht seine Wirkung. Diesem Mann, der für die Innenpolitik des Reiches verantwortlich war wie Metternich für dessen Außenpolitik, stand der dreißigjährige Postl gegenüber; was mag der Graf dem ihm aus Böhmen ans Herz gelegten Pater angetragen haben? Vermutlich hatte er ein Dossier über ihn auf dem Tisch; wollte er den bei seinen Gegnern wohlgelittenen Mann für seine eigenen Zwecke einspannen und winkte für den Fall der Ablehnung mit dem Inhalt seines Dossiers? Man geht kaum fehl in der Annahme, daß die Begegnung mit Saurau, dem Mann mit dem sprechenden Namen, für Postls Entweichen aus Österreich von ausschlaggebender Bedeutung war. Auf Gebirgspfaden schlug er sich über die Westgrenze nach der Schweiz durch.

Wie drückt es der Insel-Schöngeist von 1962 aus? Postl, konstatiert Fritz Adolf Hünich, sei nicht der einzige gewesen, der »Unzufriedenheit mit den Formen, unter denen der österreichische Staat die bestehende Ordnung aufrechtzuerhalten bemüht war«, bekundet habe. Jedoch: »Wenn es nach Metternichs eigenen Worten ein eitles Unternehmen wäre, den ungestümen Gang der in Stürmen vorwärtsschreitenden Zeit gewaltsam aufhalten zu wollen, und seine verheerenden Wirkungen nur durch Festigkeit, Mäßigung und Weisheit, durch vereinte und in der Vereinigung wohlberechnete Kraft zu mildern seien, so mußte jeder Gegnerschaft mit der ganzen Autorität des Staates schon im Entstehen der Mund geschlossen werden.«

Der Satz hätte hundertvierzig Jahre zuvor in des Herrn v. Pilat »Österreichischem Beobachter« stehen können. »Dieser auf beiden Seiten mit Erbitterung geführte Kampf kannte keine Gnade«, fährt der Nachwort-Anwalt der historischen Gerechtigkeit fort, und wirklich: Bernard Bolzano, mit dreihundert Gulden Jahrespension aus seiner akademischen Existenz gestoßen, fuhr, von einer befreundeten Prager Familie beherbergt, gnadenlos fort, wissenschaftliche Bücher zu schreiben, die entweder gar nicht oder außerhalb des Landes anonym erschienen. Vincenz Weintridt aber, sein Wiener Gesinnungsgenosse, auch er Professor der Theologie, 1820 amtsenthoben und einige Jahre später als Landpfarrer an die mährische Grenze versetzt, sagte und schrieb gnadenlos gar nichts mehr, außer dem, was in den

Kopf seiner wackeren Weinbauern ging. Zu den Schülern, die er in Wien zurücklassen mußte, gehörten ein junger Maler und ein junger Schriftsteller, Moritz v. Schwind und Eduard v. Bauernfeld.

1827, vier Jahre nach seiner Flucht vor Saurau, schrieb sich Postl das Österreich Franz' I. von der Seele, und er drückte sich nicht elegant dabei aus. Er wußte: er schrieb für alle die mit, denen der Mund verschlossen blieb, da sie der Heimat nicht entraten konnten und wollten. Drei Jahre lang war er durch den amerikanischen Westen gereist, der wirklich noch ein wilder war; er war als Charles Sealsfield amerikanischer Staatsbürger geworden und hatte in einem zweibändigen Werk »die Vereinigten Staaten von Nordamerika nach ihrem politischen, religiösen und gesellschaftlichen Verhältnisse betrachtet«. Aber die Heimat muß als eine Wunde in seiner Seele gebrannt haben, denn nach Vollendung der beiden Bände holte er zu einem publizistischen Schlag aus, von dem der Doppeladler sich zeitlebens nicht recht erholte; erst nach dem Untergang der Monarchie konnte die Schrift in Österreich erscheinen. »Austria as it is«, *Österreich, wie es ist*, hieß das Büchlein, das 1828 in London und im gleichen Jahr in Paris erschien; als »Seufzer aus Österreich und seinen Provinzen« ging es sechs Jahre später aus den Händen eines Leipziger Bearbeiters hervor. Die Geheimpolizei des Grafen Saurau machte so gründlich Jagd auf das Buch, daß es zu einer bibliophilen Rarität ersten Ranges wurde. Das polizeiliche Handexemplar ist das einzige in österreichischen Bibliotheken zugängliche Exemplar der Londoner Ausgabe; Victor Klarwill hat es 1919 auf deutsch herausgegeben.

Sealsfields Buch ermangelt jener epischen Verve, die ihn zu einem der bedeutendsten deutschen Erzähler seiner Zeit machte, und auch von Heines Feuilleton-Brillanz ist nichts darin zu finden; dies ist, in der Tarnform einer Reisebeschreibung, die von Paris über Deutschland nach Böhmen und von dort nach Wien führt, ein völlig unliterarisches Buch. In einem kurzen Vorwort gibt der Autor, der sich als reisender Engländer geriert, die politische Losung der konstitutionellen Monarchie aus; keiner hege größere Achtung als er »vor den gebührenden

Rechten der Fürsten, solange sie diese innerhalb gerechter Schranken ausüben«. »Wenn eine begrenzte Alleinherrschaft die Macht der Gesetzgebung, der Rechtspflege und der Verwaltung auseinanderzuhalten versteht, so ist sie befähigt, das Glück der von ihr Regierten zu sichern.« Der Despotismus aber sei empörend, und der österreichische zumal: »Ein so vollendeter und raffinierter Absolutismus wie der österreichische hat vielleicht noch niemals in einem zivilisierten Land bestanden.«

Heine mochte vom sichern Pariser Port aus Metternich als einen ehrlichen Feind loben und den Kaiser zu einem gebrochenen Reichs-Großvater stilisieren – im Lande selbst sah es anders aus. Auch von den »anderen Ländern, auf welchen der Einfluß der Heiligen Allianz lastet«, weiß der Reisende nichts Gutes zu berichten. »Wird Deutschland, das Vaterland der Herder, Fichte, Schiller und Goethe«, fragt er nur allzu rhetorisch, »nicht endlich den Weg zu seiner Freiheit finden?« Die Aussichten sind gering. »Deutschland ist in kleine Länder zerrissen, die einander voll Eifersucht und Vorurteilen gegenüberstehen. Seine Fürsten ... sind willige Werkzeuge Österreichs und Preußens ... Durch die gemeinsamen Anstrengungen ... dieser ›Fürsten des Reiches der Finsternis‹ ist Deutschland verurteilt, seine Bewohner langsam in Sklaverei und russische Knechtschaft versinken zu sehen.«

Der Reisende sieht diese Fürsten einen »unablässigen Krieg mit ihren Untertanen« führen und sich dazu »aller möglichen Steuern, Durchfahrtzölle und Einfuhrverbote« bedienen: »Dadurch richten sie ihr Volk nicht plötzlich, aber stückweise zugrunde.« Überall, und besonders auf dem Lande, herrscht drückende Armut, und andere Auswüchse der restaurierten Fürstenmacht kommen hinzu. Von symbolischen Ausmaßen sind die des Kurfürsten von Hessen-Kassel: der verordnete seinen wieder in Besitz genommenen Soldaten einen Zopf wie zur Zeit des Ancien régime, und da die Haare so schnell nicht wuchsen, ließ er ihnen künstliche Zöpfe an die Uniformkragen nähen. Es fehlte nicht, daß die Studenten des naheliegenden Göttingen sich alsbald ebensolche Schwänzchen an die Kragen nähten; die Rolle, die die Haartracht in dem Verhältnis von Volk und Staatsmacht seit alters und bis in neueste Zeiten spielt, wäre einer umfassenden Untersuchung wert. Die eigentliche Pointe der Geschichte aber ist die, daß in der Armee des Kurfürsten einige alte Soldaten dienten, die ihrem Herrn in die Verbannung gefolgt waren und ihren Zopf solcherart bewahrt hatten. Diese Getreuen waren nicht ausgenommen von der Zopfersatzverordnung; sie hatten zu ihrem eigenen, über ein ganzes Zeitalter geretteten noch den künstlichen Zopf der neuen Zeit zu tragen.

So sah es aus in den Ländern des Deutschen Bundes, dessen in Frankfurt tagenden Botschaftern im wesentlichen eine Funktion zustand, die Überwachung der Druckerzeugnisse. Alljährlich trieb die nackte Not Tausende zur Auswanderung nach Übersee. Nicht auszudenken, wenn alles anders würde: »Die Deutschen sind ein edles, hochgebildetes, bescheidenes Volk von einfachen Sitten. Was könnte aus ihnen werden, wenn man ihnen einige Freiheit gewährte?« Dieser Reisende hat einen Hang zu rhetorischen Fragen.

Einzig auf das vom Krieg ausgesogene, vom Frieden halbierte Sachsen fällt ein milderes Licht; überall erblicke man hier »die erfreulichen Spuren einer weisen Regierung«. Der sächsische König Friedrich August I. hatte bis in die Niederlage von Leipzig hinein, die nicht zuletzt durch das formationsweise Überlaufen sächsischer Truppen entschieden worden war, an Napoleons Seite ausgeharrt; sein Land war daraufhin von den Siegern um mehr als die Hälfte verkleinert worden. Das hatte die Anhänglichkeit des Volkes an seinen König nicht vermindert, und inmitten der Heiligen Allianz blieb das napoleonfromme Sachsen etwas wie eine liberale Insel. Der Besucher hält es den Einwohnern zugute: »Die Bewohner Dresdens, und die Sachsen überhaupt«, schreibt er, »zeichnen sich durch gutes Benehmen, Geschmack und große Mäßigkeit aus.« Letztere dünkte ihn freilich fast übermäßig: »Das Mittagessen in den ersten Gasthöfen der Hauptstadt besteht aus einem Stückchen Geflügel und zwei dünnen Butterbroten.«

Sealsfield stattet das sorgfältig getarnte Ich seiner Erzählung mit einem hochmögenden Begleiter aus, der den Reisenden unter seinen Schutz nimmt, offenbar einer Metamorphose des Kreuzherrengenerals, mit dem er einst von Prag aus die deutschen Lande bereist hatte. In Pirna kommen die Reisenden auf eine Straße, die durch das Tal der Gottleuba nach Peterswalde, dem heutigen Petrovice, führt; sie denken daran, wie auf diesem Gebirgspaß zehn Jahre zuvor die Truppen des preußischen Generals von Kleist die Franzosen unter dem verhaßten Vandamme in die Zange genommen haben – zwei Tage nach Napoleons Sieg bei Dresden, der sein letzter auf deutschem Boden gewesen war. »Das Gespräch mit meinem Reisegefährten unterbrach ein Haltruf, der uns in die Gegenwart zurückführte. Ein schwarzgelb angestrichener Schlagbaum sperrte die Straße und verhinderte uns am Weiterfahren. Ein Zollbeamter, ein Feldwebel und zwei Soldaten verließen ein Wachthaus, welches von einem Doppeladler gekrönt war.«

Der Zollbeamte erkundigt sich nach ausländischen Büchern und öffnet die Koffer, aber die Untersuchung wird abgewendet. Der Mitreisende hat einen starken Paß und spendiert den kaiserlichen Zöllnern Braten und Bier; die beiden gelangen unbehelligt nach Teplitz. Andere machen minder glimpfliche Erfahrungen an den schwarzgelben Schlagbäumen, Friedrich Engels weiß ein Lied davon zu singen: »Überall an der Grenze, wo immer die österreichischen Staaten an ein zivilisiertes Land stießen, war in Verbindung mit dem Kordon von Zollbeamten ein Kordon von Literaturzensoren errichtet, die kein ausländisches Buch, keine ausländische Zeitung nach Österreich hineinließen, bevor sein Inhalt nicht zwei- oder dreimal gründlich geprüft und völlig frei selbst von der leisesten Beflekkung durch den verruchten Geist des Jahrhunderts befunden worden war.«

In Teplitz, dem berühmten Badeort, geht es gemütlich zu und jedenfalls üppiger als in Dresdens Gasthöfen; eine internationale Kurgesellschaft tut sich an Rehbraten, Bärenschinken und Fasan gütlich. »Champagner, die Weine vom Rhein und hauptsächlich die aus Ungarn« werden kredenzt, und »der kaiserliche Spion, der auf Kosten Seiner Majestät und auf recht großem Fuß die Saison in Teplitz verbringt«, ist nur Unerfahrenen gefährlich. Jedermann am Platz kennt ihn; es ist der Regierungsrat B.C., der immer lächelt und fließend Französisch, Englisch und Deutsch spricht. Alles ist offenbar halb so schlimm, und der Reisende ist geneigt, der österreichischen Regierung Gerechtigkeit widerfahren zu lassen. »Wenn sie auch der geistigen Entwicklung ihrer Untertanen Fesseln auferlegt, so sorgt sie eifrig für ihr leibliches Wohl und gestattet ... die Einfuhr aller fremden Weine, die sie ihren Untertanen für zuträglich hält.« Auch werde ein Fremder, dessen Papiere in Ordnung sind, in Österreich viel weniger von der Polizei behelligt als in Frankreich oder in Preußen. Die keinen Champagner trinken, leben auch sonst anders: »Der Polizeidruck lastet viel schwerer auf dem niederen Volk als auf den höheren Ständen und den vornehmen Fremden, wenn sie nicht das Brandmal des Revolutionärs tragen.« Sealsfield ermahnt diese Fremden im Umgang mit dem Volk zur Vorsicht: Man solle sich vor Sklaven seiner Freiheit nicht rühmen.

Absolutismus

Ein Klassenstaat also, der den Lesestoff wie die Tafelfreuden zumißt und, wenn er auch keine Gesellschaftsschicht unbeaufsichtigt läßt, sich doch von denen geringerer Gefahren versieht, die Bärenschinken essen und Moselwein trinken? Aber wer ist die herrschende Klasse in diesem Land? Das Bürgertum, das neidvoll auf die Bewegungsfreiheit der englischen, der französischen Bourgeoisie blickt, ist es offenbar nicht; die Entfaltung seiner ökonomischen Potenzen wird ihm durchaus verleidet. »Die österreichische Regierung«, vermeldet Karl Postl aus Poppitz, »vermeidet es, die Tatkraft ihrer Untertanen zu erwecken, weil dadurch der Gehorsam leiden könnte.« Disziplin geht vor Effektivität – das ist, wenn nicht die explizite, so doch die implizite Moral aller Systeme, die um ihre Erhaltung fürchten, nicht ihre Losung, aber ihre Praxis.

Sie erweist sich als antikapitalistisch: diese Regierung gestattet ihren Untertanen nicht, »mehr Wohlstand zu erreichen, als nötig ist, um zu essen, zu trinken, Steuern zu bezahlen und für den Kriegsfall einen Notgroschen zurückzulegen. Man denkt nicht daran, die Bildung von Vermögen zu fördern, weil man dies für gefährlich hält.« Gemeint ist eine Vermögensbildung, die zum Erwerb von Produktionsmitteln befähigt. Die Regierung Franz' I. scheint ihre Abneigung gegen kapitalistische Expansion weit zu treiben: »Ist es nicht eigentümlich, einen Kaiser dem berüchtigten Staatsbankrott zustimmen zu sehen, weil sein Minister, Graf Wallis, ihm vorhält, daß der Überfluß an Zahlungsmitteln den Untertanen Energie und Unternehmungslust verleihen würde, die seiner Herrschaft abträglich werden könnten?«

Der berüchtigte Staatsbankrott fiel in den März 1811; er trug den Namen eines Finanzpatents (die Krone fand allemal Patentlösungen der gesellschaftlichen Probleme) und wertete das in Höhe von mehr als einer Milliarde Gulden umlaufende Papiergeld auf ein Fünftel seines Nennwerts ab. Zu Unrecht gilt das revolutionäre Frankreich als das Ursprungsland der Banknote; der Bankozettel, wie man in Österreich sagte, war eine Erfindung der Finanzexperten Maria Theresias gewesen, deren Regierung sich ihrer zum ersten Mal 1762 bediente; Joseph II. übernahm das Verfahren von seiner Mutter. Unter Franz I. dient es dazu, die Kosten der Kriegführung gegen das revolutionäre Frankreich zu bestreiten; innerhalb von zehn Jahren vermehren sich die umlaufenden Banknoten auf das Siebenunddreißigfache.

1809 verliert Österreich seinen vierten Krieg gegen ein Frankreich, das nicht mehr das der Revolution ist. Wider die Heere des Eroberers erhebt sich, zum tiefen Unbehagen des Monarchen, das ganze Volk, noch dazu unter der militärischen Führung eines seiner Brüder, des Erzherzogs Carl. Hängt die schließliche Niederlage mit der allerhöchsten Indignation über die Volksbewegung zusammen? Hat der Kaiser das Gefühl, daß die Unterwerfung unter Napoleon, wie teuer sie auch werde, ihn immer noch billiger zu stehen komme als ein zweiter Sieg seines Bruders an der Spitze aller Reformkräfte? Auf glänzende Anfangserfolge – der Feldherr Napoleon verliert zum ersten

Mal eine Schlacht – folgt ein merkwürdiges Desaster; am Ende kommen zu den Kosten des Feldzugs die Kontributionen, die Napoleon dem besiegten Land auferlegt. Sie werden durch die eheliche Dreingabe von des Kaisers Töchterlein, der neunzehnjährigen Marie Louise, nicht wesentlich vermindert. In der politischen Geschäftsführung aber tritt ein einschneidender Wechsel ein; Philipp Stadion, der ein erneuertes Österreich an die Spitze einer deutschen Erhebung hatte stellen wollen, wird als Außenminister entlassen; sein Nachfolger heißt Clemens Metternich.

Eine Staatsführung, in deren Wesen es liegt, mehr Reagierung als Regierung zu sein, reagiert auf die wirtschaftliche Lage mit einem Erlaß, der alle Untertanen zur Ablieferung ihres Silberzeugs, ausgenommen Uhren, Petschafte und Löffel, verpflichtet. Außerdem wird eine Lotterieanleihe aufgenommen, für deren Sicherung der Kaiser höchstselbst die Krongüter an vier Wiener Bankiers verpfändet. Aber das alles fruchtet wenig, und es werden immer mehr Bankozettel gedruckt; schon früher hat die Regierung die Entdeckung gemacht, »daß das ganze Geschäft der Bankozettelausgabe nur von der Dienstwilligkeit des Papiermüllers und Druckers abhänge«.

Zu dem Währungsverfall kommen die Folgen der von Napoleon verhängten Kontinentalsperre: »Es gab kein Mütterchen, das nicht tagtäglich, wenn es statt des gewohnten Mokkatrankes das widerliche Gebräu des Kunstkaffees auf dem Tische sah, die Regierung verwünscht und sich selbst als das unglücklichste Geschöpf beklagt hätte.« Und niemand weiß, wofür er leidet, wenn nicht für die Unfähigkeit des Regierungssystems: »Unerträglich wurde die Not durch den bleiernen Druck, der seit dem Wiener Frieden auf den Gemütern lastete, durch den Unglauben an eine bessere Zukunft und durch die tägliche Wahrnehmung, daß, was das eigene Elend hervorrief, andere reich und mächtig machte.« Denn die Papiergeld-Inflation wirkt zwar verheerend, aber nicht auf alle. Mit jener Dialektik, die im Wesen des historischen Prozesses liegt, tritt, was man von vorn, in offener Gestalt, nicht zur Staatstür hereinläßt, in einer verbogenen und verbiegenden zur Hintertür herein: die Ökonomie des Kapitalismus.

Der uns dies berichtet, ist eine Generation älter als Postl und wie dieser von Prager Verhältnissen geprägt: Anton Springer, der 1825 geborene Sohn des Altgesellen der Klosterbrauerei von Strahov, einer der grundlegenden deutschen Kunsthistoriker des 19. Jahrhunderts. Auch Springers Jugend ist noch durch das franziszeische System geprägt, das Metternich nach dem Tode Franz' I. unter dem geistesschwachen Kaiser Ferdinand fortsetzt. Einer von Springers Prager Universitätslehrern, ist der Philosophieprofessor Smetana, ein Ordensbruder von Karl Postl, der gleich diesem den Kreuzherren den Rücken gekehrt hatte, aber im Land geblieben war. Keinem österreichischem Studenten ist der Besuch einer ausländischen Universität erlaubt, aber Springer setzt sich darüber hinweg; er studiert illegal in München und Berlin und promoviert 1848 in Tübingen über Hegels Geschichtsanschauung. Dann stürzt er sich in Prag in die Kämpfe der Zeit und macht mit einer Vorlesungsreihe über die Französische Revolution Furore. »Zum ersten Mal«, schreibt ein Chronist, »ertönte in Österreich ein freies Wort von einem Katheder, und man kann sich denken, welchen Zulauf Springer hatte.«

Nach der Niederlage von 1849 weicht er dem Druck seiner Gegner, kommt aber wenig später wieder, um mit Smetana an einer Zeitung zu arbeiten, die sich zum Sprachrohr föderativer Bestrebungen macht; als sie verboten wird, arbeitet er an einer tschechischen Enzyklopädie mit. 1852 geht Springer endgültig außer Landes und übernimmt in Bonn eine Dozentur für Kunstgeschichte, 1860 wird er dort Professor, und drei Jahre später läßt er in Leipzig, wo auch Wiener Schriftsteller zuweilen Zuflucht vor der einheimischen Zensur suchen, ein zweibändiges Werk, »Geschichte Österreichs seit dem Wiener Frieden«, erscheinen, das das wichtigste Geschichtsbuch über das Österreich der ersten Jahrhunderthälfte ist. Es ist die tiefdringende Abrechnung eines aus seiner Heimat getriebenen Mannes mit dem alten, nun wieder befestigten Regime und schlägt in Österreich wie eine Bombe ein. »Es ist schwer zu schildern«, schreibt Wurzbach, der Biograph des Kaisertums, in dem 28. Band seines fünfzigbändigen Werkes, »welche Stimmung die nächstbeteiligten Kreise nach Erscheinen dieses Buches erfaßt hatte.« Man zeiht Springer der Felonie und Bestochenheit, aber das Buch ist da und geht auch in Österreich um, das vor dem Eindringen von Büchern nicht mehr wie zu Metternichs Zeit geschützt ist; Sealsfield, der seit 1832 in der Schweiz lebt, hat es dort vermutlich gelesen. Es mag ihm als die Fortsetzung seiner eigenen Schrift erschienen sein; was er einst in einem journalistischen Al fresco gemalt hatte, ist bei Springer, der über seinen Schwiegervater Zugang zu Geheimmaterialien des böhmischen Landesarchivs hatte, ins wissenschaftliche Relief getrieben. Der Befund ist der gleiche, in ökonomischer wie politischer Hinsicht.

Die Bankozettelabwertung von 1811 trifft vor allem das mittlere und kleine Bürgertum; das Finanzpatent beraubt Staatsdiener und Gewerbetreibende ihrer Ersparnisse. Und wie man am ökonomischen Nerv getroffen ist, ist man es an Moral und Selbstgefühl. »Die Bestechlichkeit der österreichischen Beamten«, schreibt Springer, »stammt vorzugsweise aus der Bankozettelperiode.« Doch auch den Adel trifft es; was keine Revolution vermochte, gelingt in Österreich ansatzweise dem Bankozettel: eine »große Wandlung der Eigentumsverhältnisse«. »Viele alte und hohe Familien verloren sich im Dunkel der Armut, durch Glück und Arbeit emporgekommene Bürgerliche traten an ihre Stelle. Schlösser mit berühmten historischen Namen waren Fabriken geworden, in anderen ruhten Kaufleute von den Mühen der Börsentätigkeit aus.« Es ist eine bestimmte Art von Geschäftemachern, die von der Situation profitiert: Fuhrunternehmer und Großlieferanten, Börsenspekulanten und Finanzmakler – die Fuhr- und die Geldmächte, wie man in Wien sagt. Unter den letzteren fanden sich zunehmend Juden, die in Österreich noch nicht einmal Bürgerrechte innehatten; die Behörden unterwarfen sie bei allen möglichen Gelegenheiten – auf Reisen, im Gottesdienst, bei Heiratsabsichten – entwürdigenden Schikanen. Im Geldwesen aber traten einige von ihnen gleichberechtigt neben eine Reihe aus westlichen Landen eingewanderter Finanzmakler, deren Lebensweise sich skandalträchtig von der allgemeinen Armut abhob;

das Volk aber »verpflanzte den Groll gegen die verwerfliche Staatswirtschaft auf jene, welchen dieselbe zu persönlichem Vorteile gereichte«. Damals wurde der Grund gelegt für jenen spezifischen Wiener Antisemitismus, der, fortwuchernd durch ein Jahrhundert, nach einem verlorenen Krieg und einer vehementen Inflation auch in Deutschland fürchterlich reüssierte. Die bürgerliche Emanzipation unterlaufend, tritt er das Erbe jener staatsoffiziellen Judenfeindlichkeit an, die sich aus dem theresianischen Ständestaat bis weit ins neunzehnte Jahrhundert hinein erhielt. Als sich Salomon v. Rothschild 1819 anschickte, den Finanzplatz Wien einzunehmen, mußte er auf lange Zeit ein Hotel mieten; der Erwerb eines Hauses war Juden streng untersagt.

Was der Kursverfall der Bankozettel schleichend bewirkt hatte, vollzog das Patent von 1811 radikal: das Volk wurde zur Kasse gebeten. Man sprach von einem finanziellen Staatsstreich; der Kaiser wurde den Namen eines Bankrotteurs bis an sein Lebensende nicht mehr los. Zur Durchführung des großen Schnitts hatte er sich aus Prag einen Mann berufen, der aus seiner Amtszeit als Oberstburggraf von Böhmen als sadistischer Leuteschinder bekannt war, den Grafen Wallis; die Verwünschungen des Volkes folgten sieben Jahre später noch seiner Leiche. »Das war verschmerzt und bald vergessen«, äußert sich 1952 ein Kenner der Epoche, Otto Rommel, über die Folgen des Finanzpatents; Springer, der Zeitgenosse, sieht es anders. »Noch zu dieser Stunde«, schreibt er 1863, »haftet die Erinnerung an das Finanzpatent vom Jahre 1811 fester als jedes andere historische Ereignis im Gedächtnisse der Eingeborenen und bildet für sie die wichtigste Epoche in der neueren Geschichte Österreichs. Das jetzt lebende Geschlecht hat allerdings den Schrecken nicht so unmittelbar in den Gliedern wie die Väter, die er unerwartet traf und an dem entsetzlichen Morgen des 15. März 1811 als Bettler erwachen ließ.«

Der Satz impliziert, was alles im Bewußtsein der Österreicher hinter der Wirkung des Finanzpatents zurückstand: die Befreiungskriege und der Wiener Kongreß, die Karlsbader Beschlüsse und die Revolution von 1848/49. Karl Marx hat den

Primat des Ökonomischen für das gesellschaftliche Sein festgestellt; hier öffnet sich der Blick auf den Primat der Ökonomie für das gesellschaftliche Bewußtsein. Das historische Gedächtnis nimmt von diesem Tatbestand kaum Notiz; wenn man heute von Österreichs Finanzkatastrophe von 1811 noch etwas weiß, so einzig durch die Spur, die das Ereignis in Beethovens Dasein zog: infolge der Abwertung der ihm von drei fürstlichen Gönnern ausgesetzten Leibrente. Der Münzfreund, der ein Kupferstück von 1807 *Funfzehen Kreutzer Erblaendisch* mit dem Zusatz *Theilungs Münz z. 15 Wiener St. Banco Zett* (diese Münzen waren eine Erfindung des Grafen Zichy und hießen im Volk demgemäß Sitscherln) mit einem Dreikreuzerstück von 1812 *Scheidmünze der Wiener Waehrung* vergleicht und entdeckt, daß beide gleichschwer, also gleich wertvoll sind, ermißt schwerlich, daß dieselbe Gleichung, auf dem Papier der Kontoauszüge und Guldenzettel vollzogen, Existenzen ruinierte und Menschen in den Tod trieb.

Dem Nachlebenden gilt allein der ästhetische Eindruck; es ist der einzige sinnlich-unmittelbare, der ihn erreicht. Noch das von dem Zugriff Tausender Hände eingeebnete Kaiserbildnis im Münzkupfer wird zu einem Faszinosum, dessen Konkretheit von ganz anderer Art ist als die mit der Münzprägung verbundenen Sachverhalte, Folgen, Verantwortungen. »Unversöhnlich« nennt Leo Grünstein, ein Wiener Historiker von 1931, die Darstellung Springers, die von dieser nichtästhetischen, mitleidenden und -lebenden Konkretheit ausgeht; das Wort sanktioniert jene Versöhnlichkeit, die die zeitliche Distanz als solche ästhetisierend setzt, als den historisch angemessenen Aspekt. Er verstellt jedoch Wahrheit und ist jener falschen Einfühlung des Historismus verwandt, von der Walter Benjamin schreibt, daß ihr Ursprung »die Trägheit des Herzens« sei: »Sie galt bei den Theologen des Mittelalters als der Urgrund der Traurigkeit. ... Die Natur dieser Traurigkeit wird deutlicher, wenn man die Frage aufwirft, in wen sich denn der Geschichtsschreiber des Historismus eigentlich einfühlt. Die Antwort lautet: unweigerlich in den Sieger.« (»Über den Begriff der Geschichte«, VII)

Was die kaiserliche Regierung mit der drastischen Abwertung erreichte, war eine Verschiebung der Besitzverhältnisse, eine Erschütterung des Wertgefühls, keineswegs war es die Gesundung der Finanzen; die Einlösungsscheine Wiener Währung – die Abkürzung Weh Weh sprach den Betroffenen aus dem Herzen – erwiesen sich in der Folge als kaum weniger anfällig denn ihre Vorgänger. Schon zwei Jahre später gab die Regierung sogenannte Antizipationsscheine aus, in denen sie im voraus ihre Steuereinnahmen verpfändete; 1820 wurden dann alle Bankzettel auf vierzig Prozent ihres Nennwerts herabgesetzt: Konventionsmünze hieß das Ergebnis dieser zweieinhalbfachen Abwertung. Es blieb bei einer Mißwirtschaft, in deren Schatten der Weizen einiger Finanz- und Organisationsexperten blüht, die sich darauf spezialisieren, die ökonomischen Löcher des Systems zu stopfen; der Name Rothschild wird, in engem Bündnis mit Metternich, im Laufe der Zeit immer mächtiger. Das Land verharrt in einem Zustand, der die Nachteile des neuen auf die fortdauernden Schäden des alten Wirtschaftssystems häuft, und die Regierung stellt sich blind; sie glaubt nach wie vor, daß »ihr Wille genüge, auch die Gesetze des materiellen Verkehrs zu lenken«.

Vertrat nun aber dieser Staat, dessen ökonomische Restriktionen ein deutlich antikapitalistisches Gepräge trugen, die Interessen des feudalen Grundbesitzes? Dem Historiker muß es so erscheinen; die Grundherren selbst waren darüber anderer Meinung. Zwar hatte Joseph II. in den letzten Wochen seines Lebens selbst wesentliche Teile seines Reformwerks widerrufen müssen, und seinem Nachfolger, Leopold II., der unter schwierigsten Umständen das Erbe des Reiches antrat, hatten die aufgebrachten Ständeversammlungen weitere Zugeständnisse abgerungen; zwei Grundpfeiler der josephinischen Landreform, die Steuergleichheit der Stände und die Neuregelung der bäuerlichen Abgaben, waren gefallen. Aber auch unter Franz I., Josephs Neffen und Leopolds Sohn, der seinem Vater 1794 auf den Thron folgte, waren die Dinge auf dem Land nicht wieder so geworden, wie sie – und das war das Ziel der ständischen Opposition gewesen – vor Joseph gewesen waren. Auch in Böhmen nicht, wo der Einfluß des Großgrundbesitzes stärker als in den Erblanden – den Ländern des heutigen Österreich – war und das von Joseph übergangene und nun wieder auflebende Adelsparlament eine besonders hartnäckige Obstruktion trieb. Fast zwei Drittel des böhmischen Bodens gehörten der Kirche und dem Adel, die ihre Ländereien zu verpachten pflegten. Diese Pächter waren gegenüber ihren Herren benachteiligt genug, aber sie waren nicht mehr, wie vor Joseph, als hier noch Leibeigenschaft und das Recht der ersten Nacht galt, rechtlose Opfer feudalherrlicher Willkür; schon zur Zeit Maria Theresias waren staatliche Instanzen geschaffen und verteidigt worden, an die sie gegen die Übergriffe der Mächtigen appellieren konnten. Der dreifach – vom Staat, vom Großgrundbesitzer und von der Kirche – belastete Bauer konnte sich an den Amtmann wenden, wenn es der Feudalherr ihm zu arg trieb; sein Eingabenrecht endete nicht bei der ersten Instanz: »Im Falle von Mißbräuchen steht den Bauern das Beschwerderecht bei der Oberbehörde, dem Kreishauptmann, zu ... Die höchste Instanz ist die Landesstelle in Prag mit dem Oberstburggrafen von Böhmen. Der Bauer kann sich schließlich noch an die k. k. Vereinigte Hofkanzlei in Wien wenden, welche der Hofkanzler leitet, oder an allerletzter Stelle an den Staatsrat, dem der Kaiser oder in dessen Vertretung Fürst Metternich als Vizepräsident vorsitzt. Die Rechtssprechung erfolgt ungefähr in den gleichen Formen.«

Was hier beschrieben wird, ist der Staatsmechanismus des Absolutismus, der in Österreich relativ spät – in Ansätzen von Maria Theresia, durchgreifend von Joseph II. – durchgesetzt worden war, zu einer Zeit, da man sich in Frankreich gerade anschickte, die starrgewordene Hülle dieser Herrschaftsweise zu sprengen. »Zum Raum wird hier die Zeit«, heißt es in »Parsifal«; in der Geschichte geht es umgekehrt: zur Zeit wird hier der Raum; geographische Abstände drücken sich in historischen Abständen, in Divergenzen des Entwicklungsstandes aus. Die daraus erwachsende Gleichzeitigkeit des Ungleichzeitigen ist ein wesentliches Element historischer Dialektik, und ihre Wirkung innerhalb übergreifender Räume ist wechselseitig, teils retardierend, teils akzelerierend. Einmal wird der zurückgebliebene Teil gewaltsam vorwärts gestoßen, dann wieder der vorauseilende gewaltsam angehalten. Die Napoleonischen Kriege geben ein klassisches Beispiel für dieses Hin und Wider von Zeitverhältnissen im europäischen Raum.

Absolutismus, das ist eine Staatskonstruktion, die antagonistische Ansprüche in der Balance hält: die Ansprüche der Großgrundbesitzer, der Bürger, der Bauern; die für alle etwas tun muß, aber für keinen zuviel, damit das komplizierte System des Ausgleichs althergebrachter Privilegien mit andrängenden Kräften und Interessen nicht ins Wanken kommt. Instrument dieses Ausgleichs ist ein Verwaltungsapparat, der dem unmittelbaren Einfluß der widerstreitenden Kräfte entrückt ist und nur einem Herrn gehorcht, in dessen Person sich alle Kraftlinien schneiden, in dessen Hand alle Fäden zusammenlaufen: dem Monarchen. Dieses Staatsgebäude ist keine elastische Konstruktion, seine Statik steht kopf: es bezieht alle Festigkeit vom Dache, genauer gesagt: vom Turmknauf her; der Kraftfluß verläuft wie beim Regen: er geht von oben nach unten.

Alles für das Volk, nichts durch das Volk, oder wie die Ungarn – allerdings nicht das Volk, sondern die reformgeschädigten Barone – klagten: *De nobis sine nobis* (Über uns ohne uns), das war die Maxime der absolutistischen Staatsräson, und die Tragik Josephs II. hatte darin gelegen, daß, was bei vielen andern Fürsten nur ein Feigenblatt monarchischer Staatsaussaugung bedeutete, bei ihm geglaubte und gelebte Regel war; so schlug deren Widersinn voll auf ihn zurück. Am Ende seiner Regierungszeit erlebte er es, daß beide Teile sich gegen ihn kehrten: die Grundbesitzer, deren angestammte Ausbeutungsrechte er beschnitten hatte, und die Bauern, in deren Sitten und Gebräuche er aus dem Recht dekretierender Staatsvernunft eingegriffen hatte. So bei Feiertagsumzügen und Begräbnissen; daß wir nicht wissen, wo der strahlungsmächtigste Verkünder dieser Aufbruchszeit, wo Mozart begraben liegt, ist dem vor Friedhöfen nicht haltmachende Reformdrang des aufklärerischen Monarchen mehr noch als der Nachlässigkeit der Nächststehenden zuzuschreiben. Die Empörung der Nachwelt über diesen einen Fall gibt ein Maß für diejenige, die Mitte der achtziger Jahre in Dörfern und Städten des Habsburgerreichs wider die josephinische Sittendiktatur erscholl; was dem Volk widerfährt, überlebt in der Gestalt, in der es dem Genius begegnet.

Doch hielt der vom Klerus angeheizte Protestschrei der in alten Gewohnheiten verunsicherten und auf neue Rechte nicht vorbereiteten Landbevölkerung nicht vor. Mit Grund hatte der Polizeiminister Josephs II. dem Kaiser ad notam gebracht, daß »der Bauer von Ew. Majestät zu der glücklichsten Klasse aller ihrer Untertanen gemacht worden«. Nach dem Tod des tyrannischen Aufklärers, der zu lange auf die Macht hatte warten müssen, um geduldig mit ihr umzugehen, gab es Revolten auf dem Land; Bauerndeputationen zogen nach Wien, um die Aufhebung der von Joseph eingeführten Abgabenerleichterung zu verhindern. Es gelang ihnen nicht, die soziale Substanz der Revolution von oben wurde ausgehöhlt; voll erhalten blieb, heftig angefochten auch er, nur ihr Instrument, der zentralisierte Verwaltungsapparat.

Unter Franz I. ist es mit dem Gegengewicht, das »die Kreishauptleute, denen sowohl die Gutsherrschaft als der Bauer unterstehen, gegen allfällige Ungerechtigkeiten der Grundherrschaft« bilden (so Sealsfield in seinem Reisebuch), nicht mehr weit her: »Da die Zahl der Behörden eine unendlich große ist und der arme Bauer diesen allein gegenübersteht, so unterscheidet sich sein Teil an persönlicher Freiheit, wie sie Joseph II. verliehen hat, nur um weniges von Sklaverei.« Er tut es um so weniger, als der Beamtenapparat (und das schon unter Joseph II., dessen Politik, ein Imperialismus des Fortschrittglaubens, auch die kulturelle Vereinheitlichung seiner Länder betrieb) darauf ausgeht, der slawischen Mehrheit des Vielvölkerstaates die nationelle Eigenart auszutreiben – ein Geschäft, das in Böhmen vom Anfang des Dreißigjährigen Krieges an die Jesuiten mit grausamer Konsequenz betrieben hatten. So ist »die Gemütsart der böhmischen Bauern derart, wie man sie von einem Volk erwarten kann, welches von einer Menge von Gebietern bedrückt wird, deren geringster sich für berechtigt hält, sie seine Macht fühlen zu lassen. Sie sind gedrückte, argwöhnische und verschüchterte Menschen«. »Jeder öffentlichen Pflege ihrer Geschichte und Literatur beraubt, lebt ihr nationales Selbstbewußtsein einzig in den alten Sagen und Märchen, die mündlich weitergegeben werden.« Und noch etwas richtet sie auf: »Die Musik allein erhellt ihre sorgenvollen Züge.«

Vorhof

Wir stehen im Vorhof Österreichs; was sich uns zeigt, ist die von keinem Weltstadtglanz aufgehellte Physiognomie eines Systems, das, wie noch der gut monarchisch gesinnte Autor der Allgemeinen Deutschen Biographie 1878 schreibt, »nur zu gern Staatskunst mit polizeilicher Bevormundung« verwechselt, eines »Systems der Statik und Stabilität«, dessen kaiserlicher Garant seinem Sohn, dem geistesschwachen Ferdinand, die Anmahnung hinterlassen wird: »Regiere und ändere nichts!«

In Böhmens Hauptstadt ist seine Funktionsweise anders als in dem Badeort, anders als auf dem Lande. In Prag residieren die vierzig altadeligen Familien, denen annähernd die Hälfte des Königreichs gehört, die meisten böhmischen Stamms, nicht wenige deutscher Herkunft, Abkömmlinge der Nutznießer jener Verbannungen, Konfiskationen, Hinrichtungen, durch die die Habsburger im Dreißigjährigen Krieg den protestantischen Adel des Landes entmachtet hatten. Es sind Namen darunter, deren Träger als Feldherrn, Staatsbeamte, Mäzene historischen Klang haben: Lobkowitz, Kinsky, Schwarzenberg, Thun, Kolowrat, Chotek; ihre Repräsentanten wohnen auf kaiserliches Geheiß in Wien, unter Kontrolle und Beobachtung des Hofes.

In Prag gibt es ein Bürgertum, dem alle Sympathie des Reisenden gehört, »eine kluge, gebildete, achtenswerte Mittelklasse«, der »die Regierung nicht einmal die armselige Nachrichtenquelle gönnt, aus der die Wiener schlürfen können: Prag besitzt eine einzige Zeitung, und diese steht auf der denkbar niedrigsten Stufe«. Dieser Mittelstand besteht aus Kaufleuten und Beamten, Lehrern, Advokaten, Fabrikanten; ihre Abschirmung von der Außenwelt ist rigoros. Bürgerliche Familien, die mit ausländischen Besuchern verkehren, sind »aller Art von Drangsalen ausgesetzt«; nur schwer kann der Gast von außen mit ihnen in nähere Berührung kommen. Denn die Wege der ausländischen Reisenden bleiben nicht unbemerkt; der Ankömmling, der einen Lohndiener nimmt, um sich die Stadt zeigen zu lassen, kann sicher sein, daß er an einen Agenten gerät. »Jeder Hoteldiener ist ein gezahlter Spion; es gibt Spione, welche dafür entlohnt werden, Wirtshäuser und Hotels aufzusuchen und an der Wirtstafel zu horchen. Auch in der Hofbibliothek ist man vor ihnen nicht sicher, und die Buchhandlungen werden von Spionen heimgesucht, welche sich über die Einkäufe der Kunden unterrichten lassen. Selbstverständlich werden alle nur im geringsten verdächtigten Briefschaften geöffnet, und man bemüht sich so wenig, diese Verletzung des Briefgeheimnisses zu verbergen, daß der Stempel der Polizei neben dem erbrochenen Siegel des Absenders angebracht wird.« Selbst in Preußen ist man in dieser Hinsicht besser dran: »Diese verabscheuungswürdigen Maßregeln werden nicht mit jener Feinheit durchgeführt, welche die französische Polizei auszeichnet, auch nicht mit der militärischen Grobheit der preußischen, sondern in der dummen und verächtlichen Art des Österreichers, der diese niederträchtigste aller Beschäftigungen in der plumpsten Weise ausführt und dabei noch das stolze Bewußtsein hat, ein Organ kaiserlichen Machtwillens und ein Mann von Bedeutung zu sein.«

Das Prag der 1820er Jahre ermangelt nicht nur einer richtigen Zeitung; auch das Theater verkümmert unter dem Druck der Zensur. Die Regierung läßt »die Werke Schillers und Goethes in Prag nicht einmal in der sonst in Österreich üblichen arg verstümmelten Form aufführen«; sie sind schlechterdings verboten. Auch andere in Wien gerade noch zugelassene Stücke trifft dieses Los; macht man in der Hauptstadt, mit Rücksicht auf das internationale Prestige, bescheidene Konzessionen, so zeigt man in der Provinz sein wahres Gesicht: »Der Kaiser fürchtet offenbar, daß die Böhmen zu klug werden könnten.« Furchtsamkeit scheint eine hervorstechende Eigenschaft dieses Kaisers zu sein. Werden die Fremden von den Hotelbediensteten ausgehorcht, so die Bürgerschaft von den Hausangestellten: »Für jede der Polizei hinterbrachte Meldung erhalten Dienstboten einen oder zwei Dukaten.« Und das System funktioniert: »In einem Land, wo die niederen Stände unterwürfig und wenig gebildet sind, ist natürlich das Ehrgefühl nicht stark entwickelt. Deshalb kostet es der Polizei wenig Mühe, Diener zu Ausspähern ihrer Herrschaft zu machen.«

Aber die größte Angst hat dieser Kaiser nicht vor den Fremden und nicht vor Kaufleuten, Handwerkern, Fabrikanten; die größte Angst hat er vor seinem eigenen Beamtenapparat. Diese Beamtenschaft ist zwar auf seine Person eingeschworen und steht im Dienst seines Systems, aber sie ist, jedenfalls in den höheren Rängen, von diesem System nicht erzogen; in Kanzleien, Hofstellen, Kommissionen sitzen noch viele Protagonisten jener Zeit des Aufbruchs, die sich unter Maria Theresia vorbereitete und unter ihrem Sohn zur Entfaltung kam. Mit Recht weist Eduard Winter darauf hin, »wie stark noch der Kreis der von der Aufklärung und Freimaurerei geprägten hohen Regierungsbeamten war, die Bolzano schützend umgaben« und ihn lange vor den Nachstellungen der Wiener Orthodoxie schützten, bis die Reaktion im Jahre 1819, unmittelbar nach den Karlsbader Beschlüssen, zur Offensive überging. Das sind treue Staatsdiener, aber keine willfährigen Werkzeuge; mit einem feinverästelten Spitzelsystem geht die Zentrale gegen sie vor. Denn nur blinde, keine kritische Loyalität ist gefragt, und so »sitzen in jedem Amte meistens zwei Spione, welche mit dem Präsidenten der k.k. Obersten Polizei- und Zensurhofstelle in Wien oder mit dem Kaiser selbst in Verbindung stehen«.

Ist das letztere die abenteuerliche Vermutung eines gereizten Dissidenten? Es handelte sich um eine allgemein bekannte Eigenart des kaiserlichen Patriarchen. »Die Geheimpolizei liegt ausschließlich in seinen Händen«, erfahren wir, »Franz ist ihr oberster Chef, und die Geheimpolizei liefert einen großen Teil der schweren Arbeitslast des Kaisers. Seine Vorliebe für geheime Nachrichten ist so bekannt, daß der letzte seiner Untertanen ohne Scheu vor den Kaiser hintritt, vorausgesetzt, daß er ihm das gewünschte Gift bringen kann. Dieser Nachrichtendienst umspannt das ganze Kaiserreich. Er reicht in die Hütte des Bauern, in die Wohnung des Bürgers, in die Gaststube des Wirtes und in das Schloß des Adeligen. Kein Ort ist vor den Horchern des Kaisers sicher, der eine regelrechte Liste aller Beamten, Offiziere, Geistlichen und sonstigen Würdenträger, vom Statthalter bis zum Schreiber, führt und darin von einem ausgezeichneten Gedächtnis unterstützt wird. Auf Grund dieser Geheimakten erfolgen die Beamtenernennungen.« Einen Fanatiker des Staatswohls nannte sich Joseph II. einmal in einem Brief. Auf seine Weise reibt auch sein Neffe sich im Dienst des Ganzen auf.

Daß er nicht zuviel Arbeit habe und die nachrückenden Staatsbeamten von vornherein vor den Anfechtungen des Selbstdenkens gefeit seien, besorgt ein Unterrichtssystem, dessen Säulen die Lehrbücher der Wiener Studienhofkommission sind. Sie heißen Lehrbehelfe, aber mochte der darin niedergelegte Wissensschatz auch behelfsmäßig sein, ihre Benutzung war bindend; die Professoren waren »bei Strafe des Amtsverlustes gebunden«, sich streng an sie zu halten. »Ein junger Mensch, der diesen Studiengang hinter sich hat«, rekapituliert der Reisende die Wirksamkeit dieses pädagogischen Zentralismus, »weiß wenig von allem und im Grunde nichts. Er vergißt gewöhnlich im folgenden Jahrgang, was er im vorigen auswendig gelernt hat. Freies geistiges Arbeiten oder Forschen ist vollständig unmöglich, ja es ist den Professoren sogar verboten.« Detailkenntnisse werden in diesem Schulwesen nicht sowohl den Schülern als von den Schülern vermittelt: »Während seiner Studien wird der Student schärfstens überwacht, und seine Professoren sind von Amts wegen Spione.«

Mögen die Lehrbücher Behelfe sein, andere Schulbücher bringen es zur Vollkommenheit: »Die Neigungen, die guten und schlechten Eigenschaften, jede Regung der jungen Leute wird beobachtet und in den Katalogen verzeichnet, von denen eine Abschrift an die k.k. Studienhofkommission nach Wien, die zweite an das Gubernium [Verwaltung] gesendet wird, während das dritte Exemplar in den Schularchiven bleibt. Diese scharfe Überwachung nimmt in den höheren Jahrgängen zu.

Besonders genau wird die Lektüre des Studenten kontrolliert. Auch prüft man ihn auf seine Auffassung von den Klassikern und erforscht seine Ansichten über Charaktere wie Brutus oder Cato. Jede seiner Äußerungen wird getreulich verzeichnet.«

Daß die Professoren der Gymnasien und Universitäten angesichts solcher Anforderungen nicht zu wissenschaftlicher Arbeit kamen, ist begreiflich, und so war das Verfahren doppelt wirksam: es band die Gedanken der Schüler und beschlagnahmte die Arbeitskraft der Lehrer. Der Blick in eine riesige Apparatur eröffnet sich, in dem die eine Hälfte der Staatsdiener darüber wacht, daß die andere Hälfte sich nicht regt. Die Negativauslese des Beförderungssystems tut ein übriges; nicht die Befähigung des akademischen Kaders, sondern »seine Vergangenheit und sittliche Führung dienen als Maßstab für seine Laufbahn«. »Je höher die Begabung ist, um so weniger Aussicht besteht auf den Staatsdienst oder die Advokatie, wenn auch nur ... eine Spur freisinniger Gedanken gefunden wurde. Ein unbedachtes Wort genügt, nicht nur jedes Vorrücken unmöglich zu machen, es kostet auch die Stellung.« Denn nicht dem Zeitgeist hat der künftige Beamte Aufmerksamkeit zu schenken, sondern allein dem »ausgeprochenen Willen seines Monarchen«.

In diesen böhmischen Landen ist einzig der Adel, die schmale Schicht der Latifundienbesitzer, freier daran; hier allein hat der interessierte Fremde Aussicht auf geistigen Austausch. Die nach Ansprüchen und Privilegien reaktionärste Klasse dieses Staates bietet am ehesten Zuflucht vor dessen Anmaßungen – ein Paradoxon? Es ist die schlüssige Folge einer fehlgeleiteten Entwicklung. Daß sie fehlgelaufen war, daß der Rückschlag nach dem Tod Leopolds II. so heftig und unbedingt gewesen war, lag nicht nur an den inneren Zuständen oder an den regierenden Personen; es war auch der Reflex äußerer Verhältnisse. Der Druck von Westen – erst ein moralisch-ideeller, dann auch ein unmittelbar militärischer – gab den Kräften der Frucht und der Bewahrung zwangsläufig Auftrieb; er verengte den Spielraum, dessen es bedurft hätte, um nach Josephs Scheitern die eingeleiteten sozialen Veränderungen zu befestigen. Leopold II., über den die neuere Geschichtsschreibung kaum mehr als

Vorurteile kolportiert, wäre dazu der richtige Mann gewesen; Aufklärer und Konstitutionalist zugleich, verband er den Reformwillen seines Bruders mit einer wirklichkeitsnäheren und fortgeschritteneren Staatsauffassung. Sein Tod nach nur zweijähriger Regierung war ein Unglück für das Land und für ganz Europa – nicht zuletzt für die französische Entwicklung, deren Hintergründen und Ansprüchen dieser Monarch mehr Verständnis entgegenbrachte als irgendeiner seiner Vettern auf Europas Thronen.

Natürlich bleibt es fraglich, ob es Leopold auf die Dauer gelungen wäre, die Hybris der konterrevolutionären Kräfte einzudämmen und in einer Weise auf die französische Entwicklung einzuwirken, die der Entwicklung im eigenen Lande Luft verschafft hätte. Die politische Situation in einem zusammenhängenden Raum wie Europa steht unter dem Gesetz der kommunizierenden Röhren; die Freiheit, die ein Teil sich über das Maß dessen hinaus nimmt, was als das historisch Mögliche und Notwendige jeder geschichtlichen Situation inhärent ist, wird dem andern abgezogen. Es ist leicht, von einem abstrakt-geschichtsphilosophischen Standpunkt aus einzelne Kulminationspunkte der Französischen Revolution zu idealisieren; schwerer fällt dies, wenn man in weiten zeitlichen und geographischen Räumen denkt, das ganze Zeitalter und das ganze Europa in Betracht ziehend. Vor Einblicken in die Wirklichkeit des Krieges, wie sie Ernst Moritz Arndt im Rücken des in Rußland geschlagenen napoleonischen Heers nimmt (andere übermitteln die Augenzeugen der Leipziger Völkerschlacht), zerrinnt der Mythos, den Goethe und Heine und den vor allem Napoleon selbst um den genialen Tyrannen gewoben; die Gestehungskosten des großen Mannes erweisen sich nicht als über-, sondern als unmenschlich hoch. Schwer, sie gegen die Gestehungskosten jenes kleinen Mannes, der dreiundvierzig Jahre auf Österreichs Thron saß und dabei drei Gemahlinnen und die Intelligenz seines Landes verschliß, abzuwiegen – schwer, diese höher zu finden. Beide aber sind komplementär zueinander; ihr gemeinsamer Ausgangspunkt ist das Scheitern der konstitutionellen Monarchie in dem Frankreich der Jahre 1790 und 1791.

Dieses Scheitern trug von weitem dazu bei, daß in dem Österreich der frühen neunziger Jahre die politische Entmachtung des Feudaladels verteidigt, seine von Joseph unternommene soziale Entmachtung aber zurückgenommen wurde. So kam es, daß der Adel des Landes grollend auf seinen Schlössern saß, ohne doch ein wirklicher Gefahrenherd für die Krone zu sein, die den sozialen Besitzstand dieser Kaste durch ihren Verwaltungsapparat sicherstellte. Eine auf halbem Weg steckengebliebene Staatsreform, die die ökonomisch dominante Klasse sich selbst als unterdrückte erscheinen läßt, bildet den politischen Hintergrund für die Rolle, die Sealsfield den hohen Adel des Reiches spielen sieht; dieser erscheint ihm als eine Zufluchtsstätte unreglementierten Denkens. Wobei jene allgemeine Dialektik zwischen autokratischem Druck und Persönlichkeitsentfaltung hinzukommt, die Ernst Moritz Arndt in seinen Lebenserinnerungen am Beispiel Rußlands beschreibt: »Denn wo die Menschen in Knechtschaft dienen, sind Einzelne immer die Unabhängigsten.«

In Böhmen verstärkt die nationale Unterdrückung noch die Oppositionsstellung der einheimischen Aristokratie. So fühlt der Reisende sich in Prag nirgends wohler als unter ihren Fittichen. »Ohne den Verkehr in adeligen Kreisen wäre es einem Fremden, selbst mit den bescheidensten Ansprüchen, unmöglich, auch nur eine Woche in Prag zuzubringen, da jedes Vergnügen durch die scheußliche Tätigkeit der Geheimpolizei vergällt wird.« Deren Arm ist so lang nicht, daß er auch in die inneren Zirkel der feudalen Klasse reichte, und man nutzt diese Freiheit sogar fürs Theater; die einzige Bühne, auf der man in Prag Goethe und Schiller sehen kann, ist das Haustheater des Grafen Clam-Gallas. »Wir sahen die ›Maria Stuart‹ von Schiller; die Darstellung der Königin Elisabeth durch Gräfin Schlik war ganz hervorragend. Dieser Abend war aber nur ein schwaches Vorspiel für den ›Tasso‹ von Goethe ... Es ist nahezu unmöglich, die Qualen einer Liebe, welche durch höfische Rücksichten und fürstliche Überhebung gekränkt wird, besser darzustellen, als dies dem Fürsten Thurn und Taxis und dem Grafen Thun gelang.« Das waren zwei unermeßlich reiche Grundbesitzer, und sie wußten sich in die ferraresischen Verhältnisse einzufühlen: »Diese Herren bewegten sich sozusagen in ihrem eigenen Kreise, und ihre Leistung war voll Naturwahrheit.«

Von der politischen Entmachtung, die diesen Adel getroffen hatte, gibt uns der Reisende ein ebenso scharfes wie farbenprächtiges Bild; im Böhmischen Saal des Hradschin wohnt er einer Ständeversammlung des Königreichs Böhmen bei. Der Präsident dieses Landtages, Carl Graf von Chotek, ist zugleich Oberstburggraf, also gleichsam kaiserlicher Statthalter; zu seiner Rechten sitzen, angeführt vom Fürsterzbischof, die Bischöfe und Äbte des Landes, ihm gegenüber der Herrenstand, an die hundert Großgrundbesitzer, zu seiner Linken der niedere Adel, die sogenannte Ritterschaft. Wo der Vierte Stand, die schwarzgekleideten Abgesandten von vier Städten saßen, vermeldet der Chronist nicht; sie scheinen nicht viel Platz eingenommen zu haben. Hingegen beschreibt er die Gewandung des Adels: »Rote, üppig mit Silber gestickte Fräcke, silberne Epauletten, weiße Kniehosen, ebensolche Seidenstrümpfe und ... silberverbrämte Dreispitze«.

Mit dieser barocken Pracht hatte es eine politische Bewandtnis; ihre Bewilligung war der Lohn des Kaisers für die patriotischen Anstrengungen des böhmischen Adels in dem Volkskrieg gegen Napoleon im Jahre 1809 gewesen. Sie war die glänzende Bemäntelung einer politischen Ohnmacht, die ihr festes Ritual hatte. Am Anfang der Sitzung ehrte der Landtag die kaiserlichen Kommissare durch Erheben von den Sitzen, worauf einer der Abgesandten »die kaiserliche Botschaft mit den für das nächste Jahr zu bewilligenden Steuern« verlas. »Das Sendschreiben wird lautlos entgegengenommen. Schließlich fragt der Oberstburggraf die Versammlung, ob irgendeiner der Anwesenden Anträge einzubringen habe. Auch da folgt tiefes Schweigen. Der Oberstburggraf dankt den Anwesenden im Namen seines Allerhöchsten Herrn für die Pünktlichkeit in der Erfüllung ihrer Pflichten und entläßt die Versammlung.«

Das war der Parlamentarismus des franziszeischen Regimes: eine bloße Fassade, um »die Gefühle des Volkes zu schonen«. Aber das Volk war gar nicht vertreten in dieser Versammlung, die die Entmachtung seiner Unterdrücker demonstrierte, ohne ihm selbst eine Stimme zu geben. So vernahm es aus dieser Versammlung nur die Stimme eines andern Bedrückers, der landfremden kaiserlichen Bürokratie. »Ein Hampden«, schreibt der an ein britisches Publikum gewandte Sealsfield (Hampden war einer der Führer im Kampf gegen den Absolutismus Karls I. gewesen), »oder, um ein näherliegendes Beispiel zu wählen, ein Ziska fände heute in Böhmen mindestens eine Million Anhänger.« Das Land hatte keine fünf Millionen Einwohner.

Weinland

Dergleichen weiß der Reisende von den deutschsprachigen Kernländern des Habsburgerstaats nicht zu berichten. Er erreicht das Erzherzogtum Österreich – einst ein Teilstaat des alten deutschen Reiches, nun einer des Deutschen Bundes – südlich von Znaim, dem mährischen Znojmo, wo noch heute die Grenze zwischen Mähren und Österreich verläuft. Nach der Fahrt durch die böhmisch-mährischen Lande, die er von düsteren, verschlossenen, dem deutschen Herrenvolk mit tiefeingewurzeltem Mißtrauen begegnenden Bauern bewohnt findet, ist der Unterschied drastisch. Die Gegend erscheint ihm als »eine ununterbrochene Folge von Weingärten, die sich dem leicht gewellten Gelände anschmiegen«: »In die tiefer gelegenen Stellen sind Obstgärten oder Weizenfelder gebettet. Ruhe und Heiterkeit liegen über der ganzen Gegend und klingen wieder aus dem Lachen der Burschen und Mädchen, welche in den Weingärten arbeiten. Wie vielen wir auch begegneten, alle boten uns Trauben an.«

Weingegenden sind Kulturzonen besonderer Art, und dies ist eine exemplarische Weingegend. »Die Dörfer verkünden ihre Nähe durch die Weinkeller, welche in das Erdreich eingegraben und meist gewölbt sind. Der Eingang führt durch ein kleines gemauertes Häuschen, welches die Weinpresse enthält und ein oder zwei Räume, die dem Vergnügen des Weinbauers und der Weinkäufer dienen.« Noch heute kann man im westlichen Ungarn diese strohgedeckten, weißgetünchten Weinhäuschen unter alten Bäumen stehen sehen. »Jedes Dorf verfügt über vierzig oder fünfzig Keller, vor welchen im Schatten von Nußbäumen zwei Bänke und ein Tisch stehen. Die Dörfer zeigen einen Wohlstand, den man sonst auf dem Festland nicht antrifft; sie ziehen sich meist an Bächen entlang, deren Ufer mit Weiden, Roßkastanien und Nußbäumen bestanden sind. Die Häuser sind ein oder zwei Stockwerke hoch, mit Ziegeln gedeckt und mit grünen Fensterläden versehen.« Wohlstand herrscht auch im Innern. Das Prunkzimmer ist »mit einem schönen Ofen, zwei Schränken oder Kommoden, sechs Stühlen und einem Sofa« versehen, und »mitten im Zimmmer steht ein großer, mit einem Tiroler Teppich bedeckter Tisch, der zwei Flaschen und eine Anzahl von Gläsern trägt.«

Der Enthusiasmus des Reisenden bezieht die Bewohner ein, die er als einen gutmütigen und fröhlichen Menschenschlag schildert, von unübertrefflicher Gastfreundschaft. »Wer bei ihnen vorspricht, wird durch ihre Liebenswürdigkeit fast erdrückt.« An Festtagen fließt der Wein in Strömen, am meisten aber bei den Kirchweihfesten, den »höchsten und fröhlichsten« der vielen Feiertage des Jahres. Eine Woche vorher wird dafür der höchste Baum im Gemeindewald gefällt; geschält und zugerüstet, mit geschmückter Spitze, bildet er den Mittelpunkt des mit Tüchern und Zweigen aufgeputzten Tanzpodiums. Kirchweih heißt das Fest nicht umsonst; vor dem Mittagessen, das zwanzig Gänge hat, geht es zum Hochamt, und vor den Tanz ist der Nachmittagsgottesdienst gesetzt. Dann aber geht es los, die Burschen holen die Mädchen aus den Häusern, alle prangen in Feiertagskleidern, und das Orchester, das ihnen bis nachts elf Uhr aufspielt – Lampions erhellen den Platz –, hat nichts Laienhaftes; es »besteht aus zehn bis fünfzehn guten Musikanten, die aus dem Aufspielen bei diesen Festlichkeiten ihr Gewerbe machen«.

Bäurisch-plump ist der Tanz so wenig als die Musik. »Nichts«, befindet der weitgereiste Besucher, »gleicht der Kunst, mit welcher diese Leute Walzer tanzen.« Auch die Herrschaft tut mit, sie kommt vom Schloß und mischt sich unter die

Tanzenden; im Gegenzug begibt sich der Dorfchor in den Schloßpark und bringt dem gräflichen Paar ein Ständchen. Eine feudalistische Menschengemeinschaft? Es ist die Stärke dieses österreichischen Adels, daß er sich, anders als in westlichen und östlichen Ländern, vom Volk nicht abschließt, auch im Sprachlichen nicht. Der Adel, bis hin zum Kaiser, spricht Dialekt wie die Untertanen; Herren und Knechte haben eine gemeinsame Sprache. Vor allem aber: hier im niederösterreichischen Lande ist der Bauer de facto Freibauer; »Robot und Zehent« sind »unter Mitwirkung der Regierung dem Adel abgelöst« worden. Kein Wunder, daß der Kaiser in großem Ansehen steht; die Untertanen empfinden geradezu Seelenverwandtschaft mit ihm. »Sie betrachten ihn wie einen Vater, dem sie sich jederzeit nähern dürfen und dem sie sich in allem unterwerfen.« Es gibt sogar Beispiele für die Erreichbarkeit des Kaisers; ein reicher Weinbauer, der in einer Vormundschaftssache Streit mit seiner Grundherrschaft bekommen hatte, erzählt dem Besucher, wie er, als der Prozeß sich in die Länge zog, um Audienz beim Kaiser Franz nachgesucht habe und »selbstverständlich vorgelassen« worden sei. »›Haben Sie schon das Urteil erhalten?‹ fragte der Kaiser. – ›Ja, Majestät‹, antwortete der Bauer. – ›Dann rate ich Ihnen, gehen Sie zum Hofrat N. und lassen Sie es ihn sehen.‹ – ›Wäre es nicht besser‹, warf der freimütige Bauer ein, ›wenn Euere Majestät das dem Herrn Hofrat befehlen wollten?‹ – ›Nein, mein Sohn‹, antwortete der Kaiser, ›das verstehen Sie nicht. Die Sache muß ihren ordentlichen Weg gehen, vorher kann ich nichts machen. Gehen Sie zum Hofrat, Sie werden hören, was er sagt, und dann bringen Sie mir die Antwort.‹« Der Hofrat verweist den Bauern auf den Instanzenweg zurück; wieder wendet sich dieser an den Kaiser, der ihm verspricht, »die Angelegenheit zu betreiben«. Dann kehrt er heim, »und sechs Wochen später ist die Angelegenheit zu seinen Gunsten entschieden«.

So traulich und musterhaft geht es zu zwischen Volk und Oberhaupt, und diese Geschichte vom Königsbauern steht nicht in einem Lehrbehelf der Trivialschule, sondern in dem polizeilich verfolgten Buch des landflüchtigen Opponenten. Das politische System, das dieser beschreibt, hat zwei Gesichter, und zwei Gesichter hat auch sein Oberhaupt. Der Mann, der über den regierungsamtlichen hinaus eine Art persönlichen Spionagediensts unterhält, um seinen Beamtenapparat zu kontrollieren, sorgt für seine Popularität. Er reiht sich, wenn er in den Prater fährt, in einer einfachen, abgenutzten Kalesche in den sich langsam voranwälzenden Strom der Gefährte ein, trägt sich bürgerlich-schlicht, stellt ein behagliches Familienleben zur Schau und erweckt den Eindruck, daß jedermann gegen die sich ächzend umwälzende Regierungsmaschine bei ihm appellieren könne. Und beim Karneval in der Hofredoute kann man ihn hinter der Maske sogar duzen.

In Landesgegenden, wo die sozialen und nationalen Verhältnisse nicht drückend sind, bewirkt dieses souverän zur Schau gestellte Landesvater-Image nachgerade einen Enthusiasmus der Unterwerfung. Nicht nur offenherzig und frohgemut, mit einem »Hang zum Essen und Trinken«, findet der Reisende die niederösterreichischen Bauern, sondern auch von »blindem Gehorsam gegen den Herrscher« erfüllt; er beklagt die »täppische Art, mit der sie sich lenken lassen«. Für den Staat ist diese Orientierung auf die Person des Monarchen lebenswichtig, denn kein nationales Selbstgefühl kommt dem staatlichen Zusammenhalt zu Hilfe, keines *darf* ihm zu Hilfe kommen, auch das deutsche nicht, damit andere Nationalitäten nicht gereizt werden. Die Hymne von Haschka und Haydn, diese Gegen-Marseillaise von 1797, die in dem kritischsten Moment des ersten Koalitionskriegs zur Beflügelung des Abwehrkampfes ins Feld gestellt wird, bringt das deutlich zum Ausdruck; sie ist eine Staats-, keine Nationalhymne: »Gott erhalte Franz den Kaiser«. Bei dem Thronwechsel von 1835 mußte sie, da der neue Kaisername mehr als eine Silbe hatte, umgedichtet werden, wozu die führenden Lyriker des Landes aufgeboten wurden; alle weiteren Monarchen waren dann wieder einsilbig.

In Niederösterreichs Gefilden trifft der Reisende nicht nur staatsfromme und weinselige Bauern; er findet auch reiche Abteien, begüterte Stifte. In Klosterneuburg kann man sechsspännig in den Weinkeller einfahren, und der Zehnte bringt dieser

Abtei jährlich an zehntausend Pfund Sterling ein. Zu ihrem Leidwesen darf sie ihn nicht behalten, die Überschüsse müssen an den Staat abgeführt werden; Äbte und Chorherren beziehen feste Jahresgehälter. Wiederum zeigt sich die Ambivalenz dieses Staatswesens; sie ist das Resultat einer Revolution – der josephinischen »Revolution von oben« –, die mitten im Lauf ihre Richtung umkehrte. Der Absolutismus der Krone schließt die Großgrundbesitzer von der Macht aus und sichert doch deren Interessen; mit demselben rigorosen Zentralismus reglementiert er die Kirche und räumt zugleich der Priesterschaft allen, auch den borniertesten Einfluß auf das geistige Leben ein. Aus der josephinischen Zeit ist die Form übernommen, der Inhalt ist ausgetauscht – nicht ganz, aber so weit als möglich. Die Form, das war die Herrschaft der Beamten, die Allmacht des Apparats. Der Inhalt, für den diese Form einst bestimmt war, war die Befreiung von klerikalen und feudalen Banden. Nur die Form ist geblieben, und sie wirkt nun als Multiplikator dessen, wogegen sie geschaffen wurde.

Immerhin: von einer Herrschaft der Kirche kann in diesem Land nicht die Rede sein. Mit Bedeutung notiert es der Reisende: Die Geistlichkeit sei in Österreich »in ihrer Macht beschränkter als in jedem anderen Lande«. Nämlich in ihrer administrativen Macht: »Die Bischöfe werden vom Kaiser ernannt, ohne dessen Erlaubnis keine päpstliche Bulle im Lande veröffentlicht werden darf. Sie unterstehen nicht nur den Statthaltern, sondern auch den Kreishauptleuten, welche Einfluß auf die Angelegenheiten der Klöster nehmen. Die Ausbildung der Theologen wird von der kaiserlichen Regierung überwacht.« Wenn unter Leopold auch einige der von Joseph aufgehobenen Klöster in den Besitz der Kirche zurückgegeben worden waren, so ist der Klerus doch keineswegs in seine alten Rechte eingesetzt: »Der Staatsrat für die geistlichen Angelegenheiten, Herr Lorenz, verfügt über größere Befugnisse als die Erzbischöfe, Bischöfe und selbst der Papst.« Die Kirche ist keine Macht gegen oder gar über dem Staat mehr, sie ist ein Instrument staatlicher Herrschaft.

Die Hauptstadt

Das Weinland, in das der Reisende hinter Znaim eingetreten ist, zieht sich nach Süden bis an die Donau und darüber hinaus. St. Pölten liegt hier, »eine alte Stadt mit einem Bischofssitz«; von hier an »wird die Gegend gegen Wien geradezu herrlich«. »Tausende von einzeln stehenden Höfen, versteckt in Wäldern von Obstbäumen, erfüllen die Täler, während die Hügel mit reichen Weinbergen gesegnet sind. Links fließt majestätisch die Donau, und rechts erblickt man die fernen Gipfel Steiermarks.« In Klosterneuburg ist man schon dicht an der Hauptstadt, über Heiligenstadt und Nußdorf kommt man ihr näher. »Linie« heißt der Wall, der die äußerste Stadtgrenze vorstellt; er umschließt vierunddreißig Vorstädte, die die innere Stadt – ein düsteres Gewirr enger Straßen und hoher Häuser im Umkreis des alles überragenden Stephansdoms – in einem weiten Ring umgeben.

Zwischen den Vorstädten und der inneren Stadt liegen Befestigungsanlagen von einzigartiger Ausdehnung; sie schützen ein Weichbild, das zweimal, 1529 und 1683, dem Ansturm islamischer Eroberer hatte standhalten müssen. »Eine Hauptfestung, mit starken Wällen, 12 großen Basteyen, 10 Ravelins, sehr breiten und tiefen gefütterten Gräben und den nötigen Außenwerken«, nennt noch ein Lexikon von 1789 die Stadt, aber das ist sie seit 1809 nicht mehr, Napoleon läßt die Basteien sprengen; auch kommt das Militärwesen über die Zeit der Stadtbefestigungen allmählich hinaus. Was seinen Zweck verliert, wird reif für das Schöne, für ein Dasein als Form; so sind diese enormen Anlagen am Anfang des neunzehnten Jahrhunderts vor allem »ein wundervoller Spaziergang«, von dessen Höhe dem Betrachter Stadt und Land zu Füßen liegen. »Von den Basteien sah man in die Gassen und Plätze der altersgrauen Inneren Stadt, nach außen aber genoß das Auge den Blick über die von Alleen durchzogenen Grünflächen des sechshundert Schritte breiten Glacis auf die dicht bevölkerten Vorstädte innerhalb des Linienwalls und die sich daran anschließenden Vororte.« Weiter in der Ferne sieht man »die Wienerwaldberge, die von Norden und Westen an die Stadt herantreten, im Süden an schönen Tagen die Kalkberge, im Osten die Ebene«. »Alles, was die Wiener bewegte, konnten sie von den Basteien aus überschauen und in den Straßen zu Fuß und Wagen an sich vorüberziehen sehen. Nichts war leeres Wort oder dürre Zahl, alles war Leben und Anschauung.«

Otto Rommel schreibt dies, der Historiker des Alt-Wiener Volkstheaters; er faßt das dichte Treiben auf Straßen und Plätzen, in den Schenken und um die Tore in die Formel: »Das ›Volk‹ war noch nicht Masse, sondern Organismus. Wien ist schon Großstadt, hat sich aber noch die volle Intimität eines sozusagen familienhaften Zusammenlebens bewahrt. Nur etwa achtzigtausend von den dreihunderttausend bis dreihundertfünfzigtausend Wienern lebten in der ›Stadt‹; die meisten von ihnen kannten sich wohl vom Sehen aus, denn unaufhörlich mußten sie, Stadt- und Vorstadt-Wiener, einander in den engen Straßen, in den wenigen Duchlässen durch die Stadtmauer und auf der Bastei begegnen.« Achtzigtausend Stadtbewohner, die, in einem engen Stadtkern zusammengepfercht, einander vom Sehen kennen? Immerhin, wer einander wirklich kannte, traf sich häufig. Die alten Festungsgrenzen bildeten eine gesellschaftliche Klammer: man hatte unterwegs dauernd zu grüßen.

Mit Recht findet es Rommel für das Lebensgefühl der Bewohner bedeutsam, »daß man gewohnt war, die Stadt von oben her und immer im Rahmen des Landschaftsbildes zu sehen«: es ließ sie »ihren Bewohnern gegenständlich werden«. Für den Geist der Zeit nach den Napoleonischen Kriegen sind diese Wälle, die erst in den 1850er Jahren abgetragen werden, Ausdruck und Gleichnis. Die alten Schranken haben ihre Funktion verloren, aber sie sind noch vorhanden; in diesem Zwischenreich – das Alte ist noch da, aber schon nicht mehr wirklich, das Neue ist schon da, aber noch nicht kräftig – verwandelt sich das Gebilde der Ingenieurskunst in ein Stück Natur, keine wilde und feindliche, sondern eine dem Menschen befreundete, anempfundene, kurz: paradiesische Natur. Im Untergang, nicht im Aufgang gesellschaftlicher Ordnungen scheinen dem Menschen Paradiese auf, die allemal künstliche sind.

Wie es aussah auf den Straßen, die aus Wiens Vorstädten ins

Die Hauptstadt

Innere führten, schildert ein Zeitgenosse, Carl Johann Braun von Braunthal; »Antithesen oder Herrn Humors Wanderungen durch Wien und Berlin« heißt sein Reisebüchlein. »Ganze Schwärme von Leuten beiderlei Geschlechts strömten uns an der Linie entgegen; Männer, Weiber, Bursche, Mädchen und Kinder, wahrscheinlich Fabrikleute, wimmelten bunt durcheinander ... Und welche ausdrucksvollen Physiognomien! In dem ungeheuren Marktgewirr dieser Hauptstraße ist der Typus des Wiener Volkslebens ausgeprägt. Tausende von Menschen außen, zahllose Kinder vor den Türen, Kaufladen an Kaufladen, in jedem Hause das Geräusch von Webstühlen, Rädern und sonstigen Fabriksmaschinen, in jedem Hause eine Wein- oder Bierschenke und Musik in derselben, durch zwölf Stunden den Tag über Drehorgeln in den Höfen; Sägefeiler mit ihrem betäubenden Gekrächze, Bandelzwirnmänner, Hadernweiber, Messerschleifer, Bünkeljuden, Gipsfigurenmänner, Pomeranzenhändler, ... Salamimänner, Wasserführer, Messing-, Blei-, Glasscherbensammler, Zigeuner, Leinwandslowaken, Zwiebelkroaten, Blumenverkäuferinnen, Aschenmänner usw.: ›Sogfala! Bandlzwirn kaufts! – Hoderlump! – Scherschleif! – Nix zu handeln? Schöne Figure, Figure kaufts! – Nix zu handeln? – Da Wossamon! – Messing, Blei, Glasscherben! An Oschen! Kafte Leinwand! – Kaufts Blumenstöck! Rosenstöck!‹ Und dazwischen der rauschende Schall einer Drehorgel!«

Noch hat der antithetische Wanderer das Beste nicht gesehn: »Wir waren in keinem Bierhause, worin um den berühmten Zitherspieler getanzt und gejauchzt und Plutzerbier getrunken wird, haben noch keine Rauferei beschaut und keinen Betrunkenen in seiner Überschwenglichkeit! Kennst du die Reihe der Gasthausgärten im Neulerchenfeld? Hast du schon die Tausende dort schmausen sehen bei Harfenklang, Zitherspiel und den muntersten Liedern aller Art und Unart?« Nein, mußte der auswärtige Leser hier zu sich sprechen; ein Wienbesucher mehr war geworben.

Enthusiasmus färbt die Berichte auch manch anderer Berichterstatter. Der aus Sachsen stammende Hermann Meynert, der »Herbstblüten aus Wien« zum literarischen Strauße flicht, singt einen wahren Hymnus auf die Wiener, auf ihre »heitere Naivität, die reine Kindlichkeit ihres Gemütes, ihr Allerweltswohlwollen, ihre Arglosigkeit gegen sich und andere, ihre Bereitwilligkeit, fremdes Verdienst anzuerkennen, und ihre Selbstbescheidenheit, die doch nirgends in Mißtrauen gegen sich selbst ausartet«. Der Autor schließt noch die »unabsichtlichen Rippenstöße« in seine Begeisterung ein, »welche es hin und wieder absetzt«; sie sind ihm »als fühlbare Beweise des regen Wiener Lebens« wert. Hier fängt, ausgangs der 1820er Jahre, bereits der Wien-Kitsch, ein Stück Ufa-Wien an. »Von solchem Standpunkte aus betrachtet, gleicht Wien inmitten des frostigen, zersplitterten Deutschland einer großen Freundschaftsinsel, welche selbst tief zerrissene Gemüter in ihrem unvergänglichen Herzensfrühling zu heilen versteht.«

Hat dieser Herbstblütensammler aus dem Norden einem der Mädchen zu tief ins Auge geblickt, deren Kopftücher es dem Herrn von Braun angetan haben? »Wie schön läßt den reizend geformten Mädchen das bunte Kopftuch, glatt anliegend an den gescheitelten, glänzenden, dunklen Haaren über einer freigewölbten Stirne, unter welcher zwei feurige Augen das mit raschen Blicken bekräftigen, was der kleine, wohlgebildete, beredte Mund allenfalls aussagt! Ihr Gang ist eilig, gewandt; ihre Haltung mutig, unternehmend, ihr ganzes Wesen angenehm«.

Daß die Lebensfülle dieser größten deutschen Stadt, die, Italien nahe, zugleich ein Tor zum Orient ist, für den Reisenden aus dem Norden etwas Überwältigendes hat, darf man glauben. Schon das Kleiderbild war so farbig und formenreich wie in Leipzig allenfalls zur Messe. Da begegnet man »dem steif gerade einherschreitenden Ungarn mit dem pelzausgeschlagenen Dolman, den knapp anliegenden, bis an die Knöchel reichenden Hosen und mächtig langem Zopfe, dem rundköpfigen Polen mit seinem mönchischen Haarschnitt, mit fliegenden Ärmeln... Die Armenier, Walachen und Moldauer mit halborientalischer Garderobe sind nicht selten. Die knebelbärtigen Raizen bewohnen eine ganze Straße. Die Griechen in ihrer plumpen weiten Kleidung schmauchen truppweise in den Kaffeehäusern an der Leopoldsbrücke ihre langröhrigen Pfeifen. Und die bärtigen Muselmänner mit dem breiten Mordmesser im Gürtel traben schwerfällig in gelben Pantoffeln durch die kotige Straße.«

Ein anderer Stadtwanderer, Johann Pezzl mit Namen, hat dieses Bild überliefert; er fügt ihm noch »die ganz schwarz eingehüllten polnischen Juden« ein sowie »böhmische Bauern mit mantelförmigen Kopernizen, ungarische und siebenbürgische Fuhrleute mit Schafspelzen und Kroaten mit schwarzen Kübeln auf dem Kopfe«. Hier ist alles ins Pittoreske aufgelöst, aber dem Eindruck ist zu trauen: man hat in dieser Stadt die Welt auf der Straße; ein jeder zeigt sich in seiner Eigenart, auch äußerlich auf einer Individualität bestehend, die nicht willkürlich, sondern von Überlieferung geprägt ist. Auch die Einheimischen bieten ein farbiges Bild. »Noch erkannte man«, schreibt Rommel, »den Läufer, den Sesselträger, den Wirt, den Hausknecht, das Stubenmädchen, das Wäschermädl und selbstverständlich den Hochzeitbitter, den Konduktansager und die Gratulanten zu den verschiedensten Festzeiten«.

Nur in der Oberschicht greift Vereinheitlichung um sich; das Schwarz des Frackes, des Gehrocks ist, vom Buchhalter bis zum Kaiser, dem obersten Buchhalter, das modische Band, das den Beamtenstaat umschlingt. »Der Frack«, schreibt Hermann Hauff, der Bruder des Dichters, im Jahre 1840, »ist ein Symbol der gegenwärtigen Cultur; er ist die allgemeine Uniform des Culturmenschen, welcher bedeutsame gesellschaftliche Akte vorzunehmen hat; er ist überall, wo das Leben in seinem Ernste auftritt und des Lebens Lust am ernstlichsten genommen wird: er begleitet den Supplikanten, Communikanten, Gevattermann und Leichenbegleiter so gut wie den Ballgänger, den warmen Verehrer der Primadonna und den ästhetischen Teetrinker. Er ist die sichtbare Gestalt eines Mysteriums.« Dieses Mysterium ist der Anfang jenes Einheitszivils und jener Einheitszivilisation, die wenig später den Erdball zu überziehen beginnen; zu dieser Zeit deutet sie sich erst an. Man trägt auch blaue und braune Fräcke und zu den meist hellen Hosen Westen, die bunt und gemustert sind; um den aufgestellten Hemdkragen schlingt sich ein weiches Seidentuch.

Ambivalenz bestimmt wie die politische Verfassung so die gesellschaftliche Erscheinung dieser Stadt. Eine Vergangenheit, die im Westen fast schon verschwunden, eine Zukunft, die dort schon Gegenwart ist, sind hier in widerspruchsvolle Schwebe gebannt. Es sei, äußert Rommel, »das Besondere dieser vormärzlichen Großstadt an der Donau« gewesen, »daß von ihr keinerlei Gleichschaltungsbestrebungen ausgingen«. Der Satz ist nostalgisch diffus, denn dieses Auf-der-Stelle-Treten der Geschichte, in dem der Individualismus der alten Ständegesellschaft, schon kräftig konterkariert von gegenläufigen Tendenzen, noch einmal eine historische Frist erhält, wird durch einen staatlichen Apparat erzwungen, der eben dies, Gleichschaltung, anstrebt und vollzieht. Der von Rommel berufene Terminus paßt, dem Wortschatz der Elektrifizierung entnommen, besser auf die Mechanismen der Massendiktaturen, dennoch ist seine Übertragung auf den franziszeischen Absolutismus nicht abwegig; der Unterschied liegt in der von den gleichmacherischen Wirkungen der Massenproduktion noch nicht berührten Substanz des Volkslebens. Der Apparat schaltet schon gleich, die Produktion tut es noch nicht; hier liegt die Differenz des franziszeischen Systems, dieser Perversion des josephinischen, zu den technokratischen Absolutismen des 20. Jahrhunderts. Die vorindustrielle Substanz, die der Faschismus und ihm verwandte Staatsstrukturen ideologisch manipulierten, ist hier noch wirklich vorhanden; der Staat muß sie nicht fingieren, sondern kann sich damit begnügen, sie in den Bahnen dynastischer Anhänglichkeit zu halten.

So trifft die Unterdrückung jeder emanzipatorischen Regung im wesentlichen »die Gebildeten« (Springer), wenn man so will: den Apparat selbst, denn außerhalb seiner, in den sogenannten freien Berufen, bieten sich dem Intellektuellen nur geringe Existenzmöglichkeiten. (Dort drohte ihm, wenn er nicht gerade Arzt, Advokat oder Großkaufmann war, ein vierzehnjähriger Militärdienst.) Für die Masse der in Handwerk, Ackerbau, Gewerbe Tätigen hat die Autokratie dieses Staatswesens den patriarchalischen Charakter, den Sealsfield in dem Weinland hinter der mährischen Grenze wahrnimmt; die Strenge des obrigkeitlichen Regimes wird zu der Kehrseite einer als familiär empfundenen Zusammengehörigkeit aller Schichten und Stände. Sie beruht ökonomisch auf einer wesentlich durch Handarbeit geleisteten Produktion; kulturell fundiert wird sie durch Sprache und Musik – *eine* Sprache, die österreichische Spielart des Bairisch-Oberdeutschen, und *eine* Musik, die beide im Volk wurzeln und durch alle Stände gehen. So kommt es, daß, wenn der Kaiser in die Apollo-Säle geht, einen 1810 in der Vorstadt Schottenfeld erbauten Vergnügungspalast von kolossalischen Ausmaßen und märchenhaftem Interieur, sechstausend Besucher zusammenströmen, um dem Oberhaupt zu huldigen – eine Kundgebung ohne Militanz und Hysterie, von gleichsam staatsfamiliärem Charakter. In der Sprache des ordenklirrenden Schönfärbers und Hofgeschichtsschreibers von 1875 (es ist wiederum Hermann Meynert) sieht das so aus: »Ein ganz eigentümliches, ja einziges Verhältnis war jenes, welches zwischen dem Kaiser Franz und seiner Hauptstadt Wien bestand. Beide hielten einander liebend an der Hand, sie lauschten einander ihre Stimmung, ihre Sorgen und Freuden ab und hatten, sooft sich der Himmel trübte, wechselseitig Trostesworte füreinander in Bereitschaft. ... Stadt und Hofburg waren gewissermaßen nur verschiedene Gemächer eines und desselben großen Familienhauses mit gemeinsamen Freuden und gemeinsamen Sorgen.«

Der Kaiser

Der Reisende durch *Österreich, wie es ist,* läßt es sich nicht nehmen, einen Blick in das Innerste jenes Gemaches zu tun, das der Kaiser in dem großen Familienhaus einnimmt. In der Hofburg angelangt, passiert er einen Vorsaal, den die deutsch-ungarisch gemischte Leibwache des Monarchen innehat, eine prächtig herausgeputzte Schar von Gardeoffizieren, deren österreichischer Teil mit goldverbrämten Dreispitzen, der ungarische mit Tigerfellüberwürfen und Zobelkolpaks prunkt. Chef der aus fünfzig Adeligen bestehenden ungarischen Leibwache ist der Fürst Esterházy, den Napoleon am liebsten zum König von

Ungarn gemacht hätte; der Kaiser hält seinen potentiellen Rivalen in Schach, indem er sich in dessen Obhut begibt.

Eine rein dekorative Funktion übt der folgende Saal mit Lakaien in schwarzgelber mittelalterlicher Tracht aus; hingegen bedeuten die rotsilbern befrackten Edelknaben des nächsten Raums ein Stück politischer Pädagogik: die Spitzen der Aristokratie wachsen hier im Abglanz der Majestät heran. Es folgt die Kammerherrenstube, deren Inhaber »rechts hinten« einen goldenen Schlüssel tragen; dann gelangt man – aber wer kommt so weit? – in »ein einfaches, aber kostbar möbliertes, grün ausgeschlagenes Zimmer, wo, mit der rechten Hand auf ein Mahagonitischchen gestützt, eine mittelgroße, sehr schlanke Männergestalt steht«, kühl blickend aus schmalem, hochstirnigem Aristokratenschädel. Das ist der oberste Bürochef des Landes – will man ihn sprechen hören? Er ist, immerhin, eine prägende Erscheinung. Und er spricht, wenn er gut aufgelegt ist und es nicht gerade um Politik geht, wie folgt zu seinen Untertanen, zum Beispiel zu dem Hofschauspieler Löwe, der ein vorteilhaftes Angebot des Prager Theaters bekommen hat und mit des Kaisers Hilfe aus seinem Burgtheatervertrag loskommen will:

Franz: Ich hör ja, Sie woll'n fortgehen? Das siech i nit gern, wenn's wem nicht g'fallt in Wien.
Löwe: Euer Majestät, es handelt sich um mein und meiner Familie ferneres Wohl.
Franz: Um Ihr Wohl? Das müssen's mir deutlicher explizieren.

Löwe tut das (es geht um einen von der Wiener Direktion übergangenen Pensionsanspruch) und beantwortet Fragen des Kaisers nach seinen familiären Verhältnissen; dann schildert er das ihm von dem Prager Stände-Theater gemachte Angebot.

Franz: Können denn die Stände so viel versprechen?
Löwe: Der Pensionsfonds der Prager Bühne ist sowohl durch reine Spenden dotiert als auch durch die bisher gänzliche

Der Kaiser

Nichtbenützung geschont; erst jetzt beziehen drei Individuen kleine Pensionsbeträge.
Franz: Das freut mich, daß d' Ständ' so gut für ihre Leut' denken. Ja, ja, die Prager haben's Theater gern, und hernach können sie sich prahlen, daß sie einen braveren Schauspieler haben als ich; aber soviel kann ich für Sie nicht tun, wenn ich auch möcht' – ich mag keinen Menschen kränken.
Löwe: Es war gewiß nicht meine Absicht, E.M., meine Collegen in irgendetwas zu verkürzen; sie haben alle größeren Anspruch auf die Gnade E.M. – denn sie haben alle größere Verdienste.
Franz: Ja, ich hab' recht brave Leut! es ist wahr, aber es tut mir halt doch leid, daß Sie fortgehen wolln ... – Na, und haben's sich denn über was zu beschweren? Is Ihnen in was unrecht geschehn?
Löwe: Ich wage es zu gestehn, E.M., daß die Verweigerung der mir verheißenen fünf Jahre meiner Prager Dienstzeit ...
Franz: Das weiß i ja schon, und werd mir's auch merken; das vergeß i nit; aber haben Sie sich über sonst was zu beklagen?
Löwe: Die Gnade E.M. veranlaßt mich, eines Umstandes zu erwähnen, der mich allerdings schmerzlich kränkte.
Franz: No, was denn?
Löwe: Als man vor zwei Jahren dem württembergischen Hofschauspieler Seydelmann erlaubte, auf hiesiger Hofbühne zu gastieren, fand er sogleich nicht nur eine Anstellung bei derselben, und zwar mit einem Gehalte, wie er mir erst jetzt verliehen ist, sondern man bot ihm zugleich für seinen Eintritt eine Regisseursstelle an; die Verdienste, als dramatischer Künstler, sind nicht in Abrede zu stellen, allein für die österreichische Kunstanstalt hatte er noch keine, und doch ward ihm diese zuteil. Das mußte mich wohl kränken, da ich mir bewußt war, all meinen Eifer und mein künstlerisches Streben der k. k. Hofbühne bereits tätig gewidmet zu haben.
Franz: Zieh'ns amal den Handschuh aus! Den da – den rechten, – ich hab von meiner Loge aus immer nur vier Finger gesehn, und meine Frau disputiert mir's immer ab, so hab' i do

recht! Von was is denn der Finger da so strupiert? Wie sind's denn da angegangen?
Löwe: Ein Fehler meiner allzugroßen Lebhaftigkeit, E.M. Bei einer Vorstellung der »Räuber« fand ich einst durch Nachlässigkeit des Theaterdieners die Pistolen nicht geladen, setzte in der Eile eine zweifache Ladung auf, und dieser Finger blieb krumm und gebogen.
Franz: Das muß Sie im Raufen genieren?
Löwe: O nein, E.M., ich kann ein Ritterschwert doch noch recht gut führen; hätte meine Lebhaftigkeit mir nur nicht manchen anderen Schaden schon gebracht.
Franz: Wieso?
Löwe: Ich befürchte, daß Sr. Excellenz der Herr Graf v. Czernin mir nicht sehr gewogen ist.
Franz: Bilden Sie sich nichts ein, er hätt' mir g'wiß was davon g'sagt.
Löwe: Ich schmeichle mich unter die ruhigen Bürger der Residenz zu gehören, E.M., es ist und war nie meine Sache, mich in Angelegenheiten der Politik und der Staatsereignisse öffentlich und laut auszusprechen. Ja, ich nehme sogar wenig Anteil daran; dagegen sind Liebe zur Kunst und Eifer für dieselbe so eng mit meiner Lebhaftigkeit verschwistert, daß ich über das, was im Bereiche meines Faches stand, jederzeit und unumwunden nach meiner besten Überzeugung mich aussprach; zwar wahr und unparteiisch, doch vielleicht zu lebhaft, ich mag es nicht leugnen.
Franz: Das verstehn Sie auch, das ist gar keine Red! aber Sie sollen halt warten, bis Sie Regisseur sind. Übrigens ist die Lebhaftigkeit kan Fehler. I hab' die lebhaften Leut' gern, denn sie sein meistens besser als die faden. – No i wirs Ihnen schon sagen lassen, was ich beschlossen hab'n werd; aber wan's herkommen san, um glei »ja« oder »na« von mir z'hörn, da hab'n Sie si g'irrt; i bin nit so lebhaft als wie Sie; ich will mir's erst recht gut überlegen, denn besser bedacht als beklagt, und sagat i »ja«, so thät's mir g'wiß leid.
Löwe: Noch um eine Gnade wage ich die Bitte E.M. zu Füßen zu legen.

Franz: No, was wollen's denn?
Löwe: Zur Erinnerung dieser mir ewig unvergeßlichen Stunde der allerhöchsten Huld und Milde meines allergnädigsten Kaisers wage ich die Bitte, E.M. Hand zum Abschied küssen zu dürfen.
Franz: Jessas ja.

Das ist nicht die Erfindung eines zeitgenössischen Komödiendichters, es ist das Gedächtnisprotokoll eines Mannes, der nach dieser Unterredung im Vorzimmer ausruft: »Der Kaiser ist ein Engel!« Sie kennzeichnet den Herrn (man hat ihn sich zum Zeitpunkt dieses Gesprächs als einen Mittsechziger zu denken) wie den Knecht, und sie kennzeichnet die Lebensstimmung, die beide umhüllt; nennen wir sie Biedermeier.
Der Kaiser als der oberste Biedermeier seines Landes – hat der Hofhistoriograph Meynert am Ende recht, wenn er eine liebende Wechselwirkung zwischen dem Monarchen und der Masse seiner Untertanen konstatiert? Sealsfield unterschätzt die Gegenseitigkeit der Einwirkung, wenn er ingrimmig schreibt: »Es liegt nicht an dem Kaiser, wenn die Österreicher noch nicht das geworden sind, was sie sein werden, falls sein System noch zehn Jahre fortwirkt: die niedrigsten und treulosesten Menschen auf dem Erdenrund. Die Erziehung der Jugend, die Verwaltung, die Geheimpolizei, kurz alles, vereinigt sich hier, um politische und sittliche Verwüstung anzurichten, und der Kaiser setzt dieses System der Zerstörung in jener stillen, plumpen und emsigen Weise fort, mit der ein eigensinniger Hausvater seine Angelegenheiten zum schlechten Ende führt. Die Tyrannei Napoleons war ein Kinderspiel im Vergleich mit der im Gewande größter Biederkeit einhergehenden Willkür des franziszeischen Regierungssystems. Der Kaiser kerkert, je nach Gutdünken, Bischöfe oder auch Fürsten und Grafen ein, und dies alles vollzieht sich in der väterlichsten Weise. Wirkliche Einfachheit, despotischer Hochmut, wahrhaft jesuitische Verschlagenheit, gespielte Offenherzigkeit, rohester und undankbarster Egoismus und scheinbar gütigste Nachsicht wohnen in dieser Fürstenseele enge nebeneinander.«

Also ein schillernder Charakter, eine widersprüchliche Figur? Anton Springer findet ihren Hauptnenner bereits in einer Charakteristik, die Joseph II. 1784 von dem Siebzehnjährigen gab, als er, kinderlos, den künftigen Thronerben in seine Obhut nahm. »Tändelsucht«, so der Historiker, »Scheu vor jeder größeren Anstrengung, falscher Stoizismus, hinter welchem sich die eisige Gleichgültigkeit gegen alle höheren Interessen barg, Mißtrauen gegen alle anderen, Liebe für das Kleine und Kleinliche, Furcht vor jeder hervorragenden kräftigen Persönlichkeit bilden die dauernden Grundzüge in dem Charakter des guten Kaisers, der, obgleich von durchaus flachem Wesen, doch besonders in den späten Jahren nur von wenigen durchschaut wurde, weil er durch sein unansehnliches Äußeres, die scheinbare Gutmütigkeit und die spießbürgerlichen Manieren trefflich zu täuschen verstand und durch einzelne Eigenschaften wie den Gebrauch der gröbsten österreichischen Mundart, die Verachtung der ausländischen Bildung auch in der Rechtschreibung, die Schaustellung des echten, unverdorbenen Wieners den zahlreichen untern Klassen schmeichelte, die in ihm einen Mann ihresgleichen sahen und durch ihn sich gleichsam in ihrem Werte gehoben fühlten.«

Erst von 1809 an – nach dem Sturz der Reformer Stadion und Erzherzog Carl – könne man die eigentliche Regierung Franz' I. rechnen: »Erst seit dem Wiener Frieden nimmt nach mannigfachen Schwankungen und Wendungen das österreichische Regierungssystem eine feste Gestalt und eine dauernde Gleichmäßigkeit an, in welcher die Natur des Herrschers sich scharf und deutlich ausprägte.« Springer beschreibt, wie nach den Erschütterungen des Volkskriegs gegen Napoleon das Mißtrauen des Monarchen über seine Arbeitsscheu gesiegt habe: »Notgedrungen begann er sich um die Angelegenheiten des Staates zu kümmern ... Da entdeckte er, daß auch das Regieren nicht notwendig mit geistiger Anstrengung verbunden sei und die Verwaltung eines Staates auch spielend und tändelnd getrieben werden könne. ... Er besaß nicht die Gaben eines Staatsmannes, dagegen hatte er an der mechanischen Betriebsamkeit eines pedantischen Kanzleibeamten ein großes Gefallen, übertrug, wo es anging, die Geschäfte aus der politischen Sphäre in den engen Kreis einer gewöhnlichen Amtsstube und behandelte sie den untergeordneten Anschauungen, die in einem solchen Kreise herrschen, entsprechend. Je länger er lebte, desto mehr wurde es in den obersten Regierungskreisen zur Gewohnheit, alles Kleine und Unbedeutende als überaus gewichtig anzusehen, dagegen alles Große und Bedeutende zu verschleppen und in dem Wuste von engherzigen formalen Bedenken zu begraben. So wollte es der Kaiser und ging darin allen Umstehenden mit seinem Beispiele voran. Jeder Tag erblickte ihn viele Stunden lang vor seinem Schreibtische sitzend und mit dem ergrautesten Hofrate in trockenem Fleiß und gedankenlosester Geschäftigkeit wetteifernd.«

Das Resultat entspricht dieser Art von Geschäftigkeit: »Würde jemandem die Aufgabe gestellt, eine Maschine zu erfinden, die sich zwar mit gewaltigem Lärm dreht, aber doch niemals fortbewegen kann, er fände dieselbe in der Einrichtung der österreichischen Staatsverwaltung ... auf das sinnreichste gelöst.« »Die tote Masse«, schreibt Springer an anderer Stelle, »schob sich träge weiter, und daß dieses in alle Zeiten weiter gehe, nichts Neues und Großes die Ruhe störe, blieb das Ziel der kaiserlichen Wünsche.« Daß das keine satirische Übertreibung ist, gibt ein Wort des Kaisers selbst zu erkennen, gerichtet an die Professoren des Laibacher Lyzeums. »Halten Sie sich an das Alte«, sagte die Majestät diesen ehrenwerten Untertanen und ließ es drucken, »denn dieses ist gut und unsere Vorfahren haben sich dabei gut befunden, warum sollten wir es nicht? Es sind jetzt neue Ideen im Schwang, die ich nie billigen kann, nie billigen werde. Enthalten Sie sich von diesen und halten Sie sich an das Positive, denn ich brauch keine Gelehrten, sondern brave Bürger. Die Jugend zu solchen zu bilden, liegt Ihnen ob. Wer mir dient, muß lehren, was ich befehle. Wer das nicht kann oder mir mit neuen Ideen kommt, der kann gehen oder ich werde ihn entfernen.«

Die große Maschine

Diese Staatsmaschine läuft in gewisser Weise von selbst. »Die Einfalt der Bewohner entlegener Provinzen dachte sich die Person des Kaisers allgegenwärtig und allmächtig und belästigte ihn mit allen erdenklichen Anliegen.« Gott und Kaiser verschwimmen in der Vorstellung des walachischen Bauern, des slowenischen Tagelöhners; der Gott-Kaiser heidnischer Reiche feiert in seiner Person christliche Urständ. Franz I. entwickelt die persönliche Basis seines Regiments ganz bewußt. Er ist engherzig und beschränkt, dumm ist er nicht und hat von seinem korsischen Schwiegersohn gelernt, daß ein monarchisches Regime ohne populären Hintergrund nicht mehr auskommt. So geht er unters Volk (ein Auftritt wie der in den Apollo-Sälen wäre für das Zeremoniell des 18. Jahrhunderts undenkbar gewesen) oder läßt das Volk zu sich kommen. Seine zahlreichen Audienzen sind nicht kindische Manie, wie Springer meint, sondern harte politische Arbeit; die personelle Präsenz des Kaisers ist ein wichtiges Regierungsinstrument.

Da es aber unmöglich ist, zu allen Untertanen »ein unmittelbar gemütliches Verhältnis« zu unterhalten, hilft »ein förmliches Organ« nach, das »über die Liebe und Treue der Untertanen Buch und Rechnung« führt. Das ist die Polizei, und was als Werkzeug des Alleinherrschers gedacht ist, macht diesen mit der Zeit zu ihrem Werkzeug, in einer dialektischen »Verkehrung der Verhältnisse, daß, wer unbedingt herrschen [will], zuletzt von ganz untergeordneten Personen beherrscht« wird. »Indem [die Polizei] nach ihrem Gutdünken dem Kaiser einzelne Tatsachen verschwieg und andere ausführlich schilderte, stellte sie ihn gleichsam selbst unter ihre Obhut«. Ein Regent, der seiner eigenen Kraft nicht traut und darum keiner anderen, gerät zwangsläufig in die Schlingen dessen, was er als Apparat um sich aufbaut. Seine Vorstellung von Selbstregierung ist Selbsttäuschung; die Maschinerie, die seine Erscheinung deckt, ist auch für ihn selbst undurchdringlich.

Es ist nur natürlich, daß der erklärte Feind aller Bewegung eine tiefe Abneigung gegen Leute hegt, die sich ohne staatliches

Amt um öffentliche Dinge kümmern – Leute, die von Berufs wegen die verhängnisvolle Neigung haben, »Unruhe unter dem Volk zu verbreiten, Neuerungen zu empfehlen, die Behörden zu belehren und Staatseinrichtungen zu beurteilen«: die Schriftsteller des Landes. »Gegen die Literatur und alle, die sich mit derselben bechäftigten«, schreibt Springer, hegte »Kaiser Franz nicht bloß Abneigung, sondern einen grimmigen Haß. Bei jeder Gelegenheit gab er demselben Worte, und dieses mit einer schneidigen Schärfe, welche von dem sonst streng gewahrten Scheine größter Gutmütigkeit seltsam abstach.«

»Daß man es im Amte nicht weit bringen könne, wenn man sich in Mußestunden mit literarischen Arbeiten beschäftige, galt ihm als eine ausgemachte Sache«; entsprechend war die Behandlung jener Autoren, die im Staatsdienst ein Unterkommen gefunden hatten. Grillparzer, der bedeutendste von ihnen, konnte ein Lied davon singen; er tat es später in seiner «Selbstbiographie«. Wie ein in seiner Dynastiefrömmigkeit satirischer Fehldeutung bloßliegendes Gedicht, das versehentlich publik wurde, seine Beamtenlaufbahn zum Stillstand, fast zum Erliegen brachte, gehört zu den tragikomischen Hauptmomenten dieser Lebenserzählung.

Es ist schon die thematische Weite und Verflochtenheit der literarischen Arbeit, die dem Kaiser Mißtrauen einflößt. Sie läuft einer Abschirmungspolitik zuwider, die Staat und Gesellschaft vor allen äußeren geistigen Einwirkungen sicherzustellen strebt, auch und gerade vor dem Einfluß jener Nationalkultur, die Aufklärung und Klassik den deutschen Landen eingepflanzt haben; der Abwehrkampf gegen Napoleon hatte ihr einen mächtigen politischen Impuls hinzugefügt. Auch die literarischen Apologeten des eigenen Systems wie Friedrich von Gentz, der Metternich-Berater und Staatspublizist, wie Friedrich Schlegel oder Adam Müller standen bei ihrem Oberherrn nicht in Ansehen; er benutzte sie lediglich als eine Art Aushängeschild nach dem Ausland hin (dafür galten auch die andern Staaten des Deutschen Bundes). »Diese Männer«, schreibt Springer, »hatten selbst das deutliche Bewußtsein ihres Luxuswertes.« Sie äußerten Gründe, weshalb sie mit dem kaiserlichen

Regiment konform gingen: schon das machte sie diesem verdächtig. Ihr Beruf selbst, das öffentliche, urteilende Wort, verstieß gegen das Wesen des Systems, dem sie dienten.

»Ein österreichischer Schriftsteller«, ergänzt Sealsfield 1827 das Bild, »ist wohl das meistgequälte Geschöpf auf Erden. Er darf keine wie immer benannte Regierung angreifen, er darf nicht freisinnig, nicht philosophisch, nicht humoristisch, kurz, er darf gar nichts sein. Unter den verbotenen Dingen sind nicht nur Satire und Witz verstanden, er darf sich überhaupt nicht vertiefen, weil dies zu ernsterem Nachdenken anregen könnte. Wenn er irgend etwas zu sagen hat, muß dies in jenem unterwürfigen und ehrfurchtsvollen Ton geschehen, der einem österreichischen Untertan ziemt«.

Ein rosiger Schimmer hatte in dem Zensurpatent von 1810 die Maßgaben der Kunst umkleidet. »Kein Lichtstrahl«, hieß es dort, »er komme woher er wolle, soll in Zukunft unbeachtet und in der Monarchie unerkannt bleiben. Fehler der Staatsverwaltung und Mißgriffe der Behörden können aufgedeckt und Verbesserungen angedeutet werden, nur muß dieses in einer würdigen und bescheidenen Form geschehen.« Ob das der Fall sei, bestimmte das Bücherrevisionsamt, und es erließ sein Urteil wohlabgestuft. *Admittitur* (es wird zugelassen), das bedeutete unbeschränkte Erlaubnis, *transeat* (es möge passieren) oder *toleratur* (es wird geduldet), das genehmigte den Druck oder die Einfuhr eines Buches, verbot aber dessen öffentliche Ankündigung. *Erga schedam conceditur* (gegen Bescheinigung zugestanden), das bedeutete Aushändigung eingeführter Bücher gegen Erlaubnisschein für Fachleute. Schließlich *damnatur* (es wird verurteilt), das hieß vollständiges Verbot; Ausnahmen für den wissenschaftlichen Gebrauch konnte die Polizei-Hofstelle genehmigen.

Das Verfahren, das theoretisch die Möglichkeit der Berufung vorsah (niemand machte jemals davon Gebrauch), war wirksam über sich selbst hinaus. »Wenn ein österreichischer Schriftsteller es wagte, eine den Ansichten der Regierung nicht entsprechende Richtung einzuschlagen«, schreibt Sealsfield, »so würden nicht nur seine Schriften unbarmherzig verstümmelt, sondern er selbst würde als gefährlich angesehen und von allen treuen Untertanen gemieden werden. Würde er sich aber gar unterfangen, seine Arbeiten außerhalb der Reichsgrenzen, in Deutschland, zu veröffentlichen, ein Wagnis, welches angesichts der österreichischen Allmacht in Deutschland nahezu unmöglich ist, so würde dieser Versuch als an Hochverrat grenzendes Verbrechen betrachtet und bestraft.«

Auf diesem »Schwemmsande eines feigen Absolutismus« (Sealsfield) geht es der Wissenschaft kaum besser. »Wien«, schreibt Sealsfield, »verfügt gewiß über viele Gelehrte, aber sie sind nicht nur vom Volk, sondern auch untereinander strenge geschieden. Ein Ingenieur ist in Wien nur Ingenieur, als solcher versteht er sein Fach gründlich, aber weiter nichts. Ein Professor des Bürgerlichen Rechtes wird seine Disziplin sicher vollständig beherrschen, aber im Geldwesen und den sonstigen Zweigen der Volkswirtschaft ist er völlig unerfahren. Man könnte ihn für einen vollständigen Ignoranten halten, wenn man nicht über sein Spezialfach mit ihm spricht. Durch solche völlig zur Maschine gewordenen Menschen setzt die Regierung ihren Willen durch.« Am engsten aber sind die leitenden Beamten selbst dran. »Kein Staatsbürger«, überliefert der Wien-Reisende, »besitzt so geringe Bewegungsfreiheit wie der österreichische Beamte. Im Mittelpunkt des Frohsinns und der Lebensfreude sind diese Leute an ihre Schreibtische gefesselt, überwachend und selbst überwacht. Da der Kaiser das Privatleben seiner Beamten genau kennt und beobachtet, können diese keinen Schritt tun, der nicht ihm oder der Polizei hinterbracht würde.«

So steht auch hier Polizei am Anfang und am Ende. Sie wacht darüber, daß nicht Unbefugte in ihren Tätigkeitsbereich eindringen: Literaten, Aufwiegler, Demagogen. Denn »es schickt sich nicht, daß der Kaiser auf einem anderen Wege als dem der Polizei über die Angelegenheiten und insbesondere über die Gebrechen des Staates etwas erfahre« (Springer). Kaiser und Polizei teilen sich gewissermaßen die Arbeit; was in einer lebendigen Staatsöffentlichkeit dialektisch eines ist, nämlich in dem einzelnen Bürger, der kritisch-tätig an der Gestaltung des öffentlichen Lebens teilhat und eben daraus seine Bindung an dies bezieht, das erscheint hier zweigeteilt und entfremdet. Der populistische Kult um die führende Person übernimmt den positiven, gesellschaftlich verbindenden, die geheimpolizeiliche Spezialinformation den negativen, gesellschaftskritischen Part.

Indessen sieht das System noch andere Rückkoppelungen vor. So gibt es ein auf die führende Person zulaufendes Petitionswesen; schriftlich und mündlich, auf brieflichem und auf dem Audienz-Wege ist jeder Untertan befugt, sich unmittelbar an den Monarchen zu wenden. Was Sealsfield von dem Retzer Weinbauern hört, ist Staatsmaxime; sie soll ein Gegengewicht wider die Übermacht des Beamtenapparats schaffen, der »seine Kraft nur in der Lähmung einer jeden Bewegung« erweist. Und der Kaiser tut die vielen Eingaben keineswegs in den Papierkorb, er behandelt sie mit der Sorgfalt des verantwortungsbewußten Hausvaters. »Sie wurden im geheimen Kabinette des Kaisers geprüft und je nach dem Befunde entweder einfach den Behörden zur Entscheidung übergeben oder auf Befehl des Kaisers einer besonderen Prüfung ... unterworfen, welche in der Regel alle Stufen der Verwaltung hindurch so gründlich vorgenommen wurde, daß schließlich kein erhebliches Resultat herauskam.«

So Springer, der auch den andern Weg beschreibt, auf dem der Monarch seinen Apparat zu durchdringen strebt. Auch dessen leitende Chargen – Hofstellen und Staatsräte – können sich mit Memoranden unmittelbar an den Kaiser wenden, der ihnen durch Handbilletts seinen Willen kundgibt. Der Monarch, in dessen Hand alle Entscheidungen zusammenlaufen, etabliert sich dergestalt selbst als Kontroll- und Appellationsinstanz. Aber das Verfahren funktioniert nicht; es kann und in einem tieferen Sinn soll es auch nicht funktionieren. Die allerhöchsten Billetts senken eine Vielzahl von Einzelverfügungen auf den Apparat nieder und liefern dessen Lethargie, anstatt sie zu durchbrechen, nur neuen Anhalt. »Die Behörden verwandelten sich in bloße Anfragebüros, waren unermüdlich, Auskunft zu verlangen, schoben sich gegenseitig die Arbeiten zu, verschleppten nach Möglichkeit die Geschäfte, sperrten sich gegen

Die große Maschine 61

jede Verantwortlichkeit und fühlten sich, weil ja die Aktenstücke fortwährend wanderten und niemals ruhten, über ihre Wirksamkeit beruhigt.«

Das Phänomen ist bedeutsam, weil es aus einem echten Gefühl des Mangels und der Gefahren einer allmächtigen Bürokratie hervorgeht. Ein Staat, der sich zu schwach fühlt, öffentliche Regulative seiner Wirksamkeit zu dulden, baut ein dreifaches System von Rückkoppelungen in sein Gestänge ein – von Informationen, die die Basis (die Wirklichkeit) mit der Spitze kurzschließen, um stabilisierende Gegensteuerungen zu ermöglichen. Die Informationstätigkeit der Geheimpolizei ist das eine dieser Regulative, die petitive Erreichbarkeit des Staatsoberhaupts das andere, dessen Erreichbarkeit für die leitenden Beamten das dritte. Und alle diese immanenten Korrektive schlagen nicht nur fehl, sondern um; sie verstärken die Immobilität und Ineffektivität des Apparats, den sie geschmeidig halten sollen. Sie werden mühelos, wie eine Nahrung, von ihm absorbiert und erfüllen damit ihre tiefere Bestimmung. Denn im letzten Grunde ist es auf eben dies, Stillstand, abgesehen. Man fürchtet Bewegung, weil man die Zukunft fürchtet, und organisiert hinter seinem eigenen Rücken leere, in sich kreisende Bewegung, die Energie nur verzehrt, nicht freisetzt. Die personalpolitische Maxime, die dies gewährleistet, lautet so: »Keinem Verdienste die volle Belohnung, keiner Kraft die ganze Macht, keinem Manne die rechte Rolle.«

Ist das am Ende gar Weisheit? Man hat Napoleons Regime hinter sich, in dem ein jeder den Marschallstab im Tornister fühlen konnte, ein hemmungslos effektives System. Und welcher Art ist die Zukunft, vor der Kaiser Franz und seine Berater ein offenbares Grauen verspüren? Die Französische Revolution hat die Demokratie, ein altes europäisches Modell, auf die Tagesordnung der Geschichte gesetzt, aber wie die athenische Demokratie mit der Sklaverei, so ist diese neue Demokratie mit dem Kapitalismus verschwistert, und der zeigt – in Frankreich, in England – wenig gemütliche Züge; er ist für die Mehrheit der Betroffenen Industriesklaverei. Aufklärung war die Losung der vorrevolutionären Epoche gewesen, nun entfaltet sich ihre Ambivalenz; Rationalität, die die alten, langgewachsenen Strukturen abbaut, produziert einen neuen Mythos: den Mythos des Marktes, der Technik, der vermöge seiner Expansionskraft gefährlicher als der alte ist.

Aber nicht solche Aspekte sind ausschlaggebend für die Abneigung der Wiener Imperialbürokratie gegen die anstehende Neuordnung der gesellschaftlichen Dinge. Sie und ihr Herr reagieren nur auf eines: die drohende Verschiebung der Machtverhältnisse. Sie wissen nicht eigentlich, was dagegen zu unternehmen sei. Friedrich von Gentz, der aus Preußen eingewanderte Cheftheoretiker dieses Staatsapparats, Schüler Kants, Verehrer Goethes, ein Mann von Talleyrandschem Zuschnitt und Entwicklungsgang, obschon, anders als dieser, nicht Politiker, sondern Intellektueller, auch als Intellektuellenfresser, ein Mann, der vom Parteigänger der Französischen Revolution zu dem des englischen Konstitutionalismus wurde und schließlich an der Seite Metternich seinen Platz findet, von dem aus er jede Abweichung von der restaurativen Linie im ganzen Deutschen Bund unnachsichtig verfolgt, dieser scharfsinnige Hofrat äußert zutreffend, daß die Frage in Wien nicht laute, »wie die Gesellschaft nach einem besseren Plane für die Zukunft zu bilden sein wird«: »Das einzige Geschäft der Staatsmänner ist und muß sein, sie vor der drohenden, nahen Auflösung zu bewahren.«

Bildkräftiger noch drückt sich der Kaiser selbst aus: »Mein Reich ist wie ein wurmstichiges Haus«, sagt er zu dem russischen Botschafter, »wenn man einen Teil davon ablöst, kann man nicht wissen, wieviel davon nachstürzt.« An seinem Mahagonitischchen, kaltblickend unter der schmalen Aristokratenstirn, gebietet er der Geschichte Einhalt, und sein Rezept heißt »die Politik des Stillstands und des Gleichgewichts«. Das gilt einmal nach außen und bedeutet die garantierte Balance im System der europäischen Mächte. Zu ihrer Aufrechterhaltung beschäftigt der Kaiser einen eleganten Rheinländer, dessen diplomatisches Genie – ein Genie der Improvisation, des Fortwurstelns, des augenblicklichen Löcherstopfens im Strumpf des restaurativen Mächtesystems – an dieser Aufgabe in seinem Element ist: den Fürsten Metternich. »Tag gewonnen, alles gewonnen«, lautet seine Maxime; Goethe, der sich nach der Völkerschlacht auf seine Seite schlägt, bescheinigt ihm »unglaubliche Gewandtheit in Benutzung des Augenblicks und im Kaptivieren der einflußreichsten Personen«.

Stillstand und Gleichgewicht – das gilt zum andern nach innen und bedeutet Balance der Klassenmächte und Niederhaltung der Intelligenz vermöge der trägen Übermacht eines selbstzufrieden in sich kreisenden Verwaltungsapparats. »Die Rückkehr zum Alten«, erklärt der Außenminister 1820 in einer geheimen Depesche, »sei ebenso gefährlich wie der Übergang zu Neuem; was bestehe, müsse unbedingt aufrechterhalten bleiben; eine Abweichung, gleichviel ob man zurückstrebe oder vorwärtsdränge, sei unstatthaft.«

Der Kaiser selbst überwacht in der inneren Politik die Einhaltung dieser Regel, und er hat dazu zwei Handlanger: den Grafen Saurau, einen von der Geschichtsschreibung merkwürdig vernachlässigten Mann, Chef der Hofkanzlei von 1817 bis 1831, und den Grafen Sedlnitzky, der, 1817 zum Präsidenten der obersten Polizei- und Zensurhofstelle ernannt, erst 1848 von der Revoulution aus einem Amt verjagt wird, in dem er drei Jahrzehnte lang für Zensurschikanen und Demagogenriecherei verantwortlich war. Metternich trägt zwar seit 1821 den Titel eines Haus-, Hof- und Staatskanzlers, aber für die Innenpolitik ist Saurau zuständig, der uns schon in Sealsfields Lebenslauf vorgekommen ist. Der Chef der kaiserlichen Kanzlei hatte sich Mitte der 1790er Jahre als Adlatus des damaligen Polizeichefs bei der grausamen Bestrafung einer Jakobinerverschwörung hervorgetan, die er selbst erfunden hatte.

Auf eigentümliche Weise versammeln sich alle diese Gestalten im Namen von Goethes Gesammelten Werken, für die der Autor 1825 um Bewilligung eines kaiserlichen Privilegiums nachsucht. Goethe spannt Gentz, den alten Freund und Verehrer (der Goethe-Forscher August Sauer nennt ihn einen »Bahnbrecher weimarischer Cultur in Österreich«), privatim für dieses Anliegen ein und wendet sich offiziell an Metternich – auch dies ein guter Bekannter aus Weimarer und Karlsbader Tagen, der ihm 1815 einen hohen kaiserlichen Orden verschafft hatte;

der also Geehrte hatte in seinem Dankschreiben der Hoffnung Ausdruck gegeben, »unter so hoher und sicherer Leitung diejenigen Gaben, welche Natur und Bildung mir verliehen, zu bedeutenden Zwecken treulich zu verwenden«. Metternich entscheidet die Editionsangelegenheit durch einen Vortrag beim Kaiser zu Goethes Gunsten; von Saurau wird Goethe dann die Gewährung des Privilegiums im Namen der Hofkanzlei amtlich mitgeteilt. Als Grillparzer Goethe 1826 in Weimar besucht, zeigt der illustre Kollege ihm dieses und andere Zeugnisse seiner österreichischen Beziehungen als in Seidentücher gehüllte Reliquien.

Kann man die Politik dieser drei, vier Leute, die sich auf die Weimarische Exzellenz als kulturpolitischen Hauptnenner einigen, an einem technisch-ökonomisch-intellektuellen Fortschrittsbegriff messen? Dazu ist dieser Begriff selbst zu unaufgeklärt und mythologisch. Er »widersetze sich dem Werdegang unseres Weltteiles«, sagt Sealsfield von Metternich; das ist ein schönes und kräftiges, aber es ist auch ein abstraktes Wort; es setzt, im Hegelschen Sinne, den Marx später so folgenreich umdeutet, eine teleologische Bestimmtheit des historischen Prozesses voraus, die das Erzeugnis geschichtsphilosophischen Wunschdenkens ist.

Aber man kann diese Politik mit einem immanenten Maß messen; das sind ihre moralischen Folgen. Demoralisation, die Schrumpfung des geistigen und sittlichen Horizonts, ist die Folge der allerorts gestauten, abgelenkten, auf sich selbst zurückgeworfenen Kräfte; zeitgenössische Beobachter tieferen Blicks bezeugen sie übereinstimmend. Zynismus oder Resignation, die Flucht in apathische Verweigerung oder gefügige Anpassung, Vereinzelung in allen ihren Spielarten: Verzweiflung, Selbstsucht, Indolenz, schießen ins Kraut. Eine ganz unmittelbare Korruption erleidet jene Schicht, die die Handbücher der Zeit präzis als »die arbeitende Classe« bezeichnen; Sealsfield gibt einen Begriff davon. »Seit dem Jahre 1811 sind die zehntausend ›Naderer‹ oder Geheimpolizisten am Werke. Sie stammen aus den niederen Klassen des Handelsstandes, der Dienstboten, der Arbeiterschaft, ja sogar der Prostituierten und bilden eine

Die große Maschine 65

Vereinigung, welche die ganze Wiener Gesellschaft so durchzieht wie der rote Seidenfaden die Taue der englischen Flotte. In Wien kann kaum ein Wort gesprochen werden, das ihnen entgeht. ... Der Volkscharakter hat sich diesen Zuständen gemäß verändert. Da die Regierung alles getan hat, um die Wiener von ernster oder geistiger Bestätigung fernzuhalten, so sind der Prater, die Kaffeehäuser und das Leopoldstädter Theater die einzigen Ziele ihres Denkens und Wünschens. Das aber müssen sie haben, und wenn sie es nicht auf ehrliche Weise erreichen können, so gehen sie eben unter die ›Naderer‹ und verdienen dadurch einen Dukaten wöchentlich.«

Wie in Prag lebt einzig die Hocharistokratie unter vergleichsweise liberalen Bedingungen. Sie ist entmachtet und wird geschont; der Kaiser begnügt sich damit, die Großen seines Reiches (sie sind sehr groß, Fürst Esterházy verfügt über ein Einkommen, »das den vereinigten Zivillisten der Könige von Bayern, Sachsen und Württemberg gleichkommt«) ausmanövriert zu haben. Der Besitzstand dieser dreihundert Familien ist ihm Gewähr dafür, daß das Gewicht der Interessen größer ist als der Groll, den diese Schicht wegen ihrer politischen Kaltstellung hegt; im übrigen sucht er sie durch ein aufwendiges Hofleben an sich zu binden. So bleibt der »gesellschaftliche Krieg« (Sealsfield), den diese Fürsten, Grafen und Freiherrn alten Adels gegen den Staatskanzler führen, in den Grenzen des Salons und wird »in den höflichsten Formen« ausgetragen. Das System läßt die mißgelaunten Vasallen in Ruhe.

»In den Kreisen des Adels und der reichen Bankwelt«, schreibt Sealsfield, »wird man eine gewisse politische Freiheit und ungebundene Sprache, auch Zeitungen und verbotene Bücher aller Länder finden.« Wer hier Eingang findet, ist geborgen: »Nirgends kann man sich wohler und heimischer fühlen als in diesen Kreisen, besonders in den Häusern der ungarischen Aristokratie. Hier herrscht kein Verdacht, kein Zwang und keine Furcht.« Eine intime Zeugin der Epoche, die Gräfin Thürheim, beschreibt, wie es zuging in diesen Kreisen, deren Standesbewußtsein sich scharf abgrenzte von dem sogenannten leoninischen Adel; das waren die unter dem Absolutismus freigebig geadelten Beamten, Offiziere und Kaufleute.»Wien war in diesem Winter von 1816/1817 glänzend. Eine Menge Ausländer eilten herbei, um an allen Unterhaltungen teilzunehmen, die das gesellschaftliche Leben und die vornehmen Häuser boten. Außer den Palästen der Gesandten und der Minister, die mehrere Male in der Woche für alle, die sich dort vorgestellt hatten, Soireen gaben, außer den vielen Diners in der Stadt und unzähligen Bällen und Festen in Privathäusern gab es noch viele kleine Soupers für intime und elegantere Kreise. Dort war es vornehmlich, wo die Heiterkeit, pikante, lehrreiche Gespräche, liebenswürdige Koketterien und zart verhüllte Liebesintrigen eine Atmosphäre von Interesse, Biederkeit, von ›gai-vivre‹ [Frohleben], vereint mit dem Gefühle von Zusammengehörigkeit, verbreiteten, wie man es außer in Wien in keiner anderen großen Hauptstadt hätte finden können.«

So lebt der hohe Adel – er lebt für sich und ist seit seiner politischen Zurückdrängung auch in kultureller Hinsicht passiv. Eine subtile gesellschaftliche Kultur entfaltet sich ohne die mäzenatischen Ambitionen früherer, vornapoleonischer Zeiten im elitären Abseits. Sealsfield zieht das Fazit: »So zielt in Wien alles darauf ab, derbe Lebensfreude und Genußsucht im Volke zu nähren, stummen Gehorsam bei den Beamten und Verdrossenheit oder Verschwendungssucht unter der Aristokratie.«

Macht der Kunst

Einen Vorzug scheint man diesem sich ächzend umwälzenden, von einer »ausgebildeten Lauscherkunst« (Springer) zusammengehaltenen System indessen zugestehen zu müssen: ist dies ein Polizei-, so ist es, trotz der extremen Wehrpflicht, doch kein Militärstaat. Er fürchtet und unterbindet jeden tätigen Gemeinsinn, aber er verschmäht jenes militaristische Surrogat, das im preußischen Norden an die Stelle eines lebendigen Staatsbewußtseins tritt. Ist die Person des Kaisers dafür ausschlaggebend? Die Rolle der Persönlichkeit im politischen Leben ist ebensowenig zu unterschätzen wie die der Nicht-Persönlichkeit. Joseph II. war ein leidenschaftlicher, obschon glückloser Militär gewesen; das ist sein Neffe Franz weder in politischer noch in persönlicher Hinsicht. Seine »instinktmäßige Furcht vor jeder selbständigen Macht im Staate wies sowohl den Soldatenstand wie den Klerus in enge Schranken zurück«. »Er sah«, fährt Springer fort, »in der Armee nur eine anders gekleidete Dienerschaft, zu unbedingtem Gehorsam verpflichtet und durchaus nicht berechtigt, sich als Waffenbrüderschaft von den übrigen Untertanen zu sondern. Der Mangel an Eitelkeit im Kaiser, der sich höchst ungern in eine Uniform pressen ließ, und seine Abneigung selbst gegen den Schein des Kräftigen und Mannhaften hatten an dieser geringschätzigen Behandlung des Militärs gleichen Anteil.«

Franz I. ist ein eingefleischter Zivilist, und er hat es nach zwanzig Kriegsjahren nicht schwer, diese Veranlagung auf sein Volk zu übertragen. »Dem Beispiel des Monarchen folgte die gesamte Bevölkerung, die in der Armee nur eine verkappte Strafanstalt erblickte, in welcher alle störrigen und unbrauchbaren Individuen der Gesellschaft bewacht ... wurden.« Springer findet diese antisoldatische Haltung fatal, und tatsächlich: Österreichs 1866 besiegelte Niederlage im Kampf um Deutschland wird von Franz I. vorentschieden; das Regime der Furcht und des Beharrens hat Angst auch vor seinen eigenen Soldaten. Die kulturellen Vorzüge dieses notorischen Zivilistentums sind gleichwohl augenfällig. Es herrscht, so erfahren wir, »ein friedlich gemütliches Verhältnis zwischen Militär und Bürgertum«. Die Soldaten mischen sich in dienstfreien Stunden unter die Arbeiter, und die Offiziere tragen in Gesellschaft Zivil, »weit entfernt, durch stramme Haltung und den Schein ritterlicher Bildung zu glänzen, aber auch durch ungezügelten Übermut zu verletzen«.

Über das Verhalten des obersten Kriegsherrn in den Feldzügen, an denen er teilnehmen mußte, gehen groteske Geschichten um; eine davon betrifft die Schlacht bei Wagram im Juli 1809. Dort war infolge des Ausbleibens eines zu spät benachrichtigten Entsatzheeres unter dem Erzherzog Johann eine äußerst kritische Lage für die österreichischen Truppen entstanden; der Kaiser indes verzehrte »in seinem Hauptquartier zu Wolkersdorf gemächlich sein Mittagessen, und als einer der Adjutanten mit der schlechten Nachricht vom Ausbleiben des Erzherzogs und dem Rückzuge der Armee eintraf, sprach der Kaiser: ›Habe ich's Ihnen nicht gesagt, daß uns der Johann sitzen lassen wird, und daß wir wieder die Zeche bezahlen müssen? Jetzt können wir schauen, wo der Zimmermann's Loch gemacht hat.‹ So sprechend erhob sich Seine Majestät, um seinen Wagen mit einer Ruhe zu besteigen, die allgemeines Erstaunen erweckte.« Vermutlich war er erleichtert, daß sein Bruder Carl, der militärisch Verantwortliche, nicht abermals siegreich gewesen war.

Hat man in Franz' I. hartnäckiger Kriegsunlust seine eigentliche kulturelle Leistung zu sehen? Daß hier Zusammenhänge betehen, erhellt wiederum auf anekdotische Weise. 1813 muß der Kaiser abermals ins Feld ziehen, gegen einen Feind, der inzwischen zur Familie gehört; Napoleon ist 1810 sein Schwiegersohn geworden. Franz I. wappnet sich auf seine Weise gegen die widrige Situation. Er hat Liebhabereien; wenn er nicht gerade der Taubenzucht, der Herstellung von Siegellack oder dem Verfertigen von Schattenrissen obliegt, widmet er sich dem Quartettspiel, womit kein Kartenspiel gemeint ist, sondern eine subtilere Form der Unterhaltung: der Kaiser spielt Streichquartett. Joseph II. spielte Violoncell, und sein Neffe hat sich der Geige verschrieben; fast jeden Abend sammelt er, mit dem zweiten Pult vorliebnehmend, seine Getreuen zu musikalischen Übungen um sich. Und er ist diesmal entschlossen, auch im Kriege nicht davon zu lassen; Springer beschreibt es mit tadelnden Worten: »Als im Kriege 1813 eine böhmische adelige Leibwache errichtet wurde, mußte auf Befehl des Kaisers für die vollständige Vertretung eines Streichquartetts in ihren Reihen gesorgt werden. Gar seltsame Wichte ... kamen infolgedessen in die böhmische Leibwache. Des Kaisers Wunsch ging aber genau in Erfüllung, und er geigte sich mit seinen Gardisten von Dresden nach Paris.«

Daß ein Mann solchen Schlages zuletzt die Oberhand über Napoleon gewann, hat geradezu Konseqenz. Es mag just dieses furchtsam-antisoldatische Naturell seines Schwiegervaters gewesen sein, das Napoleon in den Verhandlungen des Sommers 1813 verblendete. Die beiden Parkettmenschen, mit denen er es zu tun hatte, Metternich und Franz I., waren ihm in ihren politischen Forderungen so verächtlich (es ging um den Preis für Österreichs weitere Neutralität), daß er die Entscheidung auf dem Schlachtfeld vorzog. Auch später wollte er sich von Metternich nicht retten lassen.

Musikalischen Anforderungen unterlag nicht nur die böhmische Garde. »In seiner unmittelbaren Umgebung mußten sich stets Musikkundige befinden, um auf den ersten Wink des Kaisers zu den Instrumenten zu greifen und mit ihm Quartette zu spielen. Nicht häuslicher Kummer, nicht politische Sorgen, nicht einmal der Krieg änderte etwas an dieser durch Tradition geheiligten Übung.« Nur zum Schein trugen die Berater des Monarchen militärische Titel – in Wahrheit waren es Mitglieder eines Streichquartetts. So der Erste Generaladjutant, Johann von Kutschera, eine sinistre Schlüsselfigur in der Nähe des Kaisers. »Kutschera«, berichtet Springer, »besaß weder militärische Kenntnisse noch politische Erfahrung, er glänzte nicht durch Bildung, verstand sich auch, plump, vierschrötig, roh im Wesen und gemein in Lüsten wie er war, keineswegs auf höfische Manieren: aber er spielte die Bratsche.« Dieser Mann war »als Zuträger und Polizeispion, dem insbesondere die Bewachung der kaiserlichen Brüder oblag, allgemein gehaßt«, und eines Tages schien es, als sei er zu Fall gebracht; es war herausgekommen, daß er an Nacktklubveranstaltungen – sie hießen Adamitenbälle – teilgenommen hatte, die eine ehemalige Schauspielerin für die bedürftige Aristokratie organisiert hatte. Kaiser Franz belegte seinen Generaladjutanten mit Hofverbot, aber er hielt den Verlust nicht durch und ließ Kutschera, der das Schlimmste gewärtigte, vor sich rufen. »Der Kaiser begnügte sich, indem er mit seinem kalten Auge den Zerknirschten von oben bis unten maß, ihm, den Umstehenden hörbar, zuzurufen: ›Na, sie müssen Ihnen schön ausg'nommen hab'n auf'm Ball.‹ Das war die ganze Strafe. Am Abend war die Bratsche wieder versorgt.«

Hatte der Monarch Verständnis für die exzentrischen Bedürfnisse seines Intimus, der sich als ein armes Schwein, »pauvre cochon«, bezeichnete? Er selbst war ein halber Blaubart, der drei Gemahlinnen überlebte und zwischen Begräbnis und neuer Hochzeit im Höchstfall neun Monate verstreichen ließ, aus Gründen der Moralität. »Die Tugend des Fürsten«, hieß es bei Hofe, »gestatte ihm nicht, lange Witwer zu bleiben.« Der Oberstkämmerer, Graf Wrbna, ein Mann von Statur und Verdiensten, hatte sich eine derbe Abfuhr geholt, als er dem Kaiser einmal eine minder aufwendige Befriedigung seiner Gewohnheiten vorgeschlagen hatte, als eine schnelle Wiederverheiratung sie bedeutete. Das kam nicht in Frage; so schlug man bald nach dem Begräbnis im Gothaischen Adelskalender nach, wo eine in Frage kommende Prinzessin vakant sei.

Superiorität ertrug der Kaiser auch bei seinen Gemahlinnen nicht, und die Dritte der Reihe, Maria Ludovica d'Este, eine junge, schöne, geistvolle, politisch engagierte Frau, die in Karlsbad Goethes Verehrung genoß, fiel bei ihrem Mann bald in Ungnade. »Geistvoll und anmutig«, schrieb der Fürst Starhemberg in sein Tagebuch, »schüchterte ihre augenscheinliche Überlegenheit den Kaiser ein, dem ihre zarte Gesundheit keine häusliche Entschädigung bot.« Maria Ludovica konnte es nicht wagen, mit ihrem Weimarer Verehrer zu korrespondieren; eine Kammerfrau, die Gräfin O'Donnell, erhielt die Verbindung mit Goethe aufrecht, die die Kaiserin unter die Bedingung stellte, in keinem seiner Werke, »unter welchem Vorwand es immer sein möge, genannt oder erraten zu werden«. Maria Ludovica starb 1816 mit neunundzwanzig Jahren.

Sogar Charles Sealsfield gilt der Monarch, der in vierter Ehe Carolina Augusta von Bayern, die geschiedene Gemahlin des Kronprinzen von Württemberg, geheiratet hatte, als musterhafter Familienvater. »Es gibt«, erklärt er mit der journalistischen Exaltation, die seine Darstellung zuweilen befällt, »im Kaiserreich keine bessere, achtenswertere Häuslichkeit als die seine.« »Von dem vorgeschriebenen höheren Bildungsgang abgesehen«, müsse jedes Mitglied der kaiserlichen Familie ein Handwerk erlernen: »Die Erzherzöge zimmern oder tischlern, und der Kronprinz webt. Seitensprünge sind unbedingt verpönt.«

Macht der Kunst

Er will doch auch einmal etwas Nettes über den Kaiser sagen und weiß es (hat er es aus dem »Österreichischen Beobachter« abgeschrieben?) ganz genau: »Um sechs Uhr wird im neuen kaiserlichen Gartenpavillon der Kaffee genommen, den die Kaiserin selbst bereitet, die, einfach gekleidet, sich darin gefällt, Köchin und Wirtin in einer Person zu sein. Die Zeit bis zum Abend wird mit den Quartetten ausgefüllt, bei denen der Kaiser die Geige spielt.«

Des Kaisers Musikliebe scheint nicht folgenreicher zu sein als die polytechnische Ausbildung seiner Söhne. Sie befördert eine Negativauslese seiner Berater, keineswegs führt sie dazu, daß er wie sein Onkel und Vorvorgänger, der Auftraggeber der »Entführung« und der »Così«, bedeutende Musiker beriefe oder sich um das Musikleben seiner Staaten kümmerte. Es gibt keine kulturelle Initiative dieses Monarchen, alles bleibt im heimischen Kreis – der Kaiser als der Erste Spießbürger seines Reiches. Eben dies aber ist auf seine Weise folgenreich. Kaiser Franz, der sich anno siebenundneunzig von Haschka und Haydn als der gute, den Gott erhalte, besingen läßt, um ein Gegengewicht gegen die Marseillaise zu haben, geigt jeden Abend im Kreise seiner jungen Tischler, und sein Volk tut es ihm nach. Oder tut er es seinem Volke nach? Das ist schwer zu unterscheiden, doch ist das Vorbild der allerhöchsten Person nicht zu unterschätzen. Wenn der brave Untertan abends zur Geige oder zum Cello greift, hat er außer dem Spaß, den ihm das macht, das Gefühl, ein Band zu seinem Oberherrn zu knüpfen.

Es sind viele, die abends zur Geige oder zum Cello greifen, von den Kirchweihkapellen der Vorstädte bis hin zu den Zirkeln der Aristokratie, und wer kein Streichinstrument spielt, der singt doch oder spielt Klavier. Musik ist zugelassen im Staate Habsburg-Lothringen (das ist seit Joseph II. der Name des Herrscherhauses) – das ganze Volk, die ganze Hauptstadt ist ihr verfallen. Fromm ist man mit Maßen; was sich sonntags in den Kirchen der Residenz begibt, ist, wenn nicht gerade Zacharias Werner in Maria Stiegen den Eifer des Bekehrten entfaltet, Ritus, ist Zeremoniell; man stellt sich wesentlich um der Musik willen dort ein. Am Vormittag ist das die einzige Musik in der

Stadt, erst nach dem Mittagessen erwacht Wien. »Von drei Uhr nachmittags bis elf Uhr nachts befindet sich die ganze Stadt in einem förmlichen Taumel von Musik und Vergnügen. Straßauf und straßab hört man nur Musik. In jedem Bürgerhaus ist denn auch das Klavier das erste, was man erblickt.«

»Die Musik«, fährt Sealsfield fort, »ist der Stolz der Wiener und auch so ziemlich der wichtigste Teil ihrer Bildung. Die Kinder beginnen gewöhnlich schon im vierten oder fünften Lebensjahr Musik zu lernen, und mit sechs Jahren sind sie darin schon recht geschickt.« Ein wahrer Wirbelsturm von Musik braust allsonntäglich über die Stadt dahin, doch auch er ist der Obrigkeit untertan: »Mit dem Glockenschlag elf versinkt die ganze Stadt samt ihren Vorstädten wie durch Zauberkraft in tiefstes Schweigen. Jedermann muß oder sollte zu Hause sein. Schreien, Singen oder der geringste Lärm in den Straßen wäre etwas ganz Ungewohntes. Die Polizeistunde wird streng eingehalten.«

Zweierlei ist in dem Land des guten Kaisers Franz allgegenwärtig, die Polizei und die Musik. Beide haben nichts miteinander gemein, aber miteinander zu tun haben sie doch; ohne die Musik hätte es die Polizei am Ende schwerer. Wo ist die Musik heimisch? Der Philosoph gibt uns Antwort: »Die Musik erlangt ihre große Macht unter Menschen, welche nicht diskutieren können oder dürfen. Ihre Förderer ersten Ranges sind deshalb Fürsten, welche wollen, daß in ihrer Nähe nicht viel kritisiert, ja nicht einmal viel gedacht werde; sodann Gesellschaften, welche, unter irgendeinem Drucke (einem fürstlichen oder religiösen), sich an das Schweigen gewöhnen müssen, aber um so stärkere Zaubermittel gegen die Langeweile des Gefühls suchen« (Friedrich Nietzsche). Sealsfield faßt das Verhältnis in einen Vergleich: »Eine neue Oper Rossinis«, bemerkt er, »ruft unter diesen guten Leuten mindestens soviel, wenn nicht mehr Aufregung hervor wie die Eröffnung des Parlaments in London.« Beides sind Formen öffentlicher Schaustellung, und es sind alternative Formen; wo ein Parlament die Öffentlichkeit mit Politik beschäftigt, ist die neueste Oper nicht mehr ganz so wichtig.

Aber bei welcher von ihnen ist das Heil? Nämlich unter welchem Gesichtspunkt? Der Standpunkt der Mitlebenden, wenn wir ihn denn rekonstruieren könnten, zerfiele in viele voneinander abweichende Einzelstandpunkte. *Wir* können von Rechts wegen nur einen Standpunkt einnehmen, den unsrigen – den einer erbenden Nachwelt, die die Zeitalter an dem Gewicht ihrer Hinterlassenschaft mißt. Natürlich: auch diese Hinterlassenschaft ist für jeden eine andere, so wie es die einstige Gegenwart für die Mitlebenden war. Und es gibt zwei Arten geschichtlicher Hinterlassenschaft, eine mittelbare und eine unmittelbare. Die mittelbare fungiert als Glied in der Kette; es ist der Gesamtertrag des Wissens, Denkens, Arbeitens, den eine Epoche, wenn die Kette nicht zerreißt (aber auch dann findet Übergabe statt), an die ihr folgende weitergibt; es ist die geschichtlich aufgehobene Gesamtleistung eines Zeitalters, die um so schwerer zu bemessen ist, je weiter dieses zurückliegt, je mehr Vermittlungsstufen sich dazwischenschieben. Die andere, unmittelbare, aus sich selbst zu vielen folgenden Generationen sprechende Hinterlassenschaft ist die künstlerische. Hier ist in Form aufgehoben, was eine Zeit bewegte und was gegen sie sich bewegte, in ein an sich Dauerndes, das immer wieder, wenn auch auf wechselnde Weise, zu den Nachlebenden spricht.

Der Ertrag des parlamentarisch aufgeregten Englands ist unter diesem Aspekt nicht gering: Blake, Byron, Keats, Shelley, Turner – die Namenreihe ist groß und nicht auf diese fünf beschränkt. Es ist der Ertrag auch des Widerspruchs gegen jenes England; dennoch haben wir ihn, in dem dialektischen Sinn, auf den schon Shelley deutet, dem Land im ganzen zugute zu halten. Sich zu der Leidenschaft bekennend, die Welt zu verbessern, schreibt Shelley in seinem Vorwort zum »Entfesselten Prometheus«: »Der Geist jedes Menschen wird von allen Gegenständen der Natur und der Kunst modifiziert, von jedem Wort und jedem Gedanken, dem er jemals erlaubte, auf sein Bewußtsein zu wirken; er ist der Spiegel, der alle reflektiert und in dem sie eine einzige Form bilden. Dichter, nicht anders als Philosophen, Maler, Bildhauer und Musiker, sind in einem Sinne die Schöpfer, in einem anderen die Schöpfung ihrer Zeit.«

Und der Ertrag des Österreichs Franz' I.? Wir sind – und sind es längst – in Schubert-Land eingetreten. In ein Land voller Widersprüche, mit sanften Weinbergen und üppigen Obstgärten, gastfreundlichen Dörfern und reichen Abteien, in ein Land duckmäuserischer Untertanen und einer mit tausend Augen spähenden Staatsgewalt, mit dem kaltsinnigen Pedanten an der Spitze und dem unerschütterlichen Causeur zu seiner Rechten. Es gibt sinnige Maler dort, es gibt Schriftsteller und Theaterdichter von Rang und Ruf. Und es gibt zwei Komponisten, zwei über allen – der eine gehört der alten, aufbrechenden Zeit an und schlägt sich unermattet durch die währende; der andere ist deren Geschöpf. Indem er jubelt, indem er klagt, mit einer Stimme, vor der hundert Jahre wie ein Tag sind, ja die nach hundert, nach zweihundert Jahren gegenwärtiger ist als zu ihrer eigenen Zeit – rechtfertigt er das Ganze, in dem er sang, an dem er litt? Steht es mit dem künstlerischen Genius wie mit den zehn Gerechten des Alten Testaments, die, wenn sie sich finden lassen (und sie stehen, sich selbst verborgen, vielleicht an unscheinbarer Stelle), einstehen für das Ganze? Was diese moralisch vermögen: es vor Gott zu rechtfertigen, vermag es die große künstlerische Produktivität ästhetisch, vor der Instanz der Nachwelt? Steht sie vor dieser ein für ihre Zeit, einfach indem sie noch spricht, wenn alle andern schweigen? Der distanzierte Betrachter macht einen andern Aspekt geltend: »Was er an Kulturgütern überblickt, das ist ihm samt und sonders von einer Abkunft, die er nicht ohne Grauen bedenken kann. Es dankt sein Dasein nicht nur der Mühe der großen Genien, die es geschaffen haben, sondern auch der namenlosen Fron ihrer Zeitgenossen. Es ist niemals ein Dokument der Kultur, ohne zugleich ein solches der Barbarei zu sein. Und wie es selbst nicht frei ist von Barbarei, so ist es auch der Prozeß der Überlieferung nicht, in der es von dem einen an den andern gefallen ist.« (Walter Benjamin)

Der englische Musikhistoriker W. H. Hadow hat das Wien des späteren achtzehnten, des frühen neunzehnten Jahrhunderts mit dem Athen des Perikles und dem London der Elisabeth zu den drei größten Kunstepochen der Weltgeschichte gezählt. (Er vergaß das Holland der siegreichen Republik, das

Florenz der Medici und noch dies und das.) Schubert steht am Ende dieser einzigartigen Periode; zugleich bereitet er die Wege der Zukunft. Wie jede große schöpferische Kraft steht er auf der Schwelle: ein Gesicht sieht zurück, das andere sieht nach vorn, und beide Gesichter sind eines. Der erste Romantiker ist, wenn man Begriffe liebt, der letzte Klassiker. Österreich war unter Joseph II. länger als ein Jahrzehnt ein sprechendes Land gewesen; Haydn und Mozart hatten diesem Sprechen Gesang gegeben. Österreich war dann ein kämpfendes Land gewesen; Beethoven hatte ihm seine Melodie vorgespielt. Nun ist es ein schweigendes Land geworden, und einer kommt, das Schweigen zum Tönen zu bringen: Schubert. Was da ertönt, wäre minder wichtig, wenn es nur Ersatz für das wäre, was nicht gesagt werden darf. Indessen: was hier in Tönen sich ausspricht, ist, was hinter, was über dem Wort liegt; die äußere Verweigerung treibt es gesteigert hervor. Unter ihrem Druck öffnen sich Kammern des Fühlens und Sinnens, die noch nicht zugeschüttet sind von der Gewalt des Marktes, wie sie anderswo anders unerbittlich drückt. Ein »Zaubermittel gegen die Langeweile des Gefühls«, das ist Rossini, der Operntriumphator dieser Zeit, und er ist ein liebenswürdiger Zauberer. Bei Schubert, seinem Antipoden und Zeit-Genossen, drängt anderes hervor. »Zuletzt ist einem zumute, als ob die Musik in ein Gefängnis hineinklinge, wo ein armer Mensch vor Heimweh nicht schlafen kann« (Friedrich Nietzsche). Den Hörern mag es so ergangen sein. Aber es gilt auch: »Fast alle Zustände und Lebensweisen haben einen seligen Moment.« Auch diese Zeit hat ihn, auch ihn finden wir klanggeworden.

ZWEITES HAUPTSTÜCK

Wo des Komponisten Erscheinung
und seine Bildnisse
beschrieben werden

Höldrichsmühle

In den letzten Jahren des neunzehnten Jahrhunderts fragte das Wiener Fremdenblatt nach Menschen, die Schubert noch gekannt hatten. Zu denen, die sich zu Wort meldeten, gehörte ein achtundsiebzigjähriger, längst pensionierter Archivar, Hermann Rollett mit Namen, dessen Vater Arzt in Baden bei Wien gewesen war. Er erzählte, wie sein Vater ihn als Siebenjährigen auf einen Patientenbesuch in die Höldrichsmühle bei Mödling mitgenommen habe, um das Jahr 1826. »Während mein Vater in der Krankenstube sich befand, verweilte ich im Gastzimmer der Mühle bei einer erquickenden Schale Milch. Nicht weit von mir saß, ganz allein am Tisch, ein behäbiger Mann, mit rundlichem Gesicht, mit Augengläsern und mit etwas gekraustem Haar, still vor sich hinschauend und nur manchmal durchs Fenster blickend, bei einem Glase Wein. Wir fuhren bald wieder zurück, und ich dachte natürlich weiter nichts; doch war mir die Erscheinung jenes Mannes in meinem Innern haftengeblieben. Herangewachsen sah ich Rieder-Passinis treffliches Bildnis des Liederfürsten, und es war mir durch letzteres ganz unzweifelhaft klargeworden, daß jener Mann in der Höldrichsmühle – Franz Schubert gewesen.«

Das ist eine erstaunliche Geschichte. Ein kleiner Junge, im Wirtshaus alleingelassen, sieht einen fremden Mann Wein trinken, und die Erscheinung prägt sich ihm so deutlich ein, daß er zehn, fünfzehn Jahre später beim Anblick eines Porträtstichs ausruft: Der ist es, den kenne ich! Otto Erich Deutsch, der Dokumentar-Biograph Schuberts, der auch diese Notiz aufgespürt und wieder veröffentlicht hat, läßt durchblicken, daß er die Erinnerung für fragwürdig hält; er weist darauf hin, daß die Höldrichsmühle lange Zeit irrigerweise für den Ort gegolten habe, an dem Schubert die »Schöne Müllerin« geschrieben habe, und daß dieses Werk nicht lange vor der von Rollett angegebenen Zeit im Druck erschienen sei. Die Schlußfolgerung überläßt der Philologe dem Leser: Rollett erfuhr von dem Zusammenhang zwischen der Höldrichsmühle und jenem Liederzyklus, er erinnerte sich an einen Kindheitsaufenthalt dort – und schon war die Geschichte geboren, die nur einen Haken hat: Schubert hat die »Schöne Müllerin« gar nicht in der Höldrichsmühle geschrieben. Es liegt aber eine innere Wahrhaftigkeit in der Erzählung des alten Mannes, die sich solchen Vorbehalten entzieht. Da hat einer als Kind im Gasthaus einem andern beim Weintrinken zugesehen, einem, dessen Erscheinung sich einprägte, und Jahre später, beim Anblick eines Bildes, fällt der Groschen: Der war's, Schubert war das. Das Wann und Wo mag zusammengereimt sein, die Sache selbst schwerlich.

Aber auch, wenn das Ganze imaginär ist, wenn es ein ganz anderer Mann war, der dort – in der Höldrichsmühle oder anderswo – Wein trank, auch dann bleibt es eine wahre, nicht nur eine schöne Geschichte. Man kann, wenn es denn Dichtung sein sollte, nicht besser über Schubert dichten. »Ganz allein an einem Tisch« saß da »ein behäbiger Mann, mit rundlichem Gesicht, mit Augengläsern und mit etwas gekraustem Haar, still vor sich hinschauend und nur manchmal durchs Fenster blickend, bei einem Glase Wein«. Die Verborgenheit des Genius ist in der Geschichte, seine Unscheinbarkeit unter den Menschen. Und das rückwirkende Erstaunen, die Betroffenheit der Nachwelt: Der war es. Er ging unter uns umher, schier als unseresgleichen, und nun war er es. Schön ist die Vorstellung, daß das Schauen des Kindes diese Unscheinbarkeit durchdringt – ein Siebenjähriger ist empfänglich für die Emanation dessen, der da sitzt und trinkt und so aussieht, wie man wohl aussieht, wenn man in einem Dorfwirtshaus sitzt und Wein trinkt: behäbig, mit rundlichem Gesicht, einer Brille. Auch die Einsamkeit des Genius ist in der Geschichte und seine Genügsamkeit, seine Selbstgenügsamkeit. Der Weg durch die Wälder (es sind schöne Wälder, in einem lieblichen Land), die Einkehr im Gasthaus, das ist wesentliches Leben. Der Wein ist gut, und billig ist er auch; niemand stört einen beim Trinken.

Die Geschichte spricht für sich selbst, gerade weil sie ganz unsensationell ist, bar jeder Ausschmückung. Weder richtet der Gast das Wort an den stumm blickenden Knaben noch läßt der Erzähler ihn zum Notenpapier greifen oder äußert Vermutungen über den Gegenstand seines Sinnens. Man glaubt sie aufs Wort, also ist sie wahr. Was man über Schubert aussagen kann, wird diese Mitteilung an Glaubwürdigkeit und Gehalt schwerlich übertreffen können. Niemand, der von Schubert berichtet, wird ihm näher kommen als der achtundsiebzigjährige Hermann Rollett, der sich als Knabe im Mühlengasthaus sieht, neben ihm einer mit Brille und krausem Haar, trinkend und aus dem Fenster sehend.

Dreiguldenblatt

Einer, der ihm schon frühmorgens nahe kam, war ein Fünfjähriger, in dessen Elternhaus in Gmunden am Traunsee Schubert im Sommer 1825 einige beschwingte und ertragreiche Wochen verbrachte. Der Gast prägt sich, gewiß durch spätere Erzählungen der Erwachsenen bestärkt, dem Knaben merkwürdig intensiv ein: »Kaum als ich früh erwachte, sprang ich noch im Hemde zu Schubert. Schubert, im Schlafrocke, mit der langen Pfeife, nahm mich auf sein Knie, rauchte mich an, setzte mir seine Augengläser auf, rieb mir den Bart ein, ließ mich in seinem Lockenkopfe herumwühlen und war so lieb, daß auch wir Kinder ohne ihn nicht sein konnten. ... Nun studierte mir Schubert mit vieler Mühe das Lied ›Guten Morgen, schöne Müllerin‹ ein, und noch heute höre ich, wie er mir zurief: ›Komm, Eduardl, sing ›Guten Morgen‹, und du bekommst einen schönen Kreuzer‹ (gewöhnlich einen Silbergroschen) – und ich quietschte, so gut es ging.«

Vor allem sang der große Vogl in Gmunden zu Schuberts Begleitung, und die Wirkung war umwerfend: »War das Lied zu

Dreiguldenblatt

Ende, so geschah es nicht selten, daß die Herren sich in die Arme stürzten und das Übermaß des Gefühles in Tränen sich Bahn brach.« Tränen anderer Art hatten am Anfang der Bekanntschaft Schuberts mit dem Fünfjährigen gestanden: »Die häutige Bräune warf mich aufs Krankenlager; der Arzt ordinierte Blutigel, aber niemand konnte mich bewegen, die Operation vornehmen zu lassen. Vogl und Schubert redeten mir zu. Endlich wirkte die vom Vater uns eingeübte unbegrenzte Hochachtung für Schubert; seine Worte wirkten. Weinend bat ich ihn, er möge mir die Igel ansetzen, was er nach Andeutung des Arztes auch tat. Als die Blutsauger an meinem Halse hingen, gab er mir einen silbernen Bleistiftschuber als Andenken.« Es war aber ein Zahnstocher, und er hat sich erstaunlicherweise erhalten.

Auch der großgewordene Eduard – er hieß Traweger und schrieb 1858 seine Erinnerungen an Schubert nieder – beglaubigt den Rieder-Passinischen Stich als »sprechend ähnlich«. Da er von klein auf Schubert stets in dieser Darstellung vor sich gehabt hatte, mußte er ihn mit ihr identifizieren; sein Vater wird ihm deren Porträttreue bestätigt haben. Noch in dem Jahr von Schuberts Gmunden-Besuch war »Rieder-Passinis treffliches Bildnis« in Wien erschienen (Abb. 12, Seite *16**); auch Hermann Rollett, der Knabe in der Höldrichsmühle, hätte es damals schon sehen können. »Bei Cappi und Kompagnie, k.k. priv. Kunsthändlern, am Graben Nr. 1134«, stand am 9. Dezember 1825 in der »Wiener Zeitung« zu lesen, »ist soeben erschienen: Das äußerst wohlgetroffene Porträt des Kompositeurs Franz Schubert, gemalt von Rieder. 3 fl. W. W. Der geniale Tonsetzer, der Musikwelt rühmlichst genug bekannt, welcher besonders mit seinen Vokal-Kompositionen seine Zuhörer so oft entzückte, erscheint hier, durch die Künstlerhand des Hrn. Passini in Kupfer gestochen, in sprechendster Ähnlichkeit, und wir glauben daher, den zahlreichen Freunden und Verehrern Schuberts eine willkommene Gabe dargebracht zu haben.«

3 fl., das sind drei Florin oder Gulden, der Gulden zu sechzig Kreuzern. »Essen und Trinken kostete 1 fl. den Tag«, um-

---

* Kursiv gesetzte Seitenzahlen beziehen sich auf den *Bildteil* des Bandes.

schreibt Deutsch den Wert des Gulden zu dieser Zeit; offenbar meint er den Gulden Konventions-Münze (K.M.), der infolge jener Abwertung, die die Wiener Währung (W.W.) 1820 auf 40 Prozent ihres Nennwerts herabgesetzt hatte, zweieinhalb Gulden W.W. entsprach. Eine Maß (das waren 1,4 Liter) österreichischen Weißweins kostete 1812 um 15 Kreuzer W.W., fünf Stück Seife (nach heutigem Gewicht) waren für 40 Kreuzer W.W. zu haben. Die Speisekarte, auf deren Rückseite Schubert im Jahre 1820 das Gedicht vom »Geist der Welt« schrieb (s. Seite 263), bietet das Kalbsschnitzel zu 20 Kreuzern, also einem Drittelgulden, an; für sein möbliertes Zimmer in der südlichen Wiener Vorstadt zahlte Schubert 1825 monatlich 10 fl. K.M.

Fünfhundert Gulden K.M. jährlich bekam in Wien der zweite Hoforganist; der Vize-Hofkapellmeister (um diese Stelle hat Schubert sich vergeblich beworben) erhielt 800 Gulden K.M. (also 2000 Gulden W.W.) im Jahr. Alles in allem wird man den Gulden Wiener Währung mit zwanzig bis dreißig Mark gegenwärtiger deutscher Währung ansetzen können. Mithin: die Kunsthandlung Cappi & Ko. (Teilhaber und seit 1824 alleiniger Chef war der Komponist Anton Diabelli), die von Schubert bis zum November 1825 achtundzwanzig Opus-Ausgaben herausgebracht hatte: Lieder, Tänze, Kirchenmusik und die Wanderer-Fantasie, hielt es für angemessen und lohnend, dem Publikum für einen Preis, den wir uns mit mindestens 60 DM vorzustellen haben, ein Porträt des achtundzwanzigjährigen Komponisten zu offerieren, über dessen Rang der Verlag die Öffentlichkeit nicht im Zweifel läßt. Man stelle sich heute einen Musikverlag vor, der das Bildnis eines noch nicht dreißigjährigen Komponisten zu einem Betrag anbietet, für den man dreimal im Restaurant Mittag essen kann.

Von Johann Nepomuk Passini ist nicht viel bekannt. Er war gebürtiger Wiener und lebte von 1798 bis 1874; in jungen Jahren gehörte er zu jenen zahlreichen Künstlern, die ihr Brot damit verdienten, daß sie im Auftrag von Verlegern Zeichnungen oder Gemälde in Kupfer stachen. Sie hatten eine Funktion inne, die nachmals an den Chemigraphen überging, nur daß, was später, von der photographischen Aufnahme der Bildvorlage bis zur

Herstellung des Druckklischees, ein wesentlich technischer, maschineller Vorgang wurde, damals eine individuelle Arbeit war, der Hand des Menschen anvertraut und künstlerischen Charakters auch dann, wenn es nur um die getreue Wiedergabe einer gegebenen Vorlage ging. Gute Stecher waren rar, und Passini, der sich später als Landschafts- und Genremaler einen Namen machte, war ein sehr guter Stecher; nicht nur das Schubert-Bildnis gibt es zu erkennen. (Noch in andern Fällen haben Rieder und Passini zusammengearbeitet; das Dresdner Kupferstichkabinett verwahrt eine Buchillustration, die beider Namen trägt.) Auch andere Porträt-Stiche von seiner Hand sind von höchster Qualität (das Aussehen zweier Berliner Dichter, E. Th. A. Hoffmanns und Friedrich de la Motte-Fouqués, ist wesentlich durch ihn auf die Nachwelt gekommen), und eine Radierung eigener Erfindung, die in der Platte die Inschrift »Für das Jahr 1819« trägt, also offenbar einen Neujahrsgruß des Einundzwanzigjährigen vorstellt, gehört zu den schönsten druckgraphischen Blättern der deutschen Romantik (Abb. 1, Seite *1*). Das kleine Blatt stellt einen mit Zylinderhut, Frack und Halsbinde comme il faut gekleideten jungen Mann dar, der, den Notizblock auf dem linken Knie, mit gekreuzten Beinen schreibend oder zeichnend auf einer Rasenbank sitzt. Ein Guckkastenokular in der Bretterwand eröffnet zu seiner Rechten (Renate Kroll hat diese Vermutung geäußert) den Blick ins neue Jahr.

Wer ist dieser sitzend Schreibende mit der breiten Nase, dem vollen Mund, dem jugendlich-runden Gesicht? Ist es Passini selbst oder ist es ein gleichaltriger Musensohn aus seinem Bekanntenkreis, dessen Liederruhm sich zu dieser Zeit zu verbreiten beginnt? Nur der Umstand, daß dieser Schreibende keine Brille auf dem Kopf hat und von Statur größer aussieht, als Schubert war, spricht dagegen, in diesem Blatt das erste aller Schubert-Porträts (und ein besonders schönes) zu erkennen. Daß der Griffel in der Hand dieses jungen Mannes mehr einem Zeichenstift als einer Notenfeder gleicht, wäre kein zwingendes Argument; wenn Schubert im Freien musikalische Notizen machte, dann gewiß nicht mit Tinte und Feder.

Die Ähnlichkeit dieses Kopfes mit einer Porträtzeichnung Schuberts aus dem Jahre 1821 ist erstaunlich; das Blatt stammt von Schuberts Freund Kupelwieser und bildet seinerseits einen Höhepunkt deutsch-romantischer Zeichenkunst (Abb. 3, Seite *3*). Doch wäre die Annahme gewagt, daß Passini, der später eine Ballschönheit aus dem Schubert-Kreis ehelichte, Ende 1818 ein Neujahrsblatt statt mit seinem Porträt mit dem des gleichaltrigen Komponisten versehen hätte. Nehmen wir also an, daß der junge Maler und der junge Musiker einander ähnlich sahen. In jedem Fall wird man in dem kostbaren Blatt einen Typus der Zeit erkennen: den in ein schreibendes oder zeichnendes Tun innig versenkten Künstler-Jüngling.

Neues Medium

Ein so vorzüglicher Stecher Passini auch war, seine Arbeiten bezeichnen das späteste Stadium dieser Vervielfältigungskunst; Kupferstich und Radierung hatten in den 1820er Jahren ihre schöpferische Zeit, die drei Jahrhunderte umspannte, bereits hinter sich. Die Epoche hatte sich ein eigenes und vollkommen neuartiges Reproduktionsmedium geschaffen, den Steindruck, eine Kunst der weichen Töne, deren Element nicht die Linie, sondern der Punkt, das sogenannte Korn war wie bei der bald über den Horizont steigenden Photographie. Schon im siebzehnten und achtzehnten Jahrhundert waren Techniken des Bilddrucks aufgekommen, die auf dem Punkt als Atom der bildnerischen Wirkung beruhten. Schabkunst hieß das, später kam die Punktiermanier dazu, zwei den linear disponierten Verfahren von Kupferstich und Radierung mit vielem Aufwand abgewonnene Techniken; sie hatten den Effekt von Kreidezeichnungen, welche ihrerseits auf einer punktartigen Struktur – dem am Papier haftenden Korn des Farbstifts – beruhen. Der Steindruck erzielte diese Wirkung auf sehr viel einfachere Weise; hier zeichnete der Künstler mit fetthaltiger Kreide auf eine glattgeschliffene Kalksteinplatte, der die Zeichnung durch eine einfache chemische Prozedur so eingeprägt wurde, daß

Druck und Druckerschwärze sie mit allen Feinheiten aufs Papier übertrugen. Wenn die Steine nur nicht so fuchtbar schwer gewesen wären; die Leichtigkeit des Strichs war mit ihrem Gewicht erkauft.

Es wurde zu Schuberts Zeiten noch viel radiert und gestochen in deutschen Landen, und es gab einen in Wien ausgebildeten Radierkünstler, der das Leben seiner Zeit in druckgraphischen Zyklen festhielt: Johann Adam Klein, einen Meister hohen Ranges. Aber das authentische Bildmedium der Epoche ist die neuerfundene Lithographie; von 1810 an dringt Senefelders für den Notendruck gemachte Erfindung in die Druckgraphik ein und bringt es bald zu künstlerischer Vollkommenheit. Namentlich auf dem Gebiet des Porträts und der Gemäldereproduktion wird der Steindruck dominant; er zeigt sich malerischer Wirkungen fähig, die dem vielerorts steif und pedantisch gewordenen Reproduktionsstich abhanden gekommen sind.

Der Vorgang ist eigenartig und faszinierend: ein altbewährtes Verfahren wird an der Schwelle eines neuen Zeitalters hohl und leer, der Geist der Kunst zieht sich, mit einigen rühmlichen Ausnahmen, aus ihm zurück und schafft neuen Ausdrucksbedürfnissen ein neues technisches Organ. Die neue Weise liegt lange in der Luft, sie wird auf der Basis der alten Technik vorweggenommen; eines Tages ist sie dann zur Stelle und alle empfinden: das ist das Ausdrucksmittel, das wir brauchen. Denn der Steindruck ist nicht nur eine neue Technik, er ist vor allem eine neue Ausdrucksweise. Der Geist der Kunst aber ist der Geist der Geschichte; gestaltend, umgestaltend wirkt er in allen und erscheint doch auch denen, die ihn vollstrecken, oft nur vermummt; erst im Nachhinein wissen sie, was sie taten. Indem die Porträtkunst eines Zeitalters uns zeigt, wie die Menschen dieser Zeit sich sahen, zeigt sie uns, wie sie waren.

Die Zeit des Steindrucks fällt mit Schuberts Zeit fast zusammen (in seinem Geburtsjahr wird das neue Verfahren entdeckt, und als er seine ersten großen Lieder schreibt, ist es künstlerisch voll entwickelt); beide haben etwas kenntlich Gemeinsames. Schuberts Musik bringt zu hörbarer Gestalt, was durch die geätzte Schieferplatte sichtbar wird; etwas Leichtes und Zartes,

Gelöst-Natürliches eignet beiden. Dem lithographischen Porträt ist der festgefügte, mit Inschriften, oft auch heraldisch-ornamental ausgestaltete Rahmen des alten Porträtstichs abhandengekommen; das neue Bild enthebt den einzelnen des Anhalts jener Strukturen, die ihn im Leben der Ständegesellschaft so faßlich umgeben hatten wie auf ihren Bildnis-Drucken. Wie verlassen steht das Abbild der Persönlichkeit auf der weißen Fläche und verschwimmt am Rand der Zeichnung ins Leere des Blattes. Auch der Sockel des Bildes, der aus dem – vielfach faksimilierten – Namenszug des Dargestellten und oft noch einem Wahlspruch besteht, ist leichtgefügt – so leicht (und so persönlich), daß er gar nicht als Sockel erscheint. Wenig Kraft, aber vollendete Natur und ein Ausdruck souveräner Bonhomie ist in vielen dieser Bildnisse anzutreffen, die in dem Wien der zwanziger und dreißiger Jahre zu besonderer Kunsthöhe gelangen; auch die Militärs sind hier vollkommen zivile Erscheinungen.

Diese Bilder sind fast schon Photographie: das pure Leben. Aber sie sind es eben nur fast, das heißt: noch nicht; Natur ist in ihnen noch kunsterzeugt und ein Ideal, nicht das Produkt eines Selbstabbildungsapparats. Die Lithographie – nämlich diese ursprüngliche, durchaus praktisch gestimmte Kunst der Steinzeichnung – als das graphische Korrelat der Schubertschen Musik? Die Beziehungen sind fühlbar und lassen sich, in einem metaphorischen Sinn, ins Detail treiben. Dann erscheint die Linie des Kupferstichs als eine Entsprechung des polyphonen und das tonbildende Korn des Steindrucks als eine des harmonischen Moments; der verschwindende Rahmen entspräche der nachlassenden Verbindlichkeit formbildender Strukturen in der Musik. Ein Ausdruckshaftes vor allem: die Weichheit der Tonbildung und die Freiheit der kompositorischen Haltung, stiften ein Verbindendes; es hat mit der immanenten Zivilität eines Zeitalters zu tun, dessen kriegerische Energien sich in zwanzig Kriegsjahren ausgeblutet haben. In all ihrer Bedrängtheit pflückt eine junge Generation die Früchte des Friedens.

Ein Regentag im Mai

Schuberts Haltung auf jenem Riederschen Aquarell, das Passinis Stich als Vorlage diente, ist von vollendeter Zwanglosigkeit (Abb. 11, Seite *14*). Sie als Ausdruck festgehalten zu haben, macht, über die Person des Dargestellten hinaus, den Rang der Zeichnung aus; nicht nur Schuberts wegen ist dies ein bedeutendes Blatt. Während Passinis Kupferstich ein Brustbild gibt, ist das Original ein Dreiviertelporträt, fast ein Kniestück: Schubert sitzt in einem langen hellbraunen Rock, aus dem die dunkelbraune Weste hervorsieht (auch Kragen und Ärmelaufschlag sind dunkelbraun abgesetzt), auf einem einfachen Biedermeierstuhl (aber man wußte damals noch nicht, daß man auf »Biedermeier« saß) und legt den rechten Arm über die Rücklehne, zwischen Mittel- und Zeigefinger ein broschiertes Buch nach unten haltend; die Linke ist in die Hüfte gestützt. Über dem hohen, weichen Hemdkragen, den eine elegante Halsbinde umschlingt, wendet sich der Kopf leicht nach links; auf der Nase sitzt jene kleine Brille, die so ganz mit Schuberts Erscheinung verknüpft ist; sie hatte – er war von Kindheit an kurzsichtig – minus 3,75 Dioptrien. Dieses Emblem sinnierender Versponnenheit hat ihn bei der Nachwelt nicht nur physiognomisch festgelegt; es hat ihn als einen Bruder jenes Spitzwegschen Dachkammerpoeten erscheinen lassen, in dem das neunzehnte Jahrhundert nicht die Gesellschaftssatire, sondern das Genrebild sah.

Tatsächlich ist diese Brille eine Besonderheit – nicht, daß der Abgebildete sie trägt, sondern daß er sie beim Gezeichnet-Werden nicht absetzt (und der Zeichner sie ihn nicht absetzen läßt); das Buch in der Hand motiviert sie gleichsam. Hat Rieders Zeichnung die Brille in Wien porträtfähig gemacht? Erst nach ihr sind die bebrillten Lithographien des Musiktheoretikers Sechter und des Schriftstellers Castelli entstanden. Schuberts Brille signalisiert Gleichgültigkeit gegenüber allem »Image«, sie gibt eine unbefangene Wahrhaftigkeit im Verhältnis zur eigenen Person zu erkennen. Dem entspricht auf dem Blatt die bequeme, aber nicht lässige Haltung – nicht Pose, sondern Momentaufnahme; es ist die Haltung eines in der Lektüre Innehaltenden. Wilhelm Rieder hat Schubert so festgehalten, wie er ihn vor sich sah an jenem Maitag des Jahres 1825, als der fast gleichaltrige Maler sich bei einem Regenschauer in die nahegelegene Wohnung des Freundes flüchtete. Beim Plaudern muß in dem Ankömmling auf einmal der Maler wachgeworden sein: So, wie du da sitzt, muß ich dich zeichnen! Man sah sich sonst vor allem im Gasthaus und bei gemeinsamen Freunden; der Besucher nutzte einen nicht alltäglichen Moment. Das Aquarell, das er nach der so entstandenen Skizze »in mehreren Sitzungen«, wie es heißt, ausführte, hat etwas Spontanes, aber nichts Zufälliges an sich. Der da so ungezwungen auf dem Stuhl sitzt, sitzt erkennbar dem Porträtierenden; die augenblickliche Haltung ist zur charakteristischen geronnen. Das Bild ist zugleich Eingebung des Augenblicks und bewußte Komposition; das Zwanglose wird in ihm emblematisch.

Der rundgesichtige Mann mit dem Kraushaar und dem Kinngrübchen, der hier ein Buch, beiläufiges Indiz seines intimen Verhältnisses zur Literatur, hinter die Lehne hält, macht den jugendlichen Eindruck seiner achtundzwanzig Jahre. Etwas entschieden Selbstgewisses liegt in der Art, wie er mit dem schwer bestimmbaren Ausdruck dessen, dem ein anderer sagt: Nun halt mal den Kopf still und sieh nach links!, ins Weite blickt. Rieder hat das Bild in voller Größe selbst auf den Lithographenstein übertragen und den Gesichtsausdruck dabei modifiziert (Abb. 13, Seite *17*); auf dem hochformatigen Blatt sieht Schubert behäbiger drein. Das Blatt, das den Vermerk »in Commission bey Artaria & Comp in Wien« und den Druckzusatz »Lithographisches Institut« trägt, ist so selten, daß man annehmen muß, daß es nicht in den Handel gelangt sei; Deutsch gibt jedoch an, es sei nach Schuberts Tod für 36 Kreuzer bei Artaria & Co. zu haben gewesen. Das Lithographische Institut gehörte Schuberts Freund Franz v. Schober, der es 1817 erworben hatte; vermutlich hat dieser die Lithographie 1829 bei Rieder in Auftrag gegeben, um sie in der Artariaschen Musikalienhandlung abzusetzen, die im Dezember 1828 das große Rondo A-Dur für Klavier zu vier Händen veröffentlicht hatte. 1825 war dort noch kein Werk Schuberts erschienen, während die beiden Cappi,

Vater und Sohn, in diesem Jahr fünf Opus-Drucke von ihm herausgebracht hatten. Auch der veränderte Gesichtsausdruck auf Rieders Lithographie deutet darauf, daß das Blatt nicht schon 1825 entstanden ist.

Der 1796 geborene Rieder stammte aus Wiens Umgebung; er gehörte zu Schuberts nahen Freunden. Im November 1823 erscheint sein Name erstmals in Verbindung mit einem jener Abende, zu denen sich ein um Schubert gescharter Kreis junger Künstlern und Kunstfreunde zum Musizieren, Tanzen, Vorlesen, Debattieren zusammenfand; Schubertiade (oder Schubertiada, wie der siebzehnjährige Moritz v. Schwind schreibt) war ihr eingeführter Name. In dem Jahr des Aquarells war der Kreis, in dem Schuberts seit einiger Zeit abwesende Alt-Freunde Spaun und Schober eine besondere Rolle spielten, in eine Krise geraten, die damit zusammenhing, daß eines seiner Mitglieder, der philosophisch und literarisch hochgebildete Franz v. Bruchmann, Anstalten machte, in das Lager der katholischen Orthodoxie überzugehen. 1822/23, als beider Beziehung intensiv war, hatte Schubert fünf Gedichte Bruchmanns vertont, darunter den »Zürnenden Barden«, ein Protestlied, dessen Zielpunkt zutage lag: es bezog sich auf Johann Senn, den 1820 von der politischen Polizei verhafteten und 1821 ohne Prozeß aus Wien abgeschobenen Tiroler Dichter, der eine Hauptfigur des frühen Schubert-Kreises und Bruchmanns besonderer Mentor gewesen war. »Wer wagt's, wer wagt's, wer wagt's, / Wer will mir die Leier zerbrechen! / Noch tagt's, noch tagt's, noch tagt's, / Noch glühet die Kraft, mich zu rächen«, beginnt Bruchmanns Gedicht, aus dem Schubert, die von dem wuchtigen Jambus des ersten Verses vorgegebene rhythmische Grundfigur mit exzessiv-dissonanten Übergängen zwischen Moll und Dur hin und her wendend, einen machtvoll-rebellischen Gesang macht.

Es ist die Naivität von Bruchmanns lyrischen Selbstaussagen, das Drastisch-Ungefüge des poetischen Ausdrucks, was dessen Texte für Schubert ergiebig macht; mit gestischer Genauigkeit leuchtet er sie musikalisch aus. Seine fünf Bruchmann-Vertonungen versammeln die Grundmotive, um die das Denken und Dichten, die Gesänge und die Herzensergießungen dieser

Freundes- und Freundinnenschar kreisen. Pantheismus und Rebellion, das Sich-Verströmen in der Gott-Natur und die Auflehnung gegen eine liebeleere Außenwelt, wider deren Zumutungen und Ansprüche man sich um so inniger aneinanderschließt, verbinden sich mit einer Todesmystik, die die Auflösung der Widersprüche über das irdische Dasein hinaussetzt. Die Nähe des Todes wird in diesem Jugend-Kreis immer wieder fühlbar, und vor allem die jungen Frauen trifft es. Bruchmanns Schwester Sibylle stirbt 1820 an »Auszehrung«, Schobers Schwester Sophie 1825 an Tuberkulose; dieselbe Krankheit rafft 1828 die junge Jeanette Cuny dahin. Bei Bruchmann und seinem Schwager Rudolf v. Smetana gibt der Kindbett-Tod ihrer jungen Frauen später den Ausschlag für ihren Entschluß zur Eingliederung in eine Sphäre strikter geistiger Ein- und Unterordnung; sie werden Mitglieder des Redemptoristen-Ordens, einer den Jesuiten ähnlichen Bekehrungskongregation, und bringen es in ihm zu hohen Würden.

Bei Bruchmann, dem vielseitig begabten, aber unschöpferischen und in Selbstanspruch, Wahrheitssuche und Autoritätsbedürftigkeit durchaus pathologisch affizierten Sohn eines steinreichen Finanzmanns, wird die Absage an die Geisteswelt seiner Jugend 1826 manifest. Ein Jahr später zerbricht er selbst seine Leier und gibt in einem neunzig Druckseiten langen Brief an Johann Senn, das ihm nun von der Hand Gottes gestraft scheinende Idol seiner Jugend, sich und dem Adressaten Rechenschaft über den Weg seines Geistes durch die Irrsale des Selbstdenkens in den Schoß der Papstkirche. 1825 befindet sich der chronisch überreizte, wahrscheinlich in ständigem Ringen mit einer homophilen Veranlagung liegende Bruchmann noch im Vorfeld einer Wandlung, die ihm zum Rettungsanker wird. Er verkracht sich mit seinem besten Freund, Joseph v. Streinsberg, der Schubertianer wie er ist, und ergreift »die Waffen der sittlichen Kraft« (so schreibt er 1827 an Senn), »um einen Menschen zurückzuscheuchen, der mir früher schon zweimal schädlich und gefährlich auf meinen Lebenswegen begegnete, und der es jetzt sogar in unverschämter Frechheit gewagt hatte, eines der kostbarsten Kleinodien meiner Familie beschmutzen zu wollen«. Das ist Franz v. Schober, Schuberts langjähriger Freund, der sich von Breslau aus, wo er sich seit 1823 aufhielt, heimlich mit Bruchmanns Schwester Justina verlobt hatte. Bruchmanns Opposition gegen Schober geht über das Persönliche hinaus; sie trifft den Kunstflügel des Schubert-Kreises, der zugleich der Goethe-Flügel ist, politisch wie theologisch und moralisch von ausgeprägter Anti-Orthodoxie. Von hier aus hat die Sendung, die Schubert im Juni 1825 an Goethe schickt, eine prononcierte Bedeutung; ein tiefempfundener Devotions-Brief begleitet eine goldgedruckte Vorzugsgabe dreier Goethe-Lieder (»An Schwager Kronos«, »Ganymed« und »An Mignon«), deren Kompositionen Schubert zu einem Opus-Druck vereinigt hat. Goethe aber, der keine musikalischen Aufregungen liebt (er hält sich an Zelter, der sie ihm erspart), reagiert, wie schon einmal im Jahre 1816, mit Schweigen. In einem Augenblick paradigmatischer Entzweiung, bei dem es zuletzt um die Verteidigung von Aufklärung und Klassik vor dem antiemanzipatorischen Rückfall geht (Bruchmanns subjektiv übersteigertes Problem ist, bis in das Jahrhundert der Massen-Ideologeme und Sekten-Esoterik hinein, das Problem des Zeitalters), bekennt sich der musikalische Abgott der Wiener Künstlerjugend zu jenem Dichter, wider dessen »Kunstreligion« sich in konträren Lagern, von orthodoxer wie von republikanischer Seite, eine jugendlich-intellektuelle Opposition formiert; Goethe ermißt diese Situation nicht. In der Konfrontation zwischen Bruchmann und Schober halten Schubert und Schwind zu Justina Bruchmanns heimlichem Bräutigam, dessen Rückkehr aus Breslau ansteht, und Wilhelm Rieder hält sich zu ihnen; mitten in diesen Wirrungen entsteht das Aquarell-Porträt.

Personenbeschreibung

Nicht nur durch die persönliche Nähe des Malers zu dem Musiker wird eine Authentizität bekräftigt, die die Riedersche Zeichnung an sich selbst, als Kunstwerk, bekundet, sondern auch durch die Signatur des Porträtierten; Schubert hat sie nicht allen seiner Porträts gewährt. Hinzu kommen die Stimmen der Zeitgenossen. Joseph v. Spaun fand den Rieder-Passini-Stich »außerordentlich ähnlich«, und zu demselben Resultat kommt Anton Schindler, der Schubert sonderlich zugetane Helfer und Biograph Beethovens. Auch Leopold Sonnleithner, ein früher Förderer Schuberts, Sproß eines großen musikalischen Hauses und selbst ein guter Musiker, rühmt den Rieder-Passini-Stich als »das ähnlichste« aller Bilder, nur sei »der Körper gar zu schwer und breit«.

Schubert war klein von Wuchs, ein Meter siebenundfünfzig. Das war mehr als es heute wäre (die Durchschnittsgröße war viel kleiner), aber es war auch damals so wenig, daß es ihn vor dem Militärdienst sicherstellte – und nicht etwa seine Anstellung an der väterlichen Schule, in der nur einer der sechs Gehilfen von Amts wegen vor der vierzehnjährigen Dienstpflicht geschützt war, die jeden traf, der nicht durch ein Staatsamt oder einen privilegierten freien Beruf – als Advokat, Arzt, Großkaufmann – freigestellt war; ausübende Musiker mußten alle drei Jahre ein Führungszeugnis der politischen Polizei vorweisen. »Schubert«, fährt Sonnleithner in seiner Aufzeichnung von 1857 fort, »war unter Mittelgröße, hatte ein rundes, dickes Gesicht, kurzen Hals, eine nicht hohe Stirn, volles braunes, sich natürlich kräuselndes Haar, Rücken und Schultern gerundet, Arme und Hände fleischig, kurze Finger, main potelé [fleischige Hand]; das Auge (wenn ich nicht irre) graublau.[*] Brauen buschig, Nase stumpf und breit, Lippen wulstig; das Gesicht etwas mohrenartig. Die Hautfarbe war mehr blond als brünett, aber zu kleinen Ausschlägen geneigt und hierdurch etwas dunkler. Der Kopf saß etwas zwischen die Schultern gedrückt, mehr nach vorne geneigt.«

Das ist die Beschreibung des erwachsenen Schubert; die des Konviktsschülers (als Hofsängerknabe war Schubert 1809 in das Stadtkonvikt aufgenommen worden, ein von Piaristen-Mönchen geführtes Internatsgymnasium) hat ein Mitschüler von geschärfter Beobachtungsgabe überliefert, der Medizinaldirektor Georg Eckel. Was er im Rückblick notierte, erfaßt

---

[*] Schuberts Porträts lassen braune Augen erkennen.

nicht nur den Siebzehnjährigen: »Die Gestalt klein, aber stämmig, mit stark entwickelten festen Knochen und strammen Muskeln, ohne Ecken, mehr gerundet. Nacken kurz und stark; Schultern, Brust und Becken breit, schön gewölbt; Arme und Schenkel gerundet; Hände und Füße klein; der Gang lebhaft und kräftig. Den ziemlich großen, runden und derben Schädel umwallte ein braunes, üppig sprossendes Lockenhaar. Das Gesicht, in welchem Stirne und Kinn vorherrschend waren, zeigte weniger eigentlich schöne als vielmehr ausdrucksvolle, derbe Züge. Das sanfte, wenn ich nicht irre, lichtbraune, bei Erregung feurig leuchtende Auge war durch ziemlich vorspringende Augenbögen und buschige Brauen stark beschattet und dadurch sowie durch häufiges Zusammenkneifen der Lider, wie es bei Kurzsichtigen vorzukommen pflegt, anscheinend kleiner, als es wirklich war. Nase mittelgroß, stumpf, etwas aufgestülpt, mit einer sanften Einwärtsschweifung in die vollen, üppigen, festschließenden und meist geschlossenen Lippen verbunden. Am Kinn das sogenannte Schönheitsgrübchen. Die Gesichtsfarbe blaß, aber lebhaft, wie bei allen Genies.«

Die Genauigkeit der Erinnerung gibt ein Maß dafür, wie beeindruckend Schubert als Halbwüchsiger gewesen sein muß. Auch, wie der Hofsängerknabe sich unter den Schulgenossen gab, hat Eckel sich eingeprägt: »Auf den gemeinsamen Spaziergängen der Zöglinge hielt er sich meist abseits, ging mit gesenktem Blicke, die Hände auf den Rücken gelegt, mit den Fingern (wie auf Tasten) spielend, ganz in sich gekehrt, sinnend einher. Heftig sah ich ihn nie, lebhaft immer, obwohl sich dies mehr in Miene und Bewegung als in Worten kundgab, die meist kurz und bündig waren und eine gute Dosis Humor verrieten. Lachen sah ich ihn selten, lächeln öfter, auch ohne äußere Veranlassung, mithin als Reflex des inneren Seelenlebens. Professoren und Kollegen liebten ihn wegen seines stillen und soliden Betragens, welches nie in Streitigkeiten und Klägereien sich einließ noch viel weniger dazu Veranlassung gab. Auch erinnere ich mich nicht, daß Schubert je eine Disziplinarstrafe erhalten habe. Alle achteten ihn wegen seines schon damals kundgegebenen außerordentlichen Musiktalentes, und wenn auch damals noch nur wenige von seinen im Konvikte komponierten Liedern wußten, so kannten doch alle seinen Wert als erster Sopransänger der Hofkapelle, als erster Violinspieler und Subdirigent des ausgezeichneten Konviktsorchesters. Seinem moralischen Halt und seinem Musikgenie verdankte er auch die außergewöhnliche Begünstigung der Konviktsdirektion, mit Ausnahme von der strengen Hausregel allein das Haus verlassen zu dürfen, um bei Salieri Privatstunden im Generalbaß und in der Komposition zu nehmen.« Ein Gymnasium von mönchischer Strenge und unbegrenzten musikalischen Möglichkeiten ist die pädagogische Basis, auf der diese exzeptionelle Begabung reift.

»Schubert trug immer Augengläser«, beschreibt Sonnleithner den älteren Schubert. »Der Gesichtsausdruck schien in ruhigem Zustand eher stumpf als geistreich, eher mürrisch als heiter; man hätte ihn für einen österreichischen oder eher noch bayrischen Bauern halten können. Nur ... bei interessanter Musik oder unterhaltendem Gespräche belebten sich die Züge ein wenig; die Mundwinkel zogen sich aufwärts, das Auge blitzte, die ganze Haltung spannte sich etwas an. Recht lebhaft wurde er nur unter vertrauten Freunden, beim Weine oder Biere; auch da aber lachte er nie hell und frei auf, sondern brachte es nur zu einem Kichern, das mehr dumpf als hell klang. Schüchtern und wortkarg, besonders in eleganten Kreisen, die er nur betrat, um etwa aus Gefälligkeit seine Lieder zu begleiten. Dabei machte er das ernsthafteste Gesicht und zog sich gleich in ein Nebenzimmer zurück, wenn er fertig war. Im Lob und Beifall unbekümmert, wich er den Komplimenten aus und war zufrieden, wenn seine vertrauten Freunde ihm ihre Zufriedenheit bezeugten. Er besuchte manchmal Hausbälle in vertrauten Familienkreisen; er tanzte nie, war aber stets bereit, sich ans Klavier zu setzen, wo er stundenlang die schönsten Walzer improvisierte; jene, die ihm gefielen, wiederholte er, um sie zu behalten und in der Folge aufzuschreiben. – Mozart und besonders Beethoven waren seine Ideale; im Gespräche über des letzteren Sinfonien wurde er warm. ... Das Gedicht ›Franz Schubert‹ von Grillparzer gibt ein gutes Bild von dem Eindrucke, den Schuberts Wesen machte. Das Gedicht ist nicht zur Veröffentlichung geschrieben.«

Hier hängen alle mit allen zusammen: Grillparzer war Leopold Sonnleithners Vetter; für des letzteren Braut, Louise Gosmar, schrieb der Dichter 1827 ein Ständchen (»Zögernd, stille, in des Dunkels nächt'ger Hülle«), das Schubert, das reimtreue »stille« ohne weiteres in das klangschönere »leise« verwandelnd, versehentlich für Alt-Solo und Männerchor vertonte, da das Stück doch von Louises Freundinnen gesungen werden sollte. Er behob den Irrtum durch eine neue Fassung, so daß die Serenade wie vorgesehen dargebracht werden konnte, dieses unvergleichliche Schlummerlied, das dazu ansetzt, die Geliebte zu wecken, und sich dann anders besinnt:

> Aber was in allen Reichen
> Wär' dem Schlummer zu vergleichen?
> Was du hast und weißt und bist,
> Zahlt nicht, was der Schlaf vergißt.
> Drum statt Worten und statt Gaben
> Sollst du nun auch Ruhe haben.

Initiatorin der Geburtstagshuldigung war Anna Fröhlich, die Musiklehrerin der Braut, deren jüngere Schwester Katharina – es gab der musikalischen Schwestern vier, von denen eine sich verheiratete, so daß ein Dreimäderlhaus übrigblieb – wiederum mit Grillparzer verlobt war, ein Leben lang; Bauernfeld nannte alle drei Schwestern »die Grillparzen«. Als Leopold Sonnleithner, dessen Vater Ignaz 1828 in den erblichen Adelsstand erhoben worden war, seine Erinnerungen an Schubert niederschrieb, war Grillparzers Gedicht schon lange veröffentlicht; auf eine seltsam gespreizte Weise, die von Grillparzers innerem Unverhältnis zeugt, bekundet es des Komponisten Kunst-Autonomie:

> Schubert heiß' ich, Schubert bin ich,
> Und als solchen geb' ich mich.
> Was die Besten je geleistet,
> Ich erkenn' es, ich verehr' es,
> Immer doch bleibt's außer mir.

> Selbst [der] Kunst, die Kränze windet,
> Blumen sammelt, wählt und bindet,
> Ich kann ihr nur Blumen bieten;
> Sichte sie und – wählet ihr!
> Lobt ihr mich, es soll mich freuen,
> Schmäht ihr mich, ich muß es dulden.
> Schubert heiß' ich, Schubert bin ich,
> Mag nicht hindern, kann nicht laden.
> Geht ihr gern auf meinen Pfaden,
> Nun wohlan, so folget mir.

Auch Beethoven gegenüber repräsentierte Grillparzer das Durchschnittsbewußtsein der musikalisch gebildeten Schichten Wiens: Verständnis, aber mit Maßen; der Blick auf die Persönlichkeit war freier als der auf die künstlerische Leistung. Und das konnte nicht anders sein; die Gegenwart der Schöpferpersönlichkeit färbt und verstellt stets den Blick auf die Dimensionen des Werks. Auch darum hielt Schubert, der Unimposante, sich gern im Schatten seiner Werke.

Daß das allgemeine Bewußtsein des musikalisch gebildeten Bürgertums in Wien ungefähr auf dem Stand war, den Grillparzers Verse bekunden, ist das eigentliche Phänomen; es zeugt von einer Kulturhöhe, die die Basis dieser Werkentfaltung war. Daß Züge von Komik dabei unterlaufen, steht nicht im Widerspruch dazu. In einem langen Gedicht auf Beethoven (wie das auf Schubert steht es in reimlosen vierhebigen Trochäen, einem sonderlich eintönigen Versmaß, das die deutsche Dichtung spanischen Barockdramen verdankte) läßt Grillparzer im Jahre 1828 den Verewigten auf dem musikalischen Parnaß erscheinen: »Er erkennt die Meistergruppen / und die Meister kennen ihn«. Als erstem begegnet er Bach (und der »hebt den Finger, lächelt, droht. / ›Bach, ich kenne dich, du Strenger! / Rächst du ein verletzt Gebot?‹«), trifft dann auf Gluck und Haydn, geht an Cimarosa und Paisiello vorbei (»Wenn sie je und dann auch schaudern, / zeigt doch Neigung ihr Gesicht«) und wird schließlich von Mozarts apollinischer Erscheinung zu Boden gedrückt. »Wo ich irrte, was ich fehlte«, sagt Beethoven zu ihm, »hat mir

Mut und Kranz geraubt.« Aber Mozart richtet ihn auf, und er tut es mit schönen Worten:

> Starke Könige der Seelen
> Lassen wir vom Volk uns wählen,
> Doch, gewählt, gebieten wir;
> Und das Kunstwerk, wie der Glauben,
> Ob man klügelt, was man lehrt,
> Läßt es sich kein Jota rauben,
> Hat's durch Wunder sich bewährt.

Das leuchtet nicht nur Beethoven ein: »Shakespeare winkt ihm mit den Händen, / zeigt Lope de Vega ihn, / Klopstock, Dante, Tasso wenden / ihre Blicke freundlich hin«.

Solche olympische Versammlungen liebte man damals, bald fingen sie an, jede bessere Theater- und Akademiefassade zu schmücken – statt der allegorischen Dekorationen alter Zeit die olympische Kollektivierung von Geistern, deren Wesen es gewesen war, alleinzustehen. Scherzend nur sind solche Pantheone genießbar, so bei dem Zeichner Otto Böhler; der schuf 1897, dem Jahr von Schuberts hundertstem Geburtstag, einen Schattenriß, auf dem Schubert die Glückwünsche der Großen seiner Zunft empfängt. Wohlgetroffen steht er auf Wolken, ein Putto hält ihm, auf einem Stuhl stehend, von hinten den Lorbeerkranz übers Haupt, vor ihm in elysischer Schlange, von musizierenden Englein umspielt, Mozart und Beethoven, Gluck und Haydn und viele andere; hinter Robert Schumann macht Anton Bruckner winkend den Beschluß.

Auch Leopold Sonnleithners Schwester Pauline – sie wurde vierundneunzig Jahre alt und war Anfang des 20. Jahrhunderts die letzte überlebende Bekannte Schuberts – hat dessen Erscheinung beschrieben; sie drückte sich ebenso kurz wie genau aus. »Er lebte«, notiert der Komponist und Schubert-Biograph Richard Heuberger, »in der Erinnerung der alten Dame als höchst einfacher, natürlicher, zu schwerer Melancholie neigender Mann, der sich in Gesellschaft heiterer Freunde aber sehr wohl fühlen konnte«. Schuberts Gestalt hatte sie »als ziemlich korpulent, seine Toilette als etwas nachlässig im Gedächtnis«.

Franz Lachner, der Musiker, der 1822 als Neunzehnjähriger nach Wien kommt und sich bald mit Schubert ebenso wie mit Schwind befreundet (1828 wird er Kapellmeister in Wien), beschreibt, wie er »im ›Haidvogel‹, einem damals sehr bekannten Speisehaus am Stephansplatz«, Schuberts zum ersten Mal ansichtig wurde: »Dort fand sich auch häufig ein junger Mann von ungewöhnlichem Äußerem, anscheinend einige Jahre älter als ich, ein. Sein Wesen hatte etwas Eigentümliches. Ein rundes, dickes, etwas aufgedunsenes Gesicht, eine gewölbte Stirn, aufgeworfene Lippen, eine Stumpfnase, krauses, wenn auch spärliches Haar gaben seinem Kopf ein originelles Aussehen. Seine Statur war unter Mittelgröße, Rücken und Schultern gerundet. Der Ausdruck seines Gesichtes war nicht uninteressant. Da er stets eine Brille trug, so hatte er einen etwas starren Blick. Wenn aber das Gespräch auf Musik kam, so fingen seine Augen an zu leuchten und seine Züge belebten sich.« Ein drastischeres Wort ist von Moritz v. Schwind überliefert, der in einem späten Brief an eine Nichte Joseph v. Spauns von »unserm dicken, lustigen Schubert« spricht. Von einer Wiener Dame gefragt, wie Schubert denn ausgesehen habe, soll er gesagt haben: »Wie ein betrunkener Fiaker!«

Daß Schubert sich unter Freunden nicht zierte, Tanzmusik zu machen, ist vielfach bezeugt. »Schubert«, erinnerte sich der Arzt Fleuriett, ein Onkel Richard Heubergers, »beteiligte sich eifrig an den damals üblichen Gesellschaftsspielen, setzte sich wohl auch – und zwar keineswegs ungern – ans Klavier und spielte zum Tanze.« Es muß ihm wirklich Spaß gemacht haben (in späteren Jahren blieb er allerdings häufig weg), und mittelbar war es sogar einträglich; Sonnleithner beschreibt, wie er Walzer, die ihm gefielen, wiederholte, um sie sich einzuprägen, und dann zu Hause aufschrieb. Die Verleger brannten auf solche leichtgängige Ware; bei Cappi & Diabelli erschienen 1821 unter der Opusnummer 9 (Schubert nahm seine Tänze durchaus als Werke) zwei Hefte mit zusammen sechsunddreißig Walzern, und es blieb nicht dabei. Als op. 18 folgten zwei Jahre später zwei weitere Hefte mit Walzern, Ländlern und Ecossaisen (sie waren zwischen 1815 und '21 entstanden), und 1825 erschienen gleich drei Tanzstück-Sammlungen in verschiedenen Verlagen, darunter vierunddreißig gefühlvolle Walzer: »Valses sentimentales«.

Der Walzer war ein Kind der Zeit, er war ihr Fanal, der Rock'n Roll der 1820er Jahre; wenn es nach den Verlegern gegangen wäre, hätte Schubert immer nur Walzer, Ecossaisen und »Galoppe« komponiert. Er hat sich wohl gehütet und hielt manches längst Niedergeschriebene zurück; was er auf diesem Feld drucken ließ, war nicht Lohnarbeit, sondern das Kondensat langgeübter geselliger Praxis. Sie muß ihm ein antäisches Vergnügen gewesen sein – Musik nicht als Herrscherin der Seelen, sondern als Dienerin der Gesellschaft, nämlich einer menschlich-unmittelbaren; nur sie traf ihn dienstbereit.

»Zu Schubert gehört der Wirtshausspieler«, schreibt Theodor Adorno in seinem eminenten Essay von 1928, einen Nietzscheschen Aphorismus abwandelnd, der vom »idealen Spielmann« gesprochen hatte, und meint vorweg: »Es lohnte den Versuch, die Haufen von Abfall, Schutt und Unrat zu betrachten, auf denen die Werke bedeutender Künstler sich zu erheben scheinen, und denen sie, knapp Entrinnende, etwas von ihrem Habitus doch verdanken.« Der Satz impliziert, daß zu Schuberts Zeit in Österreichs Wirtshäusern schlechte Musik gemacht worden sei, was für gute Wirtshäuser schwerlich zutraf; er ist stimmig, insofern er den geselligen Zug, den Teile des Schubertschen Œuvres hervorkehren, auf eine volkstümliche Wurzel zurückführt. Fern ist bei Schubert jenes Tellerklappern der Aristokratie, das ein feines Ohr – es war dasjenige Hegels – selbst aus Mozartschen Divertissements heraushörte; das gesellschaftsbildende Moment, das in Schuberts Musik umgeht, hat die Taue zur Oberklasse gekappt. Keine Musik kann groß werden ohne einen Hintergrund aus gesellígem Wesen, geselligen Absichten, ohne gesellschaftliche Praxis in einem ganz unmittelbaren Sinn. Haufen von Abfall, Schutt und Unrat haben sich erst in den Salons der entwickelten bürgerlichen Gesellschaft abgesetzt; ein Knopfdruck spült sie heute in jedes Zimmer. Chopin ist zur Bürgerkönigszeit ein knapp Entronnener Pariser Salon-Gesellschaft, Schubert hat sich des Dorfmusikanten nie zu schämen gebraucht, als den er sich vor den Freunden manchmal maskierte. In der Dämmerung beginnt die Eule der Minerva ihren Flug; es ist die Dämmerung der musikalischen Volkspoesie, in der Schuberts Werk, von Abschied beflügelt, seine Schwingen entfaltet.

Bildverwandlungen

Wilhelm Rieder hat das doppelt signierte Aquarell von 1825 niemals aus der Hand gegeben. Er weigerte sich sogar, das Blatt photographieren zu lassen, als der mit einem Schubert-Denkmal betraute Bildhauer Kundmann ihn Ende der sechziger Jahre darum bat. 1840 beugte Rieder dem möglichen Verlust der Zeichnung vor, indem er eine getreue Kopie von ihr anfertigte; fast unmerklich entgleitet ihm die physiognomische Nuance dabei ins Glättende. Sechs Jahre später legt Joseph Kriehuber zwei lithographische Varianten des Riederschen Bildnisses vor; vermutlich dient ihm der Passini-Stich als Vorlage einer Doppel-Arbeit, die durchaus eigenständigen Charakter hat. Kriehuber, ein Mann von phänomenaler Arbeitskraft (sein Werk umfaßt mehr als dreitausend Bildnisse) und fast durchweg hohem künstlerischem Niveau, war der führende Porträt-Lithograph des biedermeierlichen Wien; den »fast uneingeschränkten Herrscher über das weitverzweigte Gebiet einheimischer Porträtkunst« nennt ihn ein Zeitgenosse. Im Alter muß er erleben, wie die aufkommende Photographie seiner Kunst den Garaus macht; schon vorher hatten Holzstich und Stahlstich den Steindruck aus dem Feld der Bildreproduktion geschlagen.

Kriehuber, der wie Schubert aus dem Kleinbürgertum der Wiener Vorstädte stammte (er war 1800 als Sohn eines Gastwirts in der Josephsstadt geboren), stand am Rande des Schubert-Kreises; 1827 heiratete er eine Schwester jener Louise Forstern, die als »die Blume des Landes« durch die Ballberichte der

Schubertianer geistert und ihrerseits später Johann Passini ehelichte. Die beiden verschieden großen Schubert-Lithographien, an die dieser Großmeister sich lange nach dieser Zeit macht, sind das Indiz eines Nachruhms, der einen weiten Umweg nach Wien nimmt; von Paris aus erreicht er Schuberts Heimatstadt. In der Kulturhauptstadt des Westens, wo Léon Noël schon 1834 einen das Riedersche Bildnis getreulich wiedergebenden Steindruck vorlegt, erobern Schuberts Lieder die Konzertsäle und kreieren eine neue Gattung: Le lied. Zur gleichen Zeit bürgert Franz Liszt Schubert pianistisch ein; ihm ist der erste, sonderlich große der beiden Kriehuber-Drucke gewidmet.

Das Blatt (Abb. 32, Seite 35) steht in einem vielschichtigen Verhältnis zu seiner Vorlage: es kopiert sie (nämlich spiegelverkehrt, wie es sich beim Drucken ergibt), variiert sie (durch eine veränderte Armhaltung) und führt sie aus, mit dem Tonreichtum einer Lithographenkunst, die nicht bloß andeutet, sondern stoffliche Valeurs entfaltet. Das zweite, kleinere Blatt (Abb. 33, S. 36) ist offenbar eine Kopie des ersteren, so daß es, in doppelter Umkehrung, seitenrichtig zu dem Riederschen Aquarell steht; die in dem großen Blatt etwas gewaltsam verschränkten Arme abschneidend, begnügt es sich mit der Büste. Auch in ihrer physiognomischen Auffassung sind beide Blätter mehr als bloße Reproduktionen. Der Ausdruck von Festigkeit und Gelassenheit, den schon Rieders Lithographie hervorkehrte, ist bei Kriehuber verstärkt; er folgt darin der Büste von Joseph Alois Dialer, die Schuberts Freunde, von Anna Fröhlich inspiriert, 1829 für das Grabmal auf dem Währinger Friedhof in Auftrag geben (Abb. 29–31, S. 32–34). Der 1797 im tirolischen Imst geborene Dialer hatte mit einer frühen Talentprobe, einer plastischen Gruppe mit dem phantastischen Titel »Herzog Friedrich mit der leeren Tasche, von zwei Untertanen erkannt«, die Aufmerksamkeit der Tiroler Stände erregt und als deren Stipendiat in Wien studiert, wo auch er mit Schubert bekannt geworden war. Zusammen mit einer Raimund-Büste ist dieser Eisenguß von 1829 sein Hauptwerk – nicht, weil er Schubert darstellt, sondern weil er ihn mit vollendeter Meisterschaft darstellt. Zu Unrecht ist diese Skulptur weniger bekannt geworden als Schuberts Bildnisse; gerade sie wird von seinen engsten Freunden als vollkommen ähnlich gelobt. Der Ausdruck ruhiger Kraft, spannungsvoller Bestimmtheit, der von diesem Bildwerk ausgeht, steht in deutlichem Gegensatz zu dem genrehaft-diminutiven Bild, das eine romantisierende Nachwelt sich von Schubert machte; auf seine energisch-realistische Weise stimmt dieser Kopf zu Bauernfelds Erinnerungsruf: »Ein ewig junger Ton-Achill / Stehst du vor unsern Blicken!«

Wilhelm Rieder ließ es nicht mit der Aquarell-Kopie von 1840 bewenden. Fünfzig Jahre nach jener Maienstunde von 1825 nimmt er, noch im Vollbesitz seines Handwerks, das Aquarell von einst zur Grundlage eines großen Ölgemäldes, das die unbefangene Haltung des Blattes gleichsam widerruft (Abb. 34, Seite 37). Schubert sitzt nun in steifer Pose auf einem Sessel und stützt den Arm auf ein mit Tintenfaß, Federn und Notenpapier dekoriertes, teppichbedecktes Tischchen. Die Rechte hält einen Gänsekiel, die Linke ist säuberlich auf das übergeschlagene Knie gelegt, im Hintergrund liegen Notenrollen auf einem Klavier, das, wie Sessel und Tisch, nur in knappem Ausschnitt erscheint. Schuberts Kopf ist, mit getreu übertragenem Lockenfall und seltsam porzellanenem Ausdruck, von der alten Zeichnung übernommen, aber dieser Kopf sitzt einer fremden Figur auf – der Figur jenes Liederfürsten, zu dem das späte neunzehnte Jahrhundert den Komponisten stilisierte.

Unwahr wie ein Festredner – man könnte auch sagen: unwahr wie ein Repräsentationsmaler. Dieses späte Bildnis des Weggenossen und Trinkgefährten von einst produziert die Legende und ist bereits ihr Erzeugnis. Ein Œuvre, dessen Unermeßlichkeit allmählich zutage getreten war, wird dem Urheber gleichsam als Piedestal untergeschoben; Bedeutsamkeit strahlt aus jeder geglätteten Falte. Man machte Künstler damals gern zu Fürsten und kam sich womöglich demokratisch dabei vor. Goethe avancierte zum Dichterfürsten, und der Maler Stieler hatte noch zu dessen Lebzeiten das Porträt dazu geliefert; es hat Rieders Gemälde ersichtlich beeinflußt. Schubert der Liederfürst? Er hätte sich gekugelt über das feudale Avancement – er, der erste Komponist, der, zwei Aufenthalte auf einem ungarischen Landsitz ausgenommen, ohne die Aristokratie ausgekommen war; er hatte keine Lust zu ihr gehabt. Wo Beethoven dem Adel gegenüber den Oberautokraten herausgekehrt und die Feudalität gleichsam auf ihrem eigenen Feld überboten hatte (er imponierte ihr mächtig damit), blieb Schubert prinzipiell abgeneigt. Er haßte feine Gesellschaften und waltete, an Vogls Seite oder derjenigen des Freiherrn v. Schönstein, eines begabten Kavalierssängers, nur zögernd als Begleiter; nicht bloß Sonnleithner hat es beschrieben. Schubert der Liederfürst – das ist, als wollte man Mozart als Opernfürsten und Bach als Kantatenpotentaten apostrophieren.

Auch das ersichtlich auf öffentliche Wirkung berechnete Bildnis von 1875 hat Rieder nicht aus der Hand gegeben; fand er selbst es verfehlt? Daß die Zeitgenossen ein sicheres Gefühl für den Abstand beider Arbeiten hatten, zeigte nach Rieders Tod (der Maler wurde vierundachtzig Jahre alt) die Nachlaßversteigerung; das Aquarell erzielte 1205 Gulden, das Ölbild 166. Die Zeichnung von 1825 blieb der eigentliche Ruhm dieses vielseitigen und qualitätvollen Malers, der eine stetige Karriere gemacht hatte; als Sechzigjähriger war er Kustos der kaiserlichen Belvedere-Galerie geworden. Der eine Maienregenstunde des Jahres 1825 recht zu nutzen gewußt hatte, zeichnete sich damit in die Geschichte ein, »in die Unsterblichkeit hinübergeschleppt«, wie ein zeitgenössischer Mozart-Biograph über Schikaneder, den Autor der »Zauberflöte«, schrieb, der, wie auch Rieder, sehr viel mehr getan hatte, als sich nur schleppen zu lassen. In den achtziger Jahren begann dann die Karriere jenes Liederfürsten-Bildes, das, durch den Namen des Malers wie mit dem Siegel der Authentizität versehen, noch heute auf Schallplattenhüllen und Laserscheibenbehältern erscheint, das Bild Schuberts mit einem Aplomb verstellend, der der Waren- und Werbegesellschaft anhaltend Eindruck macht.

Zwei Klaviere und eine Lustpartie

Auf Rieders Ölgemälde ist ein Detail bemerkenswert: das Klavier im Hintergrund, das mit einigen Tasten und dem Firmenschild »Walter u. Sohn, Wien« zu sehen ist. Dieses Klavier war Rieders Besitz seit alten Tagen, und Schubert hat tatsächlich manchmal auf ihm gespielt. Ein Journalist von 1897 wußte es ganz genau, vermutlich von der Witwe des Malers: Schubert, in seinem Zimmer ohne Instrument, sei zeitweise auf das Riedersche angewiesen gewesen, was dem Besitzer aber lästig geworden sei. So habe man sich auf ein Fensterzeichen geeinigt: Sei Schubert willkommen gewesen, so habe ihm Rieder das durch das Aufziehen eines bestimmten Vorhangs von weitem angezeigt; falls nicht, sei das Fenster verhangen gewesen.

Hatte Schubert in der Zeit, da er an der Karlskirche in Rieders und Schwinds Nähe wohnte, tatsächlich kein Klavier auf dem Zimmer? Joseph v. Spaun meinte im Alter, er habe weder eins gebraucht (beim Komponieren habe ihn das Vorhandensein eines Klaviers eher gestört) noch eins besessen: »Seine Mittel reichten nie zu, sich ein Fortepiano anzuschaffen oder zu mieten«. Aber Schuberts Vater, der Schulmeister auf dem Himmelpfortgrund, schenkte dem komponierenden Sohn schon 1814 ein tüchtiges Instrument, was ein finanzielles Opfer bedeutete; das Klavier umfaßte fünf Oktaven und stammte aus der Werkstatt des Konrad Graf. Als Schubert 1818 in dem ungarischen Zelez ist, bittet ihn Ferdinand, der älteste und ihm am nächsten stehende der Brüder, das Instrument übernehmen zu dürfen, da er sein eigenes verkaufen wolle; Schubert erlaubt es ihm ohne weiteres und ist in dem Zimmer, das er dann zusammen mit Johann Mayrhofer, dem Freund und Poeten, in der Wiener Innenstadt bewohnt, dann tatsächlich ohne Klavier. In der nächsten Wohnung (zum ersten Mal in seinem Leben bewohnt er ein Zimmer allein) steht dann aber wieder eines, vermutlich das vom Vater geschenkte; Bruder Ferdinand wird sich anders beholfen haben.

Moritz v. Schwind, der junge Maler, der Schubert 1821 als Siebzehnjähriger kennenlernt, hat damals nicht ihn, aber seinen

Flügel porträtiert, mit Stuhl und Mappe, Bildern und Büchern und einer auf dem Boden stehenden Kiste in einer Ecke dieses Zimmers in der Wipplingerstraße. Das sorgfältig signierte Blatt, das beim Warten auf den Bewohner entstanden sein mag, ist mit der Feder auf ein rötliches Papier gezeichnet und in seiner wie physiognomischen Genauigkeit von einer sonderbaren Intensität. Bis Schwind dazu ansetzte, Schubert selbst zu zeichnen, vergingen vier Jahre, und was dabei herauskam, hat der Dargestellte *nicht* unterschriftlich beglaubigt; die Profildarstellung streift das Karikaturistische (Abb. 10, Seite *13*). Die auch von Schwind nicht signierte Bleistiftzeichnung, die ein nach links gewandtes Brustbild in voller Montur, mit Frack, Kragen und Halsbinde gibt, ist in Mitteln und Perspektive von erstaunlicher Anspruchslosigkeit, aber eben darum nicht uninteressant. Ihr Gegen- und Seitenstück bilden zwei eng zusammengehörige Genreszenen von 1827; an der Seite Vogls und in der Nähe Schobers erscheint Schubert hier als Staffage einer vielfigurigen Biedermeieridylle.

Schwind, inzwischen vierundzwanzig, hat diesen »Spaziergang vor dem Stadttor« einer imaginären alten Stadt zuerst als großformatiges Ölbild und dann, druckgraphisch-seitenverkehrt und mit zahlreichen Abwandlungen, als kleinformatige Lithographie ausgeführt (Abb. 21 und 22, Seite *24* und *25*). In der lithographischen Lustpartie sitzt er selbst, über eine Landkarte gebeugt, am rechten Rand vor einer Mauer, von der zwei Mädchen auf den Lesenden herabblicken. Hinter einer Bank, die von dieser Mauer abgeht, sieht man vier Männer auf den zentralen Torturm zugehen; einer von ihnen – es ist Schubert – blickt zu dem einsamen Kartenleser hinüber. Hinter Schubert, mit gelüftetem Hut zwei auf der Bank sitzende Damen grüßend, ist Franz v. Schober zu erkennen, neben ihm geht der hochgewachsene Gesangsstar. Links im Mittelgrund erblickt man einen gerade abfahrenden Ausflugswagen, den ein nach dem hinteren Gestänge greifender Zylinderträger gerade noch ersteigen will.

So in der seitenverkehrten Lithographie; in dem ihr zweifellos vorausgehenden Gemälde fehlt der Wagen; von der hier ganz verkürzten Mauer beugt nur *ein* Mädchen sich auf den Kartenleser herab, der der Maler ist (Abb. 21, Seite *24*). Zwischen beiden ragt phallusgleich eine hohe vierkantige Säule mit vergittertem Aufsatz empor (in der Lithographie mutiert sie zu einem Mauerabschluß mit phantastisch ausschlagender Steinvase); sieht man von dem türmereichen Hintergrund ab (er zeigt eine jener mittelalterlichen Silhouetten, die damals noch allerorts das Gepräge der Städte bildeten), recken sich in Mittel- und Vordergrund noch sechs Pfosten aller Art in die Höhe. In der Lithographie sind es im Hintergrund mehr, im Vordergrund weniger; auch hier: eine Lustpartie im Phalluswald. Schober begrüßt in dem Ölbild barhaupt zwei ihm entgegenkommende Damen; Schubert, mit Frack und Zylinder wie in der Lithographie, wendet sich auf der andern Seite des Zaunpfostens dem Kartenleser zu.

Beide Bilder sind eine Liebeshuldigung Schwinds an Anna Hönig, eine fromme Professorentochter (ihr Vater war Dekan der juridischen Fakultät), in die der sich mühsam durchschlagende Maler sich sterblich verliebt hatte. Im Frühjahr 1828 verlobt er sich mit ihr, was von der Familienfeier an schiefgeht und vollends, als Nettel ihren Bräutigam zur Kirchen- und Staatsfrömmigkeit bekehren will. »Verlieben Sie sich in den Papst!« war Schwinds im Freundeskreis umgehendes Abschiedswort an das Mädchen über der Mauer, das auf dem Bild so verheißungsvoll auf ihn herablugt.

Mit realistischem Instrumentarium (der Szene ist genau zu entnehmen, wie man sich damals trug und gab) und exzessiver Sorgfalt entfaltet sich in diesen beiden Bildern eine Gesellschaftsidylle, die alle Konfliktpotentiale ins Diminutiv-Humoristische entschärft. Ihren Gegenpol bildet ein graphisches Blatt von 1823, das den Einfluß William Blakes, des revolutionären Mystikers, verrät (Abb. 7, Seite *10*); es zeigt einen auf einer Klippe sitzenden nackten Jüngling, der seine Stirn auf den Knauf eines in den Boden gerammten Breitschwerts drückt. Die isoliert stehende Zeichnung ist das expressive Inbild einer Situation, in der die sexuelle Not der Jugend mit der politischen Frustration in eins geht.

Zwei Klaviere und eine Lustpartie

Der aus Bayern stammende Schwind, der als sechzehnjähriger Student eine politische Schlüsselerfahrung macht: die Amtsenthebung seiner beiden freisinnigen Universitätslehrer, des Theologen Weintridt und des Philosophen Rembold, ist ein Suchender nach allen Seiten, der einen immerzu großartig Findenden – Schubert – schier erdrückend an seiner Seite hat. Schubert hat an Beethoven einen Meister neben sich, von dem er seit 1818 weiß, daß er ihm standzuhalten hat; Schwind, der seine Talente in Auftragsarbeiten aller Art erprobt, sieht sich vergeblich nach künstlerischer Orientierung um. »Fänd ich einen Mann, dem ich unbedingt trauen könnte«, klagt er 1823, »so wäre ich der beste Schüler, den sich einer denken kann, so aber bin ich ein Fremder in der Kunstwelt.« Dieser ebenso begabte wie anspruchsvolle Maler ist ein in sich gehemmter Kunstgeist, der seinen Ausweg im Gefühlvoll-Dekorativen findet; er ist der Erfinder zweier phantastischer Archetypen dieser restaurativ in sich verschlossenen Zeit: des deutschen Märchenzwergs, der sich nachmals als Gartenzwerg vergegenständlicht, und des Elfenreigens. Mit nicht nachlassendem Fleiß bevölkert er die gute Stube des deutschen Kleinbürgers mit den Bildträumen einer Harmlosigkeit, die erst nach der Revolutionsniederlage von 1848 ihre populäre Wirkung entfaltet; bis dahin ist Schwind ein in seinem inständigen Bemühen um das Weltflüchtig-Matte, das Idealisch-Kraftlose ein Ringender und Verkannter.

Seinem Gemälde von 1827 – es ist das Hauptwerk seiner jungen Jahre – hat er sich als Suchenden einbeschrieben; der da, die Landkarte auf den Knien, unter Pfahl und Schute mit sinnend aufgestütztem Kopf am Wegrand sitzt, ist einer, der nicht weiß, wohin er gehen soll. In der Gemäldeversion sieht man in einem dreieckig ausgesparten Teil des Vordergrunds zwei neckisch spielende Kinder; in der Lithographie nimmt diese exponierte Stelle ein ratlos auf den Betrachter blickender Knabe ein, der einen der vielen Äpfel, die neben ihm im Korbe liegen, zweifelnd zum Munde führt. In diesem allegorischen Duktus hat das Blatt, das den suchenden Künstler innerhalb einer lustwandelnd-selbstgenügsamen Gesellschaft zeigt, seine humoristisch-verschwiegene Bedeutung; zwei nur achten des Wegsuchenden:

das Mädchen auf der Mauer und der Musiker im Hintergrund. Zu der Zeit, da diese Bilder entstehen, ist Schubert zweimal mit dem großangelegten Versuch ins Leere gelaufen, sich und die Gesellschaft in der Großform der Oper, dieser theatralischen Entsprechung des Tafelbilds, zu dramatischer Erscheinung zu bringen. Was sich ihm, jenseits äußerer Widerstände, hemmend entgegenstellt, ist ebendas, was Schwinds Torszene in ein Irreales setzt, das sich durch den Realitätsanspruch verschleiert: Harmonieseligkeit.

So sind es verwandte Probleme, die das Werk dieser beiden im Reichtum der Begabung und der Intensität des Selbstanspruchs Verwandten bewegen und belasten. Aber Schubert ist einer, der auch dann ans Ziel kommt, wenn er es zu verfehlen glaubt; es ist das Signum der Genialität. Schwind ist Musiker genug, um das zu bemerken; daß es ihn lähmt, bis hin zu der Unfähigkeit, den Freund anders als diminutiv, und das heißt: von sich abgerückt, ins Bild zu setzen, ist seinen Schubert-Bildern abzumerken. Dem Akzidentiellen des Feundes – Stuhl und Bild, Kiste und Klavier – hält er künstlerisch stand; dessen Person kann er nur von weitem in Betracht ziehen. (Auch die Profilzeichnung ist eine Fernsicht.) Bis Schwind der Darstellung des Freundes mächtig wird, werden fast vier Jahrzehnte vergehen; auch dann bleibt das authentische seiner Schubert-Bilder die graphische Aufnahme eines Flügels in der Ecke eines spärlich möblierten Komponistenzimmers.

Als Schubert im Herbst 1822 wieder in das väterliche Schulhaus übersiedelte, wird er den Flügel, wenn es sein eigener war, mitgenommen und ihn dortgelassen haben, als er, zwischen Vaterhaus und Eigenleben pendelnd, im folgenden Jahr ins innere Wien zurückging; die Schobers, bei denen er nun wieder wohnte, hatten ein Instrument zur Verfügung. Als er im Februar 1825 dann für mehr als ein Jahr in ein Haus neben der Karlskirche zog (vgl. Abb. 15, Seite *19*), von dem es nicht weit zu Rieders Wohnung war (auch das »Mondscheinhaus« der Familie Schwind lag nahebei), hatte er offenbar kein Klavier mehr zur Hand und half sich zuweilen mit dem Riederschen; dabei mag sich die Geschichte mit dem Vorhangzeichen zugetragen haben. Wie der Wiener Feuilletonist sie um die Jahrhundertwende erzählt, ist sie ein Gegenstück zu dem Liederfürsten; vielleicht hat der alte Rieder seinem späten Schubert-Bild nur deshalb ein so majestätisches Ansehen gegeben, weil im Umgang mit diesem Komponisten jener fraternisierende Ton um sich gegriffen hatte, der auch durch diese Sätze scheint: »Waren bei einem bestimmten Fenster die Vorhänge aufgezogen, so bedeutete dies, daß Schubert heraufkommen könne; waren sie zugezogen, so hatte dies zu sagen, daß der Hausherr Ruhe haben wolle. Man konnte nun Schubert sehr oft sehen, wie er eiligen Schrittes daherkam, die Brille auf die Stirne schob und zu dem verheißungsvollen Fenster blickte; freudig verklärte sich sein Blick, wenn er das günstige Zeichen erblickte, traurig zog er ab, wenn es ihm den Eintritt in Rieders Wohnung verwehrte.«

In diesem Stil wurden damals ganze Romane über Schubert abgefaßt; in einem davon hing der Held seine Hosen in verschiedenen Varianten aus dem Fenster, um einem nahegelegenen Wirtshaus zu signalisieren, was man ihm zum Abendbrot bringen solle. »Denn so klein«, notiert Theodor Adorno 1928 im Blick auf dergleichen Produktionen, »muß ja wohl der Mensch werden, um nicht länger die Perspektive zu verstellen, die er aufgetan hat und aus deren Bannkreis er doch nicht ganz vertrieben werden darf, sondern die er als geringste Staffage am Rande beleben muß.«

Zeislwagen

Es gibt ein Bild, an dem dieses Wort einen gleichsam positiven Sinn gewinnt, das ist die »Landpartie der Schubertianer von Atzenbrugg nach Aumühl«. Einer von Schuberts nächsten Freunden, der fast gleichaltrige Leopold Kupelwieser, hat es 1820 gemalt; es enthält eines der frühesten Bilder, die es von Schubert gibt (Abb. 5, Seite 6/7). An gesicherten Porträts liegt vor dieser farbigen Zeichnung nur ein schöner, mit einem gezeichneten Rundrahmen umgebener Schattenriß, der das Profil des Zwanzigjährigen zu lebendigem Ausdruck bringt (Abb. auf Seite 207);

mit ebenso weichen wie wachen Zügen zeigt sich ein aufmerkend gehobener Kopf über der angedeuteten Halsbinde.

Diese Tuschsilhouette wird auf das Jahr 1817 datiert; für vier Jahre älter gelten zwei Zeichnungen, die als Schubert-Porträts schwer oder gar nicht einleuchten. Die eine – das nach links gewandte Profil-Brustbild eines jungen Mannes – wird manchmal Franz v. Schober zugeschrieben, der aber erst im Herbst 1815 nach Wien kam, ein andermal Moritz v. Schwind, der Schubert noch sehr viel später kennenlernte. Das zweite dieser vorgeblichen Jugendbildnisse (es zeigt den nach rechts gewandten Kopf eines jungen Mannes mit offenem Hemdkragen) stammt möglicherweise von Leopold Kupelwieser, der Schubert zu dieser frühen Zeit auch noch nicht kannte; Otto Erich Deutsch (»Franz Schubert / Sein Leben in Bildern«, München und Leipzig 1913, S. 19) hat die schöne Zeichnung aus dem Besitz des Fürsten von und zu Liechtenstein mit allem Vorbehalt abgebildet. Die vermeintliche Echtheit der Zeichnung als eines Schubertbildnisses stützt sich auf das Zeugnis zweier Halbbrüder Schuberts, Andreas und Anton, die, 1823 bzw. 1826 geboren, höchstens einem familiären Ondit folgen konnten; der Augenschein spricht dagegen.

So ist jenes in Blau-, Gelb- und Grautönen gehaltene Aquarell von 1820 ganz offenbar die erste Schubert-Darstellung Kupelwiesers. Das Gut Atzenbrugg, von dem hier die Fahrt nach der nahen Aumühle geht, lag fünfunddreißig Kilometer nördlich von Wien; es gehörte zu dem Chorherrenstift Klosterneuburg, das eine der ältesten und großartigsten Klosteranlagen der Monarchie war. Franz v. Schober war mit dem Verwalter – er hieß Joseph Derffel – verwandt, und dieser freundliche Mann öffnete seinem Neffen und dessen Freunden einige Jahre lang allsommerlich die Tore des Schlosses; man kam auf einige Tage und ließ es sich bei Ausflügen, Tanzfesten, Musik und Spielen aller Art wohl sein. Sechs »Atzenbrucker Deutsche« (das war ein anderer Name für Walzer) zeugen von der sommerlichen Tanzlust und Schuberts Anteil daran; er nahm sie, auf op. 9 und op. 18 verteilt, in seine ersten beiden Walzersammlungen auf.

Eine humoristische kleine Radierung aus einem späteren Jahr

gibt eine Anschauung dieses Ferientreibens (Abb. 4, Seite 4/5). Sie ist ein Gemeinschaftswerk von drei Teilnehmern: Schober, der die Landschaft zeichnete, Schwind, der die Figuren staffierte, und Ludwig Mohn, einem aus Halle an der Saale nach Wien gelangten Maler, der alles auf die Kupferplatte übertrug. Besonders in seiner kolorierten Fassung ist das leichtgefügte, sorgfältig komponierte Blatt, an dem Schwind, der Figurenzeichner, den Hauptanteil hat, von eigentümlichem Reiz. Vorn in der Mitte, genau in der Achse des Bildes, sitzt Schubert vor seinem Zylinder hemdsärmelig auf dem Rasen und schmaucht neben Vogl, der den Zylinder aufbehalten, und Schwind, der ihn abgesetzt hat, eine rauchausstoßende Pfeife. Vor ihm, in der Position des Goldenen Schnitts, steht ein hingebungsvoll fiedelnder Geiger, den Deutsch als Ludwig Kraißl identifizierte; offenbar gingen auch sportliche Übungen in Atzenbrugg nicht ohne Musik ab. Im Hintergrund auf einer Anhöhe ist das Schloß zu sehen, im Vordergrund begleitet Kupelwieser mit ausgebreiteten Armen den Ballwurf einer weißgewandeten jungen Dame; der Ball selbst steht über einer empfangsbereiten Gruppe, die ihn verfehlen wird, in der Luft; Schober flankiert sie zur Linken. Die Figuren sind winzig, doch erkennt man Schubert sofort; den viele unscheinbar nannten, war eine vollkommen prägnante Erscheinung.

An die zwanzig junge Leute gruppierten sich in Atzenbrugg um das »poetisch-musikalisch-malerische Triumvirat«, das aus Schober, Schubert und Kupelwieser bestand; die andern waren Beamte, Wissenschaftler, Studenten. Einige Mädchen, Töchter aus gutbürgerlichen Familien, gehörten auch dazu, und alle waren auf Musik versessen; die meisten trieben sie aktiv. Für Ausflüge in die Umgebung gab es in Wien besondere Gefährte, zweispännige Leiterwagen mit Holzbänken an der Seite, sie hießen Zeislwagen, und einen vollbesetzten fahrenden Zeislwagen zeigt Kupelwiesers schönes Aquarell. Sechs Mädchen sitzen auf den Bänken, in einfachen weißen Kleidern und mit gelblichen oder weißen Hüten auf dem Kopf; von einer ist nur ein Stück der Krempe zu sehen. Um sie herum auf den Trittbrettern stehen vier befrackte Herren, auf dem Kopf einen Zylinder;

dem fünften ist der Hut vom Kopf geflogen; erschrocken sieht er ihn vom Hinterrad zerquetscht. Der Kleidung nach gehören auch die beiden Männer auf dem Kutschbock zu der Gesellschaft, von denen der eine sich zu einer Dame nach hinten wendet; die beiden nebeneinandergerückten Gesichter bilden die Mitte des Blattes. Ein weiterer Ausflügler läuft, eine Reitgerte in der Hand, vorn neben dem Wagen her.

Hinter dem Gefährt, das sich, von zwei Apfelschimmeln gezogen, auf einem Sandweg nach rechts bewegt, scheint, durch einen Streifen Grün abgetrennt, in der Ferne eine sanft gewellte Landschaft auf, deren mattes Blau in das des Himmels übergeht. Ganz links ist eine Burg zu erkennen, ganz rechts ein baumumstandenes Gehöft, das Ziel des Ausflugs. In dem schmalen Raum zwischen dem Rand des Blattes und den Köpfen der Pferde laufen zwei verschieden gekleidete Männergestalten über Land, der eine mit Frack und Zylinder, der andre mit Mütze und Reitstiefeln angetan – eilen sie dem Wagen voraus? Etwas größer als sie, aber immer noch sehr viel kleiner als die Dreizehn auf dem Wagen, von denen einer sich nach ihnen umblickt, erscheinen am linken Rand, unterhalb der entfernten Burg, zwei befrackte Figuren, die eine, brillentragende mit einem Zylinder, die andere mit einer Ballonmütze angetan. Sie sind ins Gespräch vertieft; der eine, kleinere führt das Wort und breitet die Arme dabei aus; der andere ist ihm hörend zugewandt und steckt die Hand in die Jacke – Schubert und Kupelwieser. Die beiden halten nicht Schritt mit dem lustigen Wagen, sie bleiben zurück; nicht die Aktion ist ihre Sache, sondern die Betrachtung, nicht das In-der-Gruppe-, sondern das Für-sich-Sein.

Kupelwieser scheint sich in das heitere Bild einzuzeichnen, wie die alten Meister sich unter die Schar der Beter versetzten, mit denen sie Madonnen und Heilige umgaben: am Rande. Doch der Zeislwagen ist keine Madonna – die Menge ist hier das Hauptereignis. So hat das Verhältnis sich umgekehrt und gemahnt eher an die Verborgenheit, die biblische und mythologische Bilder in alten Zeiten ihren Hauptfiguren zuwiesen, sie in Landschaften und Stadtszenerien einfügend. Man mußte sie suchen und fand sie am Rande.

Die beiden Fernwandelnden erscheinen kleiner, als es die Perspektive gebietet; sie sind im Raum weiter entfernt als in der Szene. Der den Mittelpunkt des Kreises bildet, hat seinen Platz an der Peripherie, und der mit ihm als geringste Staffage am Rand die Perspektive belebt, ist deren zeichnerischer Urheber. Wie innerlich verknüpft dieses von Kopf bis Fuß durchgebildete Paar mit einem Bildganzen ist, das der Ausflugswagen fast vollständig ausfüllt, zeigt der Versuch, sie als Einzelgruppe abzulösen: er mißrät. Weder der Festwagen noch diese abgesonderten zwei sind dazu gemacht, für sich zu bestehen.

Charade

Kupelwieser, den seine Freunde Kuppl nannten (man sieht seinen Namen manchmal irrtümlich mit dem Adelsprädikat versehen), war, wie Schubert, eine ausgeprägte Frühbegabung. Als Kind hatte der Vaterlose mit kleinen Wachs- und Tonfiguren die Aufmerksamkeit des Hofbildhauers Zauner erregt und schon als Zwölfjähriger die Wiener Akademie bezogen; von seinem neunzehnten Jahr an verdiente er seinen Lebensunterhalt mit Bildnissen und figurativen Ladenschildern, die als meisterhaft gerühmt werden. Der Zeislwagen von 1820 ist das früheste Zeugnis seiner Freundschaft mit Schubert, die vertrauensvoll und beständig war, obschon sie nach Kupelwiesers Italien-Rückkehr (der Freund kam von einem Rom-Aufenthalt als Nazarener zurück und malte fortan fast nur noch staats- und kirchenfromme Bilder) nicht mehr die alte Intensität besaß. Unter Schuberts alten Freunden (Bauernfeld, der Schriftsteller, stößt erst 1825 dazu und tritt gleichsam an des Malers Stelle) nimmt Kupelwieser insofern eine besondere Stellung ein, als er ungefähr gleichaltrig mit Schubert ist, aus ähnlich beengten Verhältnissen stammt und schon früh als fertig ausgebildeter Künstler dasteht. Spaun war neun Jahre älter, Schwind sieben Jahre jünger als Schubert; der 1796 geborene Schober aber war ein Anreger und Helfer, kein Werkgenosse.

Der befrackte junge Mann, welcher hier, zugleich fern und

nah von dem fröhlichen Wagen, mit seinem Malerfreund über Land geht, hat einige Monate zuvor eine drastische Erfahrung gemacht; im März 1820 ist er nach einer nächtlichen Zusammenkunft in der Wohnung eines Freundes Zeuge eines Polizeiüberfalls mit Verhaftung und Durchsuchung geworden. Der Freund war der Tiroler Johann Senn, der damals fünfundzwanzig Jahre alt war – ein poetisch begabter Feuergeist, der als Vierzehnjähriger den Kampfgeist der Tiroler Aufständischen mit einem berühmt gewordenen Lied entfacht hatte; in Wien lebte er als Student und Privatlehrer. Joseph Kenner, einem Konviktskameraden Senns wie Schuberts, erscheint er im Rückblick als »ein herrlicher, warm fühlender Jüngling, von gedrungener Stärke, ein starrköpfiger Philosoph, offen dem Freunde, verschlossen den übrigen, freimütig, heftig, Hasser äußerlichen Zwanges«. Kenner berichtet, wie Senn durch den von ihm organisierten Protest gegen die ungerechte Bestrafung eines Mitschülers den Konvikts-Freiplatz verloren habe, und fügt an: »Seine Freisinnigkeit wurde anrüchig, seine Unbeugsamkeit schien gefährlich.« Um im Vollzug der Karlsbader Beschlüsse »der Nachahmung des deutschen Burschenwesens« zu steuern, statuiert die politische Polizei an Senn ein Exempel; die Aktion hat, laut Wurzbach, dem späteren Biographen des Kaisertums, eine Vorgeschichte eigener Art. Die Polizei hatte nämlich in Senns Kreis, der sich regelmäßig in einem Gasthaus traf, einen Spion eingeschleust, den die Runde eines Abends als solchen ausgemacht und vor die Tür gesetzt hatte. Die Behörde reagierte mit Haussuchungen bei allen Teilnehmern, unter denen sich Senn zufällig nicht befunden hatte; um so prägnanter erschien er in den beschlagnahmten Papieren eines der Teilnehmer: Senn, hatte dieser in sein Tagebuch geschrieben, sei der einzige Mensch, den er für fähig halte, für eine Idee zu sterben. Dies, so der Bericht, habe der Polizei genügt, um gegen Senn loszuschlagen, der aber vermutlich längst als das geistige Haupt der Gruppe erkannt war; daß er ein Genie sei, so Wurzbach, sei der Hauptvorwurf gewesen, den ein Polizeikommissar gegen ihn vorgebracht habe. Vierzehn Monate bleibt Senn in Haft und wird dann ohne Prozeß aus Wien verbannt; in Tirol fristet er fortan ein von Armut bedrängtes, in Elend ausgehendes Leben.

Zweifellos mit Bedacht legt die Polizei des Grafen Sedlnitzky die Verhaftung auf einen Zeitpunkt, da sie sicher sein kann, daß Senns Freunde Zeugen der Aktion werden; das Ganze ist auf Abschreckung und Einschüchterung berechnet. Der in früher Morgenstunde Heimgesuchte protestiert, und seine Gäste stimmen ein; sie kommen alle in den Bericht, den der Polizeikommissär Ferstl anfertigt; vom Grafen Sedlnitzky geht er aller Wahrscheinlichkeit nach an den Kaiser: »Rapport ... über das störrische und insultante Benehmen, welches der in dem burschenschaftlichen Studentenvereine mitbefangene Johann Senn, aus Pfunds in Tyrol gebürtig, bey der angeordneter massen in seiner Wohnung vorgenommenen Schriften-Visitation und Beschlagnahme seiner Papiere an den Tag legte und wobey er sich unter andern der Ausdrücke bediente, ›er habe sich um die Polizey nicht zu bekümmern‹, dann die Regierung sey zu dumm, um in seine Geheimnisse eindringen zu können. Dabey sollen seine bey ihm befindlichen Freunde, der Schulgehilfe aus der Roßau Schubert, und der Jurist Streinsberg, dann die am Ende hinzugekommenen Studenten, der Privatist Zechenter aus Cilly, und der Sohn des Handelsmannes Bruchmann, Jurist im 4. Jahre, in gleichem Tone eingestimmt, und gegen den amthandelnden Beamten mit Verbalinjurien und Beschimpfungen losgezogen seyn. Hievon macht der Pol.Ob.Coar. die amtliche Anzeige, damit dieses exzessive und sträfliche Benehmen derselben gehörig geahndet werde.«

Senns Verhaftung fällt in eine Zeit, in der Schubert gerade mit höchster Intensität an einer ganz ungewöhnlichen Komposition arbeitet, einem szenischen Oratorium über Tod und Auferstehung des Lazarus; es folgt einem 1778 in Leipzig erschienenen und schon damals vertonten Text eines protestantischen Theologen, der später Rektor der Universität Halle wird und es zu diesem Zeitpunkt – im Jahre 1820 – noch ist: August Hermann Niemeyer. Nachdem er im Januar die Schlußverse von Novalis' fünfter »Hymne an die Nacht« wie als Prolog des Oratoriums vertont hat, geht er im Februar an dieses ausgedehnte Werk, das wahrscheinlich für das Osterfest in Wiens evangelischer Kirche bestimmt ist. Die Schranke zwischen Arie und Rezitativ aufschmelzend, komponiert er den in drei Handlungen (Akte) gegliederten Text durch und schreibt, eine gerade skizzierte große Messe zurückstellend, eine in ihren musikdramatischen Neuerungen hochbedeutende Partitur; Peter Gülke nennt sie einen »durch das Genre ins Abseits verschlagenen Meilenstein dramatischen Komponierens« (»Franz Schubert und seine Zeit«, 1991, S. 182).

Aber nur der erste Akt wird fertig, mitten im zweiten stockt die Arbeit; Schubert hält inne, ehe Lazarus von den Toten erweckt wird. Hat Senns Verhaftung ihm den Nerv dieser Arbeit zertrennt? Da er im Februar begann, wird er Ende März gerade bis in den zweiten Akt gekommen sein. Nach dem Abbruch des Werks tritt eine wochenlange Pause ein; im Mai ist die Krise dann überwunden. Schubert geht an »Die Zauberharfe« und versieht den magischen Wirrwarr dieses Benefiz-Melodrams zum Besten dreier Theaterleute (es handelte sich um den Bühnen-, den Kostümbildner und den technischen Direktor des Theaters an der Wien) mit dreizehn Musikstücken – Chören, Melodramen, Finali – und einer hinreißenden Ouvertüre.

Es ist der Schubert der »Zauberharfe«, der in Kupelwiesers Zeichnung »wandelnd geht«, wie es in einem berühmten Lied des Komponisten heißt. Auch sonst hat er einiges durchgemacht; seine Jugendliebe, Therese Grob, die Lichtentaler Seidenwirkerstochter mit dem glockenhellen Sopran, der Schubert keine familiäre Existenz bieten konnte, ist im Begriff, einen Bäckermeister zu heiraten. Wider die Trübnis von Zeit und Erfahrung hilft der Griff in die eigene, magisch gestimmte Zauberharfe; bald wird sie die linden Lüfte betörend wehen lassen: in Uhlands Lied, das Schubert im September 1820 vertont. Viele große Lieder entstehen in Herbst und Winter nach den Atzenbrugger Sommerferien, doch bleiben abermals einige große Entwürfe liegen. Von einem Streichquartett wird nur der erste, überwältigend kühne Satz, ein c-Moll-Allegro, fertig, und eine Oper mit dem verheißungsvollen Titel »Sakuntala« kommt nicht über Partiturskizzen hinaus; ebenso ergeht es einer viersätzigen Sinfonie. Schubert, der schon sechs Sinfonien und dreizehn Quartette geschrieben hat, ist in eine Phase des Zögerns und der Skrupel eingetreten; sie fällt mit jener zwiefachen Krise zusammen, die sich an die Namen des Freundes und der Freundin, Johann Senns und Therese Grobs, heftet. Zugleich ist dies die Zeit, da er mit teilweise lang zurückliegenden Liedern auf einmal das musikalische Wien erobert und anfängt, ein bekannter Mann zu werden; im selben Maß wächst die Werkverantwortung.

Im kommenden Sommer ist er wieder in Atzenbrugg, und nun macht Kupelwieser eine oval gefaßte, an der Brille ganz leicht weiß gehöhte Kreidezeichnung von ihm (Abb. 3, Seite *3*), die der Dargestellte mit seiner Unterschrift (an ihrem Ende steht das obligatorische *mpia*, das ist: *manu propria*, eigenhändig) und dem Datum des 10. Juli beglaubigt. Dieses En-face-Porträt ist nicht nur das früheste, sondern, bei aller Bedeutung des Riederschen Aquarells, auch das erheblichste aller Schubert-Porträts; das Antlitz des Vierundzwanzigjährigen tritt darin mit einer so reinen, ungeschützten Offenheit vor den Betrachter, daß auch bei wiederholter Betrachtung eine Art Erschütterung von dem Blatt ausgeht. Die zarte, fast immer vergröbernd reproduzierte Zeichnung (erst das 1989 erschienene Schubert-Buch von Ernst Hilmar hielt es anders) ist ein Blatt von einzigartigem Rang.

Außerdem zeichnet Kupelwieser wieder eine große gesellige Szene. Das Aquarell (Abb. 6, Seite *8/9*), größeren Formats als die Landpartie vom Vorjahr, ist in ein ähnlich fahles Grau-Gelb getaucht wie der untere Teil der Wagenszene; das Rot eines Kleides, das Lila zweier Sitzpolster steigern diese Stimmung mit koloristischer Finesse. Das Blatt enthält ein Ganzbildnis Schuberts, der im halben rückwärtigen Profil erscheint; zugleich ist es die malerisch vollkommene Darstellung musisch-geselligen Treibens zu dieser Zeit und an diesem Ort, Persönlichkeitsdarstellung und Sittenschilderung aus dem Geist jenes luziden Realismus, der die andere Seite deutsch-romantischer Malerei ist und in Wien von Waldmüller, Danhauser, Amerling und den beiden Alt auch noch in späterer Zeit gegen jenes anämische

Nazarenertum verteidigt wird, das auf breiter Front die Flucht in die ideale Belanglosigkeit antritt. Kupelwieser selbst, der sich 1824 mit einem lebensgroßen Bild des Kaisers in die Gunst des Hofes malt und danach seinen Wiener Freunden nach Italien entschwindet, macht später als Kirchenmaler Karriere und überzieht Österreichs Städte mit Fresken und Altargemälden, die heute vergessen sind; nicht vergessen sind seine Atzenbrugger Aquarelle. In den drei Blättern, in denen »Kuppl« Schuberts Erscheinung festhält, erreicht dessen Zeichenkunst eine ihr nie wieder beschiedene Höhe; es sind Höhepunkte zeitgenössischer Graphik. Schubert hat diesen Zeichner, der als Maler nicht erst in seinem späteren Werk zur glatten, repräsentativen Geste neigt (sie zeigt sich auch in seinen Porträtgemälden aus dem Schubertkreis), zu dem Äußersten des ihm künstlerisch Möglichen getrieben.

Man stelle sich den klavierspielenden Mozart vor, in Dresden von Anton Graff porträtiert, oder Bach, in Potsdam vor Friedrich II. spielend und dabei von Pesne festgehalten, und man bekommt ein Gefühl für das Exzeptionelle auch der dritten Atzenbrugger Zeichnung, für den Glücksfall ihres Zustandekommens und für die Eigenart der Darstellung. Wieder befindet sich Schubert am Rand des Bildes wie des Geschehens, aber es ist eine Position der Nähe, nicht der Ferne; er wird in ihr in einem Maß gewichtig, das nicht denkbar wäre auf einer jener seltenen Darstellungen dieser oder einer früheren Zeit, die den Komponisten in Oper oder Konzert in Aktion zeigen. Er erscheint dort immer als Funktionär der Gesellschaft, ihr auch dort untertan, wo er musikalisch bestimmt. Der hier vom Rand aus, in zuschauender Spannung in den Raum hinein wirkt, ist seiner selbst inne, nicht Herr, nicht Diener, ein freier Mann.

Die Szene spielt im Atzenbrugger Gutsschloß, einem Renaissancebau gotischen Ursprungs, der ursprünglich eine Burg gewesen war. In einem saalartigen Gemach, in das man ein Instrument und ein paar Stühle gestellt hat (rechts deuten sich tiefe Fensternischen an, in der Mitte des Hintergrunds öffnet eine Tür den Blick in zwei weitere Zimmer), führen sechs junge Leute in jener bürgerlichen Kleidung, die schon die Passagiere

Charade

des Zeislwagens zeigten: fließende Kleider mit hochsitzender Taille bei den Damen, dunkle Fräcke zu hellen Westen und ebensolchen Hosen bei den Herren, eine Charade, ein Rätselbild vor, das von den elf andern nur drei junge Damen ins Auge fassen: ein Mädchen zur Linken, deren Begleiter (man sieht beide nur von hinten) in den Anblick der besenbewehrten Gestalt auf dem Ofen vertieft ist (sie soll Gottvater vorstellen) und zwei Mädchen zur Rechten, die eine stehend, sitzend die andere. Die übrigen acht sind mit sich selbst beschäftigt. Das Mädchen vorn rechts blickt versonnen auf einen jungen Mann, der hinter dem Klavier das Kinn in die Hand stützt, und achtet nicht ihres Nachbarn, der sich mit dringlichem Ausdruck an sie wendet. Hinter den beiden sprechen ein junger und ein älterer Mann mit einer Dame im roten Kleid, die sich ihnen zugekehrt hat.

Ratschlagen sie über die Deutung des lebenden Bildes? Aber dies ist nicht besonders rätselhaft; man sieht sofort, daß es den Sündenfall vorstellt. Ein blonder, hochgewachsener Jüngling spielt den Baum der Erkenntnis; hinter ihm auf dem Stuhl stellt ein anderer junger Mann die Schlange dar und deutet auf den Apfel, den Adam gerade von Eva nimmt, indes rechts eine hochgewachsene junge Dame in wehendem weißem Kleid einen tuchumwundenen Stecken schwingt: der Erzengel mit dem Flammenschwert.

Dies war der Sündenfall, aber damit war nicht viel gewonnen; es war nur ein Teil des Rätsels, das es zu lösen galt. Das Wort – Franz v. Schober hat es später berichtet – war Bestandteil eines Rebus, der, zusammen mit der vorher zu erratenden Darstellung des Wortes *rein* (in diesem Teil des Bilderrätsels hatte man vor einer auf Tapeten gemalten Wasserlandschaft Waschgebärden vollführt), auf *Rheinfall* hinauslief, einen Kalauer aus Reinwaschung und Sündenfall, der vermutlich einen spezifischen Hintergrund hatte. Er ist unbekannt und der eigentliche Rätselgegenstand; das Bild selbst, nicht die in ihm dargestellte Szene, ist die Charade. Eine sonderbare Spannung liegt über dem Ganzen und zeigt sich in dem eigentümlichen Für-sich-Sein der Figuren, im Unterschied etwa zu der Ballspiel-Radierung;

selbst wenn man sie als die bloße Folge malerischer Präzision ansieht, kommt dieser Starre ein besonderer atmosphärischer Gehalt zu. Diese theaterspielende Gesellschaft scheint von einem Geheimnis durchdrungen, und nur Schubert überwindet die Lethargie, mit der alle andern Gestalten, sogar die spielenden, auf sich selbst bezogen sind.

Welcher Art ist der Reinfall (als »Rheinfall« macht Schober das Wort unverfänglich), der hier aus Reinwaschung und Sündenfall zusammengesetzt wird? Ist es der politisch-polizeiliche, der sich an Senns Schicksal heftet, zu dem immerhin vier Mitglieder des Atzenbrugger Kreises – Doblhoff, Schubert, Bruchmann und Zechenter – in engen Beziehungen gestanden hatten? Der Unfall im Hintergrund des Rätselspiels lag wohl eher auf erotischem Gebiet; er könnte sich zwischen dem Mann hinter dem Flügel und dem Mädchen im dunklen Rock zugetragen haben, das einen distanzierten Blick auf ihn heftet. Schubert sitzt links vor einem großen gemütlichen Hund, der Drago hieß und Kupelwieser gehörte; Körper und Antlitz sind in einer Vierteldrehung vom Klavier abgekehrt. Die Linke liegt leicht auf den Tasten, bereit zu einem Akkompagnement; gilt die gespannte Haltung dem pianistischen Einsatz? Aber auch Schubert sieht nicht auf die Szene; an dem Mädchen im dunklen Rock vorbei geht sein Blick in eine hinter der Fensterwand verborgene Ferne.

> Und hier sitzt der Tonbezwinger
> ungehört in unserm Kreise
> mit der *Kunst*, die Seelen*speise*
> Seelenlust und *Lindrung* beut? –
> Auf und tödtet nicht die Zeit
> er beginne seine Weise!

– diese Verse, mit denen Schober in Atzenbrugg ein »jeu d'esprit«, eine Dicht-Aufgabe mit vorgegebenen Wörtern, bestreitet, sind wie für diese Situation gemacht.

Der Mann hinter dem Flügel nimmt mit gesenktem Kopf, aufgestütztem Kinn eine Haltung intensiven Nachdenkens ein; sie kontrastiert mit der offenen Gespanntheit von Schuberts Erscheinung: den Kopf erhoben, die Rechte auf dem Knie. Eine eigentümliche Wachheit durchdringt die füllige Gestalt, deren Schuhe den Boden nur mit der Spitze berühren; vom Rand aus beherrscht sie die Runde. »Allein die Empfindung einer ungewöhnlichen Genialität gegenüber ließ jeden Gedanken an das Physische verschwinden und erlosch vollends, als Schubert ans Klavier trat«, schrieb 1822 ein von Schuberts Erscheinung enttäuschter Verehrer. Dieser Gegensatz ist hier verschwunden, die Darstellung hebt ihn auf. Franz v. Schober nannte sie Schuberts bestes Porträt und schenkte eine Photographie des Ausschnitts Frau La Mara alias Marie Lipsius in Dresden, die einen klugen Essay über den Komponisten geschrieben hatte. Es ist das einzige Bild, das ihn in musikalischer Aktion zeigt.

Freundesschar

Aber wer mag die ernste Schöne mit den Stirnlocken und dem Zopfkranz, in der weißen Bluse und dem braunseidenen, die Rüschen des Unterkleids freilassenden Rock sein, deren Blick auf dem Sinnenden hinterm Klavier ruht? Eine Bleistiftzeichnung Kupelwiesers macht es deutlich: es ist Sophie v. Schober, die Schwester Franz v. Schobers. 1816, als Neunzehnjähriger, hatte Schubert fast ein Jahr bei den Schobers in der inneren Stadt gewohnt, bei der Mutter, einer begüterten Witwe, und den Geschwistern Franz und Sophie, die – so ein Zeitgenosse – »ein splendides Quartier unter den Tuchlauben« bewohnten; er war auf diese Weise den Bedrängnissen des Schuldiensts entrückt worden, in dessen Bahnen ihn der Vater auch später noch halten wollte. Auch in späterer Zeit hat Schubert immer wieder für kürzer oder länger bei den Schobers Unterkunft gefunden.

Sophie, die zwei Jahre älter als Schubert war, heiratete 1823 den Militärgeometer Zechenter, der auch zu dem Atzenbrugger Kreis gehörte; zwei Jahre später starb sie an Lungentuberkulose. Der in sich gekehrte Jüngling, den ihr Blick sucht, galt O. E. Deutsch als der Arzt und Schriftsteller Carl Philipp v. Hartmann (1773-1830), ein berühmter Mediziner, der 1808 mit einer »Glückseligkeitslehre« hervorgetreten war (1820 erschien von ihm ein großes Werk über »den Geist des Menschen in seinen Verhältnissen zum physischen Leben«) und seit 1811 als Pathologe an der Wiener Universität lehrte. Dieser »Princeps Pathologorum« war damals siebenundvierzig, und das ist der Sinnende hinter Schubert keinesfalls; das Tagebuch des jungen Franz v. Hartmann, dem Schober das Aquarell 1826 in Wien zeigte und erläuterte, identifiziert ihn als »Welser v. Hartmann, Professor der Naturgeschichte in Olmütz, welcher später irrsinnig wurde« (s. Deutsch, »Franz Schubert / Die Erinnerungen seiner Freunde«, Leipzig 1957, S. 316). Auffallend ist die Ähnlichkeit dieses nachdenklichen Jünglings mit dem breiten Gesicht, dem glatten Haarschopf mit jener Kreidezeichnung eines jungen Mannes mit offenem Hemdkragen, die zuweilen als Porträt des sechzehnjährigen Schubert umgeht. Vermutlich hat Kupelwieser auch dieses Blatt in Atzenbrugg gezeichnet und als Vorlage für sein großes Aquarell verwandt.

Der sich Sophie v. Schober lebhaft und unbeachtet von der Seite zuwendet, ist der dreiunddreißigjährige Joseph v. Spaun, Schuberts Freund und Helfer seit den Zeiten des Piaristenkonvikts, in das der Zwölfjährige 1809 als Sängerknabe der Hofkapelle (und damit als Gymnasial-Stipendiat) aufgenommen worden war. Im gleichen Jahr – Napoleon bombardierte gerade Wien – hatten sich beide geigespielend im Orchester dieses Internatsgymnasiums gefunden; auch nach seinem Ausscheiden hatte Spaun den von dem besorgten Vater kurzgehaltenen Knaben mit dem versorgt, was er, außer gelegentlich einem Apfel, am nötigsten brauchte: Notenpapier. Spaun war nach dem Jurastudium Beamter geworden, Versetzungen nach Linz und Lemberg entrückten ihn 1822 dem Schubert-Kreis; erst 1826 ist er wieder in Wien. Nicht nur als der Älteste ist Spaun die Respektsperson des Kreises; in einem späteren Gemälde hat Kupelwieser den noblen Ernst dieses Gesichtes noch vertieft. Zwischen ihm, Sophie v. Schober, Welser v. Hartmann und Schubert spielt in dem Charadenbild sich die eigentliche, unentschlüsselte Szene ab, zu der die Sündenfallgruppe den Hintergrund bildet.

Bildseite 1

Abb. 1 Johann Passini (1798-1874): *Für das Jahr 1819*. Kupferstich (Platte 10,7/9,8 cm); signiert: »J. Passini sc«. (KB) Dieser sitzend schreibende oder zeichnende junge Mann aus dem Jahre 1818 ist vermutlich nicht Schubert, sondern der Zeichner und Radierer selbst, Johann Passini. Aber die Ähnlichkeit mit Schubert ist stupend, und jedenfalls ist der Typus getroffen, der eines zwanzigjährigen Musensohns im Wien jenes Zeitalters, das man später Biedermeier nannte. Passini war mit dem Kreis um Schubert durch zahlreiche Fäden verbunden; 1825 stach er die Riedersche Porträtzeichnung in Kupfer (Abb. 12).

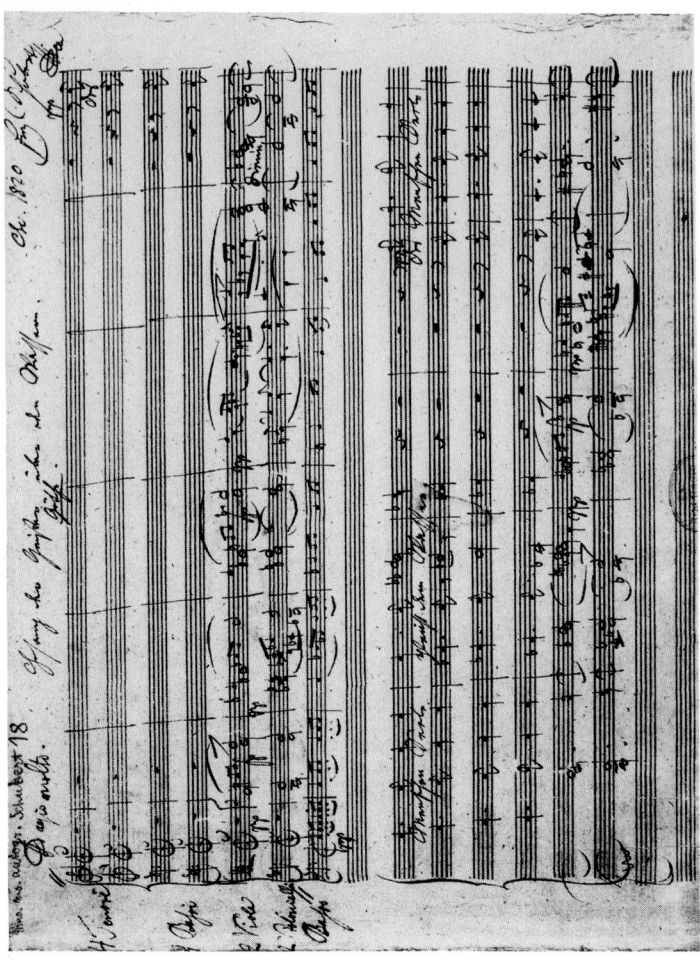

Abb. 2 Franz Schubert: *Gesang der Geister über den Wassern / Göthe. Adagio molto.* (D 714. StB) Im Dezember 1820 komponierte Schubert den schon früher zweimal von ihm vertonten Goetheschen Text zuerst als klavierbegleitetes Vokal-Quartett und schließlich als streicherbegleitetes Oktett (vier Bässe und vier Tenöre). Die Abbildung zeigt die erste Seite der ersten Fassung.

Abb. 3 Leopold Kupelwieser (1796-1862): *Franz Schubert*. Bleistift, weiß gehöht (20,8/15,9 cm). Von Schubert unterschrieben: »Franz Schubert mpia / am 10. July 1821«. (HMW) Die Abkürzung mpia heißt manu propria, eigenhändig. Das Porträt entstand in Atzenbrugg.

4

Abb. 4 Franz v. Schober, Moritz v. Schwind und Ludwig Mohn: *Ballspiel in Atzenbrugg*. Kolorierte Radierung (9,8/16,7 cm); 1821 oder 1822. Signiert: »Schober del / Schwind staf / Mohn fe«. (GdM) Der aus Halle stammende Ludwig Mohn (1797-1857) radierte das Blatt nach einer Zeichnung Schobers, deren Figurenstaffage von Schwind stammte. In der Mitte des

Vordergrunds von rechts nach links: Schubert (sitzend, mit Brille), der Sänger Vogl (sitzend, mit Gitarre), Schwind (sitzend), Ludwig Kraißl (stehend, mit Geige). Links Leopold Kupelwieser mit ausgebreiteten Armen, rechts von Schubert Franz v. Schober. Im Hintergrund Schloß Atzenbrugg.

Abb. 5 Leopold Kupelwieser: *Landpartie der Schubertianer*. Auf dem Weg von Atzenbrugg nach Aumühl. Aquarell (23/32 cm); 1820. (HMW) Links am Rand Schubert und Leopold Kupelwieser. Rechts im Hintergrund die Aumühle.

Abb. 6 Leopold Kupelwieser: *Charade.* Gesellschaftsspiel der Schubertianer in Atzenbrugg. Aquarell, 34/44 cm; 1821. (HMW) Das von der Gesellschaft zu erratende Wort heißt Sündenfall. Ganz links: Welser v. Hartmann (hinter dem Klavier), Schubert (am Klavier), hinter ihm der Hund Drago. Links auf dem Ofen Josef v. Gahy als Gottvater; in der Sündenfall-Gruppe Leopold Kupelwieser als Baum der Erkenntnis, über ihm Franz v. Schober als Schlange. Ganz rechts Joseph v. Spaun mit Sophie v. Schober. ▷

Abb. 6

Abb. 7 Moritz v. Schwind: *Einsamkeit*. Federzeichnung (31/24,5 cm); signiert: »MS 1823«. (Vormals Sammlung v. Ravenstein, Karlsruhe)

Abb. 8 Moritz v. Schwind (1804-1871): *Schuberts Zimmer.* Federzeichnung; 1821. (HMW) Das von Schwind gezeichnete Zimmer im Gebäude des ehemaligen Theatinerklosters (später abgerissen, jetzt: Wipplingerstr. 21) war das erste, in dem er allein wohnte.

Abb. 9 Franz v. Schober: *Michael Vogl und Franz Schubert ziehen aus zu Kampf und Sieg*. Bleistiftzeichnung (20/15 cm); um 1825. (HMW)

Abb. 10 Moritz v. Schwind: *Franz Schubert.* Bleistiftzeichnung (16/10 cm); um 1825. Unsigniert, undatiert.

Abb. 11
Wilhelm Rieder (1796-1880): *Franz Schubert.* Aquarell (25/20 cm); datiert: »May 1825«. Signiert von Rieder und Schubert. (HMW)

Abb. 12 Johann Passini nach Wilhelm Rieder: *Franz Schubert*. Kupferstich (Platte 24,5/20,7 cm; Blatt 50,3/34,7 cm); 1825. Signiert: »W. Rieder pinx / Passini sc«. (StB) Das Blatt erschien im Dezember 1825 in dem Wiener Musikverlag Cappi und Kompagnie, der in diesem Jahr fünf Opus-Drucke von Schubert veröffentlicht hatte.

Abb. 13 Wilhelm Rieder: *Franz Schubert*. Lithographie (Blatt 30,4/21,7 cm) nach Rieders eigenem Aquarell (Abb. 11); undatiert. Signiert: »WR«. Das Blatt erschien »in Commission bey Artaria & Comp in Wien«; es trug den Vermerk: »gedr. Lith. Institut«. (StB) Das Lithographische Institut gehörte Schuberts Freund Franz v. Schober; der Verlag Artaria veröffentlichte erst 1827 erstmals eine Komposition Schuberts.

Abb. 14 Jakob Alt (1789-1872): *Blick auf Wien vom Donaukanal.* Kolorierte Lithographie (Großfolio); um 1820. Signiert: »gez. v. J. Alt / Druck v. Kunike«; Bildunterschrift: »Nieder-Österreich / Stadt Wien«. (Gebr. Haas, Bedburg-Hau) Jakob Alts Lithographien gehören zu den genauesten Bildzeugnissen Wiener Lebens in der Restaurationszeit.

Abb. 15 Jakob Alt: *Ansicht von der St. Carls-Kirche gegen die Stadt und Vorstädte Wiens.* Lithographie (Darstellungsgröße ohne Schrift 31,4/ 44,9 cm); 1819. (KB) Schubert wohnte vom Frühjahr 1825 bis zum Sommer 1826 neben der barocken Karlskirche, die am Rand der inneren Stadt lag.

Abb. 16 Joseph Teltscher (1801-1837): *Franz Schubert*. Lithographie (Blatt 30,2/22,6 cm); Januar 1826. (StB)

Abb. 17 Joseph Teltscher: *Franz Schubert, Anselm Hüttenbrenner und Johann Baptist Jenger* (von rechts). Aquarell (32/42 cm); um 1826. (HMW)

Abb. 18 Joseph Teltscher: *Franz Schubert.* Zeichnung; 1825. Unterschrift von Schuberts Hand: »Denken Sie möglichst oft an / Ihren / Franz Schubert mpia / Wien 1825.« (The Pierpont Morgan Library, New York)

21

22

Abb. 19 *Franz Schubert.* Lithographie (Blatt 28,9/22,6 cm) nach Joseph Teltscher; unsigniert, undatiert. (StB) Vermutlich stammt diese lithographische Fassung der undatierten Porträtzeichnung (Abb. 20) von Teltscher selbst.

Abb. 20 Joseph Teltscher: *Franz Schubert*. Kohlezeichnung (19,6/15,9 cm); rot gehöht. Unsigniert, undatiert. (HMW)

Abb. 21 Moritz v. Schwind: *Der Spaziergang vor dem Stadttor.* Öl auf Leinwand (60/94 cm); 1827. (Vormals Sammlung Wrba, Wien) Der Maler sitzt links am Wege (über ihm eine Freundin) und studiert die Landkarte für einen Ausflug, bei dem (links von dem Pfosten) auch Schubert und Michael Vogl sowie Franz v. Schober (rechts von dem Pfosten zwei Damen begrüßend) mit von der Partie sind.

Abb. 22 Moritz v. Schwind: *Vor dem Tor.* Lithographie (16,6/24,8 cm); 1827. (KB) Das Blatt ist eine lithographisch-seitenverkehrte Variation des Gemäldes. Von der Mauer sehen nun zwei Freundinnen auf den Kartenleser herab, Schober (rechts) grüßt zwei auf einer Bank sitzende Damen; links von ihm Schubert und Vogl.

Abb. 23 Joseph Teltscher: *Franz Schubert zu Besuch in Teltschers Atelier.* Aquarell (8,7/9,1 cm); um 1827. (HMW) Teltschers humoristisch-miniaturische Auffassung kommt in diesem Genrebild stimmiger zur Geltung als in seinen Porträts von Schubert.

Abb. 24 Unbekannter Maler: *Franz Schubert*. Öl (56/44 cm); um 1827. (GdM) Das unsignierte Bildnis, dessen Zuschreibung an Franz Eybl (1806–1880) ebenso ungesichert ist wie die frühere an den Anton-Graff-Schüler und Beethoven-Porträtisten Joseph Mähler (1778–1860), entstand für die Wiener Musikerporträtsammlung Joseph Sonnleithners.

Abb. 25 Franz Schubert: *Messe in Es-Dur.* (D 950) *Kyrie. Andante con moto quasi Allegretto.* »Juny 1828 Frz. Schubert mpia«. Erste Seite der Partiturhandschrift. (StB)

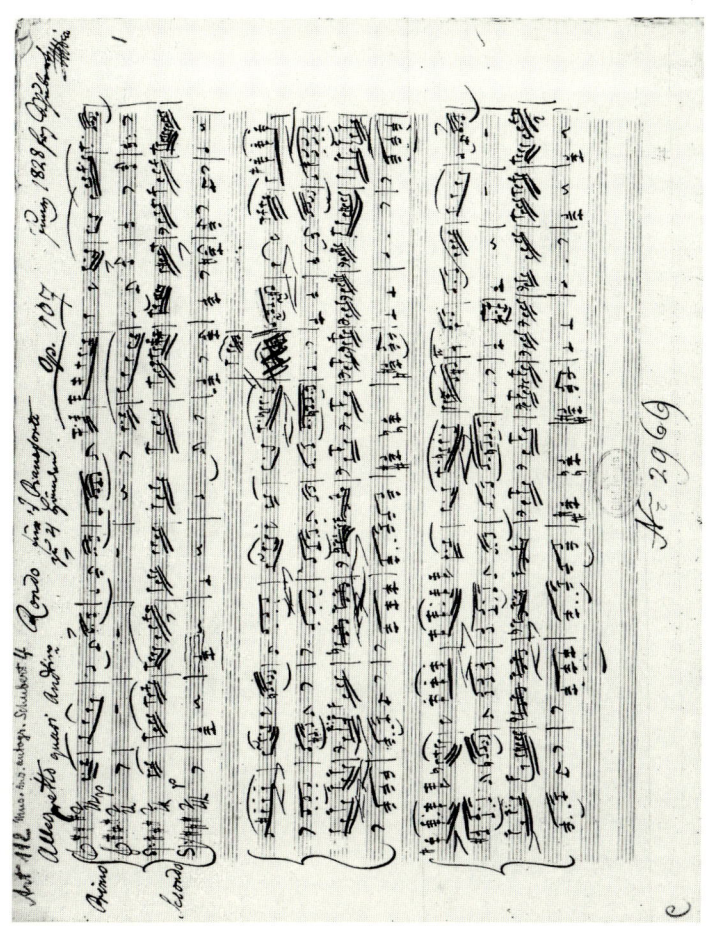

Abb. 26 Franz Schubert: *Rondo für's Pianoforte zu 4 Händen.* (Op. 107; D 951) *Allegretto quasi And[ant]ino.* »Juny 1828 Frz Schubert mpia«. »Op. 107« von fremder Hand eingetragen. Seite 1 der Partitur-Reinschrift Schuberts (Blattformat 25,1/31,5 cm). (StB) Das Rondo A-Dur ist die letzte von drei großen Kompositionen für Klavier zu vier Händen, die Schubert im Jahr 1828 schuf. Der Verlag Artaria & Co. brachte das Werk im Dezember 1828 postum mit der von Schubert angegebenen Opus-Ziffer heraus.

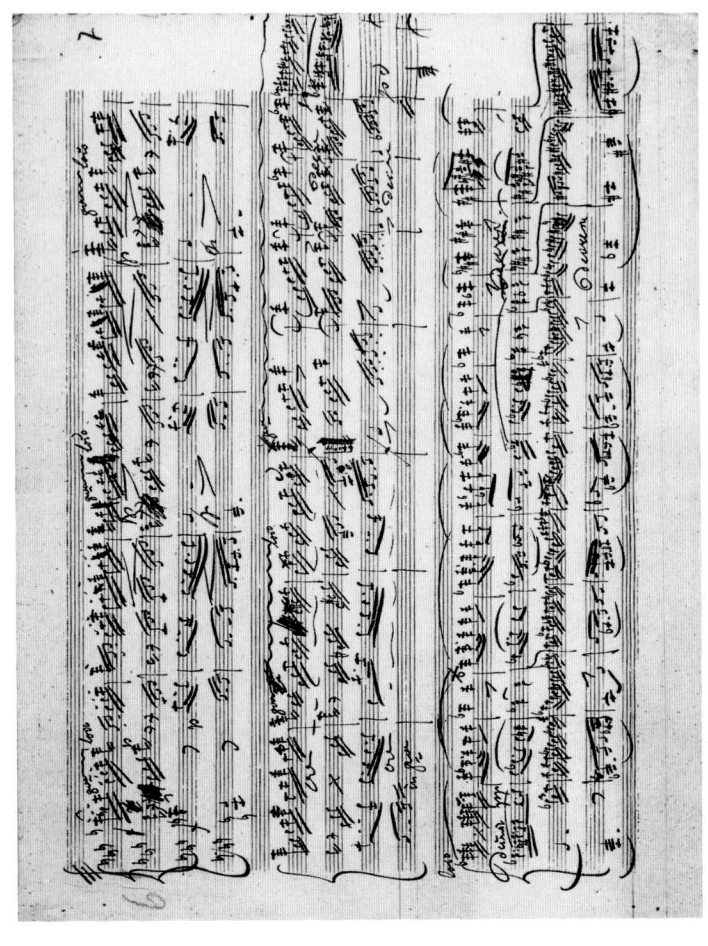

Abb. 27 Franz Schubert: *Rondo für's Pianoforte zu 4 Händen.* (Op. 107; D 951). S. 7 der Partiturhandschrift. (StB)

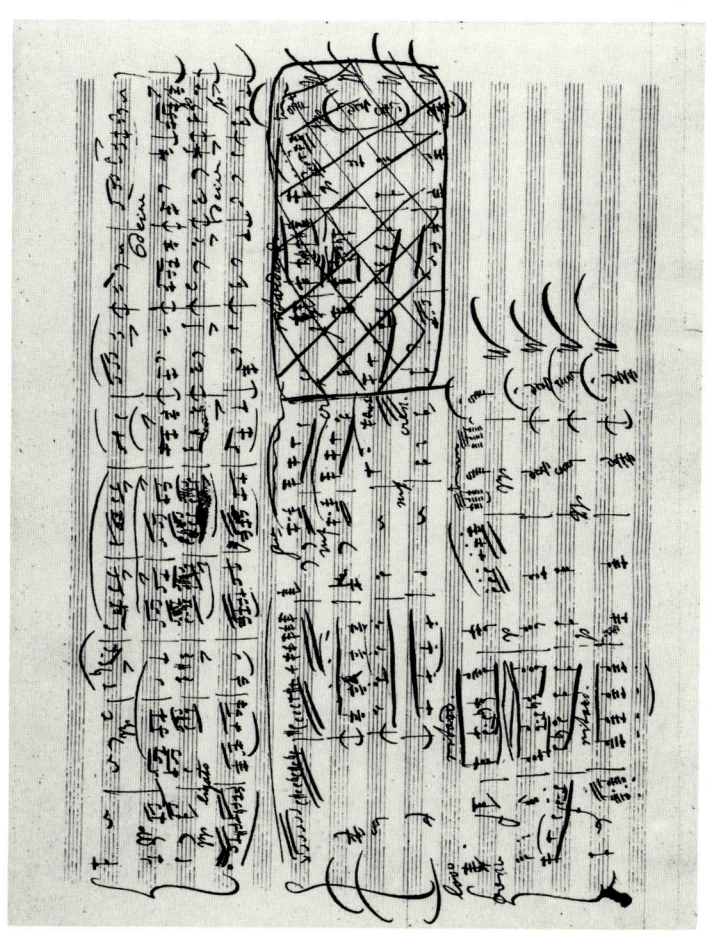

Abb. 28 Franz Schubert: *Rondo für's Pianoforte zu 4 Händen.* (Op. 107; D 951). S. 16 (Schluß) der Partiturhandschrift. (StB)

Abb. 29/30 Joseph Alois Dialer (1797-1846): *Franz Schubert*. Bildnisbüste für das Grabmal auf dem Währinger Friedhof (Gußeisen, nachträglich bronziert; Höhe 65 cm, Breite 37,7 cm, Tiefe 23,3 cm); 1829. (Wiener Männergesangverein) Die in Blansko (Mähren) gegossene Büste wurde im Juni 1830 aufgestellt.

Abb. 31 Unbekannter Photograph (vor 1888): Schuberts Grabmal auf dem Währinger Friedhof (Postkarte, Verlag Carl Simon, Berlin W). (StB) Die architektonische Einfassung »aus Margaretner Stein« beruhte auf Entwürfen von Ludwig Förster und Franz v. Schober, die Büste stammte von Joseph Dialer.

Abb. 32 Joseph Kriehuber: *Franz Schubert*. Lithographie (Blatt 58,9/43,7 cm); 1846. Signiert: »Kriehuber / Ged. bei J. Höfelich«. (KB) Das Franz Liszt gewidmete Blatt fußt direkt oder mittelbar auf Rieders Aquarell von 1825. Es ist im gleichen Jahr wie die Lithographie Abb. 33 und offenbar vor dieser entstanden.

Abb. 33 Joseph Kriehuber (1800-1876): *Franz Schubert.* Lithographie (Blattformat 36,5/27,0 cm); 1846. Signiert: »Kriehuber 1846 / K. k. Hof-Kunstdruckerei v. Reiffenstein & Rosch Wien«. (StB) Kriehuber, der Hauptmeister der Wiener Porträt-Lithographie, kannte Schubert spätestens seit 1823. Als Vorlage seiner beiden Schubert-Porträts diente das Riedersche Aquarell (Abb. 11) bzw. dessen druckgraphische Abkömmlinge (Abb. 12/13).

Abb. 34 Wilhelm Rieder: *Franz Schubert*. Öl (95,0/79,3 cm); signiert »W. Rieder 1875«. (HMW) Das Bild ist eine Transponierung von Rieders eigenem Aquarell (Abb. 11) ins Liederfürstliche.

Abb. 35 Joseph Teltscher: *Caroline Comtesse Esterházy von Galantha*. Mit Caroline Esterházy (1805-1851) verband Schubert eine besondere Zuneigung. In Schwinds Gemälde (Abb. 45) hängt ein dieser Zeichnung nachgeformtes Bild Carolines an der Wand.

Abb. 36 Joseph Kriehuber: *Sophie Müller.* Lithographie; 1830).
Abb. 37 Joseph Kriehuber: *Le Duc de Reichstadt* (Der Herzog von Reichstadt). Lithographie nach einem Gemälde von Moritz Michael Daffinger.

Abb. 38 Joseph Kriehuber: *Moritz v. Schwind.* Lithographie nach einem Selbstbildnis Schwinds; 1827.
Abb. 39 Joseph Kriehuber: *Eduard v. Bauernfeld.* Lithographie.

Abb. 40–42 Moritz v. Schwind: Drei Federzeichnungen aus der sog. Lachner-Rolle; 1862.

Abb. 40 Schubert applaudiert Lachner bei einem imaginären Konzert im Kreis der Dichter. (HMW)
Abb. 41 Lachner, Schubert und Bauernfeld in Grinzing.
Abb. 42 Schubert, Lachner, Vogl und Schwind bringen quartettsingend ein Richtfest-Ständchen dar.

Abb. 43   Moritz v. Schwind: *Schubert und Michael Vogl.* Federzeichnung; um 1868.

Abb. 44   Moritz v. Schwind: *Ein Schubert-Abend bei Joseph v. Spaun.* Federzeichnung; um 1868.

42

Abb. 45 Moritz v. Schwind: *Ein Schubert-Abend bei Joseph v. Spaun.*
Sepiazeichnung (55,5/93,5 cm); 1868. (HMW) Unter den Porträtierten dieser Reinzeichnung, die sich auf eine für den 15. Dezember 1826 bezeugte

Schubertiade bezieht, sind auch anachronistische Figuren wie der 1820 aus politischen Gründen verhaftete und später aus Wien ausgewiesene Johann Senn. Joseph v. Spaun, der Gastgeber, sitzt zur Linken Schuberts.

Abb. 46 Moritz v. Schwind: *Ein Schubert-Abend bei Joseph v. Spaun.* Öl auf Leinwand (88/66 cm); 1868. (HMW)

Abb. 47 Moritz v. Schwind: *Franz Schubert*. Bleistift auf Marmor; um 1870.

46

Abb. 48 Friedrich v. Amerling (1803-1887): *Franz I., Kaiser von Österreich*. Öl; 1832. (HMW) Das Bild zeigt den Vierundsechzigjährigen im Ornat.

Abb. 49 Joseph Kriehuber: *Le Prince de Metternich* (Der Fürst von Metternich). Lithographie nach dem Gemälde von Thomas Lawrence; 1815.
Abb. 50 Joseph Kriehuber: *Erzherzog Carl*. Lithographie.

Abb. 51 Thomas Lawrence (1769-1830): *Friedrich v. Gentz*. Öl; 1815.
Abb. 52 August Weger (1823-1892) nach einer Photographie: *Charles Sealsfield*. Stahlstich; signiert: »Stich u. Druck v. Weger, Leipzig«.

Abb. 53 Adalbert Franz Seligmann (1862-1945): *Schloß Zeliz* (heute Zseliz, Slowakei). (HMW) Zweimal, in den Jahren 1818 und 1824, hat Schubert mehrere Monate als Musikmeister auf dem ungarischen Landsitz des Grafen Johann Karl Esterházy von Galantha verbracht, um die beiden Comtessen Marie (geb. 1802) und Caroline (geb. 1805) zu unterrichten.

Hinter Spaun, der Dame im roten Kleid zugewandt, steht auf der Fensterseite ein Jüngling mit modischem Schnurrbart und zierlichen Zügen, ein Bilderbuchjüngling des Biedermeier. Das ist der einundzwanzigjährige Jurastudent Anton v. Doblhoff-Dier, auch er ein festes Mitglied des Atzenbrugger Kreises; als Musiker war er, wie Schubert, ein Schüler Anton Salieris. Doblhoff (1800-1872), der Sproß eines alten Tiroler Beamtengeschlechts, hatte in enger Verbindung zu Senn gestanden und wie Schubert, Bruchmann und Zechenter dessen Verhaftung miterlebt. Er hat das Erbe seines Lehrers nicht verraten; in der Revolution von 1848 gehörte er, wie auch Eduard v. Bauernfeld, zu den führenden Köpfen der liberalen Partei und wurde nach Metternichs Sturz zuerst Handels-, dann Innen- und Unterrichtsminister. Nach dem Sieg der Konterrevolution legte er seine Ämter nieder und trat, hochgeehrt, erst in späteren Jahren wieder in die Politik ein. Seine Braut Jeanette, mit dem klingenden Familiennamen Cuny de Pierron, ist die weißgewandete Mädchengestalt, die an der Tür das Schwert des Erzengels schwingt. Sie starb 1828, ehe es zur Heirat gekommen war.

Auf der andern Seite der Paradiesesgruppe agiert der siebenundzwanzigjährige Joseph v. Gahy als Gottvater auf dem Ofen, ein Ungar, der sein Beamtenbrot bei der Wiener Hofkammer verdiente und später Sektionsrat wurde. Doch war er eigentlich Pianist – ein von Schubert hochangesehener. »Gahy«, schreibt Spaun, »spielte immer die vierhändigen Stücke mit Schubert, der nur mit Gahy spielen wollte.« Bei den Tanzabenden ließ sich Schubert in späterer Zeit gern von ihm vertreten; Schober nennt ihn »den außerordentlichsten Klavierspieler der Schubertschen Tänze, der niemals ermüdete, unsrer Gesellschaft dieselben nächtelang zu unsern Tänzen mit seiner Meisterhand vorzuspielen«.

In dem von hinten erscheinenden, zu dem besenbewehrten Jehova aufblickenden Mann hat man jenen Ludwig Mohn zu erkennen geglaubt, der – er war gleichaltrig mit Schubert – die Atzenbrugger Ballwurf-Radierung ausgeführt hat. Als Spaun einige Jahre später nach Linz und Schober nach Breslau entrückt ist, attestiert Schubert dem Maler, einen Geist leichtfertiger Vergnügungssucht in die Schubertiaden zu tragen: »Ist nun Bruchmann nicht da, oder vollends krank, so hört man Stundenlang unter der obersten Leitung des Mohns nichts anders als ewig von Reiten u. Fechten, von Pferden u. Hunden reden. Wenn es so fortgeht, so werd ichs vermuthlich nicht lange unter ihnen aushalten.« (30. November 1823 an Schober) Schubert ist krank, als er diesen Klagebrief schreibt; es ist die Zeit einer tiefen gesundheitlichen Krise. Die Theater versagen sich zwei Opernpartituren, die zwischen April und Oktober 1823 in größter Anspannung entstanden waren; nichts scheint mehr zu gehen: »Ich habe seit der Oper nichts componirt, als ein paar Müllerlieder.«

Trägt Schubert die neuen Lieder im Januar 1824 auf einer »Schubertiad« in Mohns Wohnung vor? Der Konflikt zwischen beiden scheint behoben; Schubert hat sich erholt und ist, wie Schwind im März nach Breslau berichtet, »unmenschlich fleißig«: er schreibt zwei große Streichquartette. Als er im Sommer dieses Jahres zum zweiten Mal nach Ungarn fährt, fungiert Mohn in Wien als sein Notenbote. Daß Kupelwieser ihn nur von hinten abbildet, zeugt von einem kühlen Verhältnis.

Als Adam und Eva agieren Joseph und Therese Derffel, zwei Geschwister, deren Onkel der Gutsverwalter war; dieser, Joseph Derffel der Ältere, ist wahrscheinlich der Mann neben Doblhoff. Sein gleichnamiger Neffe ist auch in Wien ein fester Bestandteil des Schubert-Kreises, von dessen späteren Unternehmungen nicht mehr Aquarelle, aber das Tagebuch eines achtzehnjährigen Studenten, Franz v. Hartmanns, Kunde gibt. Im Dezember 1826 sieht man den jüngeren Derffel mit Spaun, Schwind und den Brüdern Hartmann ins Burgtheater gehen, wo Kleists »Käthchen von Heilbronn« gegeben wird; im Grünen Anker, Schuberts Stammlokal, treffen sie hinterher auf Schubert und Schober, die sich im Theater in der Leopoldstadt »Die beiden Spadifankerl« angesehen haben, eine Posse von Karl Meisl. Kleist und Meisl, Raimund und Grillparzer, Beethoven und Johann Strauß – solcherart ist die Spannweite, in der das künstlerische Dasein dieser Stadt sich bewegt, die die Hauptstadt eines deutschen Landes ist (wie Sachsen, Brandenburg-Preußen oder Hannover sind die österreichischen Erblande Mitglied des Deutschen Bundes) und zugleich das Regierungszentrum eines multinationalen Reiches, das von Karlsbad bis Cattaro und von Mailand bis zu dem siebenbürgischen Kronstadt reicht. Schuberts Kunst bewegt sich in dem Kraftfeld eines zentralen Ortes, und es gelingt ihr, was niemand sonst vermag: dessen kulturelle Spannweite auszuhalten und auszutragen. So wird diese Kunst selber zentral; zum letzten Mal gelingt ihr der Brückenschlag zwischen jenen Sphären, die man später reine und angewandte Kunst, Avantgarde und Gebrauchsmusik und in fernen Maschinenzeiten gar E- und U-Musik nennen wird. Nur eine Dimension bleibt ihr versagt, jene staatsgetragene und staatstragende, die sich an den Betrieb von Opernhäusern heftet.

Zwischen dem ersten Menschenpaar, das hier ganz bekleidet erscheint, hat der Baum der Erkenntnis Fuß gefaßt, in Gestalt Kupelwiesers, des baumlangen Malers, der sich am Rand des Zeislwagens kleiner gemacht hatte, als er war – ein blonder Jüngling von imposanter Statur. Zu seinen Häupten hat Franz v. Schober die exponierteste Position der Gruppe inne; als Schlange lehnt er sich auf die Schultern des Vormanns und weist von oben auf den schicksalsschweren Apfel. Er war der Auftraggeber der beiden Gesellschaftsbilder, und auch von ihm hat Kupelwieser in diesem Sommer 1821 ein graphisches Porträt angefertigt, eine Bleistiftzeichnung, die deutlich geschönt erscheint; sie zeigt einen langgesichtigen Elegant, dem der modische Schnurrbart ein stutzerhaftes Aussehen gibt. Den sechsundzwanzigjährigen Schober malt Kupelwieser – es ist ein sonderlich trockenes Bild – 1822 als ernsthaften Schöngeist vor dem Hintergrund seines Geburtsorts, des schwedischen Schlosses Torup, den fünfzigjährigen, der in Weimar Liszts Sekretär gewesen und dann Weimarischer Legationsrat geworden war, zeichnet Joseph Danhauser als eine Wotansgestalt mit dramatischem Vollbart. Den Fünfundsiebzigjährigen, der Dresden zu seinem Ruhesitz gewählt hat (er wird dort sechsundachtzig Jahre alt), zeigt ein Foto als mattgesichtigen Greis mit französierendem Knebelbart.

Nur ein Porträt nimmt es mit der Prägnanz des Charadenbildnisses auf, eine Bleistiftstudie, die Moritz v. Schwind (sie wird zuweilen Kupelwieser zugeschrieben) Mitte der sechziger Jahre aus der Erinnerung von dem Kopf des Freundes fertigt, ihn ins Jugendalter zurückversetzend. Dessen Blick geht darin ganz zur Seite, die dekorative Kälte des Ausdrucks mutiert schier ins Mephistophelische. In Schwinds großer Schubertiade-Zeichnung (Abb. 45, Seite 42/43), in deren Umkreis das Blatt entstand, erscheint Schober halbverborgen zwischen zwei Mädchen, deren einer er sich flirtend zukehrt; er ist der einzige, der nicht auf die Musik hört.

Das Bild bekundet eine späte Abkehr von einer Beziehung, die zu Zeiten innig gewesen war. »Es geht«, hatte Schwind im August 1824 an Schober geschrieben, der in Breslau als Schauspieler Fuß zu fassen versuchte, »nichts über die Ruhe, die die Vorstellung von Dir umgibt, und nichts über die Hoffnung, bei Dir zu sein. Wäre nur Schubert schon hier. Das ist auch noch einer und der gute Kuppel, ich weiß gewiß, die werden anders sein, als alle die – einer ist pflichtig, der andere zweifelhaft, der dritte fad und ein ganzer Haufen gar nichts.« Schwind hatte sich als der Dritte eines Bundes gesehen, dessen Intensität ihn manchmal überwältigte. »Das Höchste, was ich auf Erden weiß«, schreibt er im Januar 1824 an Schober, »ist die Liebe, die Schönheit und die Weisheit. Du selbst hast mich zu dir und zu Schubert gezählt, und ich konnte die Wonne nicht ertragen. So hat mich der Schmerz gereinigt, daß ich alles darauf baue, daß ich der dritte zu euch bin.«

Schober war der Sohn einer österreichischen Mutter und eines aus Sachsen stammenden Hofrats, der 1801 in Schweden geadelt worden war; nach seinem Tod war die Mutter mit ihren drei Kindern ins heimatliche Wien gezogen. Kein größerer Gegensatz nach Typus, Herkunft, Produktivität als zwischen dem stämmig-agilen Musiker aus dem Himmelpfortgrund und dem melancholisch in seine eigenen Schönheit verfangenen Neurastheniker; es war der Kontrast, aus dem diese Beziehung – beide waren einander unentbehrlich – lebte und dauerte. Schober war ein künstlerisch sensibler, vielseitig, aber nicht schöpferisch begabter Mann von großen geselligen Talenten, den Frauen zugetan (Schwinds Konzertbild akzentuiert es) und sich in vielen Berufen erprobend; gewiß nicht zufällig fiel ihm in der Charade die Rolle der Schlange zu. War dies eine nicht bloß komödiantisch, sondern symbolisch-bewußt eingenommene Position? Weder Schober noch Kupelwieser haben jemals über ihr Leben an Schuberts Seite berichtet; in einem Brief an Bauernfeld beklagt Schober, der Autor eines Operntextes und zahlreicher Gedichte, 1869 »die unüberwindliche Unfähigkeit zu schreiben«, »die mich durch mein ganzes Leben bis zur Verzweiflung verfolgt«. Die späte Entzifferung der beiden Atzenbrugger Aquarelle ist fast sein einziger unmittelbarer Beitrag zur Schubert-Biographik; der Satz, mit dem er sie 1876 beschließt (»Das ist alles, was ich zu sagen habe«), zeigt an, wieviel ungesagt bleibt.

War der Autor von »An die Musik« dem ein Jahr jüngeren Schubert außer dem fürsorglichen und anregenden Gefährten auch »der gefährliche Führer«, den Franz v. Hartmann später in ihm sah? »Am 17. November«, notiert der fleißige Tagebuchschreiber im Jahre 1826, »lernten wir [das waren die Brüder Fritz und Franz v. Hartmann] durch Pepi Spaun den Franz v. Schober kennen, welcher, in dem schwedischen Schlosse Torup geboren, ... Dichter war und sich dann in Breslau als Schauspieler und ohne Erfolg als Künstler versuchte. ... Nach und nach brachte er sein Vermögen an. Er war im Rufe, den jungen Leuten ein gefährlicher Führer zu sein. Er war literarisch sehr gebildet, hatte eine würdevolle, pathetische Art zu reden, gab sich den Anschein von Präponderanz [Überlegenheit], aber im ganzen erschien er doch als ein rechtlicher und ehrenhafter Mann. Auf uns wirkte er, vielleicht schon ein ausgebrannter Vulkan, nicht verderbend.«

Mit Schärfe blickt ein Älterer auf Schober, der zugleich erklärt, seit 1816 mit ihm ebenso wie mit Schubert nur noch sporadisch in Berührung gekommen zu sein: Joseph Kenner, Schuberts schon erwähnter Konviktskamerad, der Autor jener Ballade vom »Liedler«, die der achtzehnjährige Schubert einer seiner großen frühen Liedschöpfungen zugrunde legte. Vermutlich war Kenners Gewährsmann jener Franz v. Bruchmann, der 1825 mit Schober brach, als er bemerkte, daß dieser eine Liebschaft zu seiner Schwester Justine angesponnen hatte, und sich 1830 jenem Ligurianer-Orden (den Redemptoristen) übergab, den die Revolution von 1848 aus Österreich vertrieb; Nestroy hat ihnen in »Freiheit in Krähwinkel« ein literarisches Denkmal gesetzt. Joseph Kenner (1794-1868), der, als er nach Schubert befragt wurde, in Oberösterreich eine höhere Beamtenlaufbahn zurückgelegt hatte, ist als voreingenommener ein aufschlußreicher Berichterstatter. Den Schober von 1820 nennt er einen »verführerisch liebenswürdigen, mit den edelsten Anlagen ausgestatteten genialen jungen Mann«, dem nur eins gefehlt habe: die sittliche Basis; er bezeichnet ihn als eine »gleißende Individualität« von »nachhaltig unheilvollem Einfluß« auf »Schuberts biedere Empfänglichkeit«. »Unter dem Anstriche der liebenswürdigsten Geselligkeit« habe in der ganzen Familie »tiefe sittliche Verdorbenheit« geherrscht, und Schober habe sie intellektuell untermauert; er erfand sich, so Kenner, »ein philosophisches System zur eigenen Beruhigung und zur äußeren Rechtfertigung, wie zur Begründung seiner ästhetischen Orakel, worüber er vermutlich so wenig klar ward als irgendeiner seiner Jünger«. »Doch fand er«, fährt der Briefschreiber fort (er schreibt zu Händen eines Schubert-Biographen, der dann von seinem Vorhaben abließ), »die Mystik der Sinnlichkeit dehnsam genug, um sich bequem darin zu bewegen; und seine Schüler desgleichen.«

Hier opponiert ein Moralist dem Hedonisten, der ihm Schubert einst abspenstig gemacht hat. Interessant ist der Hinweis auf eine mystisch-sinnliche Weltanschauung im Hintergrund des Atzenbrugger Kreises, eine Art Geheimlehre, als deren Priester der suggestive Schober sich aufführte. »Das Bedürfnis der Liebe und Freundschaft«, fährt Kenner fort, »trat so selbstsüchtig und eifersüchtig hervor, daß er allein seinen Anhängern alles, nicht nur Prophet, sondern Gott selbst sein und neben seinen Orakeln keine andere Religion, keine Sitte, keine Beschränkung dulden wollte.« Von hier aus gewinnt das Sündenfall-Bild eine Bedeutung, die die rätselhafte Atmosphäre, die über der

Darstellung liegt, womöglich entschlüsselt, einschließlich des Schlangendarstellers auf Kupelwiesers Schultern. Schober als das Oberhaupt eines mystisch-sensualistischen Jugendbundes, dessen andere, nacht- und todesverwandte Seite Schuberts Lazarus-Oratorium musikalisch hatte aufleuchten lassen? Die alte gnostische Sekte der Ophiten oder Naassener (Schlangenbrüder) verehrte in der Paradiesesschlange zur Zeit des frühen Christentums ein dämonisches Gottesabbild und stellte sie in den Mittelpunkt eines Mysterienkults, der in der Schlange das »Symbol der durch alle Gegensätze des physischen und geistigen Lebens sich hindurchwindenden Weltseele« sah (Meyers Konversations-Lexikon, Bd. 13, Leipzig/Wien 1896, S. 199).

»Die Ophiten«, schreibt Ernst Bloch, »interpretierten ... die Schlange der Genesis nicht nur als das lebenerzeugende Prinzip, sondern zugleich als die weltsprengende Vernunft schlechthin; lehrte sie doch die ersten Menschen vom Baum der Erkenntnis zu essen, am Baume hängend schon als ›Raupe der Göttin Vernunft‹. Eritis sicut deus scientes bonum et malum [Ihr werdet sein wie Gott und erkennen Gutes und Böses] – heraus aus dem bloßen Garten der Tiere, und die wirkliche Ursünde wäre es gerade gewesen, nicht sein zu wollen wie Gott.« (»Atheismus im Christentum«, Frankfurt am Main 1968, S. 232)

Schober, der gleißende (ein Schlangen-Attribut!) Neo-Ophit, scheint nach Kenners Darstellung, die eine aus zweiter Hand ist (wenn nicht auf Bruchmann, so geht sie doch jedenfalls auf einen Abtrünnigen des engeren Kreises um Schober zurück), eine Art Gemeineigentum verkündet zu haben. »So wie er selber herschenkte, was er eben nicht bedurfte, nahm er keinen Anstand, es zurückzufordern, wenn er es wieder brauchte, oder seine Verbindlichkeiten durch seine Freunde übernehmen zu lassen, und rücksichtlich der Weiber war er gänzlich unbedenklich, da er nur zwei Arten kennengelernt hatte: solche, bei welchen er reüssierte und welche seiner also würdig waren, und solche, bei welchen das nicht der Fall war und welche also seiner nicht wert waren.« In der Tat scheint Schober 1822 Schubert, der nichts zu veräußern hatte außer einigen Notenrechten, dazu veranlaßt zu haben, für seine Schulden einzustehen; es kam darüber zu einem Konflikt mit Vogl. »Kräftige, gesunde Naturen, richtige Denker«, fährt Kenner in seiner Philippika fort, »durchschauten früher oder später seine Blendungen« (er zählt Schwind dazu); »über andere gewann er nachhaltigeren Einfluß, und darunter gehörte Schuberts zutrauliches Gemüt, obwohl ich gewiß zu sein glaube, daß auch Schubert jene Abgötterei später abschüttelte«.

Kenner spricht als ein Gekränkter, der alles nur vom Hörensagen weiß. Mitten aus der Bruchmann-Schober-Krise um Justine, Schobers heimliche Braut, äußert sich Johanna Lutz, die Braut Kupelwiesers, über Schober und kommt zu einem gemischten Befund: »Die schlimme Seite des Schober war leichter zu finden als die gute«, schreibt sie ihrem fernweilenden Bräutigam. War die Zeit der mystisch-sinnlichen Eskapaden vorbei? In dem 1842 gedruckten, gewiß sehr viel früher entstandenen Gedicht »Dithyrambe«* hat Schober sie emphatisch verteidigt. »Es wird des Alltaglebens feigen Hunden / Der Götter Nektarbecher nimmer munden«, hebt er hier ghaselisch an: »Sie fühlen's nicht, daß einige Sekunden, / Da uns der Jugend Liebesrausch entzunden, / Vernichten dieses Lebens kleine Wunden / Und höher sind als tausend frost'ge Stunden, / Die, von der Förmlichkeit gemeinem Joch gebunden, / In ekler Langerweile hingeschwunden«. Der Attacke wider die »feigen Hunde« folgt die orgiastische Offensive: »Drum sammelt euch, ihr wen'gen Eingeweihten, / Seyd stolz, daß aus dem dumpfen Schlamm der Zeiten / Wir an die Uraniden stark uns reihten, / Daß wir allein um Isis Bette freiten. / Laßt nun geheim, beim leisen Klang der Saiten, / Den Tod- und Lebensbecher uns bereiten; / Wir woll'n dazu durch Tiefen, Höhn und Weiten / Im jauchzenden Mänadentanze schreiten, / Und Alles soll uns ewig: Gott bedeuten.« Es scheint, als ob dieser Uranide den Mund etwas voll nähme.

Eine Notiz Grillparzers von 1837 geißelt Schobers künstlerische Unselbständigkeit in einem Atemzug mit derjenigen

---

* Franz v. Schober: »Gedichte«, Stuttgart und Tübingen, J. G. Cottascher Verlag 1842, S. 83.

Tiecks gegenüber Shakespeare; Bauernfeld bemerkt vor allem Schobers narzißtische Untätigkeit. Er tut es auch in jener Tagebucheintragung vom August 1826, deren Pfauen-Hinweis nicht leicht entschlüsselbar ist: »Ich soll Shakespeares Gedichte und Sonette für Sollinger übersetzen. Sei's! Schubert halbkrank (er bedarf ›junger Pfauen‹ wie Benv. Cellini). Schwind moros, Schober untätig, wie gewöhnlich. In mir steckt noch Reisemut und Blut!« Goethe, der Cellinis hinreißende Lebenserinnerungen um das Jahr 1800 übersetzte, hat auch die Pfauen-Stelle im fünften Kapitel des ersten Buches gedeutet; sie bezieht sich auf ein Gastmahl in Rom, »wo die Künstler sich mit ihren Mädchen, unter dem Vorsitz des Michelangelo von Siena, vereinigen und Cellini einen verkleideten Knaben hinzubringt«. Die Meister, unter ihnen Giulio Romano, haben alle ihre »Krähen« mitgebracht (so nennt der Gastgeber ihre Freundinnen), und Cellini kommt auf den Einfall, einen ihm bekannten jungen Mann als Mädchen herauszuputzen; der Verkleidete macht Furore, wird – gegenüber den Krähen – als Pfau apostrophiert und von den andern Schönen schließlich als Jüngling erkannt; es gibt ein großes Hallo. Cellini war nicht homosexuell, wie manche Kommentatoren vermeinen; daß »wohlgebildete Mägde und Haushälterinnen viel Anmut, aber auch manche Verwirrung in seine Wirtschaft bringen«, notiert der Übersetzer seiner Memoiren ebenso wie den Umstand, »daß die Schönheit männlicher Jugend mehr als alles« auf den Bildhauer wirkt, der sich offenbar jedesmal in seine Modelle verliebte; eine panerotische Empfänglichkeit spielt ihm immer neue Streiche. Bei Schubert, dem universalpoetischen Tonbildner, wird man eine ähnliche Ambivalenz der erotischen Empfänglichkeit anzunehmen haben, für die Schober zweifellos mehr Sinn hatte als andere des Kreises. Schubert deswegen als »Verführten« Schobers anzusehen, wie es Joseph Kenner erschien, hieße die Kräfte- und Distanzverhältnisse zu verkennen; Kupelwiesers Zeichnung hat sie aufs genaueste ins Bild gesetzt.

In der Sylvesterposse, die Bauernfeld Ende 1825 für eine Aufführung in Schobers Wohnung schrieb, fungiert Schubert als Pierrot mit »einem ungeheuren, aus der Tiefe der Brust hergeholten Lachen«, Schober hingegen erscheint in der Gestalt eines Pantalons, der die Pflanze zum Sinnbild einer Ruhe erklärt, in die er das Wesen des Lebens setzt: »Sie spendet Düfte rings umher, das ist ihre Bewegung«. In »Pantalons Apotheose« (das ist die Schlußszene) wird die Hauptfigur »auf ein hohes Ruhebett gelegt und ihm eine lange Pfeife in die Hand gegeben«: »Arlequin [das ist Schwind] mit einem Fidibus zu seinen Füßen. Pierrot mit einem Chorus von Rauchern tritt auf. Auf ein gegebenes Zeichen werden alle Pfeifen angezündet. Volk erfüllt das Theater. Dazu passende Musik.« Das ist nicht eben eine dithyrambische Szene; ihr satirischer Realismus bedünkt schlüssiger als die Dämonisierung eines Mannes, dessen Mangel an produktiver Energie – er verdeckte ihn durch eine exzessive Eitelkeit – die rezeptive Begabung gegenüberstand. Schobers Spürsinn bewährte sich an allem, was in der zeitgenössischen deutschen Dichtung von Belang war.

Joseph Teltscher und ein Unbekannter

Franz v. Schober war ein Mann von Talenten, aber ohne Eigenwillen; eben das disponierte ihn zum Epizentrum dieses weitgespannten Künstlerkreises. Der Inhaber der Wiener Lithographischen Anstalt (er verkaufte sie 1843, um nach Weimar zu gehen) war auch zeichnerisch begabt; von seiner Hand stammt das komischste aller Schubert-Bilder, eine Karikatur, die den Komponisten mit Vogl, dem berühmten Sänger (1814 war er Beethovens Uraufführungs-Pizarro gewesen), »zu Kampf und Sieg« ausziehen zeigt (Abb. 9, Seite *12*). Hinter dem gebietenden Mann, der mit erhobenem Haupt – offenbar war das seine gewöhnliche Haltung – en profil voranschreitet, blickt der Urheber der von diesem vorgetragenen Werke, Notenrollen unterm Arm und in der Rocktasche, mit einer Art von Fürwitz frontal auf den Betrachter. Diese beiden, von denen ein beeindruckter Ohrenzeuge, der Komponist Ferdinand Hiller, sagte, daß der eine wenig Stimme habe und der andre nicht besonders gut Klavier spielen könne, müssen als Reisende in Liedkunst ein fabelhaft originelles Paar abgegeben haben; auch Schwinds lithographische Lustpartie stellt sie nebeneinander.

Schobers Zeichnung, zu der sich auch ein Entwurf erhalten hat, wird auf 1825 datiert, das Jahr, in dem diese beiden eine langgezogene Musikreise durch Vogls oberösterreichische Heimat unternehmen und überall – in Steyer und Linz, in Gmunden und Gastein – Freunde finden und Enthusiasmus verbreiten; auch der kompositorische Ertrag dieses glückhaften Sommers ist enorm. Rieders Zeichnung und ihre beiden druckgraphischen Abkömmlinge fallen in dasselbe Jahr, und noch ein anderer Maler und Zeichner (er ist vier Jahre jünger als Schubert) macht sich porträtierend ans Werk: Joseph Teltscher; er gehört bald zu Schuberts näheren Freunden. »Denken Sie möglichst oft an / Ihren / Franz Schubert / Wien 1825«, lautet die Unterschrift, mit der Schubert eine Tuschpinselzeichnung beglaubigt, die Teltscher von ihm aufs Papier wirft; sie zeigt Schubert mit einem wachen, gespannten Ausdruck im nach links gewandten Halbprofil (Abb. 18, Seite 21).

Das von der New Yorker Pierpont Morgan Library aufbewahrte Blatt (es ist durch Ernst Hilmar erstmals zutage getreten) bildete die Vorlage für zwei weitere Schubert-Bildnisse Teltschers, die – farbig das eine, lithographisch das andere – ungleich perfekter durchgeführt sind; sie bleiben dennoch hinter ihm zurück. Das eine (Abb. 17, Seite 21), dessen Original verschollen ist (es ist durch einen Lichtdruck der 1920er Jahre überliefert), ist ein pastellgezeichnetes Tripelporträt, das Schubert an der Seite Anselm Hüttenbrenners zeigt, seines Freundes und Mitstreiters seit frühen Wiener Tagen; beide waren Kompositionsschüler Anton Salieris, des berühmten Hofkapellmeisters, gewesen. Dem um vier Jahre Älteren schreibt Schubert 1817 ein Wort aus Cicero ins Stammbuch, das wie der Leitspruch seiner eigenen Existenz dasteht: »Exiguum nobis vitae curriculum natura circumscripsit, immensum gloriae.« Das heißt auf deutsch: Auf einen kleinen Kreis des Lebens, einen großen des Ruhms sind wir beschränkt.

Bei Anselm Hüttenbrenner in Graz deponiert Schubert im Jahre 1823 zwei Sätze einer Sinfonie in h-Moll, die vierzig Jahre lang in dessen Schublade verborgen liegt; der Wiener Dirigent Herbeck fördert sie 1865 listenreich zutage. (Der Partiturhüter gilt seitdem entweder als Tor, der nicht wußte, was er da aufbewahrte, oder als Neider, der es wohl wußte und eben deshalb keine Aufführung wagte, die aber vielleicht gar nicht in seiner Hand lag; seine Beziehung zu Schubert muß von tiefer Ambivalenz gewesen sein.) Auf Teltschers Zeichnung legt der elegante Mann, der ein unablässig tätiger Komponist ist (er schreibt, wie Schubert, an tausend Werke), seine Linke traulich auf des Jüngeren Schulter; auf Hüttenbrenners anderer Seite zeigt sich Johann Baptist Jenger, ein Liebhaberpianist von Rang, der ebenfalls aus Graz stammte und Schubert im September 1827 dorthin begleitete. Das Pastellbild, das bei einem Wienbesuch Hüttenbrenners entstand, ist die farbige Ausführung der von Schubert beglaubigten Zeichnung, aber der an Hüttenbrenner Angelehnte hat sich verwandelt; sein Ausdruck ist ins Harmlose, ja Beiläufige entglitten. Der Akzent verstärkt sich, als Teltscher das Pastellporträt Ende 1825 auf den Lithographenstein kopiert (Abb. 16, Seite 20). In diesem dritten gedruckten Schubert-Bildnis innerhalb weniger Monate scheint der Dargestellte schon wie zum Typus stilisiert: auf dem Weg zum Biedermeier-Abziehbild.

Teltscher, ein gesuchter Porträtist der Wiener Gesellschaft, ist ein Miniaturmaler mit einem Hang zum humoristischen Akzent; an Schubert scheitert er in immer neuen Anläufen. Noch ein anderes Schubert-Porträt wird ihm zugeschrieben, Schubert hat es nicht unterzeichnend beglaubigt; das Brustbild (Abb. 20, Seite 23), das den Dargestellten en face auffaßt, mit vollem Haar, der unvermeidlichen Brille und einer Turnüre aus Halsbinde, Weste und Frack, ist unsigniert und undatiert. Dieses mit wenigen Strichen umrissene Musikerhaupt ist sonderlich voll und rund und von beinahe majestätischer Gelassenheit; zugleich ist es eigentümlich ausdruckslos. Das Bild entfernt sich weit von allen andern Darstellungen Schuberts, Teltschers erste Profilzeichnung einbegriffen, es ist dennoch nicht zu vernachlässigen; nicht das Wesen des Abgebildeten, aber ein bestimmter Zug seiner Erscheinung ist zweifellos getroffen. Die Berliner Staatsbibliothek verwahrt eine dieser Zeichnung getreu nachgebildete, ebenfalls unsignierte Lithographie (Abb. 19 auf Seite 22), die ihre Vorlage auf dem Weg graphischer Verdichtung übertrifft; sie ist von so beträchtlicher Qualität, daß sie von Teltscher selbst stammen könnte. Eine spätere und deutlich mattere lithographische Reproduktion der Teltscherschen En-face-Zeichnung hat Ernst Hilmar dem um 1850 in Wien tätigen Lithographen Rudolf Hoffmann zugeschrieben.

Eine weitere Schubert-Zeichnung von Joseph Teltscher ist erst in neuerer Zeit bekanntgeworden – ein Meisterwerk der leichten, nur eben andeutenden Hand, das den Komponisten beim Atelierbesuch zeigt (Abb. 23, Seite 26). Im roten Schlafrock sitzt der Maler vor einem Zeichenpult, im grauen Frack und eindrucksvoller Leibesfülle steht der Besucher vor ihm – das Doppelporträt als Genreszene.

Von Teltschers Lithographie kursierten im Januar 1826 die ersten Abzüge; Sophie Müller, eine gefeierte Schauspielerin, Wiens Julia, Ophelia, Porzia zu dieser Zeit, bekommt das Blatt in diesem Monat gleich zweimal mitgebracht. Die Dreiundzwanzigjährige – Eduard Devrient nennt sie »eine Wunderblüte schöner Weiblichkeit« – pflog mit beiden, dem Maler wie dem Komponisten, geselligen Umgang; immer wieder kommt Schubert und bringt ihr seine neuesten Lieder. »Teltscher, Jenger, Hüttenbrenner kommen mittags; mir Schuberts lithg. Bild gebracht«, notiert die Schauspielerin, die auch eine vortreffliche Sängerin war, unter dem 24. Jänner 1826, leider ohne das Bild zu beurteilen; andertags kommen Jenger und Schubert wieder: »Letzterer sang neue Lieder aus Ernst Schulzes Gedichten.« Schubert hatte sie in den Wochen davor komponiert, auch »An mein Herz« war darunter, das traurig-triumphale, hinreißendinständige Liebesgeständnis. Wir dürfen nicht annehmen, daß es an die adressiert war, die es hier als erste vernahm.

Sophie Müller, von der Teltscher dann auch eine Porträtlithographie zeichnete (Abb. 36, Seite 39), muß eine außerordentliche Frau gewesen sein; sie war mit zweiundzwanzig Jahren ans Burgtheater gekommen und eroberte die Stadt im Fluge. Mit Schubert und Teltscher spricht auch Jenger gelegentlich bei ihr ein, der mit dem Freiherrn v. Schönstein, dem Tenorbariton, in dessen Kehle, so Adalbert Stifter, »eine wahrhaft zaubrische Nachtigall des Wohllauts wohnte«, ein exemplarisches Schubert-Duo bildet. Die beiden musikalischen Beamten – der eine machte im Hofkriegsrat, der andere im Finanzministerium Karriere – waren Schuberts Verbindung zur Aristokratie; wenn es irgend anging, ließ er sich in deren Zirkeln von ihnen vertreten. Wie in dieser vorphotographischen Zeit an Bildnissen noch eine magische Bedeutung haftete als an Talismanen, die Macht über den gaben, welchen sie vorstellten, macht eine Geschichte deutlich, die sich an einen Porträtauftrag Schönsteins knüpft. Für eine geheime Freundin hatte sich dieser unter dem Siegel der Verschwiegenheit von Teltscher malen lassen, der für sich selbst eine Kopie der Miniatur anfertigte, sie herumzeigte und damit den Zorn des Freiherrn auf sich zog; es gab einen stürmischen Auftritt, an dessen Ende Teltscher das unbefugte Duplikat zertrampelte und ankündigte, er werde es aus dem Gedächtnis neu malen. Das tat er und trug das Ergebnis allzeit bei sich; Jahre später erhielt Schönstein das Bild aus Teltschers Nachlaß. Denn der Maler endete früh und tragisch; seinem Freund Jenger zuliebe ging er 1837 nach Athen und ertrank in der Ägäis, nachdem er versucht hatte, einem andern das Leben zu retten.

Auch dies schrieb die dreiundzwanzigjährige Sophie Müller in ihr Tagebuch, vier Jahre vor ihrem Tod; vermutlich hatte sie einen lukrativen Heiratsantrag abgewehrt: »Die Zukunft größeren irdischen Besitzes rührt mich nicht. Die Blütezeit meines Lebens ist ärmlich und kämpfend dahingegangen; die Reife- und Erntezeit scheint mir durch eigene Kraft gesichert und alt glaube ich ohnehin nicht zu werden. Es steht ja alles in Gottes Hand und mein Glück liegt tiefer als im Geldkasten und in einer Anzahl Äcker.«

Es sind die Zeichnungen seiner Maler-Freunde, in denen uns Schuberts Bildnis erscheint: Aquarelle, Bleistiftzeichnungen, Lithographien. Als er dreißig wird, entsteht auch ein Ölbildnis; der Auftraggeber ist Joseph Sonnleithner, Ignaz' Bruder und Leopolds Onkel, ein um das Wiener Musikleben vielfach verdienter Mann (1805 hatte er Beethoven den Text der »Leonore«

Joseph Teltscher und ein Unbekannter 135

geschrieben), der 1820 eine Porträtsammlung bedeutender Musiker anlegt und sie zehn Jahre später der von ihm mitbegründeten »Gesellschaft der Musikfreunde des österreichischen Kaiserstaates« übereignet. Das war ein einflußreicher Verein, der Schubert 1827 zu einem seiner Repräsentanten, faktisch zum Ehrenmitglied, berufen hatte; zu dieser Zeit erfolgt auch der Porträtauftrag. Das relativ große Bild (Abb. 24, Seite 27) ist unsigniert; Deutsch schrieb es 1913 »dem Beethoven-Porträtisten Willibrord Mähler, einem geschickten Dilettanten«, zu, mit dessen Beethoven-Porträts es keinerlei stilistische Ähnlichkeit hat. Später hielt er Franz Eybl (1806-1880), einen Porträtlithographen des Wiener Biedermeier, für den Maler.

Durch Objektivität und Handwerksgenauigkeit nimmt dieses oft reproduzierte Bild für sich ein. Die Brille fehlt, und das Kinngrübchen erscheint gemildert; unter der schöngewölbten Stirn springt die kleine, kräftige Nase unvermittelt hervor. (In Rieders Aquarell ist sie modifiziert, in Kriehubers Lithographien verfälscht.) Der hochstehende Kragen schlingt sich um einen kurzen, in das Doppelkinn übergehenden Hals; das Haar ist voll und lockig, aber nicht lang und bedeckt den oberen Teil des Ohrs; Koteletten reichen bis zum Kragenansatz. Schuberts Ausdruck hat etwas Jugendlich-Steifes; es ist deutlich: der Maler trat ihm als ein Fremder gegenüber. In seiner fühlsamen Distanz ist dies ein maßgebliches und gewichtiges Bild; daß die Identifizierung des Urhebers immer noch aussteht, mutet als ein Kuriosum an.

Zu den Eigenheiten der Schubert-Ikonographie gehört es, daß von einem Komponisten, dessen vielfache Malerfreundschaften dazu führten, daß seine Erscheinung besonders zuverlässig überliefert ist, nicht nur wichtige Porträtzeichnungen erst jetzt an die Öffentlichkeit gelangen, sondern immer wieder neue zeitgenössische Bildnisse erfunden werden. Es braucht aus der Zeit um 1830 nur ein in Öl gemaltes männliches Bildnis mit Brille und Kinngrübchen aufzutauchen, und schon ist ein neues Schubert-Porträt geboren, sei es die auf 1829 datierte Miniatur des Wiener Malers Robert Theer (auch von Daffinger und Fendi gibt es »falsche« Schubert-Bilder, nämlich solche, die ganz andere darstellen) oder das von dem Pianisten-Duo Tal/ Groethuysen (»Neues Bild, anderer Klang?«) jüngst auf einem Disk-Deckel der Firma Sony präsentierte Bildnis eines schmalgesichtigen Biedermeierjünglings mit Klavier, von dem es beschreibend heißt, daß er »zeitgemäß in edles Tuch gekleidet, mit selbstbewußtem Blick und schwungvollem Haarschopf, einem Zypressenwipfel ähnlich«, sei.

Ernster zu nehmen ist das von Ernst Hilmar veröffentlichte Herrenporträt des Ungarn Gábor Melegh aus dem Jahre 1827, eine sitzend ausgestreckte Ganzfigur in einer Loggia, deren Arkaden sich im Hintergrund auf eine Burgaussicht öffnen. Ein Hund sitzt diesem brillentragenden Zigarrenraucher zur Seite, der seinen linken Arm auf einen teppichbedeckten Tisch stützt; dort ruhen die Insignien seiner blauen Stunde: Kaffetasse und Rauchbesteck; auf einem Stuhl vorn links ist der Zylinder mit den Handschuhen abgelegt. Von keinem der autorisierten Schubertbildnisse außer vielleicht von Teltschers En-face-Zeichnung eröffnet sich ein Zugang zu dieser Darstellung eines wohlhabenden Biedermeier-Bürgers als zu einem Bildnis Schuberts, doch ist dies ohne Zweifel eine qualitätvolle Malerei.

Diese und andere Bild-Erfindungen haben ihren rationalen Kern daran, daß Schubert nicht nur eine Individualität, sondern auch einen Typus verkörpert; dieser ist an seine Zeit nicht gebunden. Die Gestalten der Meister gehen ja nicht verloren, im Lauf der Zeiten erstehen sie immer wieder von neuem. Wenn man viel Eisenbahn und S-Bahn fährt, wird man eines Tages auf Goethe oder Bruckner stoßen; natürlich wissen die Träger dieser Gesichter nichts davon. Schubert kann man zuweilen im Fernsehen erleben; mal heißt er James Levine und ist Dirigent in New York, ein andermal heißt er Itzak Perlman und ist Geiger in aller Welt. Schubert redivivus – die Reinkarnationen sind vielgestalt; Schubert wäre heute wahrscheinlich Geiger oder Dirigent.

Schwinds Erinnerungen

Zu den vorgetäuschten und den spät gefundenen kommen die nachgemalten Schubert-Bildnisse; unter ihnen nehmen diejenigen Moritz v. Schwinds eine einzigartige Stellung ein. Schwind variiert nicht die eigene Zeichnung wie Rieder oder die Zeichnung eines andern wie Kriehuber, er bringt als Sechzigjähriger sein Schubertbild eigentlich erst hervor: aus der Erinnerung und um sich ihrer zu vergewissern, zugleich als ein bildhaftes Bollwerk gegen jene Neue Musik, die, den Protagonisten des Schubert-Kreises ein Greuel, mit Wagners Werk zu dieser Zeit Deutschlands Opernbühnen einzunehmen beginnt und seinen und Schuberts Jugendfreund Lachner gerade vom Direktorenposten der Münchner Hofoper vertreibt.

Wie unfruchtbar die Konfrontation im Musikalischen ist (spätestens vom »Ring« an steht Wagner auf den Schultern der Schubertschen Klangpoesie und wird im »Parsifal« selbst Schubertianer), zeigt sich an Liszt, der in den vierziger Jahren Schubert in den Konzertsälen durchsetzt (durch ihn erst bürgert sich die hochvirtuose Wanderer-Fantasie ein) und in den Fünfzigern dann für den aus Deutschland verbannten Wagner streitet. Jenseits des rein Musikalischen ist der Gegensatz allerdings unübersehbar: hier der Mann der offensiven theatralischen Wirkung, der sein Œuvre fast ganz auf die Bühne beschränkt, dort einer, der, Brechts Keunergestalt gleichend, sogar das Konzertpodium nur widerwillig einnimmt; das Theater verweigert sich diesem Herrschunwilligen reflexhaft. Aber hier enden die Antithesen auch schon, denn beide statuieren auf je eigene Weise eine Gegengesellschaft zu der real existierenden, die sie kaltläßt oder anwidert. Daß die eine einen Theatersaal braucht, um zusammenzufinden, und die andere allenfalls mit einem großen Wohnzimmer auskommt, ist eine Frage des Genres und des Temperaments.

In den Jahren an Schuberts Seite hat Schwind nicht nur dessen Stube gezeichnet und ihn selbst en profil und als Ausflügler vor dem Tor; er nimmt es, zeichnerisch und malerisch, auch mit dessen Liederwerk auf. Ein Ölgemälde zu »Schwager Kronos«

entsteht, Schuberts triumphalem Jugend-Sang, der 1825 im Druck erscheint, und ein aus sieben Sepiazeichnungen bestehender Zyklus zu der Ballade vom »Liedler«, dessen vorletztes Blatt den Liedler als in sich gekehrten Minnesänger auf den Stufen eines gotischen Brunnens zeigt; in dem letzten stürzt er sich mit dem die Geliebte bedrohenden Währwolf in den Abgrund. Frischeren Geistes ist ein Blatt, in dem der Held der von Schubert vertonten »Bürgschaft« seinen Schritt mit erschrockener Gebärde vor dem reißend geschwollenen Stromlauf verhält; ist entsetzt, aber hinüber will und muß er. Auch Schwinds späteres Werk ist voller Schubert-Illustrationen, von einem dramatischen Erlkönig-Gemälde bis hin zu der lyrisch-dekorativen Lünetten-Ausmalung im Foyer der neuen Wiener Oper. Mit dem »Häuslichen Krieg«, einer Castelli-Vertonung von 1823, ist Schuberts Opernwerk dort freskenhaft vertreten.

Zwischen dem »Erlkönig« und der Lünette steht die im Revolutionsjahr 1848/49 entworfene und drei Jahre später malerisch ausgeführte »Symphonie«, ein Gemälde, das, in der Form eines reich umrahmten Altarbilds, die malerische Abdankungsurkunde eines Bürgertums vorstellt, das lieber der Heiligen Cäcilie huldigt, als die politische Macht zu übernehmen. In der Predella des fünfteiligen Großgemäldes (es mißt 165/97 cm und befindet sich in der Münchner Pinakothek) ist Beethoven in Gestalt einer hochragenden Marmorbüste unschädlich gemacht, unterhalb derer ein gemütlicher Generalmusikdirektor seines Amtes waltet; der eine Etage tiefer klavierspielenden Heiligen Cäcilie (sie trägt die Züge Clara Schumanns) blättert Schwind selbst die Noten um. Schubert ist, wie schon in dem »Spaziergang vor dem Tore«, an den Rand gesetzt; mit dem kinnreckenden Vogl sieht er singend in ein Notenblatt. Wie die Kunst alle ihre Mittel versammelt, um der Wirklichkeit ins Idyll zu entgehen, und der Abgrund des Kitschs sich dabei überall öffnet, um den Maler mit Pinsel und Palette zu verschlingen, wird an dem minutiös durchgearbeiteten Gemälde beinahe schmerzhaft deutlich.

In humoristischen Skizzen erholt Schwind, der sein poetisches Gemüt sarkastisch panzernde Maler, sich immer wieder

Schwinds Erinnerungen

von dem Zwang zur Ambition und verwandelt sich dann in einen bayerischen Wilhelm Busch; auch gegenüber Schubert bahnt ihm dies den Weg ins Freie. Es ist die Lachner-Rolle von 1862, eine graphische Huldigung an den Münchner Generalmusikdirektor und Wiener Jugendgefährten, die Schwind instand setzt, das Bildnis des Freundes unbefangen ins Auge zu fassen: eine skizzenhaft hingesetzte Bilderfolge, die Szenen gemeinsamen Erlebens vergegenwärtigt: das Trio Schubert, Schwind und Lachner in Grinzing beim Wein, ständchensingend bei einem Richtfest, stürmisch applaudierend bei einem imaginären Konzert, bei dem auch die poetische Crème des damaligen Wien zugegen ist, von Grillparzer und Bauernfeld bis zu dem melancholisch abgewandten Lenau (Abb. 40–42, Seite *40*).

Mit dieser Szenenfolge ist Schwinds Schubert-Bann gebrochen, und ein Haupt- und Großwerk beginnt in ihm Gestalt anzunehmen: das Idealbild einer großen Schubertiade, mit Schubert als am Klavier sitzendem Liedbegleiter im Zentrum. Gereckten Kinns und mit gebieterisch vorgestrecktem Arm setzt neben ihm der Sänger Vogl sich und das Werk in Szene, ringsum lauscht eine andächtig-gespannte Hörerschar (Abb. 47, S. *44/45*).

Das Bild, zu dem sich der Maler den Weg über viele einzelne Skizzen bahnt (sie sind, wie immer bei ihm, ungleich lebendiger als das durchgezeichnete Endprodukt), ist so ideal-romantisch aufgefaßt, mit Einschluß einiger anachronistischer Figuren, daß es fast befremdet zu hören, daß Schwind dabei ein ganz bestimmter Konzertabend vor Augen stand: im Hause Joseph v. Spauns, der, aus Lemberg zurückberufen (er war Assessor bei der Wiener Lotto-Direktion geworden), in seiner neuen Wohnung erstmals einen solchen Abend veranstaltete. Franz v. Hartmann hat – unter dem 15. Dezember 1826 – auch diesen Abend beschrieben; der treffliche Tagebuchschreiber gibt das lebhaftere Bild: »Ich gehe zu Spaun, wo eine große große Schubertiade ist. ... Die Gesellschaft ist ungeheuer. Das Arnethische, Witteczekische, Kurzrockische, Pompische Ehepaar, die Mutter der Frau des Hof- und Staatskanzleikonzipisten Witteczek [das war der große Sammler von Schuberts Notenskripten], die Doktorin

Watteroth, Betty Wanderer, der Maler Kupelwieser und seine Frau, Grillparzer, Schober, Schwind, Mayrhofer und sein Hausherr Huber, der lange Huber, Derffel, Bauernfeld, Gahy (der herrlich mit Schubert à 4 mains [vierhändig] spielte), Vogl, der fast 30 herrliche Lieder sang, Baron Schlechta und andere Hofkonzipisten und -sekretärs waren da. Fast zu Tränen rührte mich, da ich heute in einer besonders aufgeregten Stimmung war, das Trio des 5. Marsches [op. 40/5, D 819], das mich immer an meine liebe gute Mutter erinnert. Nachdem das Musizieren aus ist, wird herrlich schnabeliert und dann gtanzt. Doch bin ich gar nicht zum Courmachen aufgelegt. Ich tanze 2mal mit der Betty und 1mal mit jeder der Frauen v. Witteczek, Kurzrock und Pompe. Um 12½ begleiten wir, nach herzlichem Abschiede von den Späunen und Enderes, Betty nach Hause, und gehen zum Anker, wo noch Schober, Schubert, Schwind, Derffel, Bauernfeld. Lustig. Nach Hause. Um 1 Uhr zu Bett.«

Auch in Bauernfelds Tagebuch hat der Abend seine Spur gezogen. »Vorgestern Gesellschaft bei Joseph Spaun«, heißt es dort, »Vogl sang Schubertsche Lieder meisterlich, aber nicht ohne Geckerei. Die Arneth (Adamberger) zugegen, auch Grillparzer, dem ich vorgestellt worden. Er war sehr liebenswürdig. Ich weiß nicht, ob ich ihm besonders gefallen habe.« Kein Zweifel, dieser Musikabend im Hause Spaun war ein Hauptereignis des künstlerisch-intellektuellen Wien.

Einen Tag später gibt es schon wieder Schubertiade, diesmal bei jenem Professor Hönig, in dessen Tochter Nettel – Schubert kann sie nicht leiden – Schwind auf komplizierte Weise verliebt ist. Und am 17. Dezember, einem Sonntag, geht es laut Franz v. Hartmann schon vormittags »zu Spaun, wo Gahy herrliche nagelneue Schubertische Deutsche (mit dem Titel: ›Hommage aux belles Viennoises‹ [Huldigung an die schönen Wienerinnen], worüber sich Sch[ubert] sehr ärgert) spielt. ... Dann fahren in 2 Wagen Gäste der Wandrerischen nach Nußdorf ab: Im 1ten Pepi Spaun, Schubert, Derffel und Fritz [v. Hartmann]; im 2ten Enderes, Spax [Max v. Spaun] und ich.« Das frohe Jugend- und Musikleben nimmt in diesen Dezembertagen gar kein Ende; schon am nächsten Tag gehen »Spax und Schober in die Schu-

Schwinds Erinnerungen 141

bertiade zu Witteczek«. »Wir waren die glücklichsten Menschen in ganz Deutschland, ja, auf der ganzen Welt!« sagt Joseph v. Spaun später; Schwind kommt das Wort während seiner Arbeit in den Sinn.

Die Frage nach der Wirklichkeitstreue eines Bildes, das die reale Begebenheit in ein ideales Arrangement transponiert, ist müßig; auch wenn ein Photograph dabei gewesen wäre, hätte er nur Bilder machen können, das heißt Interpretationen. Zweiundvierzig namentlich identifizierbare Figuren enthält die vollendete Sepiazeichnung – der Schubert-Kreis, wie er Schwind im Altersrückblick vor Augen steht. Zu fast allen Figuren fertigt er aus der Erinnerung, teilweise wohl auch nach älteren Vorlagen, Porträtskizzen an; die Erscheinung Mayrhofers (im Profil ganz rechts am Bildrand) ist überhaupt nur aus dieser Zeichnung bekannt. Eine exponierte Position in dem Außenkranz der Herren, die den Innenkranz der Damen umgeben, nehmen auf der linken Seite Franz Lachner (im Profil oberhalb einer lauschenden Dame) und Carl v. Schönstein (aufragend hinter Vogl) ein, auf der rechten Seite Kupelwieser, Grillparzer (beide stehend, der letztere vor dem Ofen) und, ganz vorn sitzend, Eduard v. Bauernfeld; der vor Bauernfeld sitzende Schober wird von zwei Damen fast verdeckt. Der an Heiner Müller gemahnende Kopf hinter Bauernfeld gehört jenem »Spaßmacher« – Grillparzer nennt ihn so – Castelli, der seine beiden Hunde Sedl und Nitzky genannt hatte (Sedlnitzky hieß der Chef der Zensurbehörde); war er wirklich dabei? Er hatte für Schuberts Vertonung seiner »Verschworenen«, die der Zensur zuliebe in »Der häusliche Krieg« umbenannt worden waren, den Finger nicht krumm gemacht. Unmittelbar neben Schubert hat Joseph v. Spaun, der Gastgeber, Platz genommen; rechts am Flügel, in besonders malerischer Haltung, lehnt Vogls kürzlich angetraute Frau Kunigunde geb. Rosa. »Schwind ist ganz auf den Hund«, hatte Schubert im Sommer dieses Jahres an den verreisten Bauernfeld geschrieben, »in Hinsicht Nettel's! Schober ist privil. Geschäftemacher.« Und dann unterstrichen: »Vogl hat geheurathet!!!«

Der Prosa des Lebens, wie sie aus Briefen und Tagebuchnotizen aufscheint, stellt Schwind die Poesie eines Bildes gegenüber, dessen Ingressche Feinarbeit darauf zielt, eine Idee von Gesellschaft, ein menschlich und geistig Verbindendes jenseits von Offizialität und Repräsentation zur Anschauung zu bringen, das stark genug ist, das genaue Einzelbild zu tragen. Dies – die geistige Ermöglichung des Einzelporträts in der Gruppe – ist das eigentliche Kunststück, dessen Lösung der Zeichner sich im beginnenden Zeitalter des trivialphotographischen Gruppenporträts vornimmt; indem er es rückblickend tut, schafft er das Gegenstück zu Kupelwiesers Charade. Nicht nur für sich selbst geht er an die Arbeit. Er habe, schreibt er 1865 an Eduard Mörike nach Stuttgart, »angefangen, etwas zu machen, was ich glaube, dem vernünftigen Teil Deutschlands schuldig zu sein – meinen trefflichen Freund Schubert am Klavier nebst seinem Zuhörer-Kreis.« Dem vernünftigen – das meint: dem noch nicht in den Wagner-Taumel gerissenen Teil Deutschlands. »Ich weiß die Leute alle noch auswendig und ein glücklicher Zufall setzte mich in Besitz des Porträts einer Gräfin Esterházy, die ich nie gesehen, der aber, wie er [Schubert] ohne Umschweife sagte, alles dediziert war, was er machte. Die konnte zufrieden sein.« Die Gräfin war eine Comtesse und hieß Caroline; schon 1818 in Ungarn hatte Schubert mit ihr vierhändig gespielt; Caroline war damals dreizehn gewesen. Ihre von Teltscher gemalte Miniatur war im Besitz Carl v. Schönsteins, der sie Schwind erst geliehen und dann geschenkt hatte; er hatte ihm auch das Wort von der Totaldedikation überliefert.

Drei Jahre später war auf dem Weg über Skizzen, die auch das Paar am Klavier, Schubert und Vogl, in lebensvollen Varianten umrissen (Abb. 43 und 44, Seite *1*), die Reinzeichnung fertig. Aber sie gefiel dem Maler nicht, er schrieb es an Eduard v. Bauernfeld: »Eine Schubertiade ist auch fertig geworden, aber ich habe sie an die Wand gestellt, vielleicht wird sie im Liegen gut, wie die Holzäpfel.« Es kam so, doch nicht zu seinen Lebzeiten; den hohen Erlös, an den Schwind bei der Arbeit gedachte hatte (er gab das fertige Blatt niemals aus der Hand), erzielte ein ungenannter Besitzer, der das Blatt 1871 aus Schwinds Nachlaß erworben hatte; vierunddreißig Jahre später brachte es ihm siebentausend Kronen.

Man tut der gemäldegroßen Zeichnung Unrecht, wenn man sie nach den vielen vergröbernden Reproduktionen beurteilt, die von ihr in Umlauf sind. Die nackte Kontur herausstellend, tilgen fast alle Drucke die Finesse des perspektivischen Valeurs: das Heller-, Ätherischer-Werden der Zeichnung zur Mitte hin, dort, wo der Komponist schräg unter dem Bildnis der fernen Geliebten sitzt, von Vogl, dem Sänger, majestätisch überboten. Es ist dieser mystisch-zarte Effekt, das Verschwinden im Licht, auf dem diese Fein- und Reinzeichnung künstlerisch beruht; das Imaginär-Ideale der Zentralität, die diese gedrängte Kunstgesellschaft verbindet, wird dadurch zu Bewußtsein und Erscheinung gebracht. Im Hintergrund der Zeichnung steht »Le Concert«, Duclos' berühmte Radierung aus dem Pariser Dixhuitième (nach einer Zeichnung von Augustin de Saint-Aubin). Dem bildnerischen Inbegriff jener aristokratischen Hausmusik, die das Werk Haydns, Glucks, Mozarts fundiert hatte, stellt Schwind, der sich (in spiegelbildlicher Verkehrung) an Saint-Aubins Komposition anlehnt, das bürgerlich-intime Gegenstück an die Seite.

Das Blatt präsentiert seine Figuren in kunstvoll-künstlichem Arrangement: die Herren drängen sich tiefgestaffelt im Hintergrund, während im Vordergrund sieben Damen in hingebungsvollen Positionen (zwei weitere stehen links unter der Tür) mit dem Künstlerpaar einen nach vorn hin offenen Ring bilden. Dort, vor dem Sänger, wo die Zuhörer vor allem sitzen müßten, befindet sich nur ein einziger, der Zeichner des Bildes, der als jugendlicher Hörer zugleich im Hintergrund steht; es ist der Ort des Bildbetrachters. Dieser wird einbezogen, er ist der bevorzugte Teilnehmer der Runde; ihm vor allem präsentieren sich die beiden Musiker und die große Freundes-Hörer-Schar. Caroline Esterházy, die, obschon gelegentlich in Wien, offenbar niemals an einer Schubertiade teilnehmen durfte, ist in Gestalt des Gemäldes zugegen, das über dem Flügel hängt, etwas links von der Mitte des Bildes, das Schuberts Platz nach dem Goldenen Schnitt bemißt. Es gehört zu dem Raffinement der Komposition, daß keine Figur, sondern eine von dem rechten Rahmenrand und der Flügelkante gebildete Linie dessen Mittelachse bildet.

Schwinds Schubertiade-Zeichnung hat das Schubert-Bild des Fin de siècle mehr noch als der Riedersche Liederfürst bestimmt. Das gemäldegroße Blatt war von einem Feinsinn, der jedermann einging: idealisch in der Haltung, anekdotisch im Detail, verklärend, aber nicht abstrakt, Genreszene und Porträtsammlung zugleich, von jener idealen Konformität, die Schwinds ganzes Schaffen durchdringt und ihn, ähnlich wie Ludwig Richter, zum malerischen Repräsentanten der idyllischen Retirade machte, die das deutsche Bürgertum des mittleren neunzehnten Jahrhunderts befällt. Man zweifelt am Fortschritt und zieht sich auf sich selbst zurück, das ist nicht nur sympathisch, sondern kann auch Gründe ins Feld führen; dennoch ist es ein Akt der Selbstentwaffnung. Aus den Bildern des Märchens, aus den Gestalten der Sage, der Mythologie – aus allem dem ist mit Fleiß der Stachel des Widerspruchs entfernt, über den Schwind, ein Mann von scharfem Sarkasmus, privatim, aber auch in Nebenwerken markant verfügte; als Maler beschwört er Schattenbilder einer Innerlichkeit, die traumatisch jede Berührung mit der Wirklichkeit meidet und deren Mächten darum um so unentrinnbarer verfällt. Unter diese still-versonnenen Herren, diese verzückt hingegossenen Damen konnte der Schubert-Hörer sich fortan versetzen, zu Gast in einem Sieben-Mäderl-Haus, über dem die ferne Geliebte als bildhaft gegenwärtige Muse schwebt.

Aber Schwind bleibt nicht bei der im Licht verschwimmenden Idealansicht; der vollendeten Sepiazeichnung folgt ein Ölgemälde, das die Szene kräftigend abwandelt. Die Schubert-Vogl-Gruppe ist hier, mit veränderter Armhaltung des Sängers, nach links gerückt, der Liedvortrag ergeht an eine Damengruppe, die den Vordergrund einnimmt (Abb. 46, Seite 44). Zu seinem Heil ist das Bild nicht fertig geworden; Schwind hat offenbar bemerkt, daß es nicht besser werden konnte, als es in seiner nur die Hauptpartien – die beiden Vortragenden und zwei, drei Hörerinnen – mit leichtem Farbauftrag ausführenden Gestalt war. So geht eine wie skizzenhafte Frische von diesem Bild aus, das eine seiner letzten Arbeiten ist. Nur Kopf und Hände werden von Schubert sichtbar; er erscheint, wie in der Sepiazeichnung und in allen Entwürfen, in reiner Profildarstellung, kraftvoll und konzentriert, ein Musiker in Aktion.

Die reife Frucht dieser späten Bemühungen um das Bild des Freundes pflückt 1870 der Wiener Bildhauer Karl Kundmann, dem die Herstellung eines Schubertdenkmals für den Wiener Stadtpark übertragen worden war. Als dieser von Schwind wissen will, wie Schubert ausgesehen habe, wirft dieser mit Bleistift auf ein herumliegendes Stück Gips eine Profilskizze, die die Summe aus den vorangegangenen Arbeiten zieht (Abb. 47, Seite *45*). Schwind selbst hat damals ein Schubert-Denkmal entworfen; es hat Brunnengestalt und setzt eine Bildnisbüste auf hohem Sockel über ein Wasserbecken, zu dessen Seiten zwei nackte Frauengestalten sitzen, die eine aufblickend mit einer Laute, die andere, leicht umhüllte, niedersehend mit einem Lorbeerkranz. Wien wäre mit diesem zärtlich-unprätentiösen Gebilde besser dran gewesen als mit des Professor Kundmanns realistisch-ausladender Sitzfigur.

Von der Fülle teils neckischer, teils bramabarsierender Adaptionen, die Schuberts Bildnisse und gerade auch die Schwindsche Schubertiade unter den Auspizien dessen erleiden, was man realistischen Kitsch nennen kann (er reicht bis tief in die zwanziger Jahre), heben sich einerseits zwei Karikaturisten ab, der Scherenschneider Otto Böhler und der Zeichner Theo Zasche, anderseits die zart und genau hingesetzten Interieurs, die der sechsundzwanzigjährige Wiener Illustrator Seligmann 1888 von jenem ungarischen Schloß aquarelliert, das in Schuberts Leben eine besondere Rolle spielt (Abb. 53, Seite *48*). In einem halbrunden Rahmenfeld sieht man den Komponisten liedbegleitend mit den beiden Esterházy-Comtessen. Es ist die vignettenhafte Diskretion, die dieses leichthändig nachempfundene Biedermeier über fast alles setzt, was ihm folgt.

Aus der Bilderflut, die nach dem Bekanntwerden von Schwinds und Rieders späten Arbeiten einsetzt (noch heute werden ihre trübseligen Ablagerungen gelegentlich von Phonofirmen aufgewühlt, um den Eindruck der Musik nicht zu stark werden zu lassen), ragt mit einer Schönheit und Deutlichkeit, die, um kenntlich zu werden, der vollkommenen Reproduktion bedarf, jene En-face-Zeichnung auf, die Schubert selbst mit dem 10. Juli 1821 datierte. Kupelwiesers medaillonhaft gefaßtes Blatt zeigt nicht den gespannten Musiker der Charade, sondern einen jungen Mann von fast kindlicher Weichheit der Züge, rundgesichtig, mit kleiner Nase, schön geschwungenem Mund. Dieses Gesicht hat etwas Rembrandtsches; nimmt man die grimmen Posen weg, mit denen der junge Radierer die Weichheit seiner Züge zuweilen ins Widerborstige entstellt, und hält sich an jene Blätter, in denen er sich unverwandt ins Gesicht sieht, so ist man erstaunlich nahe bei Schubert. Der runde Kopf, das krause Haar, der welterstaunende Blick – sie sind beiden eigen. Von Rembrandt gibt es eine späte Radierung, die gleichsam physiognomisch signiert ist: der Zeichner selbst als Randerscheinung dessen, was er vor das Auge des Betrachters rückt, der »Frau mit dem Pfeil«, die, nackt und nach hinten gewandt, mit verschränkten Beinen und geschürztem Haar auf dem Bettrand sitzt; links neben ihrem Arm taucht körperlos-undeutlich der Kopf des Zeichners aus dem Vorhangdunkel. Das ist die radikale Fassung eines Bildgedankens, der Jahre früher beiseite geschoben worden war; eine große, nur in Randpartien ausgeführte Radierung zeigte damals eine modellstehende nackte Frau mit einem riesigen Palmwedel in der Hand; neben ihr, skizzenhaft umrissen wie sie selbst, zeichnend in einem Sessel der Maler. So erscheint der Künstler in seinem Werk: arbeitend beiseite, schemenhaft im Hintergrund. Es ist die deutlichste Position, die ihm einzunehmen bestimmt ist.

DRITTES HAUPTSTÜCK

Wo vom Genie die Rede ist und der Komponist einige Lieder komponiert

Ein Begriff wird geboren

Das Wort Genie, von dem französischen *génie** herkommend, aber das Stammwort an Gebrauch und Bedeutung bald übersteigend, ist einem Katheder jener Stadt entsprungen, in der um die Mitte des 18. Jahrhunderts der deutsche Geist residierte: einem Leipziger Katheder. Es erwachte ein Jahr nach dem Tode des Mannes, der uns heute als die exemplarische Verkörperung des Begriffs vor Augen steht, Johann Sebastian Bachs, doch nicht retrospektiv, als der rechte Name für einen, der halb unerkannt unter den Leipzigern umhergegangen war, sondern perspektiv trat das Wort ins geistige Leben, als eine Wünschelrute, die erwecken soll, was sie bezeichnet. Es war Gellert, der den neuen Terminus in Umlauf brachte, nicht ohne von dem Kollegen Gottsched für den »spannagelneuen Fremdling« gerügt zu werden. »Unsre neuen Sprachverderber«, ließ dieser sich in einer Rezension vernehmen, »würden wohl gar schwören, daß er [der Verfasser des besprochenen Buches] das undeutsche Ding besitze, was sie Genie nennen, aber mit keiner deutschen Zunge ausgesprochen werden kann.«

Gottscheds Einspruch drang nicht durch, und auch Klopstocks Abwehr tat das nicht, der, als Gellert ihm mit der neuen Prägung die Ehre gab, dagegenhielt: »Der bescheidne Deutsche nennt es Gabe.« Lessing, zu dieser Zeit seinerseits in Leipzig, nimmt die Gellertsche Findung zu ausgebreiteter Anwendung

---

* *génie*: natürliche Gabe, Geschicklichkeit, Fähigkeit, etwas zu erdenken, zu urteilen, Verstand, Geist; angeborne Art, Eigenschaft (nach dem Wörterbuch von François Roux, Halle 1767).

auf; Shakespeare vor allem tritt bei ihm in den Lampenschein eines Begriffes, der im England des 17. Jahrhunderts im Blick auf den »aktiven, kühnen, behenden, rastlosen Geist« (Thomas Sprat) der großen Naturforscher vorgebildet worden war. Der Franzose Batteux hatte ihn 1746 als »ein erleuchtetes Werkzeug« gefaßt, »das sucht, ergründet, durchdringt«; von hier aus war das Wort nach Deutschland übergesprungen.

Herder denkt nach vorn und sinnt 1767 auf »Mittel zur Erweckung der Genies in Deutschland«; drei Jahre später trifft er in Straßburg auf einen Einundzwanzigjährigen, für den das Wort wie geschaffen scheint: Goethe. Die Zeit der Kraftgenies hebt an, jene Genieperiode der deutschen Literatur, die erst viel später »Sturm und Drang« genannt wird; auch Klopstock befreundet sich nun mit dem Wort. »Wer überwiesen werden kann, daß er die Stunde des Genies ungebraucht habe vorübergehen lassen«, der verwirkt in seiner humoristisch-phantastischen »Gelehrtenrepublik« von 1774 jeden Anspruch auf Belohnung. Aber die Abneigung behält Oberhand, und 1796 heißt es dann wieder bei Klopstock: »Der dankbare Deutsche hat sich mit Gabe bis zu der Zeit begnügt, da die Kraftmänner aufgetreten sind und Genie gehabt haben. Es sollen indes hier und da noch Deutsche sein, denen das Wort Gabe nicht mißtönt.«

Das ist eine sinnreiche Entgegnung, allein: Genie bedeutet mehr als Gabe, Begabung. Das Wort verknüpft die Person ihres Trägers mit ihr, als ein Begriff, der Werk und Individualität, Talent, Leistung und Persönlichkeit miteinander verbindet. Die in ihm mitschwingende Herkunft von Genius als dem Schutzgeist des Menschen, der Verkörperung höherer Kräfte, die den einzelnen schirmen und leiten, macht das deutlich. Am Ursprung des Wortes steht jener Dämon des Sokrates, von dem Herder sagt: »Sokrates glaubte einen Genius zu haben, der neben ihm wachte. Könnte man nicht sagen, daß alle großen Männer einen haben, der sie auf der Bahn führt, die ihnen die Natur gezeichnet hat, der ... alle ihre Sensationen, Ideen, Bewegungen lenkt, ... der die Seele ihrer Seele ist?«

Genius ist höhere Kraft in einem personalen, individuell bezogenen Sinn, den das Wort *Genie* sich anverwandelt. Mit programmatischem Bedeuten zielt die neue Prägung auf die Überlegenheit natürlich-persönlicher Schöpfermacht über die Regel, die ästhetische, also gesellschaftliche Norm. »Wie glücklich wären wir«, ruft Gellert aus, »wenn es nicht so wahr wäre, daß die erste Regel in der Poesie diese sei: Man muß Genie haben!« Es gilt nicht nur für die Poesie.

Von hier aus wird das Wort zur Losung und manchmal zum Schlagwort einer ästhetischen Revolution, die, Allerstarrstes freudig aufzuschmelzen (so sagt es Goethe beim dichterischen Ringen um die Form des Sonetts), Liebesfeuer allgewaltig glühen läßt. Doch schon bei Gellert wird das Gegenüber von Genie und Regel nicht als absoluter, sondern als vermittelter, zu vermittelnder Gegensatz angesehen; der das Wort auf den Thron hebt, läßt es an Ermahnungen nicht fehlen. »Wie weit werden wir es mit unserm Genie bringen, wenn wir es nicht durch die Gewalt der Regel, wie ein mutiges Pferd durch den Zügel, lenken und regieren?« Durch die Gnade eines Usurpators, des Königs von Preußen, war Gellert in den Besitz eines leibhaftigen Pferdes gekommen, eines sanftmütigen Schimmels.

In Abwehr des Dilettantismus schlägt auch Lessing in diese Kerbe, indes der gestrenge Kant, graziös und kühn auch im Alter, sich zum Anwalt einer prononcierten Genie-Ästhetik aufschwingt. Kunst, die er eingrenzend *schöne Kunst* nennt, und Tätigkeit des Genies sind in der »Kritik der Urteilskraft« in einer Weise miteinander verklammert, daß sie als ein und dasselbe erscheinen. »Schöne Kunst ist Kunst des Genies«, steht es fanfarengleich über dem 46. Paragraphen, und so hebt dieser an: »Genie ist das Talent (Naturgabe), welches der Kunst die Regel gibt. Da das Talent, als angebornes produktives Vermögen des Künstlers, selbst zur Natur gehört, so könnte man sich auch so ausdrücken: Genie ist die angeborne Gemütslage (ingenium), durch welche die Natur der Kunst die Regel gibt.«

Der Liebhaber der Vernunft ist sich des Paradoxen und Irrationalen, das in dieser Sphäre webt, wohl bewußt; schon »die Alten«, die Philosophen der Antike, hatten es bei Namen genannt. Er expliziert, »daß Genie 1) ein *Talent* sei, dasjenige, wozu sich keine bestimmte Regel geben läßt, hervorzubringen: nicht Geschicklichkeitsanlage zu dem, was nach irgendeiner Regel gelernt werden kann; folglich daß *Originalität* seine erste Eigenschaft sein müsse. 2) Daß, da es auch originalen Unsinn geben kann, seine Produkte zugleich Muster, d.i. *exemplarisch* sein müssen ... 3) Daß es, wie es sein Produkt zustande bringe, selbst nicht beschreiben oder wissenschaftlich anzeigen könne, sondern daß es als *Natur* die Regel gebe; und daher der Urheber eines Produkts, welches er seinem Genie verdankt, selbst nicht weiß, wie sich in ihm die Ideen dazu herbeifinden, auch es nicht in seiner Gewalt hat, dergleichen nach Belieben oder planmäßig auszudenken und anderen in Vorschriften mitzuteilen, die sie instand setzen, gleichmäßige Produkte hervorzubringen. (Daher denn auch vermutlich das Wort Genie von genius, dem eigentümlichen, einem Menschen bei der Geburt mitgegebenen schützenden und leitenden Geist, abgeleitet ist.)«

Kant begrenzt die Zuständigkeit des Begriffs auf die Kunst, dergestalt »daß die Natur durch das Genie nicht der Wissenschaft, sondern der Kunst die Regel vorschreibe, und auch dieses nur, sofern sie *schöne Kunst* sein soll«. Was hier zur Bestimmtheit durchdringt, ist ein sich unter dem Druck produktionstechnischer Umwälzungen individualistisch verselbständigender Kunstbegriff; indem das Handwerk unter der Fuchtel der Kapitalverwertung Manufaktur, mechanische Spezialisierung wird, verfällt die Kunst der Exorbitanz des Genialen. Doch bleiben auch hier Warntafeln aufgestellt. 1786 hatte Kant vor dem Genietreiben auf dem Feld der wissenschaftlichen Vernunft gewarnt; er tut es nun für das Feld der schönen Künste und sattelt ihnen ein Pferd, das dem Gellertschen ähnlich sieht: »Da nun Originalität des Talents ein ... wesentliches Stück vom Charakter des Genies ausmacht, so glauben seichte Köpfe, daß sie nicht besser zeigen können, sie wären aufblühende Genies, als wenn sie sich vom Schulzwange aller Regeln lossagen und glauben, man paradiere besser auf einem kollerichten Pferde als auf einem Schulpferde.«

Vor Mißbrauch wird gewarnt: »Keine schöne Kunst, in welcher nicht etwas Mechanisches, welches nach Regeln gefaßt und

Ein Begriff wird geboren 151

befolgt werden kann, und also etwas Schulgerechtes die wesentliche Bedingung der Kunst ausmachte«. Aber das ist nur ein Hinweisschild am Rand einer Straße, auf der »jedermann einig« sei, »daß Genie dem Nachahmungsgeiste gänzlich entgegenzusetzen sei«, in weitestem Abstand zu »dem, welcher, weil er niemals etwas mehr als bloß lernen und nachahmen kann, ein Pinsel heißt«.

Und die beiden Dichter, die zu dieser Zeit – Kants Buch erscheint 1790 – aus der Gärung und Nachgärung der Genieperiode als die beiden Hauptgestalten hervortreten, dazu bestimmt (und sich dazu bestimmend), Klassiker, also Maßgebende zu werden? Der fünfunddreißigjährige Schiller stößt in das Königsberger Horn. »Naiv muß das wahre Genie sein, oder es ist keines. Seine Naivheit allein macht es zum Genie, und was es im Intellektuellen und Ästhetischen ist, kann es im Moralischen nicht verleugnen. Unbekannt mit den Regeln, den Krücken der Schwachheit und den Zuchtmeistern der Verkehrtheit, bloß von der Natur oder dem Instinkt, seinem schützenden Engel, geleitet, geht es ruhig und sicher durch alle Schlingen des falschen Geschmackes«.

So heißt es 1794 in »Über naive und sentimentalische Dichtung«. Wie aber bekundet sich die von dem schützenden Engel geführte Naivheit? »Die verwickeltsten Aufgaben muß das Genie mit anspruchsloser Simplizität und Leichtigkeit lösen; das Ei des Kolumbus gilt von jeder genialischen Entscheidung. Dadurch allein legitimiert es sich als Genie, daß es durch Einfalt über verwickelte Kunst triumphiert. Es verfährt nicht nach erkannten Prinzipien, sondern nach Einfällen und Gefühlen; aber seine Einfälle sind Eingebungen eines Gottes (alles, was die gesunde Natur tut, ist göttlich), seine Gefühle sind Gesetze für alle Zeiten und für alle Geschlechter der Menschen.« Wären sie das wirklich, so würde das Genie allen folgenden Genies den Weg versperren.

Schiller setzt den Geniebegriff in jenes Allgemeine, von dem er herkommt, weit über das künstlerische Feld hinaus; Columbus ist ihm beispielhaft für das geniale Vermögen, Verwickeltes einfach zu machen. In einem Brief Schillers an Körner nimmt

Newton diese Stelle ein, dessen »verwegenes Genie« bei der Beobachtung des fallenden Apfels »durch einen Riesensprung sich am Ziele sah«. Auch als Individualität, psychologisch ebenso wie gesellschaftlich, tritt das Genie bei Schiller in den Kreis der Betrachtung; Werk und Person erweisen sich in ihrer Einheit: »Den kindlichen Charakter, den das Genie in seinen Werken abdrückt, zeigt es auch in seinem Privatleben und in seinen Sitten. Es ist schamhaft, weil die Natur dieses immer ist; aber es ist nicht dezent, weil nur die Verderbnis dezent ist. Es ist verständig, denn die Natur kann nie das Gegenteil sein; aber es ist nicht listig, denn das kann nur die Kunst [soviel wie: das Künstliche] sein. Es ist seinem Charakter und seinen Neigungen treu, aber nicht sowohl weil es Grundsätze hat, als weil die Natur bei allem Schwanken immer wieder in die vorige Stelle rückt, immer das alte Bedürfnis zurückbringt. Es ist bescheiden, ja blöde, weil das Genie immer sich selbst ein Geheimnis bleibt, aber es ist nicht ängstlich, weil es die Gefahren des Weges nicht kennt, den es wandelt. Wir wissen wenig von dem Privatleben der größten Genies, aber auch das wenige, was uns ... aufbewahrt worden ist, bestätigt diese Behauptung.«

Ist von Schubert die Rede? Alles, was hier vom Genie gesagt ist, scheint wie für ihn gemacht; es erfüllt sich an ihm, ohne daß er selbst das Wort und seine Lizenzen jemals für sich in Anspruch genommen hätte. »Von Sophokles, von Archimed, von Hippokrates und aus neueren Zeiten von Ariost, Dante und Tasso, von Raffael, von Albrecht Dürer, Cervantes, Shakespeare, von Fielding, Sterne und anderen« spricht Schiller; unterderhand aber spricht er von Goethe, den er zu dieser Zeit mit vielfacher Werbung aufmuntert und an sich zieht. Seine Bestimmungen zielen auf die Schöpfernatur als solche, über Fach- und Spartengrenzen hinaus; spricht er speziell von Literatur, so gilt, was er sagt, erst recht im Reich der Musik: »Aus der naiven Denkart fließt notwendigerweise auch ein naiver Ausdruck sowohl in Worten als Bewegungen, und er ist das wichtigste Bestandstück. Mit dieser naiven Anmut drückt das Genie seine erhabensten und tiefsten Gedanken aus; es sind Göttersprüche aus dem Mund eines Kindes. Wenn der Schulverstand, immer

Ein Begriff wird geboren

vor Irrtum bange, seine Worte wie seine Begriffe an das Kreuz der Grammatik und Logik schlägt, hart und steif ist, um ja nicht unbestimmt zu sein, viele Worte macht, um ja nicht viel zu sagen, und dem Gedanken, damit er ja den Unvorsichtigen nicht schneide, lieber die Kraft und die Schärfe nimmt, so gibt das Genie dem seinigen mit einem einzigen glücklichen Pinselstrich einen ewig bestimmten, festen und dennoch ganz freien Umriß. Wenn dort das Zeichen dem Bezeichneten ewig heterogen und fremd bleibt, so springt hier wie durch innere Notwendigkeit die Sprache aus dem Gedanken hervor und ist so sehr eins mit demselben, daß selbst unter der körperlichen Hülle der Geist wie entblößet erscheint.«

Evidenz ist das Kennzeichen der genialen Produktion; daß diese oft erst mit historischer Verspätung erkannt wird, ist eine Erscheinung, die den Verfasser groß einschlagender Frühwerke nur am Rande beschäftigt. Und wieder der Schritt von der Produktion zur Person und ihren Schwierigkeiten im Umgang mit der Gesellschaft, der besseren Gesellschaft vor allem: »Frei und natürlich, wie das Genie in seinen Geisteswerken, drückt sich die Unschuld des Herzens im lebendigen Umgang aus. Bekanntlich ist man im gesellschaftlichen Leben von der Simplizität und strengen Wahrheit des Ausdrucks in demselben Verhältnis wie von der Einfalt der Gesinnungen abgekommen, und die leicht zu verwundende Schuld sowie die leicht zu verführende Einbildungskraft haben einen ängstlichen Abstand notwendig gemacht. ... Eine Unkunde dieser konventionellen Gesetze, verbunden mit natürlicher Aufrichtigkeit, welche jede Krümme und jeden Schein von Falschheit verachtet ..., erzeugen eine Naivheit des Ausdrucks im Umgang, welche darin besteht, Dinge, die man entweder gar nicht oder nur künstlich bezeichnen darf, mit ihrem rechten Namen und auf dem kürzesten Wege zu benennen.« Der neunzehnjährige Schubert empfindet das gleiche. »Ein mächtiger Antipode der Aufrichtigkeit der Menschen gegeneinander ist die städtische Höflichkeit«, schreibt er 1816 in sein Tagebuch und fährt ebenso sentenziös wie gefühlt fort: »Das größte Unglück des Weisen und das größte Glück des Thoren gründet sich auf die Convenienz.«

Die Genieparole, die Schiller in vielen Facetten ausgibt (sein Widerpart ist eine noch tief in der feudalen Zwangs- und Flickenjacke steckende Gesellschaft), sieht es auf schöpferisch-machtvolle Wiederherstellung der verlorenen Natur ab. Was die Gesellschaft nicht vermag: natürlich und einfach zu sein, ist das Kennzeichen dessen, dem es bestimmt ist, die Menschheit durch Werk und Person auf den Weg der Natur zurückzulenken. Das Illusionäre dieses Ansatzes wird in dem großen Aufsatz mit Verve überspielt; in Schillers Lyrik erscheint das Problem mit sentimentalischer Deutlichkeit. Daß es kein Vorwärts zur Natur gibt, ist für die romantische Generation, die die nachrevolutionäre ist, dann schon schmerzhafte Zeiterfahrung; es taucht ihre Produktionen in die Farbe abschiednehmender Wehmut.

Sechs Jahre nach der ästhetischen Abhandlung behauptet der Autor seine Einsichten gegenüber dem jungen Schelling, der in seinem »System des transzendentalen Idealismus« erklärt hatte, daß man in der Kunstproduktion, anders als in der Natur, »vom Bewußtsein ausgehe zum Bewußtlosen«. Schiller ist anderer Meinung und schreibt es sogleich an Goethe: »In der Erfahrung fängt auch der Dichter nur mit dem Bewußtlosen an, ja er hat sich glücklich zu schätzen, wenn er durch das klarste Bewußtsein seiner Operationen nur soweit kommt, um die erste dunkle Total-Idee seines Werks in der vollendeten Arbeit ungeschwächt wieder zu finden. Ohne eine solche dunkle, aber mächtige Totalidee, die allem Technischen vorhergeht, kann kein poetisches Werk entstehen, und die Poesie, däucht mir, besteht eben darin, jenes Bewußtlose auszusprechen und mitteilen zu können, d.h. es in ein Objekt zu übertragen. Der Nichtpoet kann so gut als der Dichter von einer poetischen Idee gerührt sein, aber er kann sie in kein Objekt legen, er kann sie nicht mit einem Anspruch auf Notwendigkeit darstellen. Ebenso kann der Nichtpoet so gut als der Dichter ein Produkt mit Bewußtsein und mit Notwendigkeit hervorbringen, aber ein solches Werk fängt nicht aus dem Bewußtlosen an und endigt nicht in demselben. Es bleibt nur ein Werk der Besonnenheit. Das Bewußtlose mit dem Besonnenen vereinigt macht den poetischen Künstler aus.« Der Poet erscheint hier als der Mann des Gelingens, er steht für den genialen Künstler schlechthin.

Schillers Sätze verlagern das Instinktgeleitete von der Operation auf die Konzeption des Kunstwerks. Der Gegensatz von Natur und Kunst ist in das Kunstwerk selbst verlegt, das einem Vor- und Unbewußten Anschauung und Ausdruck gibt und davon zuletzt seine Wirkung bezieht; es ist eine weit vorausweisende Deutung. Goethes Antwort übertrumpft die hier vollzogene Vermittlung, sie stellt Schillers frühere Bestimmung anscheinend wieder her. »Ich glaube«, schreibt Goethe am 3. April 1801 nach Jena, »daß alles, was das Genie, als Genie, tut, unbewußt geschehe. Der Mensch von Genie kann auch verständig handeln, nach gepflogner Überlegung, aus Überzeugung; das geschieht aber alles nur so nebenher.«

Dann vollzieht er auf anderm Weg die Verbindung der Momente: nicht das Werk, sondern sein Schöpfer nimmt den Weg reflexiver Vervollkommnung. »Kein Werk des Genies kann durch Reflexion und ihre nächsten Folgen verbessert, von seinen Fehlern befreit werden; aber das Genie kann sich durch Reflexion und Tat nach und nach dergestalt hinaufheben, daß es endlich musterhafte Werke hervorbringt.« Das Konzept des Klassischen tritt an das des Genialen heran, die Synthese begreift sich im Blick auf ein Drittes, das das Epochal-Umfassende ist: »Je mehr das Jahrhundert selbst Genie hat, desto mehr ist das einzelne gefördert.« Das geniale Schöpfertum vertritt nicht sich selbst; in Konfrontation und Kooperation versinnbildlicht es die Epoche.

Den Seinen gibt's der Herr im Schlaf

Jean Paul kannte diesen Brief nicht, als er drei Jahre später in seiner »Vorschule der Ästhetik« Goethes Wortwahl nachvollzog. Unbewußt: das Wort steigert sich hier, hundert Jahre vor Freud, ins Substantivische; *das Unbewußte* tritt gelegentlich des Genies ins Reich der deutschen Sprache. »Das Mächtigste im Dichter«, schreibt Jean Paul, »ist gerade das Unbewußte. Im Genie wirkt ein göttlicher Instinkt.«

Schubert war, als diese Sätze geschrieben wurden, sieben Jahre alt; die Genie-Ergründungen der deutschen Denker und Dichter umstehen seine Wiege. Das vierte überlebende Kind des Dorfschulmeisters Franz Schubert und seiner Frau Elisabeth geb. Vietz ging zur Schule – der Schule seines Vaters, die dieser in der Wiener Vorstadt Himmelpfortgrund im staatlichen Auftrag auf eigene Kosten betrieb. Franz hatte Klavierunterricht bei seinem Bruder Ignaz, der bucklicht, intelligent, oppositionell und zwölf Jahre älter war, und der wußte ihm bald nichts mehr beizubringen, was uns heute (denn wir wissen ja, es war der kleine Schubert, den er unterrichtete) weniger verwundert, als es damals Bruder Ignaz und die Eltern verwunderte.

Was uns von Gellert bis Kant, von Lessing bis Jean Paul auf der Ebene ästhetischer Reflexion entgegentritt, das nahmen zehn Jahre nach Jean Pauls »Vorschule« die Zeitgenossen an dem »kleinen breiten Musikus« spontan und empirisch wahr; nicht alle taten es mit Freude und Anteilnahme. Es gab Anhänger und Freunde, die den Träger so kostbarer Gabe mit Liebe und Fürsorge und bald auch mit archivalischer Achtsamkeit umgaben, wie eine Heilquelle, von der kein Tropfen verloren gehen darf. Und es gab eine Opposition von Unzugelassenen und Abgewehrten wie jenem Wilhelm v. Chézy, dem Sohn der Helmina (sie hatte den schrecklich verfehlten Text der Weberschen »Euryanthe« verfaßt und kreuzt als Verfasserin der »Rosamunde« auch Schuberts Weg), der den Komponisten, dem er sich zu nähern versucht hatte, nachmals einen »Talgklumpen« nannte, »aber mit derart glitzernden Augen, daß sich das innere Feuer dem ersten Blicke verriet«; als Trinker und Lüstling geht Schubert in seinen Erinnerungen um. Opposition kam auch aus dem Kreis der Fachgenossen, unter denen es an Neidern nicht fehlte. Ignaz v. Seyfried, ein fruchtbarer Komponist und lange Zeit Kapellmeister des Theaters an der Wien, sprach es später unverblümt aus: »Einer beneidete seine Fülle von Melodie, ein anderer seinen Ausdruck, ein Dritter seine neuen harmonischen

Kombinationen: alle standen ihm nur eine gewisse Gewandtheit zu.«

Außer Begeisterung erweckte die Erscheinung dieser eruptiven musikalischen Schöpferkraft Abwehr, wie vor etwas Unzukömmlichem. Nicht wenige Leute empfanden es irgendwie als unstatthaft, daß dieser unscheinbare und scheue, zu jeder Repräsentation seines Talents unfähige und unwillige junge Mann Werk um Werk von immer neuer Eigenart in schier unbegreiflicher Kapazität aus sich herausschleuderte. Die Gesellschaft will versöhnt sein mit dem, der sie überragt; sie verzeiht ihm das Außerordentliche nur, wenn sie zu wohlwollender Einflußnahme zugelassen wird. In diesem Punkt war Schubert in einem Maße spröde, wie man das bei keinem andern Musiker je bemerkt zu haben glaubt, nicht bei Mozart und nicht bei dem jungen Beethoven, der auf Einladungen immerhin reagierte, auch wenn er die Hörer zuweilen anfuhr. Schubert kam, eingeladen, nur, wenn er gerade bei Laune war, und das war er keineswegs immer; auch die Freunde wurden nicht selten versetzt. Manche Schubertiade, berichtet Eduard v. Bauernfeld, der nahe Freund der späteren Jahre, mußte »ohne Schubert stattfinden, wenn er just nicht gesellig gestimmt war oder ihm dieser oder jener Gast nicht besonders zusagen wollte«. »Nicht selten, daß er eine geladene Gesellschaft vergebens auf sich warten ließ, während er mit einem halben Dutzend Schulgehilfen, seinen ehemaligen Kollegen, in einer verborgenen Kneipe behaglich beim Weine saß. Wenn wir ihm tags darauf Vorwürfe machten, so hieß es mit einem gemütlichen Kichern: ›Ich war nicht aufgelegt!‹«

Nicht die Freunde, die wußten, daß sie den bereitwillig zum Tanz Aufspielenden ausbeuteten, wenn sie ihn zu Feten baten, aber die Wiener Gesellschaft fand das sonderbar, und da der »ungeniert-geniale Künstler«, wenn er denn doch einmal einer Einladung in ein bürgerliches oder aristokratisches Haus folgte, um den berühmten Vogl oder einen andern Sänger auf dem Klavier zu begleiten, sich hinterher lieber »ein herzhaftes Räuschchen antrank«, als sich auf jene Verständigungsschwierigkeiten einzulassen, die Schiller bei Namen nennt, so war man – Bauernfeld schreibt es – »zuletzt nicht übel gewillt, sich den zarten Liedersänger als eine Art genialen ›besoffenen Wilden‹ vorzustellen, wie sich seinerzeit der prosaische Voltaire den Riesenpoeten Shakespeare *in usum Delphini* [zum Kindergebrauch] zurechtgelegt hatte«.

Maria Mitterbacher, die Tochter eines Wiener Advokaten, die als siebzehnjähriges Mädchen jenen goldenen Donnerstag (es war der 25. Januar) des Jahres 1821 erlebt hatte, an dem der vier Jahre zuvor komponierte »Erlkönig« bei einer Musikvereinsaufführung wie ein Blitz eingeschlagen hatte (»Ich war aber«, schrieb sie später, »so fürchterlich ergriffen, daß ich fürchtete, ohnmächtig zu werden«), – Maria Mitterbacher faßt die Nachrede der Widerstrebenden in noch deutlichere Worte. Man habe Schubert, notiert sie, nachgesagt, »daß er eigentlich ein Bierfaß gewesen sei, der selbst nicht wußte, was er schrieb«.

»Das ist nun einfach lächerlich!« fügt sie hinzu. »Wer ihn je am Klavier gesehen, wer ihn eines seiner Lieder singen hörte, wird und kann das nicht behaupten, selbst wenn er das tiefe Verständnis für die schönsten, edelsten Dichtungen für Instinkt hielte, was doch etwas schwer zu erklären wäre. Da verklärte sich sein junges Gesicht, er wurde förmlich größer, und wenn er dann nach vollendetem Gesange zusammensank, sich umdrehte, mit dem einen Arm auf der Stuhllehne, und mich, die atemlos und oft in Tränen dastand, fragte: ›No, hat's Ihnen gefallen?‹, so war freilich der frühere Eindruck geschwächt, aber nicht verschwunden.« »Ich habe«, fährt sie fort, »alle berühmten Schubert-Sänger gehört: Vogl (der mich nie entzückt), Schönstein, Rizy, Stockhausen, Filek …, aber so wie Schubert, ohne Stimme, sang es doch niemand.«

Die Ansicht, Schubert komponiere gleichsam im Schlafe, ging auf Johann Michael Vogl, den berühmten Sänger, Schuberts Förderer und Hauptinterpreten, zurück; seine Witwe hat die Geschichte aufgeschrieben. »Vogl«, berichtet sie, »war auch immer der Ansicht, daß Schubert in einem somnambulartigen Zustande war, sooft er komponierte. … Ein Beleg zu dieser Ansicht ist folgendes: In der Zeit, als Schubert bei Vogl wohnte, war letzterer immer besorgt, ihn mit einem Überflusse von Notenpapier zu versehen, damit Schubert die Eigenheit aufgeben möchte, seine Kompositionen auf zahllose Fleckchen abgerissenen Papiers zu schreiben. Eines Mittags kam Vogl nach Hause; als er in Schuberts Zimmer trat, war derselbe ausgegangen; auf seinem Schreibtisch aber lag eine neue Komposition, abermals auf mehrere Stückchen Papier geschrieben, und das neue Notenpapier war, wie gewöhnlich, unbenützt geblieben. Zufällig kommt eben der Notenschreiber; Vogl gibt ihm diese neue Arbeit zum Abschreiben – mit dem Auftrage, die Abschrift bis andern Tags zu bringen. Dies geschieht; Vogl ruft Schubert ans Klavier mit den Worten: ›Kommen Sie, Schubert, wir müssen das probieren‹, – als nun das Lied zu Ende war, wendet sich Schubert gegen Vogl und sagt: ›Das ist nicht übel; von wem ist es denn?‹ – Er hatte seine eigne Komposition nicht wieder gekannt! – Und diese Komposition gehört zu seinen bedeutendsten musikalischen Dichtungen. Das Lied heißt ›Der Unglückliche‹.«

Glaubwürdig an dieser Erzählung ist das Verschmähen des zurechtgelegten Papiers. Zu kleinen Zetteln greifend, suggeriert sich der Komponist das Beiläufige seines Tuns; er will nicht arbeiten, geschweige denn eine Reinschrift anfertigen, er will nur eben eine Tongestalt loswerden, die sich ihm aufdrängt. Max Löwenthal, ein einstiger Konviktskamerad, fügt einen Zwei-Wochen-Abstand in die Voglsche Geschichte ein (»Nach vierzehn Tagen findet Schubert das Lied auf dem Tische …«) und versetzt das Nicht-Erkennen in Dialekt: »Schau, schau, das Ding is net übel, von wem is's denn?« Noch weiter im Dialekt geht Carl v. Schönstein, der von Schubert hochgeschätzte Sänger; in einer späten Aufzeichnung läßt er Schubert antworten: »Schaut's! dös Lied is nöd unnehm [unangenehm], von wem ist denn dös?« Die Anekdote wird dadurch nicht besser.

Die Dichterin des betreffenden Liedes, Caroline Pichler, war eine vielseitige, unendlich fleißige Autorin (ihre sämtlichen Werke füllen sechzig Bände), in deren Haus sich das intellektuelle Wien Rendezvous gab. Schon ihr Vater, der Hofrat Greiner, hatte einen Salon unterhalten, der ein Zentrum der Wiener Aufklärung gewesen war; früh hatte Caroline (sie lebte von 1769 bis

1843) alle Größen weit und breit kennengelernt, auch die musikalischen. Frau Pichler, in deren Haus 1820 auch Schubert Eingang gefunden hatte (Matthäus v. Collin, der Erzieher des Herzogs von Reichstadt, hatte die Bekanntschaft vermittelt), vernahm die Voglsche Anekdote und zog das Fazit: »So bewußtlos, so unwillkürlich sind diese Hervorbringungen.« Nämlich die der musikalischen Genies schlechthin. Die Geschichte diente ihr als Beleg für eine Beobachtung, die sie schon bei Mozart und Haydn gemacht zu haben glaubte, daß nämlich »in deren persönlichem Umgange sich durchaus keine andere hervorragende Geisteskraft und beinahe keinerlei Art von Geistesbildung von wissenschaftlicher oder höherer Richtung« gezeigt habe. Alle diese Musik-Genies (Frau Pichler schreibt es 1842 in den Wiener Sonntagsblättern) besäßen »außer dieser Himmelsgabe wenig geistige Fähigkeiten oder doch wenig Bildung«: »Sie selbst haben keine deutliche Vorstellung weder von ihren Anlagen noch weniger von dem Prozesse, der in ihrem Innern vorgeht, wenn sie sich bestreben, die Schöpfungen, die in ihnen gären, durch Töne deutlich zu machen, oder irgendein fremdes poetisches Produkt in diesen Tönen auszusprechen.« Auch über Goethe gibt es solche Verwunderungen feingebildeter Damen, die nicht auf ihre Konversationskosten kamen. Frau Pichler aber weiß die Erfahrung zu interpretieren, Schillers Genie-Bestimmung ist ihr geläufig; im Mund des unermüdlichen Nicht-Genies sinkt sie auf die Ebene des Parodistischen ab.

»Auch [Schubert] brachte das Schöne, das Ergreifende seiner Kompositionen fast unbewußt hervor«, fährt Caroline Pichler fort; das Genie erscheint ihr als ein Wesen, welches, Medium ganz und gar, dem Diktat einer rätselhaften Instanz gehorcht, die klüger ist als es selbst und die eigentliche Arbeit leistet. Das Überrationale, das allem genialen Schaffen eignet, verwandelt sich dieser fleißigen und fortschrittlichen Frau, deren ausgebreitetem Werk nur eines fehlt: Originalität, in eine Trennung der Begabung von der Person; sie übersieht, daß es im Wesen der genialen Produktivität liegt, in jeder ihrer Äußerungen von Personalität durchtränkt zu sein, den Wortsinn von *personare* (hindurchtönen) mit tiefem Sinn erfüllend. Wie Schubert sich gab, wenn er sich unter Freunden geborgen fühlte, zeigt ein Brief des Linzers Anton Ottenwalt, bei dem Schubert im Juli 1825 während der Sommerreise durch Oberösterreich einkehrt. Am Flügel trägt er den sprachlosen Zuhörern seine neuesten Lieder vor (es sind die auf Texte von Walter Scott); danach kommt man – Vogl, der mit von der Partie ist, hat sich zurückgezogen – nächtlich ins Gespräch: »Schubert war so freundlich, so mitteilend ... Wir saßen bis nicht weit vor Mitternacht beisammen und nie hab' ich ihn so gesehen, noch gehört; ernst, tief, und wie begeistert. Wie er von der Kunst sprach, von der Poesie, von seiner Jugend, von Freunden und andern bedeutenden Menschen, vom Verhältnis des Ideals zum Leben und dergleichen. Ich mußte immer mehr erstaunen über diesen Geist, dem man nachsagte, seine Kunstleistung sei so unbewußt, ihm selbst oft kaum offenbar und verständlich und so weiter. Und wie einfach das alles – Ich kann nicht reden von dem Umfang und einem Ganzen seiner Überzeugungen – aber Blicke einer nicht bloß angeeigneten Weltansicht waren das, und der Anteil, den edle Freunde daran haben mögen, benimmt der Eigentümlichkeit nichts, die sich darin verkündet.«

Durch Caroline Pichler mag die Voglsche Anekdote in weitere Kreise gedrungen sein, und wenn Neider, Abgewehrte, Zugangslose sie sich zum Bild des weinseligen Somnambulen zurechtmachten – das Erschrecken der Zeitgenossen über die schrankenlose Emanation künstlerischer Kraft, deren Zeuge sie wurden, ist begreiflich. Dabei war, was die Mitlebenden erst nur durch Aufführungen, dann auch durch Notendrucke von dieser Produktion erfuhren, zwar erheblich, aber nur ein Bruchteil von deren wirklichem Umfang; auch unter den Freunden hatten nur wenige Kenntnis von ihrer wirklichen Dimension. Sie erschloß sich, wie im Falle Bachs, vollständig erst im Lauf des späten 19. Jahrhunderts; es sei, schrieb damals ein Komponist angesichts der fortwährend ans Licht tretenden neuen Werke, als ob Schubert unablässig weiter komponiere. In anderthalb Jahrzehnten unablässiger Arbeit hatte er ein Œuvre aufgetürmt, dessen bloße Drucklegung Jahrzehnte in Anspruch nahm. Die

Suggestion, daß Schubert immer weiter komponiere, war um so verständlicher, als die zutagetretenden Werke auch kompositorisch immer wieder von verwirrender Neuheit waren. Als das von Anselm Hüttenbrenner jahrzehntelang zurückgehaltene Sinfonie-Fragment in h-Moll, die »Unvollendete«, 1865 erstmals erklang, hatten Kritik und Publikum Mühe, die Bedeutung des Werks zu ermessen; dazu bedurfte es noch einmal fast eines halben Jahrhunderts. Für Schuberts Klaviersonaten kam diese Zeit noch viel später.

Die unter den Zeitgenossen umgehende Vorstellung von Schuberts kompositorischer »Clairvoyance« war ein zuständiger Ausdruck der Ratlosigkeit vor diesem Vulkan an Schaffenskraft, Schaffenslust; zugleich war sie ein unbeholfener Ausdruck der Empfindung, daß die Natur selbst, ihre ureigene Stimme, aus diesen Werken spreche, deren organischer Fluß die Kunstarbeit in und hinter ihnen gleichsam verbarg. Es war (und ist noch heute so), als ob, ganz nach der Schillerschen Bestimmung, die Musik selbst, frei von den Banden alles Willenhaft-Künstlichen, hier Gestalt annähme. Wenn dies die Wahrheit des Irrtums ist, so klang sie doch keineswegs allen Zeitgenossen ins Ohr. Die hochstehende Rezension, die G. W. Fink 1827 in der Leipziger »Allgemeinen musikalischen Zeitung« von Schuberts op. 59 veröffentlichte (das waren vier Lieder von 1822/23, das Platen-Lied »Du liebst mich nicht« und drei Rückert-Vertonungen), spricht von denen, »welche gegen diese Weise vieles einzuwenden haben«, und setzt hinzu: »Wahr ist wenigstens das, und erweiset sich in den zwei ersten Nummern dieses Heftes von neuem: Hr. Schubert sucht und künstelt – nicht in der Melodie, aber in der Harmonie, gar sehr, und besonders moduliert er so befremdlich und oft so urplötzlich nach dem Entlegensten hin, wie, wenigstens in Liedern und anderen kleinen Gesängen, kein Komponist auf dem ganzen Erdboden: (so wird z. B. hier, im ersten Liede [»Du liebst mich nicht«], die ganz kurze und sehr einfache Melodie ziemlich durch alle Tonarten der gesamten Leiter und mehrmals nur durch zwei Griffe beinahe von einem Äußersten zum andern gerissen); aber ebenso wahr ist, daß er (wie hier auch) nicht vergebens sucht; daß er wirklich etwas herauskünstelt, das, wird es dann mit vollkommener Sicherheit und Zwanglosigkeit vorgetragen, der Phantasie und der Empfindung wirklich etwas sagt, und etwas Bedeutendes. Möge man darum sich an ihnen und sie an sich versuchen!«

Somnambulismus, Clairvoyance – das waren Krücken, mit denen Mit- und Nachwelt das musikalische Produktionsereignis, das unter ihnen wandelte, zugleich zu fassen und von sich wegzuhalten suchten. Kunst, wo sie es wirklich ist, ist Arbeit, Ausarbeitung: die Überführung ursprünglicher Eingebung in ein Objekt. Sie ist es auch und gerade bei Schubert, so leicht ihm diese Arbeit von der Hand zu gehen scheint, so glühend versenkt er in ein Tun ist, das mehr ihn zu besitzen scheint als daß er es besäße.

Umgang mit einem Text

Die von dem zeitgenössischen Wien wie erleichtert aufgegriffene Voglsche Anekdote handelt von einem ganz bestimmten Lied, der Vertonung des Pichler-Gedichts »Der Unglückliche«. Es ist – Schubert datiert seine Arbeiten zumeist auf den Monat, manchmal auf den Tag genau – im Januar 1821 zwischen den beiden Fassungen der vierten, letzten und bedeutendsten seiner Vertonungen von Goethes »Gesang der Geister über den Wassern« entstanden. Deutschs chronologisches Verzeichnis gibt ihm die Nummer 713, das heißt, von dem in diesem Monat vierundzwanzig Jahre alt werdenden Schubert sind 712 früher entstandene Kompositionen bekannt. Mag »Der Unglückliche« nicht zu seinen bedeutendsten Liedschöpfungen gehören (dazu fehlt dem Lied der zwingende melodische Griff), eine wichtige Arbeit ist dies auf jeden Fall; undenkbar, daß Schubert sie über Nacht – oder binnen zweier Wochen – vergessen haben könnte.

Bei seinen 1816 entstandenen Pichler-Vertonungen, zwei Liedern zu fünf und acht Strophen, von denen jeweils nur die erste komponiert ist (Schubert notierte sie auf Vorder- und Rückseite *eines* Bogens Papier), – bei diesen anmutigen, aber nicht zentralen Frühwerken ist es vorstellbar, daß der Komponist sie nach vielen Jahren und in einer fremden Schrift nicht sofort wiedererkannt hätte. Eine musikalische Gravur hätte ihn allerdings stutzig machen müssen: der patriotischen Dichterin zuliebe hatte er in Melodie und Klaviernachspiel des einen Liedes anderthalb Takte aus Haydns Kaiserhymne eingefügt. Das war – unter dem Titel »Der Sommerabend« – ein siebenstrophiges Sommerfrischen-Lied im bukolischen Ton, das so hübsche Verse enthielt wie:

> Diese Quelle sey mein Spiegel,
> Mein Parkett der grüne Klee,
> Und der frischberaste Hügel
> Sey mein grünes Kanapeh.

Eingangs preist die stadtverstörte Weinbergsbesitzerin die Stille des Landlebens, »wo kein Lärmen, kein Getümmel / Meinen Schlummer kürzer macht«; später zieht sie die Segnungen des Herbstes in Betracht:

> O wie laben dann den Gaumen
> Trauben, die mein Weinstock trägt,
> Oder blaubereifte Pflaumen
> Von dem Baum, den ich gepflegt.

Auch diesen blaubereiften Pflaumen hat Schubert das Kaiserhymnen-Zitat unterlegt; man kann sich das Vergnügen vorstellen, mit dem er den Freunden die patriotische Untermalung der Pichlerschen Sinnenfreude vortrug. Er ist an solchen Stellen nahe an Hanns Eisler, seinem Erben und Nachfahren im 20. Jahrhundert, Wiener wie er und ihm auch nach Statur und Habitus – nicht nach dem Temperament – verwandt.

Bedeutender als »Der Sommerabend« ist die andere Pichler-Vertonung des Neunzehnjährigen, eine sich in e-Moll wiegende und kühn nach E-Dur gelangende Hirtenklage um die entrückte Geliebte: »Klage, meine Flöte, klage ...« Dieses Lied – es heißt »Der Sänger am Felsen« – nach sechs Jahren in fremder Handschrift vor Augen, hätte Schubert wohl sagen können: »Net übel! Von wem isses denn?« Bei dem »Unglück-

Umgang mit einem Text

lichen« scheidet eine solche Möglichkeit aus. Schubert fand die Textvorlage dieses Lieds in einem Roman der Autorin, »Olivier« mit Namen, einen Nachtgesang von vier langen Strophen:

1 Die Nacht bricht an; mit leisen Lüften sinket
 Sie auf die müden Sterblichen herab.
 Der sanfte Schlaf, des Todes Bruder, winket,
 Und legt sie freundlich in ihr täglich Grab.
5 Jetzt wachet auf der lichtberaubten Erde
 Vielleicht nur noch die Arglist und der Schmerz;
 Und jetzt, da ich durch nichts gestöret werde,
 Laß deine Wunden bluten, armes Herz!

 Versenke dich in deines Kummers Tiefen,
10 Und wann vielleicht in der zerriß'nen Brust
 Verjährte, halb vergeßne Leiden schliefen,
 So wecke sie mit grausam süßer Lust!
 Berechne die verlornen Seligkeiten,
 Zähl' alle Blumen in dem Paradies,
15 Woraus in deiner Jugend goldnen Zeiten
 Die harte Hand des Schicksals dich verstieß!

 Du hast geliebt, du hast das Glück empfunden,
 Dem jede Seligkeit der Erde weicht,
 Du hast ein Herz, das dich verstand, gefunden,
20 Der kühnsten Hoffnung schönes Ziel erreicht.
 Da stürzte dich ein grausam Machtwort nieder
 Aus deinen Himmeln, und dein stilles Glück,
 Das allzu schöne Traumbild, kehrte wieder
 Zur bessern Welt, aus der es kam, zurück.

25 Zerrissen sind nun alle süßen Bande;
 Mir schlägt kein Herz mehr auf der weiten Welt!
 Was ist's, das mich in diesem Schattenlande,
 In dieser toten Einsamkeit noch hält?
 Nur einen Lichtstrahl seh' ich fernher blinken;

30 Im Götterglanz erscheint die heil'ge Pflicht:
    Und wenn des müden Geistes Kräfte sinken,
    So sinkt der Mut, den sie mir einflößt, nicht.

Das Gedicht ist ein Rollenlied; in dem Roman singt es die schöne Adelinde, sich auf der Harfe begleitend (ihre unglückliche Mutter hat es sie gelehrt), und weckt damit in Olivier, dem Helden des Buches, »alle Saiten seines Herzens«. Der Impetus der Schmerzverlorenheit gewinnt in einigen Versen poetische Höhe, aber »gestöret werde« ist hilflos, und spätestens von der dritten Strophe an beginnt Frau Pichler zu schillern, mit unbewußtem Anklang an die Schlußverse von »Resignation« (»Du hast gehofft, dein Lohn ist abgetragen«). Schubert bemerkt das und setzt in seinem Lied an dieser Stelle (V. 17) eine Wendung nach Dur und ein neues Tempo, »geschwind«, dem mit Vers 21 ein recitativo folgt, das im folgenden Vers in das primäre »langsam« zurücklenkt. Die Vertonung, die Bahn des Strophenliedes verlassend, nimmt Züge einer Konzertarie an, deren Stimmlage die des Mezzosoprans ist, gemäß dem Bezug auf die Romanfigur Adelinde. Doch ist das Lied in der Originaltonart auch einem lyrischen Tenor erreichbar.

Musikalisch am dichtesten ist der langsame erste Teil der Komposition, mit der Klangwerdung der einbrechenden Nacht; die Naturstimmung fesselt und inspiriert Schubert weit mehr als die rhetorische Anrufung des verlorenen Glücks. Dies allerdings ist ein zentrales Moment seiner Gedanken- und Empfindungswelt; es nährt sich aus persönlichstem Erleben (der Tod der Mutter war für den Fünfzehnjährigen ein tief einwirkendes Unheil gewesen) ebenso wie aus der Erfahrung einer Jugend, die nach 1815 – und endgültig nach 1819 – die Hoffnung auf Erneuerung hatte aufgeben müssen; der restaurative Bann lastete mit undurchdringlicher Gewalt.

Früh, zum ersten Mal 1812 in dem »Jüngling am Bache«, taucht das Motiv des verlorenen Glücks in Schuberts Liederwerk auf und kehrt immer wieder, so wie andere seelisch-poetische Grundmotive immer wiederkehren. Von Anfang an ist alles beisammen, Klage und Lust, Aufruhr und Ergebung, Lebensanruf und Todesbeschwörung, Übermut und Schmerzverlorenheit; die kontrastierenden Momente erhalten sich, bei zunehmender Verdichtung *und* Erweiterung der Ausdrucksmittel, in einer Koexistenz, die universell ist; die ganze Existenz ist ihr Feld.

Aber wodurch werden diese Motive aufgerufen? Ein »Selbstgespräch in Versen« nennt Harry Goldschmidt, ein Schubert-Biograph, der dazu neigt, sich in den Schlingen des fortschrittlichen Fibeltons zu verfangen, das Pichler-Lied von 1821, in dem Schubert mit höchster deklamatorischer Kunst den Anforderungen entsprach, die der Text, auf den die Poetin selbst ihn aufmerksam gemacht haben mochte, an eine Vertonung stellte. Goldschmidt geht so weit, das Gedicht für Schubert speziell zugedacht zu halten, als Illustrierung von dessen persönlicher Situation. »Die mütterliche Frau«, meint er, »muß es bald verstanden haben, das Vertrauen ihres neuen Schützlings zu gewinnen; sonst hätte ihrer emsigen Feder kaum jenes Gedicht ›Der Unglückliche‹ entfließen können, das voller Mitgefühl auf Schuberts Schicksal anspielt. Es wirft ein unerwartet grelles Licht auf seinen vor den Freunden sonst so gut verborgenen Kummer, in den ihn die allgemeine Bedrückung, der Bruch mit dem Vaterhaus und der immer noch nicht verwundene Verlust Therese Grobs versetzte.« (Harry Goldschmidt, »Franz Schubert / Ein Lebensbild«, Berlin 1976, S. 153) Daß die fünfzigjährige Salonherrscherin die privaten Nöte eines ihrer Künstler-Gäste emphatisch-zudringlich versifiziert habe, um ihn herauszufordern, mit ihren Worten sein Leid in die Welt hinauszusingen, ist eine groteske Vorstellung. Da der Roman »Olivier« bereits 1801 in erster und 1813 in letzter Fassung erschienen ist, scheidet eine solche Möglichkeit auch empirisch aus.

Dietrich Fischer-Dieskau, der mit vollendeter Kompetenz auch den »Unglücklichen« gesungen und aufgenommen hat, kommt nicht auf den Gedanken, Frau Pichler habe das Lied auf die Lebenslage des Komponisten gedichtet. Doch meint auch er, Schubert habe in dieser Komposition »ein Gedicht der Pichler als Folie für ein erschütterndes Resümee aller im vergangenen Jahr ausgestandenen Verzweiflungen« benutzt (Dietrich Fischer-Dieskau, »Auf den Spuren der Schubert-Lieder«, München 1979, S. 165). Dagegen spricht die zeitliche Nachbarschaft einiger sehr viel gewichtigerer Lieder völlig anderen Gehalts – Kompositionen, die mit strahlender Erfindungskraft auf den Ton der Lebens- und Liebeserfüllung gestimmt sind. Drei Gedichte aus dem »Buch der Liebe« des Ende 1819 erschienenen »West-östlichen Divans« geben Schubert im Februar 1821 die Textbasis dafür. »Versunken« heißt das eine von ihnen, in dem der Sänger der Geliebten angelegentlich durch die Haare fährt; mit einem zärtlich-beschwingten Vivace, dessen harmonische Rückungen wie auf Hugo Wolf vorausweisen, nimmt der Komponist, Tondichter ganz und gar, die Bewegung auf. Schubert, stets Herr der Texte, die er in Musik setzt, streicht Goethe die letzten beiden Verse, die den haardurchfahrenden Eros durch Hafis, den altpersischen Gewährsmann, beglaubigen. Nach: »Man wird in solchen reichen Haaren / Für ewig auf und nieder fahren«, endet das lustvoll rasende Lied mit einem fanalgleichen Rückgriff auf den ersten Vers: »Voll Locken kraus ein Haupt so rund!«

Hat also Schubert im Januar 1821 nach einem vielfach beschwerten Jahr (im März war Johann Senn eingekerkert worden, im Oktober hatte Therese Grob in Lichtental geheiratet) der Verzweiflung und Schmerzverlorenheit nachgegangen und sich im Februar dann, beides nach passendem Text in Töne umsetzend, frisch verliebt? Das letztere ist nicht auszuschließen, »Versunken« ist von unmittelbarer Inspiration, doch kann das Lied auch der Opposition gegenüber der eigenen Pichler-Vertonung entsprungen sein, als ein bewußtes Gegenbild zu der nächtlichen Klageszene. Es ist kein anderer als Goethe, der vor dem Kurzschluß zwischen Lebenslage und Kunstproduktion warnt. »Wäre das Dichten«, schreibt er am 3. Mai 1813 an Zelter, »nicht eine innere und notwendige Operation, die von keinen äußeren Umständen abhängig ist, so hätten diese Strophen ... nicht in der jetzigen Zeit entstehen können«. »Diese Strophen«, das ist das inmitten der Kriegsvorbereitungen zweier großer Armeen (am 1. April 1813 hatte Frankreich Preußen den Krieg erklärt) auf Lebens- und Liebeslust insistierende Lied »Gewohnt, getan«, zu dem der Autor durch die kopfhängerischen Strophen eines Leipziger Poeten provoziert worden war. »Ich habe geliebet; nun lieb' ich erst recht!« lautet sein erster Vers; Schubert hat es *nicht* komponiert. Der Autor nennt es dem Freund einen »außerzeitigen Scherz«; das war, einen Tag nach der Schlacht von Großgörschen, eine Entschuldigung und gleichwohl die Wahrheit. Sie bestand auf der Unabhängigkeit der Eingebung, genauer: auf deren Oppositions- und Zufluchtscharakter gegenüber allem, was als die Macht der Umstände von außen andringt.

Die Selbstherrlichkeit der Inspiration, ihre Widerstandskraft gegenüber dem empirisch Naheliegenden gehört zu den Kennzeichen der genialen Produktivität. Goethe schreibt ein Liebeslied, als er, zu seinem tiefen Unbehagen, durch die zum vorletzten Gefecht ausholenden Kriegsmächte fährt; Wagner kamen die besten melodischen Einfälle, wenn seine Frau ihn auszankte. Der Künstler macht sein Inneres, Subjektives zum Stoff des Werkes, aber nicht in gerader kausaler Linie erfolgt die Entäußerung; sie geht autonom vonstatten, was nicht heißt, daß sie unabhängig von Erfahrung wäre. Daß dergleichen nicht auf das künstlerische Genie beschränkt ist, bekundet Franz Mehring im Blick auf einen Autor, der – das Gleiche könnte von Schubert gesagt sein – »in der Kärglichkeit des Lebensunterhalts nicht nur, sondern namentlich auch in der völligen Unsicherheit der ganzen Existenz das Los des modernen Proletariats geteilt habe«. Er spricht von Karl Marx: »Nichts bewundernswerter, als wenn er, in einem und demselben Briefe oft, scheinbar erdrückt von der kläglichsten Misere, mit wunderbarer Elastizität emporschnellt, um die schwierigsten Probleme mit der Seelenruhe eines Weisen zu erörtern, dem nicht die leiseste Sorge die sinnende Stirn furcht.«

Im Kern, und obschon ihr die Seelenruhe eines Weisen fern ist, gilt ebendies von Schuberts Produktion. Es kommt vor, daß Schubert ein Gedicht sucht oder sich eines Gedichtes erinnert, um musikalisch auszudrücken, was ihn gerade bewegt, und es kommt vor, daß er auf einen Text stößt, der eine bestimmte Saite in ihm anschlägt, eines der wechselwirkend aufeinander bezogenen Grundmotive seines Daseins. Der Text schlägt sie an, und die Saite beginnt zu klingen.

In dem Pichlerschen Text findet er eine ihn berührende Naturstimmung und zwei, drei relevante Verse, dazu, bei allem Rhetorisch-Epigonalen der Diktion, ein bestimmtes sprachliches Niveau – mehr braucht ein Text oft nicht, um ihm als Sprungbrett eigener Erfindung zu dienen. Aber er nimmt ihn nicht, wie er ist, sondern verkürzt und bearbeitet das Gedicht im musikalischen Produktionsprozeß, gewiß zum Entsetzen der ihn als »naiv« einstufenden Poetin. Der Komponist streicht dem Gesang der Adelinde die letzten sechs Verse mit der pflicht-schuldigen Wendung ins Ethisch-Positive; wie abgerissen und um so ausdrucksvoller endet sein Lied mit dem zweiten Vers der letzten Strophe: »Mir schlägt kein Herz mehr auf der weiten Welt!« Er enthält sich, die strophische Struktur der Vorlage zu reproduzieren, und »komponiert durch«, wie er das, auf Zumsteeg, einem älteren Liedmeister, fußend, schon in frühester Zeit, als Siebzehnjähriger, getan hatte, bis hin zu der vollständigen Vertonung des Schillerschen »Tauchers«, dem mit vierundzwanzig Minuten Vortragsdauer vermutlich längsten Lied der deutschen Musikgeschichte. An Goethe-Texten bringt Schubert das Verfahren zu dramatisch einschlagender Wirkung; »Erlkönig«, das Lied, mit dem er 1820 in Wien durchdringt, ist das Werk eines Achtzehnjährigen.

Nicht nur der Wortlaut des Textes, auch dessen rhythmische Textur wird dabei immer wieder den musikalischen Bedürfnissen anverwandelt. Es mag diese vollkommene Autonomie gewesen sein, was Goethe an den ihm früh übersandten Liedern gestört hat; das dichterische Genie strafte das musikalische, das von ihm zehrte, indem es ihn verherrlichte, mit Schweigen. Auch und gerade dem Pichlerschen Text geschieht solche Anverwandlung. Gleich zu Anfang des »Unglücklichen« (es ist kein glücklicher Titel) wird ein Enjambement am Versende aufgeschmolzen; der Jambus *sin-ket* (' –) verwandelt sich in den Daktylus *sin-ket sie* (' – –), so daß mit dem folgenden *auf* gleichsam ein neuer Vers beginnt. Das geschieht in der Folge nicht wieder; die Versenden werden nun jeweils auskomponiert, die

Strophenschlüsse durch Pausen markiert. (Schubert halbiert die Strophen dabei, aus acht- werden vierzeilige Strophen.) Aber es macht dem Komponisten nichts aus, in der zweiten Strophe (V. 11) einen ganzen Vers umzustoßen. »Halbverjährte Leiden schliefen« heißt es nun statt »Verjährte, halb vergeßne Leiden«; aus dem fünffüßigen Jambus der Pichler ist ein vierfüßiger Trochäus geworden. Mit abermaligem metrischen Bruch leitet der Tonsetzer danach in den vorgegebenen Jambus zurück. Es sind die Abweichungen, die Störungen, die, das Grundmuster aufbrechend, dem Ganzen Leben geben.

In die zweite Strophe greift er durch Wiederholung ihres ersten Verses ein. »Versenke dich in deines Kummers Tiefen« (V. 9) – das setzt beim zweiten Mal um eine Mollterz gesteigert ein, mit dem gleichen dissonanten Intervallsprung, einer fallenden großen Septime, am Anfang. »Berechne die verlornen Seligkeiten« (V. 13) erscheint bei der Wiederholung um eine Durterz höher und erklimmt in der Folge das hohe (zweigestrichene) f, das, in einen Des-Dur-Akkord eingebettet, der Grundtonart h-Moll einigermaßen fern liegt. Auch einzelne Worte – »wecke sie« und »alle« in der zweiten, »jede« in der dritten Strophe – werden verstärkend wiederholt und damit die Verse metrisch aus den Angeln gehoben.

Die expressive Freiheit des Komponisten im Umgang mit dem Text kulminiert am Ende der dritten Strophe. Im Widerspiel mit mehrfachen Tempoveränderungen, mit extremen Modulationen, drängend-dissonanten Begleitfiguren und jähen Intervallsprüngen (das »stürzte« in V. 21 vollzieht sich als ein Absturz der Singstimme über eine punktierte Dezime hinweg) wird hier das jambische Metrum trochäisch, spondeisch, daktylisch aufgebrochen. Der Text fungiert an solchen Stellen gleichsam prosaisch, als Rohstoff musikdramatischer Prosodie. Aber er tut das nur stellenweise, der Blankvers der Vorlage ist nicht grundsätzlich vernachlässigt; die Abweichung könnte sonst nicht als Spannungselement fungieren. Innerhalb des 6/8-Taktes der Komposition bildet der Jambus ein rhythmisches Grundelement, das sich in den verschiedensten Intervallverhältnissen darstellt und die Grundlage bildet, von der sich Brechungen und Steigerungen abstoßen. Die letzten beiden Liedverse (im Gedicht folgen die sechs von Schubert gestrichenen) berufen diese rhythmische Figur in punktierter Verschärfung; der Beruhigung, die die Komposition hier mit einem neuen Tempo (»mäßig«) vollzieht, ist dergestalt eine Unruhe eingepflanzt, die die Unlösbarkeit des Konflikts bezeichnet. Viermal, am dramatischsten auf »zerrissen«, steigt hier die Gesangslinie zum hohen fis, dem Extrempunkt des Liedes, auf. Nicht musikalisch, aber vom Text her hat das Lied einen offenen Schluß; mit dem Ruf »Mir schlägt kein Herz mehr auf der weiten Welt!« hört Schubert mitten in der Strophe auf.

Opusbildung

Frau Pichler, der fruchtbaren Poetin, muß die kunstvolle Vergewaltigung ihres Gedichts als reine Hexenmeisterei erschienen sein. Nur zu begierig mag sie die Voglsche Anekdote aufgenommen haben, die den Ausdruck höchster künstlerischer Bewußtheit zum Resultat somnambulischer Clairvoyance stempelte. Genie ist bewußte Clairvoyance; zu der Eingebung tritt die Arbeit, zu der Konzeption die Operation, ein Vorgang beflügelter Besonnenheit. Wie Schuberts Freunde mit der Clairvoyance-Vorstellung umgingen, zeigt ein launiger Brief Ferdinand Walchers, eines Tenorbariton singenden Juristen und späteren Hofrats (er wurde Kanzleivorstand beim Erzherzog Carl), der Schubert im Januar 1827 auf die bevorstehende Aufführung seines Ensemblestücks »Nachthelle«, dieses beschwingtesten aller Vokal-Notturnos, aufmerksam macht. »Nachthelle«, fügt er in einer Fußnote hinzu, »bedeutet hier nicht Somnambulism, Clairvoyance, ausgeschlafener Rausch usw., sondern Gedicht von Seidl, Musik von Schubert, für obligaten, verdammt hohen Tenor«.

Im Fall des »Unglücklichen« zeugt schon die Handschriftenüberlieferung von einer überaus bewußten Kunstarbeit; sie macht die Vogl-Geschichte, auf dieses Lied bezogen, vollends unglaubhaft. Es gibt zu ihm einen Entwurf, der zu der Sing-

Opusbildung 173

stimme nur die Begleitung der linken Klavierhand skizziert; das Blatt ist die Vorstufe einer vollständigen Niederschrift, die Schubert mit Januar 1821 datiert hat. Für die Veröffentlichung sechs Jahre später hat Schubert das Lied überarbeitet; die Druckfassung präsentiert es mit erweiterter Klaviereinleitung und halbiertem Taktmaß (6/8 statt 12/8); aus den 85 Takten der ersten Fassung sind dergestalt 153 Takte geworden.

Schubert ließ der dramatisch bewegten Komposition bei der Publikation im Jahre 1827 zwei Schiller-Vertonungen von 1819 folgen, die, als er sie bei dem Verleger Pennauer in Druck gab, zweifellos längst die Runde der Hauskonzerte gemacht hatten. »Hoffnung«, das erste von ihnen (der Opusdruck nennt es »Die Hoffnung«), kommt in einem walzerhaft beschwingten B-Dur einher – Entlastung und Ausgleich nach dem ausweglosen h-Moll des »Unglücklichen«. Die hier nach dem »glücklichen goldenen Ziel« jagen, tun es in einem Dreivierteltakt, dem Schillers immer wieder jambisch gebremster Daktylus das Maß gibt:

> Es reden und träumen die Menschen viel
>   Von bessern künftigen Tagen,
> Nach einem glücklichen goldenen Ziel
>   Sieht man sie rennen und jagen,
> Die Welt wird alt und wird wieder jung,
> Doch der Mensch hofft immer Verbesserung!

Das ist ein Schubert-Lied, wie es im Buche steht, ein Strophenlied mit einer Klaviereinleitung, die die viertaktige Hauptprägung, den sog. Vordersatz, mit reicher Modulation vorwegnimmt. Eingängig-leicht erscheint sie dann in der Gesangsstimme, auf das Wort »künftigen« zum zweigestrichenen f aufsteigend und die Stelle durch einen jähen Wechsel zur Moll-Parallele heraushebend. Mit ingeniösen kleinen Verrückungen im Rhythmischen und Melodischen wird dieser Teil auf die Verse 3 und 4 dann als Nachsatz wiederholt, wobei der Extremton f sich – auf »rennen« – in anderer Weise, als ein über D-Dur vorbereiteter c-Moll-Vorhalt, exponiert. Die Wendung hinterläßt einen Nachklang im Klavier, der ihr das Anfangsmotiv der

Periode – eine punktierte Sekunde – unterschiebt. Auf »Die Welt wird alt und wird wieder jung« wird diese Gestalt von der Singstimme aufgenommen; auf engstem Raum kehrt sie sich mit dem Wort »alt« in ein schweres b-Moll, dann, auf »wieder jung«, über As- nach Des-Dur. Das ist unmittelbar einleuchtend und äußerst kunstvoll, es ist – seit Schiller verfügt die deutsche Sprache über das Wort – einfach genial. Hier werden, so zeigt sich, nicht nur Verse, sondern immer wieder auch Worte komponiert; der besondere Sinn überträgt sich in musikalische Ausdruckswerte.

Das Sekunden-Motiv ist mit diesem fünften Vers erschöpft; mit markantem Wechsel der rhythmischen und melodischen Figur (eine Achtel-Pause am Taktanfang signalisiert das Atemholen der Überraschung) nimmt das Lied in dem auf das Wort »Mensch« strahlend wiedergewonnenen B-Dur den Aufschwung der Verbesserung. Nach wiederholtem Anlauf (»der Mensch« nimmt ihn erst auf dem Tonika-b, dann auf dessen Terz) führt er zweimal zum hohen f; es erstrahlt, das erste Mal auf dem kühnen Weg über c-Moll, in der Grundtonart.

Das ist die erste Strophe; mit ihr ist die Gestalt des Liedes im ganzen gegeben. Das Vorspiel wiederholt sich in der Folge als Zwischenspiel; mit minimalen textbedingten Abwandlungen folgen die zweite und dritte Strophe dem mit der ersten gegebenen musikalischen Ablauf, dessen strömend-reiche Gestalt vergessen macht, in welchem Maß hier Vertonung stattgefunden hat, wie prägnant die musikalische Diktion im Rhythmischen wie in der melodisch-harmonischen Akzentuierung von dem Text der ersten Strophe bestimmt ist.

Dieses hinreißende Lied macht das Neue sehr deutlich, das mit Schuberts Liedern in die Welt tritt, die tondichterische Inspiration aus dem Wort und dessen rhythmischen und poetisch-agogischen Qualitäten. Die musikalische Sprache, deren formimmanente Antriebe, die Dynamik des Fugen- wie des Sonatenprinzips, sich mit Beethovens sie aufs äußerste ausmessendem Werk erschöpft haben, sucht und findet in diesem Lied-Œuvre Anhalt bei der poetischen Sprache, die seit der Mitte des 18. Jahrhunderts (Uz und Klopstock sind die ältesten deutschen

Dichter, die Schubert vertont) machtvoll aufgeblüht ist; der intensive Wortbezug treibt sie dazu, ihre Ausdrucksmittel zu steigern und zu vertiefen. Schuberts Liederwerk vollbringt darum weit mehr als das, was Zeitgenossen und Nachwelt in ihm sahen: die Anwendung der musikalischen Errungenschaften der Klassik auf ein noch unzulänglich erschlossenes Genre. Liszt gehörte zu den wenigen, die es besser wußten; Schubert, schrieb er, habe »gleichsam den poetischen Gedanken im Gebiete der Musik naturalisiert«, ihn »mit derselben wie Seele und Körper« verschwisternd. Die Folgen, erkannte er, waren weitreichend.

Der Komponist – es ist ein einzigartiger Fall in den Annalen der Musikgeschichte – vollbringt die Neuerung im ersten, machtvollen Ansatz bereits als Siebzehnjähriger. Mit dem Faust-Lied »Meine Ruh ist hin« (die Szenenanweisung »Gretchen am Spinnrade« wird bei Schubert zum Titel), komponiert am 19. Oktober 1814, ist die neue Gestalt – sie ist so neu, wie es einst die Haydnsche Sinfonie und das Mozartsche Klavierkonzert gewesen waren – auf einmal da; ihre Ausbildung und Vertiefung vollzieht sich im Ausgriff auf die gesamte zeitgenössische Lyrik. In Wien tanzt und intrigiert zu dieser Zeit der Kongreß, der Napoleons Erbe unter sehr verschiedene Sieger aufteilt; Beethoven, der 1814 mit »Fidelio« und drei neuen Sinfonien die Stadt bezwingt, steht im Zenit seines Ruhms.

Schubert hatte Schillers Hoffnungs-Gedicht erstmals als Achtzehnjähriger komponiert, in einer entlegenen Tonart (Ges-Dur) und mit den Mitteln einfacher, akkordisch gestützter Sanglichkeit, melodisch-zart und weit entfernt von dem Dreivierteltaktschwung, mit dem er vier Jahre später den Rhythmus einer Anrufung aufnimmt, die das Prinzip Hoffnung mit standhafter Resignation als die Gewißheit des Herzens ausspricht: »Zu was Besserm sind wir geboren!« Daraus wird nun die heiter-zündende Beglaubigung; einem Gedicht, das gemeinhin als »Gedankenlyrik« gilt, gibt die Musik jene Konkretheit, die seine innere Beschaffenheit ist.

Weitere sechs Jahre später, im Oktober 1825, nimmt Schubert es aus geselligem Anlaß mit einer von zwei Freunden verfaßten Parodie des Gedichtes auf:

> Es redet und träumet die Jugend so viel
> von Tanzen, Galoppen, Gelagen,
> auf einmal erreicht sie ein trügliches Ziel,
> da hört man sie seufzen und klagen.
> Bald schmerzet der Hals, bald schmerzet die Brust,
> verschwunden ist alle die himmlische Lust.
> »Nur diesmal noch kehr' mir Gesundheit zurück!«
> So flehet vom Himmel der hoffende Blick.

Daraus wird ein klavierbegleitetes Vokalquartett, das – in C-Dur und 6/8-Takt – die melodische Findung von 1819 ins Gesellig-Beschwingte setzt. Die kleine Kantate für zwei Frauen- und zwei Männerstimmen (D 826) ist eine humoristische Huldigung an eine vierzehnjährige Schöne, welche eine Erkältung am Besuch eines Tanzfests gehindert hatte, die pianistisch hochbegabte Irene v. Kiesewetter; zur Feier ihrer Genesung bringen die Schubertianer der schönen Tochter eines musikalischen Hauses (Irenes Vater war Vizepräsident der Gesellschaft der Musikfreunde) das Lied als Ständchen dar.

Schubertianer, der Name ist dem künstlerischen Wien dieser Zeit geläufig; er meint jenen bunt zusammengesetzten Freundeskreis junger und nicht mehr ganz junger Musensöhne und -töchter (der älteste ist der 1788 geborene Joseph v. Spaun), die sich um Schubert scharen, um gegen Zeit und Verhältnisse anzutanzen und anzusingen; er ist der Begleiter am Rande, der, wenn er erscheint, sogleich der Mittelpunkt ist. In ihren produktiven Köpfen Bohème, senkt der Kreis, der von Krisen nicht verschont bleibt, seine Wurzeln tief in das Wiener Kulturbürgertum josephinisch-aufklärerischer Prägung. Die gesellige Anforderung aus dieser ausgebreiteten Schar hat den Komponisten auch kompositorisch immer wieder auf dem Posten gefunden; er versagt sich nicht, wenn es im Freundeskreise ein Ständchen zu bringen gilt. Solche Gelegenheitsmusiken, wenn die Gelegenheiten keine äußerlich-angetragenen, sondern herzlich-freundschaftliche sind, bieten Entlastung und Ausgleich von den ernsten Musikgeschäften.

Eine weitere Schiller-Vertonung, »Der Jüngling am Bache«,

ist der dritte Bestandteil des bei Pennauer 1827 in Druck gehenden Opus 87. Es erhält zunächst die Ziffer 84, bis Komponist und Verleger bemerken, das diese Zahl in dem Verlag von Thaddäus Weigl kurz zuvor an ein anderes Werk Schuberts vergeben worden ist, an ein *Andantino varié et Rondeau brillant* für Klavier zu vier Händen. Eigentlich sind das die Sätze 2 und 3 eines dreisätzigen Divertissements, dessen ersten Satz Weigl als Œuvre 63 herausgebracht hatte; Wien lechzt nach vierhändiger Klaviermusik, und so teilt der Verleger das Werk in zwei Opera mit weit auseinanderliegenden Ziffern auf. Alle Opus-Zahlen Schuberts sind insofern irreführend, als sie bestenfalls die Chronologie der Veröffentlichung bezeichnen, nicht die der Werkentstehung; erst Otto Erich Deutschs penible Sammelarbeit (und ihre Fortsetzung in der Neuausgabe seines Werkverzeichnisses durch Aderhold, Dürr, Feil und Landon) hat, soweit möglich, die kompositorische Chronologie hergestellt.

Der nun unter der Opusziffer 87 erscheinende »Jüngling am Bache« stammt, wie wohl auch die zweite Komposition von »Hoffnung«, vom April 1819; es ist der dritte Anlauf des Komponisten diesem Text gegenüber. Die erste Vertonung dieses späten Schillerschen Liedes (Deutsch hat sie mit der Nummer 30 versehen) ist ein Werk des fünfzehnjährigen Konviktsschülers, der wenige Wochen vorher seine Mutter verloren hat. Man geht nicht fehl, wenn man in der akkordisch-schweren Moll-Eintrübung bei dem »tiefen Kummer« der zweiten Strophe und in dem schmerzvollen melodischen Gestus bei der Anrufung des »teuren Schattenbilds« den Nachhall der Trauer um sie erkennt. Mit kompositorischer Sicherheit fügen sich diese Momente in ein auf einen leichten Dur-Ton gestimmtes Liedganzes; souverän bewegt dieser Fünfzehnjährige sich in der von Mozart, von Beethoven auf diesem Feld gebahnten Spur.

Drei Jahre später, im Mai 1815, schlägt Schubert zu dem gleichen Text ein düsteres f-Moll an. Aus schweren Vorhaltsakkorden hebt sich eine geschmeidig-ausdrucksvolle Gesangslinie, die sich mit geringer Abwandlung über alle vier Strophen erstreckt. Nach weiteren vier Jahren – in diesen Zeitraum fallen vierhundertsechsundvierzig Kompositionen, Schubert schreibt sich nach allen Seiten, allen Genres hin frei – setzt er zum dritten Mal an, und nun erst erschließt sich die Eigenart dieser Verse dem musikalischen Zugriff. Der Komponist entdeckt, daß das Motiv unerfüllter Liebessehnsucht, das ihm dieses Lied, mit seiner dritten Strophe:

> Was soll mir die Freude frommen,
>   Die der schöne Lenz mir beut?
> Eine nur ists, die ich suche,
>   Sie ist nah und ewig weit.
> Sehnend breit ich meine Arme
>   Nach dem teuren Schattenbild,
> Ach ich kann es nicht erreichen,
> Und das Herz bleibt ungestillt!

sonderlich wert machen mußte, durch ein Naturmotiv aufgehellt ist, das gleich zu Anfang erscheinende Bild der rieselnden Quelle – ein Motiv, das wie jenes, aber mit konträrem Bedeuten, zu dem zentralen Haushalt seiner Geistes- und Empfindungswelt gehört:

> An der Quelle saß der Knabe,
>   Blumen wand er sich zum Kranz,
> Und er sah sie fortgerissen
>   Treiben in der Wellen Tanz.

Dieser Entdeckung, die ins Innere des Gedichtes weist (dessen trochäischer Gang hat selbst etwas von der rieselnden Quelle), folgt die Vertonung, die eine der ersten Strophe ist und in den drei folgenden Strophen bei der hier gefundenen Tongestalt bleibt.

Die Quelle murmelt in Singstimme wie Begleitung in Zweiunddreißigsteln, deren schwingende Bewegung das d-Moll der Tonart gleichsam überspielt. Sie ist dem leichten Gang des Schillerschen Metrums abgelauscht und gibt jedem Versfuß, als der rhythmischen Zelle des Gedichts, einen Halbtakt, jedem Vers also zwei Takte. Ein punktierter Aufstieg auf »Und er sah sie fortgerissen« unterbricht in der Singstimme die wellengleiche Schwingung, die sich bald wiederherstellt und vermittels einer Versorwiederholung (»Treiben in der Wellen Tanz«) musikalisch bekräftigt. Dann erst gewinnt, im Text wie in der Komposition, das trauernde Sinnen des Jünglings Raum:

> Und so fliehen meine Tage
> Wie die Quelle rastlos hin!
> Und so bleichet meine Jugend,
> Wie die Kränze schnell verblühn!

Auf das Wort »Quelle« löst sich aus dem Auf und Ab der Zweiunddreißigstel eine in klagender Schwingung zum hohen g aufsteigende Gesangslinie, unter der im Klavier das Wasser fortrieselt. Sie verweilt auf »hin« mit einem schmerzlich-seligen Dur-Vorhalt und wendet sich dann auf »bleichet« in einen von zwei Sextsprüngen – hinab der eine, hinauf der andre – zerrissenen Doppeltakt, nach dem sich zuerst jene aufsteigende Tongestalt, dann auch das Rieseln des Baches melodisch wiederherstellt.

Mit einer Moll-Weise, wie in seiner zweiten Vertonung, nimmt Schuberts Lied die Klage des Einsamen auf, aber die Wasserstimme der Natur umfließt sie lindernd, ja aufhebend. So schließt Schillers Jüngling, der Schuberts Jüngling geworden ist, den Kreis dieses Opus 87, das nicht als Ganzes komponiert, aber als Ganzes kompiliert ist: nach der dramatisch ausgebreiteten Klage des »Unglücklichen« der Walzerschritt der »Hoffnung«, danach, im »Jüngling am Bache«, die Wiederberufung des Sehnsuchts-Themas in einer beschwichtigten, aufgehellten Gestalt, die ihrer Vorlage auf den Grund fühlt. Denn schon bei Schiller ist der »schwere Kummer« der zweiten Strophe in die »tausend Stimmen der erwachenden Natur« in einer Weise eingebettet, daß er nicht gegen sie aufkommt. Auch die Schlußverse machen das deutlich; es besteht ja wenig Aussicht, daß die Schloßbewohnerin in die kleinste Hütte kommt; der Einsame braucht den Aufblick zu der Unerreichbaren, um sein Gefühl auf die Höhe des Frühlings zu heben. Schillers Jüngling ist eine Künstlergestalt, beflügelt von einem Sehnsuchtsbild, das ein Schattenbild, kein wirkliches ist; der Kranz, den er windet, ist das von der Zeit fortgerissene Werk. Die Quelle spricht aus, was er selbst nicht weiß: ihm genügen Blumenflor und Wasserrauschen.

Eben diesen Gehalt fördert Schuberts Lied im dritten kompositorischen Anlauf scheinbar leichthin zutage. Es bildet in der Verknüpfung des Opus-Drucks wie eine Synthese aus den beiden vorangegangenen Text- und Tongestalten, aus der untröstlichen Klage um das verlorene Glück und der Anrufung einer Hoffnung, die aufs Ganze geht und nur im eigenen Herzen Anhalt findet. These und Antithese lösen sich im Bild des frühlingstrunkenen, schwermutumschatteten Jünglings, der sich, Blüten bindend, ins Werk, in den Kranz gerettet hat.

Der dies im April 1819 in der Wohnung seines Freundes Mayrhofer schreibt, ist aus Zeliz, dem ungarischen Dorf (es heißt heute Zseliz und liegt in der südlichen Slowakei), zurück, wo er sich, Musiklehrer bei einer winters in Wien ansässigen Magnatenfamilie, unsterblich in eine seiner beiden Schülerinnen, die dreizehnjährige Comtesse Caroline, verliebt und mit dem Stubenmädchen (»sehr hüsch, oft meine Gesellschafterin«, beschreibt er sie brieflich den Freunden) getröstet hat. Danach gibt es den entscheidenden Krach mit dem Vater, der den Zurückgekehrten in die Dorfschullehrerexistenz zurückbannen will, die dieser – mit zwei Unterbrechungen – fünf Jahre lang ausgehalten hat. Schon 1816 hatte Schubert das Schulhaus auf dem Himmelpfortgrund für fast ein Jahr verlassen, um bei den Schobers zu wohnen; nun zieht er abermals in die innere Stadt, um am Kranz eines endlich zu sich selbst befreiten Schaffens zu winden.

Die Synthese, die dieses dritte Lied von op. 87 bildet, stellt sich wiederum in der Gestalt des – leicht variierten – Strophenlieds dar, das seinem Wesen nach sublimiertes Volkslied ist. Neben ihr bleibt die »durchkomponierende« Liedform in Schuberts Œuvre bestehen; ihrer expressiv-linear fortschreitenden Disposition entgegnet das Strophenlied mit einer Gerundetheit, wie sie in dem Wort Rondo (das Strophenlied ist dieser instrumentalen Form periodischer Wiederkehr verwandt) anklingt; sie verheißt Ausgleich, Versöhnung noch dort, wo sie zum Gefäß schmerzlicher Erregung wird. Durch die strophenhafte Wiederkehr vermittelt sich der musikalischen Bewegung ein Moment von Ruhe, wie es allem Kreisenden eignet; fast immer gehen Klavierzwischenspiele in die Struktur ein und machen sie doppelt vernehmlich.

Von dieser dritten, endgültigen (dem Autor als endlich gültig dastehenden) Komposition des »Jünglings« gibt es zwei Fassungen. Die erste steht in d-Moll und ist – mit dem Datum des April 1819 – in der Handschrift überliefert, die zweite ist die publizierte; ihr Autograph ist verschollen. Musikalisch unterscheidet sie sich von der ursprünglichen nicht nur durch die Tonart, sondern auch durch eine eingehende Redaktion des Klavierparts, bis hin zur Anfügung eines Nachspiels. In c-Moll schließt sich ein Prozeß musikalischer Textarbeit, dessen Eckpunkte – die Niederschrift der ersten Komposition und die letzte Fassung der dritten – einen Zeitraum von fünfzehn Jahren umspannen. Somnambulismus? Clairvoyance? Es sieht nicht danach aus. Es sieht nach Arbeit und Inspiration aus. Daß dabei höhere Mächte im Spiel sind, liegt auch Schuberts nächsten Freunden zutage. »Geheimnis« nennt Johann Mayrhofer, der dichterisch kompetenteste von ihnen, der ihm zwischen 1814 und 1824 den Textgrund zu fünfzig Liedern an die Hand gibt (nach Goethe und Schiller ist er der von Schubert am häufigsten vertonte Dichter), im Oktober 1816 ein Gedicht, das dies in gereimte Alexandriner faßt; es läßt einen verborgenen Flußgott die Wiesen wässern:

Sag an, wer lehrt dich Lieder, so schmeichelnd und so zart?
Sie rufen einen Himmel aus trüber Gegenwart.
Erst lag das Land verschleiert im Nebel vor uns da –
Du singst, und Sonnen leuchten, und Frühling ist uns nah.
Den schilfbekränzten Alten, der seine Urne gießt,
Erblickst du nicht, nur Wasser, wie's durch die Wiesen fließt.
So geht es auch dem Sänger, er singt, erstaunt in sich;
Was still ein Gott bereitet, befremdet ihn wie dich.

Mayrhofer dediziert dem Freund dieses Produkt eines gemeinsamen Sommerausflugs, und der setzt sich hin (er hat gerade den grandios-verzweifelten »Wanderer« komponiert) und macht ein hochinspiriertes Lied aus der Huldigung, mit einer subtilen harmonischen Rückung auf »das Wasser, wie's durch die Wiesen fließt«, und einem arpeggierenden Aufschwung auf: »Er singt, erstaunt in sich«. Daß Schubert die Feststellung, daß er selbst manchmal staunt, was ihm alles einfällt, sofort komponiert, zeugt von einem Humor, der unablöslich zu seinem Bilde gehört, zu einer Gedanken- und Empfindungswelt, in der nichts fehlt, was den Menschen zum Menschen macht.

Tongestalten Mignons

Daß Schubert von Stufe zu Stufe, über lange Zwischenräume hinweg, sich den Weg zu der endgültigen Lösung bahnt, kommt bei Gedichten, die besonderen Ranges sind und ihn besonders angehen, immer wieder vor; bestimmte Texte begleiten und markieren seinen früh einsetzenden und keineswegs kurzen Weg zur Meisterschaft. Nächst Goethe, zu dessen Texten es achtundsiebzig Schubertsche Kompositionen gibt, ist Schiller der Autor, den Schubert am häufigsten vertont hat, bis hin zu der Vertonung einer ausgedehnten Dramatisierung der »Bürgschaft«, des hohen Lieds der Freundschaft und Tyrannenerziehung; sie stammt von 1816 und bricht nach fünfzehn vollendeten Kompositionen im dritten Akt plötzlich ab. Vermutlich hatte die Zensur, der auch jeder Liedtext vor der Veröffentlichung vorgelegt werden mußte, inzwischen abgewinkt: ein versuchter Tyrannenmord auf der Bühne – das war ein Ding der Unmöglichkeit.

Die achtundsechzig Liedkompositionen auf der Basis Schillerscher Texte liegen zum größten Teil (zweiundsechzig Werke) vor 1819, und das ist auch politisch plausibel. Mit den Karlsbader Beschlüssen setzte die siegreiche Reaktion den Schlußstrich unter jene historische Periode, der Schiller, bei aller Resignation seiner späten Jahre, das Maß eines fundamentalen Republikanismus gesetzt hatte. Am 20. September beschließt der Frankfurter Bundestag für ganz Deutschland jene Gesetze und Verordnungen, die es auf die Knebelung von Presse und Universitäten absehen; einen Monat später verabschiedet Schubert mit einer Schiller-Vertonung die Hoffnungen seiner Generation. Er nimmt den Text aus den »Göttern Griechenlands«:

> Schöne Welt, wo bist du? Kehre wieder
> Holdes Blütenalter der Natur!
> Ach nur in dem Feenland der Lieder
> Lebt noch deine fabelhafte Spur.
> Ausgestorben trauert das Gefilde,
> Keine Gottheit zeigt sich meinem Blick,
> Ach von jenem lebenwarmen Bilde
> Blieb der Schatten nur zurück.

Das ist ein Klagesang, der aufs Ganze geht (»langsam, mit heiliger Sehnsucht« lautet die Tempobezeichnung); fünf Jahre später stellt Schubert das Hauptmotiv dieses Liedes an den Anfang des dritten Satzes eines Streichquartetts, in dem die Klage über die verlorene Schöne zu schneidender Kühnheit aufwächst; es ist das in a-Moll, mit dem Rosamunde-Thema im zweiten Satz. Erst 1848, kurz nach der Aufhebung der Karlsbader Beschlüsse, erblickt die Vertonung der »Götter«-Strophe das Licht der Öffentlichkeit. Schubert läßt es im Oktober 1819 nicht mit ihr bewenden und greift noch zu Goethes Skandalgedicht von 1774, zu »Prometheus«, der ihm zur lustvoll-energischen Attacke wird; auch dieses Lied erscheint erst nach der Revolution. Fünf Monate nach seiner Niederschrift wird Johann Senn, der Tiroler Dichter, in Schuberts Gegenwart wegen politischer Umtriebe festgenommen.

Eine andere Prometheus-Komposition, die lange zuvor entstanden war, ist erstaunlicherweise verlorengegangen (hielten Schuberts Erben das Werk für gefährdend?); sie beruhte auf dem Text eines Altersgenossen, Philipp Dräxler mit Namen, und war eine ausgedehnte Kantate, die Schubert im Juli 1816 dem Namenstag des Professors Watteroth widmete, eines liberalen Juristen, der ihm einige Monate zuvor Unterkunft gewährt hatte. Nur ein lyrischer Widerhall der Aufführung hat sich erhalten, er stammte von dem jungen Franz v. Schlechta, stand ein Jahr später in der »Wiener Allgemeinen Theaterzeitung« und macht deutlich, wie polizeiwidrig das Werk spätestens von 1819 an war:

> In der Töne tiefem Beben,
>   wie die Saiten jubelnd klangen,
> ist ein unbekanntes Leben
>   in der Brust mir aufgegangen.
>
> In dem Sturmeston der Lieder
>   klagt der Menschheit jammernd Ach –
> kämpfend steigt Prometheus nieder,
>   und das schwere Dunkel brach!
>
> Mich hat's wunderbar erhoben
>   und der Wehmut neue Lust,
> wie ein schimmernd Licht von oben,
>   kam in die bewegte Brust!
>
> Und in Tränen und Entzücken
>   fühlte ich mein Herz zerstücken,
> jauchzend hätte ich mein Leben
>   wie Prometheus hingegeben.

»Schöne Welt, wo bist du?« – der Klageruf ist wie ein Schlußpunkt unter die lange Reihe der Schillervertonungen. Aber vier Jahre später, im Mai 1823, greift Schubert noch einmal zu diesem Hauptdichter seiner frühen Liederzeit; aus einem der späten Gedichte Schillers wird ein in schreitenden Akkorden inständig-gewappnet einherkommendes Lied, das mit höchstem Ausdruck, einer leidenschaftlichen Resignation die Summe der Vergeblichkeit zieht: »Der Pilgrim«. Und wieder hält sich der Tondichter durch Entgegensetzung im Gleichgewicht; er verleibt sich einen Text nur so lange ein, wie er braucht, um ihn musikalisch zu sich selbst zu bringen. Der Blick in die Schiller-

Ausgabe fördert im gleichen Monat auch das lieblich-beschwingte »Geheimnis« zutage (»Sie konnte mir kein Wörtchen sagen / Zu viele Lauscher waren wach«), und drei Jahre später gibt es dann einen großartigen Nachzügler der Schiller-Vertonungen, die unbändig-heitere »Dithyrambe«; Schubert hatte sie schon 1813 komponiert. Aber nun erst werden die Götter mit der Geste der Ebenbürtigkeit zu Tische geladen.

Bei aller Nähe zu Schiller: es ist Goethes Dichtung, die dem Liedkomponisten Schubert die poetischen Haupt- und Initialgestalten an die Hand gibt. Mit »Gretchen am Spinnrade« dringt der Siebzehnjährige im Oktober 1814 zur eigenen Form durch, und Therese Grob, die Seidenwirkerstochter mit dem strahlenden Sopran, hat Anteil daran; das Lied entsteht drei Tage, nachdem sie in der Lichtentaler Kirche unter Schuberts Leitung in dessen neuer Messe, dem Werk frühester Vollendung, mit atemraubend hohen Soli mitgewirkt hat. Daß der »Erlkönig«, der ein Jahr später entsteht, nicht vom Himmel fällt, sondern die Frucht intensivster Kunstarbeit ist, zeigt die Tatsache, daß der Schulgehilfe im Himmelpfortgrund in diesen zwölf Monaten zweihundertzehn Kompositionen zu Papier bringt, keineswegs nur Lieder; auch zwei Messen, zwei Sinfonien, zwei Klaviersonaten, zahlreiche Walzer und dreieinhalb Singspiele entstehen in diese Spanne. Niemand ist jemals beschwingter den Parnaß hinaufgestürmt. Der Dienst im Vaterhaus kann nicht allzu drückend gewesen sein.

Von den zahlreichen Goethe-Gedichten, die Schubert außer dem Singspiel »Claudine von Villa Bella«, das ebenfalls in das Jahr 1815 fällt, ein- oder mehrstimmig vertont hat, liegen zehn in mehrfachen Kompositionen vor. Daß *eine* Komposition sich über mehrere Stadien, mehrere Fassungen hin entwickelt, ehe die Drucklegung, oft Jahre später, den Prozeß abschließt, ist das Übliche; »Erlkönig« bringt es auf vier, »Geistes-Gruß«, komponiert 1815, gedruckt 1828, gar auf sechs Varianten ein und derselben Vertonung. Eine Ausnahme ist es, wenn, wie bei »Meeres Stille« (»Tiefe Stille herrscht im Wasser«), die zweite selbständige Vertonung unmittelbar auf die erste folgt. Am 20. Juni 1815 komponiert Schubert das Gedicht in C-Dur und mit einer (»sehr langsam, ängstlich«) über arpeggierenden Akkorden liegenden Gesangslinie von Pianissimo-Intensität. Anderntags verwirft er das Ergebnis und schreibt das Lied, an dem Grundeinfall festhaltend, neu; was dabei herauskommt, steht auf der Grenze zwischen Fassung und Neuvertonung. Niemals hat Schubert auf die »Glückliche Fahrt« ausgegriffen, das Gedicht, das in Goethes Gedichtausgaben auf »Meeres Stille« folgt; Beethoven macht im gleichen Jahr aus beiden Texten eine große Kantate. Schuberts mit sparsamsten Mitteln vollzogener Rekurs auf die tönende Stille erscheint wie ein Gegenentwurf.

Zumeist liegen ein oder mehrere Jahre zwischen der einen und der andern Ausdeutung ein und desselben Textes; beim Wiederherangehen vollzieht sich fast immer eine völlig neue Aneignung. Es sind einige der bedeutendsten Goethe-Gedichte, die dergestalt mehrfach in Schuberts Werk erscheinen. Aber auch zwei kleine Liebeslieder, ein sehnsüchtiges (»Jägers Abendlied«) und ein zorniges (»Am Flusse«), gehören zu den doppelt und dreifach komponierten. Es kommt vor, daß beide Vertonungen Fragment bleiben, wie »Mahomets Gesang«, der Hymnus des jungen Goethe, für den wie bei andern metrisch freien Jugendgedichten Goethes nur eine durchkomponierende Lösung in Betracht kam. Aus dem März 1817 stammt das Manuskript einer »Mahomet«-Komposition (»Seht den Felsenquell«), die – nämlich die überlieferte Handschrift, vermutlich *nicht* die Komposition – inmitten der sechsten Strophe endet. Vier Jahre später setzt Schubert abermals an und kommt bis ans Ende der zweiten Strophe; dann bricht er ab und streicht das Geschriebene durch. Er ist diesem Flußhymnus nie wieder nahegetreten; die Familienmetaphorik des Textes, an dessen Ende der mächtig angeschwollene Strom »dem erwartenden Erzeuger« »seine Brüder, seine Schätze ... freudebrausend an das Herz« legt, mag ihm, der selbst zahlreiche Brüder hatte (und der patriarchalische Vater war kein Sinnbild ozeanischer Befriedung), allzu emphatisch erschienen sein.

Es kommt – so bei dem »Gesang der Geister über den Wassern« – vor, daß einer Komposition für Sologesang, die nur fragmentarisch, ohne Anfang und Ende, überliefert ist, drei Vertonungen des gleichen Textes für Männerchor folgen, die erste 1817 für A-capella-Quartett (zwei Tenöre, zwei Bässe), die zweite drei Jahre später für klavierbegleitetes Vokalquartett. Sie wird nicht zu Ende geführt; im Blick auf ein bevorstehendes Konzert (es findet am 7. März im Kärntnertor-Theater statt) setzt Schubert, für eine reichere Besetzung (streicherbegleitetes Vokal-Oktett), aufs neue an und findet nun die endgültige, für immer standhaltende Lösung. Die Kritik, gerade erst beim »Erlkönig« angelangt, hat offenbare Schwierigkeiten damit: der Chor, so Wiens »Allgemeine Musikalische Zeitung«, sei »von dem Publikum als ein Akkumulat aller musikalischen Modulationen und Ausweichungen ohne Sinn, Ordnung und Zweck anerkannt« worden. »Der Tonsetzer«, setzt der irritierte Rezensent noch eins drauf, »gleicht in solchen Kompositionen einem Großfuhrmann, der achtspännig fährt und bald rechts, bald links lenkt, also *ausweicht*, dann umkehrt und dieses Spiel immerfort treibt, ohne auf eine Straße zu kommen.« Wie erstaunt wäre dieser anschaulich verwirrte Hörer gewesen, wenn er erfahren hätte, wie lange Schubert gefahren war, um bei diesem Fuhrwerk anzulangen.

Komplizierter noch ergeht es ihm kompositorisch mit dem (in Goethes Gedichtsammlungen) zweiten der Mignon-Lieder: »Nur, wer die Sehnsucht kennt, / Weiß, was ich leide!« Schubert vertont es innerhalb eines Jahres – zwischen Oktober 1815 und September 1816 – dreimal für Sologesang (keins der Ergebnisse gibt er jemals in Druck); drei Jahre später legt er es einem unbegleiteten Männerquintett zugrunde. Das Sehnsuchtslied des Harfenmädchens ist zu dem chorischen Ausdruck einer Gemeinschaft geworden; das Resultat gehört zu seinen überwältigenden Tonwerken. Das Maß, sollte man meinen, sei damit erfüllt, aber die Partitur bleibt ungedruckt (erst 1865 wird sie erstmals öffentlich aufgeführt), und sieben Jahre später greift der Komponist den Text zum fünften und sechsten Mal auf, einmal als Duett, das andere Mal als Sololied. Damit ist die endgültige Gestalt gefunden, die, als diese Doppelgestalt, in *einen* Opusdruck eingeht; er erscheint 1827 als 62tes Werk bei Diabelli.

Ein anderes Gedicht verschließt sich dem Neunzehnjährigen noch, der schon so viele große Lieder geschrieben hat; es ist das dritte Lied der Mignon: »So laßt mich scheinen, bis ich werde«. Schubert findet es in dem Wilhelm-Meister-Kapitel der Goetheschen Gedichtsammlung von 1815, das außer den drei Mignon-Liedern die Gesänge des Harfenspielers enthält. Es enthält *nicht* das Italienlied der Mignon (»Kennst du das Land? wo die Citronen blühn«), das Goethe als Ballade rubriziert. Auch Schubert, der es einmal, im Jahre 1815, komponiert hat und nicht wieder aufnahm (es hatte eine gültige Tongestalt angenommen), verbindet es nicht mit den andern; in Druck gibt er es nicht.

Er komponiert im September 1816 alle drei Harfner-Gesänge, einen davon (»Wer sich der Einsamkeit ergibt«) bereits zum zweiten Mal. Er hat Schwierigkeiten mit dem letzten und bedeutendsten dieser drei Lieder, »Wer nie sein Brot mit Tränen aß«, komponiert vier Takte, streicht sie durch, führt die Komposition im zweiten Anlauf zu Ende, ist unzufrieden, streicht das Ganze durch und schreibt sogleich eine zweite Fassung. Links neben dem Gedicht steht in seiner Goethe-Ausgabe jenes dritte der Mignon-Lieder, und nach der Vollendung von »Wer nie sein Brot mit Tränen aß« versucht er sich auf demselben Notenblatt, gleich nach den Schlußtakten, auch an diesem Gedicht. Er komponiert die ersten beiden Verse, bricht ab, streicht durch, setzt in einer andern Tonart neu an und komponiert ein Bruchstück der zweiten Strophe: »... dann öffnet sich der frische Blick«. Dann hört er abermals auf – das Gedicht übersteigt seine Kräfte.

Fünf Jahre später, er ist nun vierundzwanzig, komponiert er dann mit dem ersten der Mignon-Lieder (»Heiß mich nicht reden, heiß mich schweigen«) auch dieses dritte. Aber er gibt beide nicht an die Öffentlichkeit, obschon ein gleichaltriger Freund, Leopold Sonnleithner, Jurist von Beruf und Musiker von Passion, mit einigen Freunden daran gegangen ist, Schuberts Lieder in Kommission, das heißt auf eigenes Risiko, heftweise in Druck zu geben. Findet er das Ergebnis nicht auf der Höhe des Textes? Nirgendwo ringt er anhaltender und skrupulöser um die musikalische Lösung als bei diesen Wilhelm-Meister-Gesängen. Das 1816 zweimal komponierte Harfner-Lied »Wer nie sein Brot mit Tränen aß« wird 1822, als es an die Drucklegung geht, wiederum verworfen; jetzt erst entsteht, in Anknüpfung an die früheren Fassungen, das Lied in der Gestalt, in welcher es dauert. Vier Jahre später, im Januar 1826, ist es dann auch mit den Mignon-Liedern soweit. Nach jahrelanger Pause im Umgang mit Goetheschen Texten gerät er aufs neue in den Bannkreis dieser Gedichte, sie in den seinen; zum ersten Mal komponiert er alle drei zusammen, und nun, bei dem dritten Versuch, wird das letzte von ihnen zu dem metaphysischen Ereignis, das es ist. Schubert hat danach nichts mehr von Goethe komponiert.

Wie gut darf ein Gedicht sein, um komponierbar zu sein? Sind Gedichte höchsten Ranges vertonbar? Schubert hat sich in jungen Jahren zuweilen über das Problem hinweggesetzt; es kommt vor, daß die Vertonung hinter der Sprachgestalt zurückbleibt. Er hat selbst ein genaues Gefühl dafür; seine Auswahl von Liedern der ersten Schaffenszeit für den Druck zeigt es. Daß er sich, wenn sich die Texte ihm schließlich fügen, der früheren Stadien erinnert, kann man nur im allgemeinen voraussetzen, nicht hinsichtlich des Details. Schubert – das ist gleichsam der rationale Kern der Voglschen Anekdote – konnte nicht alle seine Werke im Kopf haben; er hätte sonst keine neuen schreiben können. Nur im Hinblick auf die Veröffentlichung kramt er aus seinen oder seiner Freunde Schubladen die alten Blätter wieder hervor; dann kommt es wohl vor, daß im Blick auf das alte Skript eine neue Version entsteht wie bei dem dritten Harfner-Lied (»Wer nie sein Brot ...«), das Schubert 1822 für druckfertig hält, ehe er daran geht, die – vermutlich schon oft vorgetragene – Fassung von 1816 umzustürzen. Diese immer wieder erneuerten Tongestalten bestimmter dichterischer Texte sind wie die Selbstbildnisse in dem Werk großer Maler; es sind Selbstoffenbarungen auf immer neuen Stufen der Reife und Selbsterfahrung, in denen das Wachstum der Kunst und das des inneren Menschen sich untrennbar miteinander verbinden.

Wie nichts anderes treffen diese Mignon-Gesänge in das Innere seiner seelischen Befindlichkeit. Der Komponist findet sich selbst, den Untertext seines Daseins, in ihnen; um so schwerer wird ihm die Vertonung. »Nur wer die Sehnsucht kennt, weiß, was ich leide!« – das ist der eine Anruf; er vollendet sich in drei Tongestalten, der chorischen von 1819 und jener zwiefachen von 1826, deren eine, als Zwiegesang Mignons und des Harfenspielers, dem Text des Romans, die andere – als Sololied – der Gedichtausgabe entspricht. Schubert wandelt in dem Sopranlied eine zehn Jahre zurückliegende Komposition ab, die einem Text des Freiherrn von Salis-Seewis gegolten hatte (»Ins stille Land! Wer leitet uns hinüber?«); Todessehnsucht hatte hier eine lyrisch-verhaltene Stimme gewonnen. Das Parodieverfahren der älteren Musik, die Anverwandlung vorhandener thematischer Findungen an neue Texte, wird hier auf eigene Art aufgenommen. Wie Schubert poetische Texte von neuem aufgreift, um sie zu musikalischer Erfüllung zu bringen, greift er hier auf eine frühe musikalische Prägung zurück, um sie textlich zu vertiefen; sie wird dabei auch kompositorisch weitergetrieben.

Auch in Schuberts Instrumentalmusik finden sich solche Substitutionen früh gefundener Prägungen unter neue Formgedanken, und nicht nur dort, wo, wie es mehrfach geschieht, Liedthemen zur Variationsbasis von Instrumentalmusik werden. Manche Themen wandern durch die Werke – Themen, die selbst einen wandernd-beschwingten Gang haben wie eine unsterbliche Melodie aus der Schauspielmusik zu »Rosamunde« oder jener ihr von weitem verwandte Frühlingsgesang, der zuerst 1817 im E-Dur-Allegretto der Klaviersonate D 537 aufscheint und neun Jahre später, durchaus verwandelt, in einer betörenden Liedschöpfung (»Still sitz ich an des Hügels Rand«) wieder aufscheint, ohne schon seine Endgestalt gewonnen zu haben. Das geschieht in der mittleren jener drei späten Klaviersonaten, die im September 1828 der letzten der Rellstab-Vertonungen – »Ade! du muntre, du fröhliche Stadt« hebt dieses traurigste aller Lieder an – folgen. Das früh gefundene Thema geht im Rondo-Finale der Sonate auf eine Reise, die, in zärtlichem

Verweilen und trotzigem Aufbegehren, alle Gefilde noch einmal durchmißt, um dann abbrechend zu verhallen, ehe eine Fortissimo-Skala und sechs Sforzato-Schläge die Fahrt beschließen.

»Heiß mich nicht reden«, lautet der Anruf des – bei Schubert – zweiten Mignon-Liedes:

> Heiß mich nicht reden, heiß mich schweigen,
> Denn mein Geheimnis ist mir Pflicht;
> Ich möchte dir mein ganzes Innre zeigen,
> Allein das Schicksal will es nicht.

Goethes Romangestalt, und durch ihren Mund der Dichter, und mit beider Mund der Komponist: sie deuten auf ein unentschlüsselbares Daseinsgeheimnis. Ist die verborgene Wunde der Quell des Schaffens?

> Zur rechten Zeit vertreibt der Sonne Lauf
> Die finstre Nacht, und sie muß sich erhellen,
> Der harte Fels schließt seinen Busen auf,
> Mißgönnt der Erde nicht die tiefverborgnen Quellen.

Der harte Fels schließt sich in dem, was ihm entströmt, auf, der Kunst, die Entäußerung und Verhüllung zugleich ist. Das Lied, dessen erste Strophe in einer feierlich-zarten Moll-Weise einherkommt (sie gemahnt an das Thema von Beethovens F-Dur-Variationen), wendet sich in dieser zweiten Strophe in ein reines C-Dur, das in der dritten auf die Eingangsweise abfärbt; diese tritt, in wundersam abgewandelter Gestalt, nach E-Dur hinüber. Von hier aus vollzieht sich mit jähen akkordischen Schritten über e-Moll nach C-Dur die dramatische Weitung der Schlußverse: »Allein ein Schwur drückt mir die Lippen zu / Und nur ein Gott vermag sie aufzuschließen.« Auf dem Wort »Gott« sammelt sich zweimal (die Verse werden wiederholt) die dissonante Spannung des verminderten Septakkords, ehe die um einen Halbton erhöhte dritte Berufung des Wortes in die e-Moll-Basis einlenkt, die sich, wie in alten Choralsätzen, zuletzt nach Dur aufhellt.

Sodann aber, in dem dritten der Mignon-Lieder:

> So laßt mich scheinen, bis ich werde,
> Zieht mir das weiße Kleid nicht aus!
> Ich eile von der schönen Erde
> Hinab in jenes feste Haus.
>
> Dort ruh' ich eine kleine Stille,
> Dann öffnet sich der frische Blick;
> Ich lasse dann die reine Hülle,
> Den Gürtel und den Kranz zurück.
>
> Und jene himmlischen Gestalten
> Sie fragen nicht nach Mann und Weib,
> Und keine Kleider, keine Falten
> Umgeben den verklärten Leib.
>
> Zwar lebt' ich ohne Sorg und Mühe,
> Doch fühlt ich tiefen Schmerz genung.
> Vor Kummer altert' ich zu frühe;
> Macht mich auf ewig wieder jung.

Die Erschütterung, die von diesem die Romansituation weit übersteigenden Gedicht ausgeht, rührt an Tiefstes; sie rührt an die Hintergründe, auf die das Leiden der Menschenseele rätselhaft-hoffend aufgetragen ist. Mit einer Wortgewalt, die ergreift, ehe ihr Sinn sich erschließt, schlägt der erste Vers diese Dimension auf; das bestimmte Bild, in das der zweite sich wendet, steht um so bewegender da. Ist dieses Lied, das als Gesang in einen Roman gestellt ist, ein komponierbares Gedicht? Niemand, der Schuberts Ausdeutung dieser Verse nicht gehört hat, dürfte das annehmen. Doch sind sie schon vor Schubert mehrfach vertont worden. Bettine Brentano spielt darauf an, als sie 1806 von Goethes Mutter erzählt: »Das Lied ›So laßt mich scheinen, bis ich werde‹ war ihr Liebling, und sie sagte es oft her. Eine jede einzelne Silbe erklang mit Majestät, und das Ganze entwickelte sich als Geist, mit einem kräftigen Leib angetan; so waren alle Melodien elend gedrückt im Vergleich mit ihrer Aussprache.« Schuberts Liedkunst ist gefräßig; sie verzehrt alles, was vor ihr da war. Es ist das Signum der Genialität.

Seiner Komposition gelingt ein Äußerstes: die Wortgestalt durch die musikalische nicht nur zu überbauen, sondern zu entfalten und damit erst völlig kenntlich zu machen. »Wie das schönste Wortgedicht unserer größten Dichter, übersetzt in solche Musiksprache, noch erhöht, ja überboten werden könnte« – dies werde, so der Sänger Vogl in einer Tagebuchnotiz, an Schuberts Liedern deutlich; er sagt nicht zuviel. Der Komponist dichtet den Text mit seinen Mitteln zu Ende, er macht die Verse zum Material einer Auslegung, in die diese als deren Moment eingehen; das Gedicht existiert fortan in einem tieferen Sinne nicht mehr für sich. Goethe, der Schubert gegenüber beharrlich in Schweigen Gehüllte, hat sich, als ihm im Jahre 1830 Wilhelmine Schröder-Devrient in Weimar den »Erlkönig« vortrug, der Macht einer Kunst gebeugt, die sich seine Texte einverleibte, um sie nicht wieder herauszugeben. Einem geringeren Komponisten hätte er auf ein Liederheft, wie es ihm Schubert 1816 durch seinen Freund Spaun zusandte (es enthielt in Schuberts Handschrift sechzehn Vertonungen Goethescher Gedichte), vermutlich geantwortet, erst recht auf Schuberts eigenen Brief im Jahre 1825, der die Übersendung eines Vorzugsdrucks von drei Liedern, die zum 19ten Werk vereinigt worden waren, mit dem Wunsch begleitet, »durch die Widmung dieser Komposition Ihrer Gedichte meine unbegrenzte Verehrung gegen E. Exzellenz an den Tag legen zu können«. Schweigend nimmt der Autor die Anverwandlung seiner Gedichte hin; erst der großen Sängerin gelingt es, die Sperre zu durchbrechen.* Aber gelingt es ihr wirklich? Goethe huldigt der Sängerin, nicht der Komposition, und ein paar Tage, nachdem er jener das Haupt geküßt, erklärt er von der »Romanze«, die sie ihm vorgetragen, der Komponist

---

* Goethes Reaktion auf Schubert hat mit seinem insgesamt hochproblematischen Verhältnis zur Musik zu tun, das K. R. Eissler in einer grundlegenden Abhandlung auf seine psychischen Wurzeln und Besetzungen untersucht hat (»Notizen über einen Aspekt von Goethes Beziehung zur Musik«, in: Eissler, Goethe, Band 2, München 1987, S. 1373-1396). Derselbe Band enthält eine tiefdringende Deutung der Mignon-Figur.

habe darin »das Pferdetrappel vortrefflich ausgedrückt«; im übrigen sei »nicht zu leugnen, daß in der von sehr vielen bewunderten Komposition das Schauerliche bis zum Gräßlichen getrieben wird«. Schuberts Lieder greifen ihren Dichter übermäßig an.

Man kann dieses Mignon-Lied so wenig beschreiben wie irgendein anderes und überhaupt ein musikalisches Werk. Man kann allenfalls auf seine Wirkung deuten und auf das, was als deren Verfahren erscheint: was man nicht hört, wenn man hört, was aber dem Ganzen als Struktur zugrunde liegt. Das vierstrophige Lied in H-Dur ist zweiteilig (ABAB) und steht in einem Dreivierteltakt, der »nicht zu langsam« überschrieben ist; die zweite Strophe, durch zwei Klaviertakte von der ersten abgehoben, wiederholt die erste nicht, sondern hat, den Rhythmus der ersten zitathaft aufnehmend, ihre eigene Weise. In ihrem zweiten Takt weitet ein lang ausgehaltener, dann auf der Tonika zum verminderten Septakkord absinkender Vorhaltsakkord aufs sonderbarste das harmonische Feld und führt, immer pianissimo, in die Dominanttonart Fis-Dur, von der aus sich, nach einem oktavverdoppelten Unisono-Aufwärtsschreiten von Singstimme und Klavier, etwas Fremdes und Sprengendes begibt, das jähe und machtvolle Fortissimo-Hervorbrechen von D-Dur (auf das Wort »frische«), das in der Gesangslinie zum hohen fis aufsteigt. *Tuba mirum spargens sonum* (die den wunderbaren Ton aussprengende Trompete) – spätestens hier enthüllt sich das Lied als ein Requiem, das Mignon sich selber singt, eine Todesverkündigung, nach jenem stillen Land gewandt, das Schubert einst mit Salis-Seewis besungen hatte.

Nachdem ein Klavierzwischenspiel Beruhigung gestiftet hat, lenkt das Lied mit der dritten Strophe in die Tongestalt der ersten zurück; die vierte Strophe nimmt die Gestalt der zweiten wieder auf. In ihr begibt sich, auf das Wort »Schmerz«, abermals jene sprengende Wendung nach den Unisono-Schritten, aber nun in Moll, ein anders zerreißender Moment. Theodor Adorno schrieb es 1928: »Vor Schuberts Musik stürzt die Träne aus dem Auge, ohne erst die Seele zu befragen; so unbildlich und real fällt sie in uns ein.«

Eine metaphysische Musik? Sie ist zwei Jahre nach Beethovens chorischem Anruf geschrieben: »Brüder, überm Sternenzelt / muß ein lieber Vater wohnen«. Die aufziehende Welt der Technik, der Industrie wird die Dimension, in der die hier ergehende Frage wohnt, als ausdrückbare verzehren; der Mensch bemächtigt sich seiner selbst, ohne Rest und ohne Aussicht. Schuberts spätes Goethe-Lied offenbart die Leiden und adressiert sie, an eine verborgene Instanz, aus der nicht Rat, aber Trost quillt. Der Schluß des Liedes gibt ihm Klang und Stimme; nach der jähen Moll-Wendung auf »Schmerz« steigt die Gesangslinie zweimal zu einem fis empor, das bei seinem ersten Erscheinen (auf »altert' *ich*«) als ein Moll-Vorhalt, bei dem zweiten (auf »ewig«) dann in dem Tonika-Dur ertönt; das Klavier bestätigt es in verklingenden Akkorden. Der Schrei und der Trost – beide sind anders geworden als in Beethovens Chorsinfonie, die, in nächster Nähe, gerade erst komponiert ist. Kein Menschheitschor bricht, wie dort, in die Frage nach dem Schicksal, nach dem Sinn aus; die Passion des Individuums wird singend laut in dem Lied einer einzelnen Mädchenseele.

VIERTES HAUPTSTÜCK

Wo der Komponist
ein Gedicht zu Ende dichtet
und sich wohlmeinender
Ratschläge erwehrt

Auskultation des »Wanderers«

»Daß alles, was das Genie, als Genie, tut, unbewußt geschehe«: Goethe schreibt es im März 1801 in seinem Antwortbrief an Schiller. Ein Menschenalter später gibt er in einem von Eckermann überlieferten Gespräch einen Beleg dafür; der Neunundsiebzigjährige liest seinem Adlatus ein Gedicht aus der Zeit der Italienreise vor: »Cupido, loser eigensinniger Knabe« (es war im Januar 1788 entstanden), und dieser wundert sich, wie der Autor »zu dem Gefühl eines solchen Zustandes gekommen« sei. »Ich werde es auch nicht zum zweiten Male machen«, lautet die Antwort, »und wüßte auch nicht zu sagen, wie ich dazu gekommen bin; wie uns denn dieses sehr oft geschieht.« Beide, den, der es liest, und den, der es zum ersten Mal hört, läßt das Gedicht nicht los, und wahrscheinlich weiß Goethe ganz genau, wie er dazu kam: die Verse standen am Anfang seiner Liebesbeziehung zu Faustina, der Römerin.

Schubert hat auch dieses Gedicht komponiert, das Goethe in den zweiten Aufzug von »Claudine von Villa Bella« einließ; er tat es 1816 innerhalb der Gesamtvertonung dieses Singspiels. Die Partitur ist nur unvollständig erhalten; die Wirtin Joseph Hüttenbrenners, an den die Handschrift gelangt war (er war der Bruder Anselms und versah bei Schubert eine Zeitlang freiwillige Sekretärsdienste), heizte im Winter des Jahres 1848 während der Abwesenheit des Mieters ihren Ofen mit den Notenblättern. Nur der erste Aufzug der Komposition entging einem Wärmebedürfnis, das die physisch-nackte Gestalt jenes Interesses war, welches die Nachwelt an den Werken des Genius nimmt: sie wärmt sich an seiner Hinterlassenschaft.

Goethe zitiert seinem Zuhörer den fünften Vers des reimlosen Gedichtes: »Von meinem breiten Lager bin ich vertrieben«, und erläutert ihm dessen rhythmische Beschaffenheit: »Die Verse beginnen mit einem Vorschlag, gehen trochäisch fort, wo denn der Daktylus gegen das Ende eintritt, welcher eigenartig wirkt und wodurch es einen düster klagenden Charakter bekommt.« »Wir sprachen«, berichtet Eckermann weiter, »über Rhythmus im allgemeinen und kamen darin überein, daß sich über solche Dinge nicht denken lasse. ›Der Takt‹, sagte Goethe, ›kommt aus der poetischen Stimmung, wie unbewußt. Wollte man darüber denken, wenn man ein Gedicht macht, man würde verrückt und brächte nichts Gescheites zustande.‹«

Nicht alles, aber der Grundton, die poetische Stimmung, entspringt der Eingebung; dann beginnt das oft langgezogene Werk der Realisierung. Goethe hat seine Gedichte oft noch nach Jahren überarbeitet; auch Schillers Gedichte, und gerade die berühmtesten, erhalten ihre endgültige Gestalt erst bei späten Redaktionen. Noch Eichendorffs wie aus der Eingebung des Augenblicks entsprungen scheinende »Mondnacht« findet erst über mehrere Korrekturvorgänge hinweg ihre endgültige Gestalt.

Entsprechend geht es Schubert, die Zeugnisse dafür sind reichhaltig; in einer Vielzahl von Fällen belegen sie das Fortschreiten der Arbeit vom Entwurf über die erste Reinschrift zur Druckfassung. Zieht man in Betracht, wie viele solcher Skizzen verlorengegangen sein mögen, vom Autor nach vollendeter Reinschrift weggeworfen oder anders abhandengekommen, so wird deutlich, daß die Komposition sich sehr häufig, namentlich in späteren Jahren, als ein stufenweis fortschreitender Arbeitsprozeß vollzieht; erst die Drucklegung schließt ihn ab.

Es kommt vor, daß er drei Lieder, die schon auf dem Weg zum Verlag sind, um dort zu einem »20ten Werk« zusammenzutreten, zurückbeordert, um noch daran zu arbeiten; zwei seiner berühmtesten Schöpfungen, Rückerts »Sei mir gegrüßt« und Uhlands »Frühlingsglaube« (»Die linden Lüfte sind erwacht«), sind darunter. »Lieber Hüttenbrenner!« ergeht ein Briefchen an den zeitweiligen Helfer, dem Schubert den Duzfuß vorenthält: »Lieber Hüttenbrenner! Da ich an den Ihnen übergebenen Liedern sehr wichtiges zu verändern habe, so geben sie selbe dem H. Leidesdorf noch nicht, sondern bringen sie mir heraus. Sollten sie schon überschickt sein, so müssen sie eiligst abgehohlt werden.« Leidesdorf ist ein Wiener Verleger, der Schubert nicht, wie Anton Diabelli, übers Ohr haut; leider ist er nicht sehr tüchtig. Als »Dorf des Leides« apostrophiert ihn ein anderer seiner Autoren, Beethoven; Schubert schreibt 1824 an seinen Freund Kupelwieser, dieser Verleger sei so melancholisch, daß er sich geradezu vor ihm hüten müsse.

Die Vorstellung des Komponisten als eines musikalischen Nachtwandlers, der in einer Art Trance Blatt um Blatt mit vollendeten Werken füllt, die wie Athene dem Haupt des Zeus entspringen: fix und fertig, wird vor solchen Belegen prozeßhafter Arbeit zunichte; Schuberts Arbeitsleistung erscheint angesichts ihrer nur um so rätselhafter. Goethes briefliches Diktum: »Kein Werk des Genies kann durch Reflexion und ihre nächsten Folgen verbessert werden«, fragwürdig an des Dichters eigener Arbeitsweise, wird auch an Schuberts Produktion hinfällig, denn dieses Aufsteigen vom Entwurf zur vollständigen Niederschrift, von dieser zu Fassungen, zu Varianten – es ist just der Vollzug schöpferischer Reflexion. »Durch das klarste Bewußtsein seiner Operationen« (Schiller am 27. März 1801) arbeitet sich »die erste dunkle Totalidee« zur Realisierung hinauf.

Doch wird Goethes Satz richtig, wenn man ihn auf die von außen herantretende Reflexion bezieht, auf den bessernwollenden Ratschlag von Freunden, Kennern, Fachgenossen, die Einblick in neue Werke erhalten. 1797 gibt Goethe Johann Heinrich Voß die Hexameter von »Hermann und Dorothea« und einige Jahre später Wilhelm Schlegel die von »Alexis und Dora« zur Durchsicht, und beide finden eine Menge metrischer Verstöße darin, die der Autor sich zu beheben bemüht. Das Resultat ist eine stellenweise verschlimmbesserte Dichtung, »richtiger«, aber nicht besser. Zog sein apodiktisches Briefwort das Fazit solcher Erfahrungen? Schubert zeigt sich gegenüber allen

Versuchen, Einfluß auf seine Arbeit zu nehmen, mit Gelassenheit störrisch; der Freundwillige, der mit Gelegenheitskompositionen nicht geizt und sich nicht zu schade ist, den Freunden zum Tanz aufzuspielen, erweist sich in diesem Punkt als gepanzert. Noch in späten Zeugnissen der Betroffenen klingt die Indignation darüber nach. Wohlwollende Kenner glauben, das außerordentliche Talent auf Mängeln an musikalischer Bildung zu ertappen, und lassen es sich angelegen sein, ihm auf die Sprünge zu helfen. Schubert geht auf solche Hinweise nicht einmal mit Abwehr ein; er überhört sie einfach.

Die Berichte darüber sind zahlreich, jeder von ihnen ist auf seine Weise charakteristisch. Einer von ihnen macht uns mit Johann Karl Umlauff bekannt, einem Juristen, der es später bis zum Oberlandesgerichtspräsidenten bringt und als Ritter v. Frankwell in den Adelsstand erhoben wird. Umlauff besucht den fast gleichaltrigen Schubert, der zu seinem Freund Mayrhofer in die innere Stadt gezogen ist, »häufig des Morgens vor dem Amte« und findet ihn dann meist schon in voller Tätigkeit, »im Bette liegend und musikalische Gedanken zu Papier werfend oder am Schreibtische komponierend«. Der Besucher entdeckt eine Gitarre in der Stube (ein Klavier fehlt, Schubert braucht es nicht zum Komponieren) und singt dem Komponisten zu ihrer Begleitung die »frisch gesetzten Lieder« vor. Es ist eine schöne Szene: Der junge Beamte mit der geschulten Baßstimme, der gerade Auskultant, das ist Beisitzer, beim Ziviljustizsenat des Wiener Magistrats geworden ist, und nicht so früh in der Amtsstube sein muß, als daß er nicht Zeit hätte, bei dem Freund einzusprechen, versucht die Früchte, die dieser in seine Scheuern gefahren hat. Es hat des Nachts in ihm weitergearbeitet; wenn der Körper schläft, ist der Genius nicht untätig (und so hat die clairvoyante Nachrede doch recht?). Morgens früh, nach dem Erwachen (er hat die Brille beim Schlafengehen gar nicht erst abgesetzt), hat er das Resultat festgehalten, und nun kommt einer vorbei und läßt ihn hören, was er gemacht hat.

Leider hat der Besucher manchmal das Bedürfnis, Hinweise zur Vervollkommnung der Erzeugnisse zu geben, und wagt sich »im Streite über den musikalischen Ausdruck einzelner Worte«

hervor. »Aber Schubert, der äußerst starrsinnig war, wollte sich niemals zu einer Abänderung des einmal Gesetzten verstehen.« So erzählt es Jahrzehnte später Umlauffs Sohn Viktor und fügt ein Beispiel solcher Kritik an. Diese habe einem Vers aus der vorletzten Strophe des zu dieser Zeit – im Frühjahr 1821 – zum Druck anstehenden »Wanderers« gegolten; über den Fragesatz: »O Land, wo bist du?« sei die Kontroverse gegangen: »Schubert setzte auf ›bist‹ den Nachdruck, Umlauff wollte ihn auf ›du‹ haben. Ersteres ist vielleicht euphonistischer [wohllautender], letzteres aber sinnrichtiger. Schubert verharrte bei seiner Schreibart, welche auch in den Stich überging.«

Ist das glaubhaft? In einem Vers, der: »O Land, wo bist du?« lautet, das »du« betonen zu wollen, wäre Unsinn; Sinn und Metrum verlangen den Akzent auf »bist«. Umlauff der Ältere kann so töricht nicht gewesen sein; offenbar stand ein anderer Vers, der letzte des Gedichtes, in Frage: »Dort, wo du nicht bist, dort ist das Glück!« lautet er in Schuberts Lied. Auch hier gibt es keinen Betonungszweifel. Doch findet sich in einem Lesebuch des mittleren neunzehnten Jahrhunderts eine aufschlußreiche Konjektur, sie lautet: »Wo du nicht bist, dort ist das Glück.« Der Schlußvers ist hier in das Hauptmetrum des Gedichtes, einen vierfüßigen Jambus, zurückgenommen; der Tonwechsel in den Anapäst (' – –) wurde von dem pedantischen Herausgeber offenbar als Kunstfehler aufgefaßt. Vermutlich um diesen Punkt ist der Disput zwischen Schubert und seinem morgendlichen Besucher gegangen, nicht um »du« und »bist« am Ende der vierten, sondern um »nicht« und »du« am Ende der fünften Strophe. Offenbar wollte Umlauff den Komponisten bereden, das »dort« am Versanfang wegzulassen, um den regelmäßigen Rhythmus wiederherzustellen.

Wieviel Diskussionsstoff würde er erst gefunden haben, wenn er die Originalgestalt des Gedichtes gekannt hätte. Bei Georg Philipp Schmidt, der sich zum Unterschied von andern dichtenden Schmidts Schmidt von Lübeck nannte (er lebte von 1766 bis 1849), lautet »Des Fremdlings Abendlied« (so heißt das Gedicht bei ihm) wie folgt:

Ich komme vom Gebirge her,
Es ruft das Tal, es rauscht das Meer;
Ich wandle still und wenig froh,
Und immer fragt der Seufzer: wo?

Die Sonne dünkt mich hier so kalt,
Die Blüte welk, das Leben alt,
Und was sie reden, tauber Schall;
Ich bin ein Fremdling überall.

Wo bist du, mein gelobtes Land,
Gesucht, geahnt und nie gekannt?
Das Land, das Land so hoffnunggrün,
Das Land, wo meine Rosen blühn?

Wo meine Träume wandeln gehn,
Wo meine Toten auferstehn,
Das Land, das meine Sprache spricht,
Und alles hat, was mir gebricht?

Ich wandle still und wenig froh,
Und immer fragt der Seufzer: wo?
Es bringt die Luft den Hauch zurück:
»Da, wo du nicht bist, blüht das Glück!«

So steht das Gedicht 1808 in »Beckers Taschenbuch zum geselligen Vergnügen«, einem auch von Schiller zu Gedichtveröffentlichungen genutzten Leipziger Periodikum. Aber Schubert hat es nicht diesem Bändchen entnommen, sondern einer 1815 in Wien erschienenen Anthologie, die »Dichtungen für Kunstredner« hieß und von dem einundzwanzigjährigen Ludwig Deinhardstein stammte. Er wurde später in Wien Ästhetik-Professor, Burgtheaterdirektor und Chef der literarischen Zensur; dazu paßt das Gedicht, das Schubert 1822 von ihm komponierte, mit großer Besetzung – Vokalquartett und Blasinstrumente – und zu Händen (und Stimmen) der Ritterakademie des Theresianums, dessen Zöglinge dem Kaiser damit eine Geburtstagshuldigung darbrachten: »Steig empor, umblüht von Segen, schöner goldbekrönter Tag«.

Schmidts Gedicht war in Deinhardsteins Anthologie Zacharias Werner zugeschrieben und »Der Unglückliche« betitelt. Überdies hatte der Herausgeber den Text redigiert und zu dessen Vorteil. »Es ruft das Tal«, stand bei Schmidt, den Deinhardstein für Werner hielt; bei dem Wiener Anthologen *dampft* es; das ist wirklicher, also poetischer. In dem folgenden Vers entschlägt sich der Herausgeber des matten »und«; es heißt nun: »Ich wandle still, bin wenig froh.«

Auch in den folgenden Strophen hat der Wiener Bearbeiter eine glückliche Hand, anders als der originale Dichter, der seinen Text 1811 in einer Sammlung seiner Gedichte durch drei Zusatzstrophen verwässert; sie sind in die erste Strophe – zwischen ihrem ersten und dritten Vers – eingeschoben:

> *Ich komme vom Gebirge her*
> Die Dämm'rung liegt auf Wald und Meer;
> Ich schaue nach dem Abendstern,
> Die Heimat ist so fern, so fern.

Und so weiter bis zu der neuen vierten Strophe, die in die erste Fassung zurücklenkt:

> Es scheint in manches liebe Tal
> Der Morgen- und der Abend-Strahl,
> *Ich wandle still und wenig froh,*
> *Und immer fragt der Seufzer: wo?*

Deinhardstein, dem vermutlich eine Abschrift des Taschenbuchtextes vorlag, hat nicht nur in dessen erste Strophe eingegriffen. In der zweiten Strophe setzt er statt *tauber* Schall *leerer* Schall und macht in der dritten aus dem biblisch-unpersönlichen *gelobten* ein *geliebtes* Land – lauter Verbesserungen, wie auch das in *hoffnunggrün* eingefügte *s*. In der vierten Strophe empfindet der Redaktor wandelnde *Träume* als prekär; er ersetzt sie durch *Freunde* und findet auch in der letzten Strophe etwas zu ändern: der Lufthauch verwandelt sich in einen Gei-

Auskultation des »Wanderers« 203

sterhauch, und aus dem betonten »da« wird das stärkere »dort«. So lautet nun der Schlußvers (und um dem metrischen Zweifel keinen Raum zu geben, setzt der Herausgeber »dort« und »nicht« in abweichender Schrifttype):

> Im Geisterhauch tönt mir's zurück,
> Dort, wo du nicht bist, ist das Glück!

Der Vorgang ist ungewöhnlich, ja einzigartig: der Dichter, seinen Text wiederaufnehmend, macht ihn aufblähend schwächer; ein entfernter Herausgeber bringt es durch einige wirksame Eingriffe auf die ihm innewohnende Höhe. Denn dies ist eins der großen Gedichte der deutschen Romantik, vollkommener Ausdruck der abgründigen Enttäuschung einer Generation, deren Jugendhoffnung auf Freiheit, auf Fortschritt sich am Gang der Geschichte gebrochen hatte.

Schmidts vielfach abbiegender Lebenslauf gibt dem Gedicht biographischen Anhalt, es ist der eines lange Zeit Wandernd-Unbehausten. Der Lübecker Patriziersohn hatte in Jena erst Jura, dann Theologie, schließlich Medizin studiert (nur die Philosophie fehlt ihm zur faustischen Komplettierung) und aus der Nähe die Luft des Weimarer Dichterkreises geatmet; durch seine Liebesbeziehung zu der Schriftstellerin und Professorengattin Sophie Mereau fand er Zugang zu Goethe und Schiller und gelangte, als die bedrängte Sophie Goethe eines Tages um Rat fragte, auch in beider Briefwechsel (sie ließ sich später scheiden und heiratete Clemens Brentano). Später findet man Schmidt in Kopenhagen, in Kiel (er promoviert dort zum Doktor med.), daheim in Lübeck (es heißt, er sei dort Irrenarzt gewesen) und schließlich in Warschau; auf der dänischen Insel Fünen unterrichtet er seit 1799 an einer neugegründeten philantropischen Anstalt alle möglichen Fächer; dann engagiert ihn Schillers mäzenatischer Retter, der dänische Finanzminister v. Schimmelmann, als persönlichen Sekretär. Aber nicht in Kopenhagen, sondern in dem dänisch regierten Altona wird der Vierzigjährige 1806 seßhaft, in leitenden Bank- und Handelsfunktionen. Als Major nimmt er 1813 an der Bürgerbewaffnung gegen das französische Regime teil, verwaltet danach als dänischer Beamter die Herzogtümer Schleswig und Holstein und ist seit 1819 wieder Bankdirektor in Altona.

Dort vermutlich ist um 1807 »Des Fremdlings Abendlied« entstanden, nicht als die lyrische Emanation einer Jugendenttäuschung, sondern als die Lebenssumme eines Unstäten und Umgetriebenen an der Schwelle schwer errungener Bodenständigkeit. Sie tritt zu einer Zeit ans Licht, da der Napoleonische Imperialismus das Erbe der Revolution in einem kontinentalen Handelskrieg verschleißt. Ein junger Wiener Literat entdeckt das Lied sieben Jahre später, als der Imperator geschlagen ist und die alten Mächte bebend wieder im Sattel sitzen. Er redigiert es, unterschiebt ihm einen unverdächtigen Verfassernamen (man kann ja nicht wissen, wo der entlegene Autor politisch stand und steht) und gibt den Text auf diese Weise dem neunzehnjährigen Schubert an die Hand.

Der hat sich einige Monate zuvor erstmals von Elternhaus und Dorfschulmeisterei freigemacht und zu den Schobers in die innere Stadt abgesetzt. Er muß von diesen Versen wie elektrisiert gewesen sein; sie vertonend, vollendet er die Deinhardsteinsche Redaktion. In seinem Lied *braust* das Meer statt zu rauschen; das unglückliche *wandeln gehn* der in Freunde verwandelten Träume wird durch das Partizip *wandelnd* gemildert. Der Schlußvers dieser vierten Strophe (»Und alles hat, was mir gebricht?«) bleibt weg; an seine Stelle – es ist ein massiver Eingriff und eine wirksame Verbesserung – tritt der Fragesatz, um den Schubert und Umlauff sich angeblich gestritten haben: »O Land, wo bist du?« Nämlich »das Land, das meine Sprache spricht«, des lübischen Dichters schöne Wendung für das Utopia der Seele. Schubert verstärkt sie, indem er die Frage wiederholt; noch an zwei andern Stellen setzt er Verdopplungen. »Und immer fragt der Seufzer: wo? immer: wo?« komponiert er und fügt in den Schlußvers ein zweites »dort« ein, den verstörenden Anapäst so verdoppelnd:

> Dort, wo du nicht bist, dort ist das Glück.

In dieser Fassung ist der Vers unsterblich geworden.

Auskultation des »Wanderers«

Und man höre, wie ihn der Neunzehnjährige nach der auf dem zweigestrichenen dis verhallenden Frage »Wo?« in Töne gesetzt hat. Die von Schubert mit dem Umlaut angereicherte Seufzerfrage (»Und immer frägt der Seufzer – wo?«) erscheint erstmals am Ende der ersten Strophe; das Lied läßt ihr (auf »Die Sonne dünkt mich hier so kalt«) jene abgründig klagende cis-Moll-Melodie folgen, die Schubert sechs Jahre später in das Zentrum der nach ihr benannten Klavier-Fantasie stellt, seines Durchbruchsstücks, das, gleichsam als deren Vollendung, unmittelbar nach der »Unvollendeten« entsteht und wenig später gedruckt wird. Die Antwort, die der Schluß des Liedes auf die wiederholte Seufzerfrage gibt, ist nach E-Dur gewendet; sie kommt nicht klagend oder resignativ, sondern mit einer Art impetuösen Ingrimms, einem innewohnenden ›Dennoch!‹, ›Nun gerade!‹ daher, das sich aus dem in Unisono-Stufen abwärts schreitenden Geisterhauch löst und das anapästisch betonte »nicht« als Tonika-Vorhalt am Taktanfang exponiert, um hernach mit dem verweigerten Glück zum tiefen e herabzusteigen. Ein Klaviernachspiel vollzieht die Figur in Ballung und Lösung der Tonverhältnisse nach und bestätigt das erreichte E-Dur als das tonale Ziel einer Wanderung, die in cis-Moll gesetzt ist, aber in Cis-Dur beginnt und ihre Grundtonart nur in der Mitte des Weges, dem Land der kalten Sonne, gewann. Am Ende der dritten Strophe, bei dem bebend-euphorischen Betreten des Rosenlandes, weicht sie der Dur-Parallele, die einiges durchmacht, ehe sie sich am Ende zu einer Einsicht wappnet, die, obschon geisterhaft ergehend, eine trotzig-lebensmutige ist.

Erst Schuberts Verskorrektur ermöglicht diese Schlußgestalt; sie kommt dem Gedicht als solchem zugute. Den Text vertonend, dichtet ihn der Komponist auch als Gedicht zu Ende. Einem poetischen Talent von allenfalls mittlerem Rang war hier ein exemplarischer Text geglückt, dem er selbst nicht gewachsen war (Schmidts zweite Fassung kommt wie aus dem Erschrecken vor dem eigenen Werk); andere mußten ihn vollenden.

Schuberts Findung ist auch der neue Titel: »Der Wanderer« nennt er das Lied schon in der ersten Reinschrift. Nach jener Opus-Dramaturgie, die nachmals auch das Werk 87 mit den beiden Schiller-Liedern und dem »Unglücklichen« der Caroline Pichler bestimmt, fügt er dem Lied in der fünf Jahre später erscheinenden Druckausgabe zwei weitere Kompositionen hinzu, nach Texten von Werner und von Goethe. Zacharias Werners »Morgenlied« (»Eh die Sonne früh aufersteht«) ist neueren Datums, »Wandrers Nachtlied« (»Der du von dem Himmel bist«) liegt sechs Jahre zurück; es stammt aus der Zeit erster Vollendung, Schuberts Frühzeit. In diesem unglaublich früh einsetzenden Schöpferleben drängen sich Lebens- und Schaffensphasen, die bei andern viele Jahre umfassen, in wenigen zusammen; in diesem Sinn gibt es den frühen, den krisenhaft reifenden, den mittleren, den späten Schubert.

Der Trostgesang auf den Text jenes Goetheschen »Nachtlieds«, das am Ende: »Süßer Friede, komm in meine Brust!«, ruft, ist ein Werk des Achtzehnjährigen. Im ersten Anlauf hält er den Versen stand und beglaubigt das Ergebnis nachmals durch die Drucklegung. Das »Morgenlied« von 1820 gehört bereits einer andern Phase an; mit jener unheimlichen Leichtigkeit, wie sie manchmal auch in den Finalsätzen der Schubertschen Sonaten umgeht, wird darin das Flattern der vom Morgenrot erweckten Vöglein laut: »Wir freun uns, daß wir leben und sind, / und daß wir luft'ge Gesellen sind«. Das Haltlos-Luftige dieser Verse malt die Musik mit einer abgründigen Simplizität, die, sich von a-Moll nach dem parallelen Dur begebend, am Ende auch noch »die stille, sinnige Fröhlichkeit« des Alters feiert. Der hohltönende Text eines mit Aplomb ins Lager der katholischen Reaktion übergewechselten Literaten wird in einer Weise zum Klingen gebracht, daß sich der Gedanke an Parodie verbietet; es ist die vollkommene Tonwerdung eines gespenstischen Optimismus.

Als »4tes Werk« (Schubert vermeidet das lateinische »Opus« und setzt bei Liedern »Werk«, bei der französischen benannten Instrumentalmusik »Œuvre«) treten diese drei Schöpfungen in die Welt, einen Opus-Dreiklang bildend, den man wohl dialektisch nennen kann. Der Thesis des »Wanderers« entgegnet die Gegenthesis des »Morgenlieds«; als Synthese fungiert der Friedensruf des »Nachtlieds«, den die Vertonung als einen im

Auskultation des »Wanderers«

Der zwanzigjährige Schubert.
Silhouette, Tusche (30/45 mm).
Anonym. Datiert 1817.

Nächtlich-Bergenden erfüllten kundgibt. Die Drucklegung dieses Triptychons begibt sich »in Commission bei Cappi und Diabelli«. Denn die Herren Verleger waren nicht auf eigene Rechnung bereit gewesen, diese und andere, in Wiens Hausmusik-Kreisen längst bekannte Lieder zu veröffentlichen; Schuberts Freunde hatten zusammenlegen müssen, um die Druckkosten aufzubringen. Als die Hefte (es handelte sich um die Werke 1-7 und 12-14) in den Hauskonzerten und in der Musikhandlung dann zunehmend Absatz finden (der Freundeskreis begleicht von dem Ertrag Schuberts Schulden), greift Diabelli zu und erwirbt 1823 von Schubert das unbegrenzte Verlagsrecht, zu des Komponisten (offenbar ist er in großer Geldnot) augenblicklichem Vorteil und dauerndem Nachteil.

Leopold Sonnleithner, der Initiator der Drucklegung, hat die Geschichte später aufgeschrieben. »Wäre die Sache [der private Vertrieb] so fortgegangen, so hätte Schubert großen Nutzen von seinen Werken gezogen und wäre Eigentümer derselben geblieben. Allein Diabelli bot ihm hinter unserm Rücken für Platten und Verlagsrecht der ersten zwölf Werke 880 fl. Konventions-Münze; diese Summe verleitete Schubert, den Antrag anzunehmen, und damit war es um seine Freiheit geschehen.« Daß Menschen wie ihn eigentlich der Staat erhalten müsse, war (gegenüber Joseph Hüttenbrenner) das Fazit, das Schubert aus seinem Unwillen und Unvermögen zog, seine Arbeit in einer Weise zu Markte zu tragen, die seinen Lebensunterhalt gesichert hätte. Allein der Ertrag des »Wanderers«, errechnete man später, habe Diabelli zum reichen Mann gemacht.

Doch warf dieses 4te Werk, an dessen Ertrag (noch gab es keine Tantiemenregelungen) sich der Verleger mästete, bei seinem Erscheinen einen speziellen Gewinn für ihn ab. Dieser verband sich mit der Widmung an einen Kirchenmann von ausgeprägtem Kunstsinn, Johann Ladislaus Pyrker v. Felsö-Eör. Pyrker war der Patriarch, also Erzbischof, des österreichisch regierten Venedig; der literarisch tätige Kunstfreund hatte Schubert und dessen Lieder im Hause Joseph v. Spauns, seines Vetters, kennengelernt. Der Erzbischof nahm die Widmung an und schrieb dem dreiundzwanzigjährigen Komponisten einen Brief, den dieser sich hinter den Spiegel stecken konnte: »Hochzuverehrender Herr! / Ihren gütigen Antrag, mir das 4te Heft Ihrer unvergleichlichen Lieder zu dedizieren, nehme ich mit desto größerem Vergnügen an, als es mir nun öfters jenen Abend in das Gedächtnis zurückrufen wird, wo ich durch die Tiefe Ihres Gemütes, – insbesondere auch in den Tönen Ihres *Wanderers* ausgesprochen, – so sehr ergriffen ward! Ich bin stolz darauf, mit Ihnen ein und demselben Vaterlande anzugehören und verharre mit größter Hochachtung / Venedig, d. 18ten Mai 1821 / Ihr ergebenster Johann L. Pyrker / Patriarch.«

Außerdem ließ er Schubert zwölf Dukaten zukommen, das waren sechsundfünfzig harte Gulden; der Empfänger wußte es zu schätzen. Zwei Jahre später dankt er dem Spender, indem er dessen hexametrisch gefaßten Schöpfungspreis (»Groß ist Jehova, der Herr!«) in eine brausend-machtvolle Anrufung Gottes und der Natur verwandelt, zeusgleich den Namen des Autors an den Sternenhimmel der Musik schleudernd. In dem glücklichen Reisesommer des Jahres 1825 nimmt noch ein anderes Gedicht Pyrkers Musikgestalt an; sie verwandelt den daktylischen Takt des Hexameters in einen wie leitmotivisch gesetzten Dreischritt, der sich, abgewandelt, verfärbt, verlassen, wiederaufgenommen, durch das ganze Lied zieht, eine Komposition grundierend, die, indem sie textgegebene Situationen ausleuchtet, zugleich den Primat der Musik behauptet. »Ach«, beginnt Pyrkers Text, »der Gebirgssohn hängt mit kindlicher Lieb' an der Heimat«, und: »Ach«, endet er, »es zieht ihn dahin mit unwiderstehlicher Sehnsucht!«

Maß seiner selbst

Johann Karl Umlauff, der sangeskräftige Auskultant, hat Schubert im Jahre 1821 auch vor der Öffentlichkeit sängerisch vertreten, als Mitwirkender zweier mehrstimmiger Gesänge (der »Gesang der Geister« war einer von ihnen), die im Kärntnertor-Theater innerhalb einer »großen musikalischen Akademie mit Declamation und Gemählde-Darstellungen« zur Aufführung kamen. Das war das alljährliche Aschermittwochskonzert der »Gesellschaft adliger Frauen zur Beförderung des Guten und Nützlichen«, ein gesellschaftliches Ereignis großen Stils, das Schubert, vor allem durch den triumphal einschlagenden »Erlkönig«, mit einem Mal bekannt machte. Vogl hatte das Lied gesungen, und Schubert war nicht zu bewegen gewesen, ihn zu begleiten; der dekorative Hüttenbrenner hatte es übernommen.

Umlauff war damals fünfundzwanzig; den Sechzigjährigen zeigt eine Lithographie von Kriehuber als Präsidenten des Oberlandesgerichts zu Preßburg in prächtiger ungarischer Uniform; unter einer bogenförmig vorspringenden Nase gibt der schnurrbartbewehrte Mund dem Gesicht einen Zug humoristischer Energie. Man kann sich die heitere Emphase vorstellen, mit der der jugendliche Sänger um die »Wanderer«-Akzente gestritten, und die Gemütsruhe, mit der Schubert ihm erwidert hat. Oder wurde er »ernstlich böse« wie gegenüber jenen Freunden, die seinen Melodien einen »etwas niedrig gehaltenen Ton« vorwarfen und damit deren Nähe zum Volkslied meinten, diesem Quellgrund von Schuberts melodischem Reichtum? »Er wurde wohl ernstlich böse über solche kleinlich nörgelnde Kritik«, schreibt Bauernfeld, »oder er lachte uns aus und sagte: ›Was versteht ihr? Es ist einmal so und muß so sein!‹«

Empfindlicher war Schubert, wenn die Kritik von oben, aus gesellschaftlich und musikalisch etablierter Sphäre kam. Leopold v. Sonnleithners Aufzeichnungen lassen erkennen, wie man in Wiens führenden musikalischen Kreisen meinte, dem exorbitanten Talent den Weg weisen zu müssen. »Vogls Einwirkung«, schreibt der jüngere Sonnleithner, »war auch (nebst den Maler-Freunden) großenteils daran schuld, daß Schubert sein Genie viel zu sehr in der kleinen Liedform zersplitterte und es nicht zur Vollendung in der großen Form der Sinfonie und Oper brachte. Er hat wohl auch eine bedeutende Zahl größerer Werke geschrieben, die viel Schönes und Geistreiches enthalten. Er hatte aber keinen Freund, der als *Meister* über ihm stand, der ihn bei solchen Arbeiten ratend, abmahnend, verbessernd hätte leiten können. ... Salieri gab ihm früher Unterricht; er war schon zu alt und gehörte einer ganz anderen Schule und Kunstperiode an. Salieri konnte nicht der Meister eines Jünglings sein, der von Beethovens Genius begeistert und durchdrungen war. ... Ein vollendeter Komponist als Lehrer und musikalischer Ratgeber und ein väterlicher Freund zur Regelung der Lebensweise, das war es, was Schubert fehlte und was ihn hinderte, jene Größe zu erreichen, zu der ihn die Natur bestimmt zu haben schien.«

Der das rückblickend schreibt, hat große Verdienste um Schuberts Durchsetzung in Wien. Im Haus von Leopolds Vater, Ignaz Sonnleithner, hatte Schubert seine ersten großen musikalischen Erfolge; hier war, von August v. Gymnich, einem bedeutenden Amateursänger, vorgetragen, der »Erlkönig« schon im Dezember 1820 zum Konzertereignis geworden. Aus Sonnleithners Worten spricht die Enttäuschung eines, der der Kraft, der er den Weg in die Welt geebnet hat, gern auch die Richtung gewiesen hätte. Statt dessen erlebt er, daß dieser, wohlmeinenden Ratschlägen gegenüber taub, lieber mit Malern als mit Musikkennern Umgang pflegt. Der Unmut über dieses Sich-Entziehen läßt Sonnleithner noch Jahrzehnte später vermeinen, der

Meister, den er in die Welt geführt hatte, sei eigentlich ein Schüler gewesen, wobei der Wunsch mitschwingt: Wäre doch Beethoven sein Lehrer geworden!

Das Sonnleithnersche Haus, ein musikalisches Zentrum, das über einen hundertzwanzig Hörer fassenden Konzertsaal verfügte, war nicht das einzige in Wien, aus dessen Wohlwollen für Schubert ein Gängelband hervorsah. Vogl selbst, der berühmte Sänger, der sich des jungen Mannes so tatkräftig angenommen hatte, neigte dazu, ihm kompositorisch dreinzureden, und fand Verbündete dabei. Seinen Freund Pinterics zum Beispiel, seines Zeichens Privatsekretär des einflußreichen Fürsten Pálffy: »Er sang Baß und spielte sehr gut Klavier, schnitt Silhouetten und sammelte deutsche Graphik«, vermerkt Deutsch über Pinterics. Dieser war mit Beethoven bekannt und Schubert aufrichtig zugetan; er sammelte dessen Lieder mit dem Ziel der Vollständigkeit (die drei Lieder des 56ten Werks sind ihm »von seinem Freunde Franz Schubert« gewidmet) und pflegte, wenn er im Pálffyschen Palast sein Morgenpfeifchen rauchte, den dort sich einfindenden Freunden dessen neueste Schöpfungen vorzustellen: »Da spielte er sie und studierte den Gesang derselben ein.« Vom Auskultanten bis zum fürstlichen Geheimsekretär: Musik fing in diesem Wien schon mit der Morgenpfeife an.

Dazu gehörte, daß man über Musik redete. Es war ja neue und neueste Musik, für die man sich »engagierte«, die Tinte fast noch naß, und diese neue Musik griff nach der neuesten Dichtung. Anton Schindler, Beethovens Famulus, nur ein Jahr älter als Schubert und diesem mit wachem Wohlwollen, obschon mit einem Einschlag von Gönnerhaftigkeit zugetan, beschreibt, wie sich »der oft genannte Kunst-Veteran Michael Vogl, ferner der allgemein geachtete Kunstfreund Pinterics ..., dann noch Frau von Lacsny-Buchwieser, die ehedem ausgezeichnete Opern-Sängerin« im Hause Pinterics um Schubert scharten. »In diesen drei Familien fand Schuberts Genius wohl an zehn Jahre hindurch nicht nur sorgsame Pflege und Aufmunterung – insofern er letzterer zuweilen bedurfte –, zugleich auch offenherzige Beurteiler seiner Kompositionen. ... Da geschah es nicht selten, daß Schubert bei Sonaten und sonstigen Klavierwerken eindringliche Ermahnungen gegen allzulange Ausdehnung einzelner Sätze anhören mußte, die, insofern sie nur allgemeinhin ausgesprochen waren, meist stillschweigend hingenommen wurden. Hatten wir uns aber erlaubt, diese oder jene Stelle als zu oft wiederkehrend oder nicht neu und interessant genug zu bezeichnen, da lief es bei unserem Freunde alsogleich so stark über, daß seine Verstimmung für den ganzen Abend nicht mehr wich. Die Herren Vogl und Pinterics aber beachteten solche Verstimmung nicht im geringsten; bei der nächsten Zusammenkunft ertönte wieder dieselbe Kritik. Welche Wirkung sie auf Schubert ausgeübt, wie er sie öfters, noch nicht ausgesprochen, zu schwächen gewußt, ergab sich aus gewissen Redensarten, sobald er sich ans Klavier setzte, zum Beispiel: ›Nun, heute wird's wieder über mich hergehen!‹ – ›Schimpft nur drauflos!‹ und dergleichen.«

Die sich hier kritisierend in seine Arbeit einmischen, sind illustre Kenner, und sie sind Schubert (er spürt das und kommt darum immer wieder) aufrichtig zugetan. Es ist der Beethoven-Kreis, der Schubert unter seine Fittiche nimmt und sich zugleich dagegen auflehnt, daß dieser in der Behandlung der klassischen Gattungen und der großen Form eigene Wege geht. Das Jahr 1818, in dem Schuberts Schaffen auf einmal innehält, wie auf der Suche nach neuen Ufern (in den Sommer fällt dann der ungarische Aufenthalt), bildet in seinem Leben und Werk eine Zäsur; nach Zseliz setzt er zu einer Emanzipation von den beiden Übervätern an, die sich vor ihm auftürmen. Der eine ist Franz Schubert, der Dorfschulmeister in der Vorstadt, der sich mit beharrlichem Fleiß zu einem bekannten und geachteten Schulmann emporgearbeitet hat und am liebsten alle seine Söhne in den pädagogischen Familienbetrieb einspannen würde. Sein Jüngster entzieht sich der väterlichen Planung nun definitiv und dramatisch und verläßt das Vaterhaus, um zu Mayrhofer, dem düsteren Dichterfreund, in die innere Stadt zu ziehen.

Der andere, künstlerisch-musikalische Übervater ist Beethoven. Auf vielen Wegen arbeitet sich Schubert seit 1818 an die Bastion heran, die der um eine Generation Ältere in den klassischen Gattungen – Sinfonie, Oper, Streichquartett, Klaviersonate – schier uneinnehmbar behauptet. Einem Quartettsatz in c-Moll (vom Dezember 1820) und zwei Klaviersonaten, von denen die eine in f-Moll, der Appassionata-Tonart, steht und wie ein luzides Gegenbild zu diesem Großwerk anmutet, gelingt das scheinbar Unmögliche. Aber der Komponist will es nicht glauben und nimmt die Leitern wieder ab, die er an die Festung angelegt hat; die f-Moll-Sonate aus dem ungarischen Sommer bleibt, beinahe fertig, liegen, das Quartett kommt über einen grandiosen Allegro-assai-Satz nicht hinaus. Was, begünstigt durch eine musikalische Sommerreise in Vogls oberösterreichische Heimat, fertig wird, ist eine dreisätzige Klaviersonate in A-Dur, in der die – nicht nur den Beethovenianern paradox scheinende – Formidee der romantischen Sonate zu reiner Vollkommenheit gelangt, und eine Auftragsarbeit in einer von Beethoven nie betretenen Gattung, dem klavierbegleiteten Streichquartett; nach dem Thema seines Variationen-Satzes wird das Werk bald »Forellen-Quintett« heißen. Die Sinfonie aber wird diesem Komponisten, der schon sechs Sinfonien geschrieben hat (die Arbeit an der strahlend-beschwingten »Sechsten« umspannt 1817/18 einen Zeitraum von fünf Monaten), zu einem Hindernis, das im Übersteigen um so unüberwindlicher scheint. 1821 bleiben die weitgehenden Entwürfe zweier viersätziger Sinfonie-Partituren liegen, im Herbst 1822 stockt ein neues sinfonisches Projekt nach der Instrumentation des zweiten Satzes. Schubert bricht die in h-Moll stehende Partitur im dritten Satz ab, wechselt zum Klavier hinüber und bahnt sich den Weg ins Neuland hier unter dem Gattungswimpel der Fantasie, der verdeckt, daß es sich eigentlich um eine viersätzige Sonate handelt.

Während die »Unvollendete« liegenbleibt, wird die »Wanderer-Fantasie« zu Ende gebracht und im folgenden Frühjahr sogar gedruckt; kaum vorstellbar, daß sie – in derselben Stadt – Beethoven verborgen geblieben sei. Aber wenn man selbst gerade angelegentlich mit dem Problem der Sonate ringt, jener dramatisch spielenden Form, der die Zeit den Boden entzogen hat, bleibt kein innerer Raum, um das Treiben der Jungen in Betracht zu ziehen. Zwei Jahre später fügen sich Schubert dann alle jene Formen, die ihm an der Schwelle einer neuen Schaffensphase Widerstand geleistet haben hatten; er kommt über Beethoven hinaus – nicht, indem er ihn überträfe, sondern indem er dem Lebensgefühl der Jungen einen Ausdruck findet, welcher die große Form trägt; diese junge Generation hat Napoleons Untergang in demselben Alter erlebt wie einst Beethoven die Französische Revolution. Es ist Richard Wagner, der, im Zwiegespräch mit Liszt in einem Palazzo am Canal Grande, sechzig Jahre später die Situation in Worte faßt, aus der Schubert zu dieser Zeit die musikalische Folgerung zieht: »Wenn wir Symphonien schreiben, Franz«, sagt er zu dem Freund, der sonderbarerweise sein Schwiegervater geworden ist (und die Tochter und Gattin schreibt alles mit), »nur keine Gegenüberstellungen von Themen, das hat Beethoven erschöpft, sondern einen melodischen Faden spinnen, bis er ausgesponnen ist; nur nichts von Drama.« Schubert gelingt das Drama im und mit dem Ausspinnen der Themen; es ist seine spezifische Leistung.

Natürlich weiß er, daß das für die Beethovenianer nicht faßbar sein kann (für ihn selbst ist es das kaum) – und die Beethovenianer sind bei weitem das Beste in dem rossinitrunkenen Wien, die Schubertianer allenfalls ausgenommen. Schindler bekundet später die stärksten Vorbehalte gegen jene C-Dur-Sinfonie, die, im Sommer 1825 in Gastein entworfen, erst 1828 fertig wird und später, bei zwei Anläufen als unaufführbar-schwierig befunden, in den Archiven der »Gesellschaft der Musikfreunde« versinkt. 1839 fördert Robert Schumann die Partitur in Gestalt einer Abschrift zutage, die Schuberts ältester Bruder Ferdinand ihm anvertraut; Mendelssohn, der schon Bachs Matthäus-Passion der Vergessenheit entrissen hat, bringt sie noch im gleichen Jahr in Leipzig zur (gekürzten) Uraufführung. »Wenn ja die Vorwürfe der Kritik auf festem Grunde und Boden fußen«, schreibt Schindler, der ehrenwerte, aber etwas kauzige Kenner, den Heinrich Heine einmal tüchtig gezaust hat, »in diesem sinfonischen Ungeheuer ist er allein schon in weitester Ausdehnung zu treffen, was auch dessen Lobredner zu Leipzig, an ihrer Spitze Mendelssohn, zu seinem Ruhme vorgebracht haben. Mit Fug und Recht ist ihnen zu erwidern, daß sie das zu häufige Wiederholen der Haupt- und anderer Motive, das ununterbrochene Abhetzen einer und derselben Tongruppe zur Rechtfertigung ihrer eigenen Bravouren in diesem Genre benutzt haben.«

Sinfonische Ungeheuer, so waren den Anhängern Mozarts und Haydns auch Beethovens spätere Sinfonien erschienen. Nun geben dessen Gefolgsleute den Vorwurf an den Mann der jungen Generation weiter. Schubert weiß, aus welcher Ecke der Wind weht, und nicht immer wappnet sich seine Abwehr nur mit freundlichen Redensarten. »Schuberts Gemütszustand«, schreibt Schindler, »glich einer spiegelglatten Fläche und war durch äußerliche Dinge nur schwer zu irritieren.« Aber durch gewisse innerliche Dinge ist er zu irritieren, und wie heiß es zuweilen im Austausch mit Beethovens Statthaltern herging, läßt Schindler an anderer Stelle erkennen: »Unter den F. Schubert mangelnden Naturgaben steht die der Rede oder, schärfer bezeichnet, die Gabe der ruhigen Expektoration über streitige Punkte in erster Reihe; daher konnte es zu keinem Austausche von Gründen und Gegengründen mit ihm kommen. Wortkarg, in gereiztem Zustande kurz angebunden, schnitt er jedes Eingehen in den fraglichen Gegenstand ›wurz‹ ab oder begegnete, wenn ein Grund zur Rücksicht für den Gegner vorhanden war, mit einem Sarkasmus im Wiener Gewande.«

Schubert, der Mann des »gemessenen Ernstes, der oft plastischen Ruhe«, denkt gar nicht daran, sich diskutierend auf einen Formbegriff einzulassen, den er als einen schöpferisch nicht mehr erfüllbaren erkannt und in harter kompositorischer Arbeit hinter sich gelassen hat. Daß das keine Aussicht hat verstanden zu werden, ist ihm nur zu klar; noch ist ja Beethoven selbst, der sich vor ganz ähnlichen Problemen sieht (das thematische Widerspiel der klassischen Sonate funktioniert nicht mehr, da ihm der Resonanzboden der vorrevolutionären Gesellschaft abhandengekommen ist), in seinem Spätwerk zwar geachtet, aber nichts weniger als durchgesetzt. So weicht Schubert der direkten Begegnung mit dem Meister der Meister, der zudem eine erdrückende Persönlichkeit ist, tunlichst aus und dediziert ihm, als Geste der Ehrerbietung auf einem Feld, das Beethoven unbesetzt gelassen hatte, 1822 nicht etwa die dreisätzige A-Dur-Sonate, das Meisterwerk neuen Stils, das Forellen-Quintett oder einige der neuen Lieder, sondern vier Jahre alte Variationen für Klavier zu vier Händen auf ein fremdes (französisches) Thema. Das ist ein nobles und anspruchsvolles, aber nicht sehr Schubertisches Stück – es klingt wie von einem Meisterschüler Beethovens; dieser macht, seinen Neffen Karl im Klavierspiel unterrichtend, denn auch fleißig davon Gebrauch. Ein Jahr später, im August 1823, fragt Beethoven den Neffen nach Schubert. »Man lobt den Schubert sehr«, schreibt dieser zur Antwort, »man sagt aber, er soll sich verstecken.« Mag Schubert sich verstecken (es ist die Zeit seiner Erkrankung) – seine Werke liegen in Wiens Musikalienhandlungen.

Hat Schindler den Komponisten bei der Auswahl des Widmungsstücks beraten? Hat er ihm womöglich gesteckt, der Meister brauche etwas nicht allzu Schweres zum Vierhändig-Spielen mit dem geplagten Karl? Das Unternehmen mutet fast wie eine Beschwichtigung an, als gelte es die Versicherung, daß der Olympier von dem aufstrebenden jungen Mann nichts zu befürchten habe. Als Schubert, das Variationen-Opus unterm Arm, das »dem Herrn Ludwig van Beethoven von seinem Verehrer und Bewunderer Franz Schubert zugeeignet« ist, dem Meister seine Aufwartung macht, wird er als eben das behandelt, was er schon lange nicht mehr ist: als ein aufstrebender junger Mann, den man gönnerhaft auf einen kleinen Fehler aufmerksam macht. Zu Unrecht ist der Wahrheitsgehalt der Geschichte angefochten worden, weil Schubert sie seinen Freunden nicht erzählt habe; das aber ist nur zu plausibel. »Schlimm«, notiert Schindler später, »ist es 1822 Franz Schubert bei Überreichung seiner dem Meister gewidmeten Variationen ergangen. Der schüchterne und zugleich wortkarge Musensohn hat, ungeachtet Diabellis Begleitung und Verdolmetschung seiner Gefühle für den Meister bei der Vorstellung, eine ihm selber mißfällige Rolle gespielt. Die bis ans Haus festbewahrte Courage hat ihn im Angesicht der Künstler-Majestät ganz verlassen. Und als Beethoven den Wunsch geäußert, Schubert möge selber die Beantwortung seiner Fragen niederschreiben, war die Hand gefesselt. Beethoven durchlief das überreichte Exemplar und stieß auf eine harmonische Unrichtigkeit. Mit sanften Worten machte er den jungen Mann darauf aufmerksam, aber sogleich beifügend, das sei keine Todsünde; indes ist Schubert, vielleicht gerade infolge dieser begütigenden Bemerkung, vollends aus aller Fassung gekommen. Erst außer dem Hause raffte er sich wieder zusammen und schalt sich selber derbe aus. Er hatte niemals wieder den Mut, sich dem Meister vorzustellen.«

Es könnte der übereifrige Joseph Hüttenbrenner gewesen sein, der die Beziehung beeinträchtigt hat, indem er das junge Genie allzu nachdrücklich exponierte. Er tat dies im August 1822 in einem Brief, der Schuberts Kompositionen dem Leipziger Verlag Peters mit dem Hinweis empfahl, der Verfasser, der »schon zum Lieblinge des hiesigen Publikums geworden ist«, sei, »kurz und ohne Übertreibung gesagt, ein zweiter ›Beethoven‹«, mit dem Zusatz: »Dieser unsterbliche Mann sagt von ihm gar, ›dieser wird mich übertreffen‹.« Das war natürlich frei erfunden. Vermutlich äußerte sich Schuberts Privatsekretär in Wiens Musikkreisen ganz ähnlich; man kann voraussetzen, daß diese Beethoven gegenüber nicht dicht hielten. Daß Schubert dem Großmeister »von jenen Exaltierten, die es wohl auch mit anderen Zeitgenossen so hielten, verdächtig gemacht wurde«, notiert Schindler 1831 im Rückblick.

Schwerlich aber hat Beethoven jemals Kenntnis von dem Lied »Herrn Joseph Spaun, Assessor in Linz« erhalten, dem hochdramatischen Klageruf der Wiener Freunde an eine der Säulen des Schubert-Kreises, den nach Linz versetzten Spaun. Auf einen Text Matthäus v. Collins (»Und nimmer schreibst du? / Bleibest uns verloren, / Ein starr Verstummter, nun für ew'ge Zeit?«) war das eine ausgedehnte und überaus gelungene Parodie jenes dramatisch-klavieristischen Stils, den Beethoven in der napoleonischen Ära zur Blüte gebracht hatte. Das im Januar 1822 komponierte opusculum ist nicht nur ein überwältigendes Zeichen für den Humor des Komponisten, den Bauernfeld ein paar Jahre später als Pierrot durch einen Neujahrsulk spazieren läßt. Das Spaun-Lied zeugt auch von der Unterminierung einer musikalischen Diktion, die bis 1814 die Höhe der Zeit behauptet hatte und nun von einer desillusionierenden Geschichtserfahrung überholt worden war; Beethoven selbst ist dessen inne.

Daß Schubert ein Jahr später in seiner Oper »Fierrabras« einen großangelegten Versuch unternimmt, den konfrontativ gespannten Gestus des »Fidelio« mit dem Chor-Geist einer naturseligen Romantik zu verbinden, steht auf einem andern Blatt seines Ringens um das Erbe des einzigen Zeitgenossen, zu dem er künstlerisch aufblickt. Im Vorfeld der Arbeit steht ein Theaterbesuch; mit einem auswärtigen Kollegen, dem Komponisten Louis Schlösser, besucht der Mann, der gerade eine Sinfonie begonnen hat, die ihren Namen davon bekommen wird, daß sie schon mit dem zweiten Satz endet, in der Hofoper den neuen »Fidelio« und zupft nach dem Ende der Vorstellung seinen Begleiter am Arm, um ihn auf den Mittleren einer Gruppe hinzuweisen, die vor ihnen geht: Beethoven. Der Abend war die Premiere einer Neueinstudierung, und ein einundzwanzigjähriger Bassist, Johann Nestroy, hatte den Minister gesungen; die Leonore ist achtzehn Jahre und heißt Wilhelmine Schröder. Zwanzig Jahre später wird sie Wagners erste Senta sein.

Schindlers Notiz über die mißglückte Notenüberreichung zeigt, wie auch Beethovens wachsende Schwerhörigkeit die Möglichkeit des Austauschs behindert. Ohnedies ist Schubert keiner, der sich gern zeigt; er steht lieber in den Kulissen als auf der Bühne. Erst, als es für Gespräche schon zu spät ist, berichtigt Beethoven das Vorurteil, das andere ihm gegenüber dem Genius der Söhne-Generation offenbar eingegeben haben; Schindler, der als Mittler fungiert, berichtet, daß er auf seinem letzten Krankenlager mit Hingabe Schuberts Lieder studiert habe. »Der große Meister, der früher nicht fünf Lieder von Schubert kannte, staunte über die Zahl derselben und wollte gar nicht glauben, daß Schubert bis zu jener Zeit (Februar 1827) deren bereits über fünfhundert geschrieben hatte. Aber staunte er schon über die Zahl, so geriet er in die höchste Verwunderung, als er ihren Inhalt kennenlernte. Mehrere Tage hindurch konnte er sich gar nicht davon trennen, und stundenlang verweilte er täglich bei ›Iphigenias Monolog‹, den ›Grenzen der Menschheit‹, der ›Allmacht‹, der ›Jungen Nonne‹, der ›Viola‹, den ›Müller-Liedern‹ und andern mehr noch. Mit freudiger Begeisterung rief er wiederholt aus: ›Wahrlich, in dem Schubert wohnt ein göttlicher Funke! – Hätte ich dies Gedicht gehabt, ich hätte es auch in Musik gesetzt!‹«

Wenn man bedenkt, daß von Schubert bis Ende 1826 in Wien immerhin sechsundfünfzig Opus-Drucke erschienen waren, darunter die Wanderer-Fantasie und zwei große Klaviersonaten, und daß Beethoven in einer Wiener Musikalienhandlung, bei Steiner im Paternostergäßchen, regelmäßig Cercle gehalten hatte, dann berührt diese Verwunderung ebenso seltsam wie das Wort vom *Funken*, dem ein Ausdruck der Eifersucht folgt, dahingehend: Wenn ich so gute Texte gehabt hätte wie der, dann hätte ich auch so schöne Lieder geschrieben! Das ist natürlich Fiktion; die Lyrik Goethes und Schillers, an der Schuberts Liederwerk sich vor allem entzündet hatte, war nicht eben neuesten Datums. Nun aber ist der Knoten gerissen, Beethoven will auch Schuberts Opern und seine Klavierwerke sehen: »Daß dieser noch viel Aufsehen in der Welt machen werde, sowie er auch bedauerte, ihn nicht schon früher kennengelernt zu haben«, ist die von Schindler übermittelte Botschaft.

Wenn Beethoven Schuberts Klavierwerke zu Gesicht bekommen hätte, dann wäre ihm eine eigentümliche Entdeckung beschieden gewesen: der Jüngere hatte ihnen die Opus-Zahlen einiger ihm spezifisch bedeutsamer Beethoven-Sonaten mit auf den Weg gegeben. Die strahlend-großartige D-Dur-Sonate von 1825 bekommt die Opusziffer der Waldstein-Sonate: 53, und jene zart gestimmte G-Dur-Sonate, der der besorgte Verleger den Namen Fantasie (und die Zerlegung in Einzelsätze) oktroyiert, bekommt die Nummer von Beethovens lyrisch webender Fis-Dur-Sonate: 78. Je weiter sich Schubert von Beethoven entfernt, um so mehr liegt ihm daran, den Werken Chiffren der Ehrerbietung wie Talismane mit auf den Weg zu geben. So nimmt es nicht wunder, daß die Impromptus von 1827 die Opusziffer einer andern Neuland eröffnenden Beethoven-Sonate tragen, an die sich Schubert 1817 in seiner e-Moll-Sonate verwandelnd angelehnt hatte: die Ziffer 90. Jenen andern vier

Impromptus aber, die erst 1839 als opus postumum gedruckt werden, schreibt Schubert die Opus-Zahl von Beethovens eminenter A-Dur-Sonate aufs Titelblatt: 101.

Nach Beethovens Tod (mit seinem Malerfreund Teltscher geht Schubert nach der Trauerbotschaft in Beethovens Wohnung und nimmt Abschied, die Erschütterung muß groß und verstörend gewesen sein) läßt Schubert sich von Schindler eine Gedichtsammlung geben, in der sich Beethoven einige Texte zur Vertonung vorgemerkt hatte; sie stammen von dem Berliner Poeten und Musikkritiker Ludwig Rellstab. Ein Jahr später komponiert Schubert diese Gedichte, den Stab aufnehmend, der Beethovens Hand entsunken war; er beglaubigt sich als dessen Erbe. Zuletzt steht es um dieses Verhältnis besser als um das zwischen Goethe und Kleist, zwischen Schiller und Hölderlin. Ein langes Nebeneinander und dann ein später Segen.

Basso ostinato

Schindler ist seit 1822 der initiative Verbindungsmann zwischen den beiden Großmeistern, dem längst erkannten und dem allenfalls halb erkannten. Wie er Beethovens Vorurteil gegen Schubert zu durchbrechen sucht, legt er andererseits »dem hartnäckigen Komponisten einige Manuskripte von Beethoven vor«. Er verbindet eine erzieherische Absicht damit: »diese Zeugnisse seltener Selbstkritik« sollen Schubert zu der »Kunst der Feile« stimulieren, die ihm nach Schindlers Meinung in der Instrumentalmusik abgeht. Hier sind Mißverständnisse am Werk, die das Schubertbild eines ganzes Jahrhunderts bestimmen; sie gründen in der Vorstellung vom »naiven« Schubert, der, wie im Bann eines Naturtriebs, »naive« Werke heckt. Aber woher soll Schindler auch wissen, wie intensiv und skrupulös Schubert an seinen opera »feilt«; dieser ist weit davon entfernt, dem wohlwollenden Schulmeister Einblick in seine Arbeitsweise zu geben. Hätte er es getan, er wäre ihm und allen andern nur um so rätselhafter erschienen. Denn das Fehlurteil kommt ja nicht nur aus dem Befremden über das Neuartige der Formbehandlung; es kommt auch daher, daß es den Zeitgenossen als unvorstellbar erscheint, daß ein Komponist, der so fabelhaft viel hervorbringt, noch dazu kommen könne, ernsthaft an seinen Werken zu arbeiten.

Schindler weiß nichts von Schuberts Fragmenten, der unvollendeten Sinfonie in der Grazer Schublade Anselm Hüttenbrenners oder den unvollendeten Klaviersonaten in Schuberts eigener Schublade; er steht nur konsterniert vor der Harthörigkeit des Komponisten, wenn es darum geht, Änderungswünsche befremdeter Hörer oder überforderter Interpreten abzuwehren. Einer dieser Berichte spielt auf dem k. k. Hof-Operntheater am Kärntnertor; Deutsch zeigt sich ihr gegenüber beirrt durch den Hinweis auf ein von Schubert komponiertes und »aus 5-6 Nummern bestehendes Libretto« von der Hand des Theatersekretärs v. Hofmann (es war derselbe, der 1820 die »Zauberharfe« zusammengeschustert hatte), das keine Spur in Schuberts Œuvre hinterlassen hat. Schubert, so Schindlers Bericht, habe diese Texte 1826 im Auftrag der Direktion komponiert, um im Zusammenhang mit seiner Bewerbung um die freigewordene Kapellmeisterstelle »seine Befähigung zum Opern-Komponisten darzutun«; der Nachweis sei daran gescheitert, daß er den Forderungen der Sängerin nach Erleichterung der Partie nicht habe nachkommen wollen.

Die zwanzigjährige Nanette Schechner, ein neuer Stern an Wiens Opernhimmel und »eine große Verehrerin von Schuberts Liedern«, sei es gewesen, die von Schuberts Komposition überfordert worden sei: »Bei fortgesetzten Klavierproben und tieferer Einsicht in den darzustellenden Charakter aber erklärte die Schechner allen Ernstes, sie müsse in der großen Arie mit Chor erliegen, wenn nicht mehrfache Kürzungen und Vereinfachungen in der Orchestration vorgenommen würden. Keinerlei Erwiderung. Der Administrator intervenierte gleichfalls, aber auch vergeblich. Man bewog nun mehrere der intimsten Freunde Schuberts, auf den störrrischen Komponisten einzuwirken, die gewünschten … Abänderungen noch vor der letzten Probe zu machen, zumal es sich schon bei der ersten Orchester-Probe gezeigt, wie massenhaft die Instrumentierung stellenweise sei und alles zu erdrücken drohe. Das Orchester sprach sich dahin aus, daß solche Massenhaftigkeit in der orchestralen Aufgabe nie dagewesen. Diese und andere Anmerkungen vermochten jedoch keineswegs Schubert zu irgend etwas zu bewegen.« Es ist dasselbe Orchester, welches in späterer Zeit (1828 und '39) Schuberts große C-Dur-Sinfonie zweimal für unspielbar erklärt, auch noch, nachdem Mendelssohn in Leipzig – er nahm sich die Freiheit kleiner Kürzungen – das Gegenteil bewiesen hat.

»So kam es«, fährt Schindler fort, »zur General-Probe, zu welcher die Administration die bei dem Institute in Amt und Würden gestandenen Kapellmeister Weigl, Gyrowetz und Kreutzer, der Aspirant Schubert hingegen eine Anzahl spezieller Freunde und Gönner geladen hatten. Alles ging gut vonstatten bis zur Arie mit Chor, deren Charakter den Ausbruch der höchsten Leidenschaftlichkeit atmete. Wie zu erwarten, so geschah es; die Sängerin, fast in unausgesetztem Kampfe mit dem Orchester, vornehmlich mit den Blasinstrumenten, wurde von den auf ihre kolossale Stimme eindringenden Massen erdrückt. Entkräftet sank sie auf einen zur Seite des Proseeniums stehenden Stuhl. Tiefes Schweigen im ganzen Hause. Spannung auf allen Gesichtern. Währenddessen sah man den Administrator Duport zu einer und der andern der auf der Bühne sich bildenden Gruppen treten, bald wieder mit der Sängerin und den Kapellmeistern insgeheim sprechen. Schubert seinerseits saß während dieser für jeden der Anwesenden beängstigenden Szene wie eine plastische Figur auf seinem Stuhle, den Blick unverwandt auf die vor ihm aufgeschlagene Partitur geheftet. Nach langer Deliberation [Beratschlagung] trat endlich Duport ans Orchester heran und äußerte in höflichem Tone folgende Worte: ›Herr Schubert! Wir wollen die Aufführung um einige Tage verschieben, und bitte ich Sie, wenigstens in der Arie die nötigen Abänderungen zu machen und es dem Fräulein Schechner zu erleichtern.‹ Mehrere der Künstler im Orchester ersuchten nun Schubert ebenfalls, nachzugeben. Dasselbe tat auch ich, ihm dicht zur Seite sitzend. Nachdem unser Mann diesen Vorgang mit sichtbar steigendem Ingrimm angehört, rief er mit erhobener Stimme aus: ›Ich ändere nichts!‹ Dies ausrufend, schlug er die Partitur laut schallend zu, nahm sie untern Arm und ging raschen Schrittes zum Hause hinaus.«

Um welches Werk und welche Arie es sich hier handelte, läßt sich aus Schuberts Werk erschließen. Offenbar irrt Schindler mit der Voraussetzung einer Probekomposition; immerhin hatte der Bewerber die fertigen Partituren zweier großer Opern in der Schublade liegen. Vermutlich hatte Schubert als Befähigungsnachweis die auf tausend Partiturseiten dreiundzwanzig Nummern umfassende und immer noch unaufgeführte Oper »Fierrabras« vorgelegt, deren Text nicht von dem Theatersekretär Hofmann, sondern von dem Theatersekretär Joseph Kupelwieser, dem Bruder von Schuberts Malerfreund, stammte. Vielleicht ging es auch gar nicht um einen Befähigungsnachweis, sondern um einen Versuch der Operndirektion, diese Partitur zur Aufführung zu bringen; darauf deutet auch ein Brief Schuberts vom Mai 1826, in dem er Bauernfeld aus Wien berichtet: »Man hat hier meine Opernbücher verlangt, um zu sehen, was damit zu machen sei.« Die Wahl wird auf »Fierrabras« gefallen sein.

Die Arie, an der die Schechner scheiterte, der zweifellos die weibliche Hauptrolle zugedacht war, eine Partie von der Stimmlage und den Ansprüchen der Beethovenschen Leonore, – diese Arie war sehr wahrscheinlich die Nummer 13 der Partitur, ein Allegro furioso von höchsten stimmlichen Anforderungen; in seiner Rebellion gegen die Vater- und Herrschermacht des Emirs Brutamonte bildet das von vier Hörnern, drei Trompeten und zwei Posaunen, dazu einer Pauke akkompagnierte Gesangsstück das dramatische Zentrum der Oper. Aber auch die Nummer 21 (Arie mit Chor) kommt für die Überforderung der Sängerin in Frage, die, um der Rolle zu genügen, ein hochdramatischer Mezzosopran wie die Milder oder die Schröder-Devrient hätte sein müssen. Daß Mlle. Schechner »viel Ähnlichkeit mit der Milder« habe und darum »gut für uns sein« könne, bemerkt Schuberts Mai-Brief, der vor der von Schindler beschriebenen Szene liegt. Seine Erfahrung in jener Probe war vermutlich, daß die Stimme der Schechner für die Florinda-Partie nicht ausreiche, – und seine Erwartung, daß die Direktion daraus die Folgerung einer Umbesetzung ziehe; statt dessen erging an ihn das Ansinnen, die Komposition nach den Stimmverhältnissen des Jungstars einzurichten. Bis heute wartet die exorbitante Partie auf die Sängerin von Leonoren-Qualitäten, die sie in den ihr gebührenden Rang im Reich der deutschen Oper einsetzt. Und noch immer sitzt Schubert stumm und verwundert abseits und ist entschlossen, nichts an den Noten zu ändern.

Schindlers Ahnungslosigkeit gegenüber Schuberts Arbeitsweise bündelt sich in dem sauertöpfischen Motto, das er dem zweiten Kapitel seiner Erinnerungen von 1857 voranstellt: »Gleichgültigkeit gegen Lob und Tadel ist keine Tugend, wohl aber eine Untugend.« Denn was den Dingen die Krone aufsetzt: auch gegen Lob verhält dieser Komponist sich spröde. Es gibt ein besonderes Zeugnis dafür, einen Reisebrief Schuberts an seine Eltern, die ihm von einem Brief Anna Milders, der berühmten Sängerin (sie war 1805 Beethovens erste Leonore gewesen und hatte früh Schuberts Begeisterung erweckt), Mitteilung gemacht hatten. Anna Milder-Hauptmann, die 1816 von der Wiener an die Berliner Oper gegangen war, hatte in Berlin zwei Goethe-Lieder, den »Erlkönig« und das ihr von Schubert als 31tes Werk gewidmete Suleika-Lied »Ach um deine feuchten Schwingen«, vorgetragen und dem Komponisten eine Rezension des Konzertes gesandt, die Vater Schubert dem durch Oberösterreich ziehenden Sohn als rühmlich beschreibt. Der aber ist vorsichtig. »Was den Brief der Milder betrifft«, schreibt er am 25. Juli 1825 aus Steyer, »so freute mich die günstige Aufnahme der Suleika sehr, obwohl ich wünschte, daß ich die Recension selbst zu Gesicht bekommen hätte, um zu sehen, ob nicht etwas daraus zu lernen sei; denn so günstig als auch das Urtheil sein mag, eben so lächerlich kann es zugleich sein, wenn es dem Recensenten am gehörigen Verstande fehlt, welches nicht gar so selten der Fall ist.«

Der stolze Vater schreibt dem Künstler-Sohn, mit dessen freischaffender Daseinsform er sich ausgesöhnt hat, wie preisend man sich in der Ferne über ihn auslasse, der aber bleibt kühl; Lob als solches interessiert ihn überhaupt nicht. Er wird dann im Schulhaus in der Roßau die Besprechung vorgefunden haben; hat er den Rezensenten der »Berlinischen Zeitung« als verständig eingestuft? »Franz Schubert in Wien«, hatte dieser geschrieben, »ist ein sinniger, die Modulation liebender Gesang-Komponist, der Suleika aus dem westöstlichen Divan besonders für Mad. Milder in Musik gesetzt und ihr das Manuskript zugeeignet hat. Wenn auch diese Tondichtung über die Liederform hinausgeht, und die fünf Verse des schönen Gedichts durchkomponiert sind, so ist dennoch der orientalische Geist desselben auch in der Musik gelungen aufgefaßt und wiedergegeben. Die zarte Melodie der von Mad. Milder mit innigem Gefühl vorgetragenen Singstimme erhält durch die ganz eigentümliche Pianoforte-Begleitung (von der Schwester der Sängerin … mit vieler Fertigkeit ausgeführt) ein helleres Kolorit. Das Wehen des sanftes Westes, und die Sehnsucht zarter Liebe wird in diesen Tönen treffend versinnbildet.« Schubert wird sich über den »orientalischen Geist« erheitert und die Darstellung im ganzen zwar platt, aber unverächtlich gefunden haben.

Eine andere Besprechung des Konzertes sandte Frau Milder an eine alte Freundin, Frau v. Willemer in Frankfurt am Main, und das war – einer nur wußte es – die Verfasserin des Liedes, Goethes Suleika, die zu dem »Divan« ihres poetischen Anbeters zwei Texte beigetragen hatte, Verse von höchster, Goethe ebenbürtiger Inspiration. Schubert hat 1821 beide vertont (und sie dann getrennt veröffentlicht); das erste von ihnen, »Was bedeutet die Bewegung?« (»Ostwind« hatte es die Verfasserin überschrieben), wird in seiner Vertonung zu einer ihren Text atemraubend versinnlichenden Liebesmetaphysik. Marianne v. Willemer ließ sich das als op. 14 (zusammen mit dem von Goethe selbst stammenden Suleika-Lied »Geheimes«) veröffentlichte Lied von einer Frankfurter Musikalienhandlung zustellen und schrieb Goethe davon, ohne den Komponisten zu erwähnen: »Am frühen Morgen schickte ich in einen Musikladen und ließ mir das herrliche Lied ›Herz, mein Herz, was soll das geben‹ von Beethoven holen, und man sendete mir zugleich eine recht artige Melodie auf den Ostwind und Geheimes im

Diwan ...« Wie gut, daß Schubert *dies* Lob verborgen geblieben ist.

Auch im Hause Pinterics nimmt er es mit Zustimmungsäußerungen sehr genau; auch in Lobeserhebungen scheut er das Leitseil, von dem er sich in der überströmend reichen Arbeit der frühen Jahre und dem ihnen folgenden skrupulösen Innehalten ein für allemal freigemacht hat. Schindler, dessen Erinnerungen an Schubert durch eine Verbindung von Scharfblick und Verständnislosigkeit ergiebig sind, reibt sich an diesen Autonomiebekundungen; just sein Befremden führt zu einer genauen Beschreibung: »Sehen wir den eigentümlichen Mann gegen jeden sogar vorsichtig überzuckerten Tadel kehrtmachen, so ging er doch in der Gleichgültigkeit gegen Lobesäußerungen fast noch weiter. Ich entsinne mich nicht, jemals gesehen zu haben, daß er nur eine Miene verzogen hätte, wenn über eines seiner Werke ein verdientes Lob aus Herzensgrunde laut wurde. So stark gepanzert gegen ein lobendes Wort war selbst Beethoven nicht, nur mußte es sehr vorsichtig und im passenden Momente angebracht sein. Schubert stellte die hohen Anforderungen an sich selbst und die Werke der Klassiker dem ihm gespendeten Lobe gegenüber, und damit war der Faden der Diskussion entzweigeschnitten.«

Das Genie ist Maß seiner selbst. Es schreibt sich, nicht andern zu Genüge; auf deren Widerhall angewiesen, steht es doch jenseits von deren Urteil und fürchtet die Schlingen, die Geschmack und Kennerschaft um seine Füße werfen. Sein höchstes Gut ist Freiheit, Schindler hat ein Gefühl dafür. »Freiheit und Unabhängigkeit nach jeglicher Richtung hin«, schreibt er über Schubert, »war die Devise seines Tuns und Lassens, der Basso ostinato seines künstlerischen Denkvermögens.« An keiner Stelle seiner zahlreichen Äußerungen über Schubert webt dieser Autor an dem diminutiven Bilde, mit dem eine verwirrte Nachwelt sich Schuberts Erscheinung verstellte. So ratlos Schindler vor dessen Instrumentalmusik steht, so kundig-vehement setzt er die epochale Bedeutung von Schuberts Liederwerk ins Licht und fordert die Aufführung seiner Opern ein. Als der »würdige Jünger des großen Meisters« erscheint ihm

Schubert 1831 in einem großen Aufsatz für die Wiener Theaterzeitung, »wohl der würdigste, und nur mit soviel Geist und Talent begabt konnte er es wagen, in seine gewaltigen Fußstapfen zu treten, ohne wie Phaethon, von dem Licht der Sonne geblendet, anderen gleich darniedergeschmettert zu werden«. »Schubert«, zieht Schindler die Summe seiner Zeit, »hat, wie Mozart und Beethoven das Zeugnis mit hinübergenommen, daß die erschütterndsten und drückendsten Zeitumstände, die wir durchlebten, sowie der hochgesteigerte Ideenumschwung, der auf den größten Teil seiner Kunstbrüder nachteilig einwirkte und, vereint mit den Zeitverhältnissen, ein ihre physischen und geistigen Kräfte übersteigendes Streben und Drängen nach etwas hervorrief, was der Natur und Wahrheit schnurstracks entgegen ist, nicht vermögend waren, seinem Genius Fesseln anzulegen und ihn aus dem Geleise des Guten, Wahren und Schönen in jenes der Weichlichkeit und Flachheit hinüberzustoßen, in welchem sich kein starker Geist fruchtbringend bewegen kann.« Deutlicher konnte man wirklich nicht sein.

Mozart, der kaiserlich-königliche Kammerkompositeur, hatte als Dreißigjähriger ein bescheidenes, aber regelmäßiges Einkommen gehabt, das durch Konzert- und Auftragshonorare wesentlich vermehrt worden war; Beethoven hatte in jungen Jahren als Virtuose geglänzt und verfügte in späteren Jahren über den Rückhalt fürstlicher Mäzene. Schubert kommt ohne das eine oder das andere aus; er ist freier von Konzert- und Amtsverpflichtungen, als es je vor ihm ein Komponist gewesen war. Seine Versuche, eine Anstellung zu erhalten, scheitern mehr als einmal, und in späteren Jahren, als nicht mehr die Verbindung mit Therese Grob, der Jugendliebe aus der Rossau, daran hängt, mag es ihm nicht unlieb gewesen sein. Manchmal allein wohnend, dann wieder bei Freunden oder im väterlichen Schulhaus unterkommend, erhält er eine Lebensform aufrecht, die ganz auf das Werk ausgerichtet ist. »Er hätte sollen Klavierunterricht geben«, meint Spaun, der Urfreund aus Konviktszeiten, im Rückblick, »um sich Erwerb zu verschaffen, allein das war ihm eine bittere Aufgabe. Den Vormittag drängte es ihn zu komponieren, am Nachmittag wollte er ruhen und im Sommer in das Freie gehen.«

Schindler, der immer Beethoven zum Vergleich hat, den nicht besonders umgänglichen Mann, sieht es mit Tadel und Erstaunen: »Gestützt auf ein Minimum materieller Bedürfnisse – im besten Verhältnisse zu dem Maximum seines Unabhängigkeits-Bedürfnisses –, sprachen sich diese Eigenschaften in nicht wenigen Fällen des gesellschaftlichen Verkehrs in einem hohen Grade von Eigensinn aus, der oftmals in Starrsinn ausgeartet ist. Man würde aber diesem Charakterwesen sehr irrig ein Übermaß künstlerischen Selbstgefühls oder gar Überschätzung unterstellen. Seine bei allen Gelegenheiten bewiesene Pietät für die Klassiker, sein rastloses Streben liefern Beweise genug gegen solche Unterstellung. Eigensüchtiges Interesse, Ruhmsucht, die nicht wenig Künstler zur Tätigkeit anspornen, waren für unsern Schubert ungekannte Begriffe; seine so viel nur möglich behauptete Verborgenheit, sein Wandel überhaupt zeugen für die Reinheit seiner Gesinnungen zu Genüge.« Woran sich wiederum eine Schelte auf die Schubertsche Instrumentalmusik anschließt.

Freiheit und Unabhängigkeit als »Basso ostinato seines künstlerischen Denkvermögens« – wo immer Schubert sich eine dichterische Gelegenheit bietet, diese Elementarbedingung seines Daseins musikalisch auszusprechen, entstehen Lieder von einer Freudigkeit, einer Lebensheiterkeit ohnegleichen. Nicht selten erwachsen sie der Verbindung mit jenem elementarischen Motiv, das schon in den »Jüngling am Bache« einfloß, dem Naturmotiv des strömenden Wassers. Solche Schöpfungen, musikalisch von der gleichen Inspiriertheit wie die Klage und Sehnsucht singenden, erscheinen auf allen Lebens- und Schaffensstufen. Des Freiherrn von Salis-Seewis »Fischerlied« wird 1816 zum ersten Mal vertont, vermutlich im Umkreis jenes 17. Juni, an dem Schubert in sein Tagebuch schreibt: »An diesem Tag componirte ich das erste Mahl für Geld. Nämlich eine Cantate für die Namensfeyer des H. Professors Wattrot von Dräxler.« (Die honorierte Musik war die der »Prometheus«-Kantate.) »Das Fischergewerbe / gibt rüstigen Mut! / Wir haben zum Erbe / Die Güter der Flut. / Wir graben nicht Schätze, / Wir pflügen kein Feld; / Wir ernten im Netze, / Wir angeln uns

Geld«, geht die erste Strophe des vielstrophigen Cantus, und nach einer jeden Strophe fügt der Komponist ein langgezogenes Tralala an. In der dritten, musikalisch reicheren und geschmeidigeren Vertonung von 1817 (zwischen beiden setzt Schubert den Text für ein übermütiges Männer-Quartett) tritt ein beschwingtes Klaviernachspiel an dessen Stelle.

»Fischerweise« ist ein anderes dieser Lieder, die die schöpferische Wasserlust feiern. »Den Fischer fechten Sorgen / Und Gram und Leid nicht an«, hebt der Text des Freundes und einstigen Konviktsgenossen Franz v. Schlechta an (es ist derselbe, der 1817 die »Prometheus«-Kantate besungen hatte); die in drei Doppelstrophen gegliederte Komposition von 1826 steigert eine sprühend-heitere Gesangsbewegung zu aufschwingendem Jubel, wiederholt diese Tongestalt und variiert sie zuletzt wie szenisch; eine überflüssige Strophe wird einfach weggelassen. Einige Jahre früher hat das »Wandern« am Eingang der »Schönen Müllerin« das Wasser des Lebens auf seine Weise berufen; in Sechzehnteln rieselt es in der Klavierbegleitung. Es ist eines Müllers Lust, der ein anderer Wanderer ist als jener, der einst »vom Gebirge her« kam. Auch dieser kommt nicht zum Ziel, aber er ist dessen froh: »Herr Meister und Frau Meisterin, laßt mich in Frieden weiterziehn«.

Daß dem lustvoll berufenen Element auch eine erotische Bedeutung zukommt, wird nirgendwo deutlicher als in Schuberts berühmtestem Wasser-Werk, das Schubarts, des württembergischen Literatur-Märtyrers, Gedicht »Die Forelle« folgt und mit Voyeurs-Behagen die Geschichte einer Verführung schildert. Die Forelle (zwei weggelassene Strophen machen es deutlich) ist ein junges Mädchen, das in dem ungetrübten Wasser ihrer Jungfräulichkeit schwimmt, bis dieses sich trübt, »die Rute zuckt« und der Fisch – das Mädchen – an der Angel hängt. Der Beobachter, der der Dichter ist, sieht es »mit regem Blute« und so der ungetrübt mitgehende Komponist. Aber diese erotisch-sexuale ist nur eine Bedeutung des strömend-bergenden Elements, das sich immer wieder als ein Gleichnis von Künstlerlust und Schöpferkraft entfaltet. »Wie Ulfru fischt« ist ein Tongebilde von übermütiger Zartheit und stupendem musikalischen Reichtum, dessen Text von Mayrhofer stammt, Schuberts Freund und zeitweiligem Zimmergenossen, der sich in dem Zwiespalt seiner Existenz an dem produktionsmächtigen Jüngeren aufrichtet. Auch »Der Schiffer« stammt von ihm; beide Lieder fallen in das Jahr 1817. »So mußte es kommen«, singt mit wellenbrechendem Selbstvertrauen, »geschwind und feurig«, der Schiffer:

> So mußte es kommen, ich hab es gewollt.
> Ich hasse ein Leben, behaglich entrollt;
> Und schlängen die Wellen den ächzenden Kahn,
> Ich priese doch immer die eigene Bahn.

Ulfru aber identifiziert sich mit bezwingendem melodischen Tonfall (das Klavier unterlegt ihm eine strömende Bewegung, in die zuweilen die Drohung der Angel zuckt) mit den »Fischlein unterm weichen Dach«, die kein Sturm vom Lande erreicht; Fischers List wird an ihnen zuschanden:

> Forellen zappeln hin und her,
> Doch bleibt des Fischers Angel leer.
> Sie fühlen, was die Freiheit ist,
> Fruchtlos ist Fischers alte List.

»Kennen Sie eine lustige Musik?« soll Schubert 1824 den Komponisten Josef Dessauer beruhigt haben, als dieser befürchtete, ein allzu melancholisches Lied komponiert zu haben. Was in diesen Liedern laut wird, ist keine lustige, aber eine freudige Musik; sie läßt das Lebensgefühl dessen Klang werden, der, in aller Gefährdung, einen Weg gefunden hat, dem Dach der festen Verhältnisse, der bürgerlichen Verpflichtungen zu entgehen und seiner Schöpfernatur zu leben, untergetaucht in die Freiheit.

FÜNFTES HAUPTSTÜCK

Wo ein Traum und eine
Oper in Sicht kommen
und der Komponist
mehrere Gedichte verfaßt

Rhythmen der Erleuchtung

Genie, das Wort, das, selbst noch jung, über Goethes Anfängen leuchtet, das der Fünfzigjährige fast apodiktisch behauptet, indem er doch schon die Macht der Zeit ins Spiel bringt, dem Jahrhundert des Genies das Genie des Jahrhunderts attachierend, – der Zweiundachtzigjährige nimmt das Wort wieder auf, um es mit einem scheinbar konträren Begriff zu verbinden, dem des Kollektiven. Kein Künstler, sondern ein Politiker gibt den Anlaß: Mirabeau, über den in Frankreich gerade ein Buch erschienen ist, das den Anteil anderer an seiner Leistung ins Licht setzt und darum einigen Lesern das Bild ihres Helden zu verkleinern scheint. Das findet Goethe ganz unsinnig. »Die Franzosen erblicken in Mirabeau ihren Herkules«, sagt er zu Friedrich Soret, dem Erzieher der Weimarischen Prinzen, »allein sie vergessen, daß auch der Koloß aus einzelnen Teilen besteht und daß auch der Herkules des Altertums ein kollektives Wesen ist, ein großer Träger seiner eigenen Taten und der Taten anderer.«

»Selbst das größte Genie würde nicht weit kommen, wenn es alles seinem eigenen Innern verdanken wollte«, fährt er fort und erklärt seinem Zuhörer, wieviel er selbst andern verdanke, wie er weiter nichts zu tun gehabt habe, »als zuzugreifen und das zu ernten, was andere für mich gesäet hatten«. Genie als eine Kraft, deren Wesen darin besteht, viele Wasser auf ihre Mühlen zu leiten – die Idee der Persönlichkeit ist in dieser Vorstellung vollkommen behauptet (von dem »Wunder Mirabeau« ist die Rede, von dem »Dämon seiner gewaltigen Natur«), aber sie ist auf ein Gemeinschaftlich-Umgreifendes bezogen, in deutlicher Umkehrung des Sinnes, mit dem das Wort einst ins geistige Leben getreten war.

Vier Jahre zuvor, in einem Gespräch mit Eckermann, hatte Goethe das Wort aufgegeben, um den Begriff um so fester zu stellen; auch damals hatte ein politischer Schöpfergeist den Bezugspunkt abgegeben: Napoleon. Von der »Produktivität der Taten« war hier die Rede, »die in manchen Fällen noch um ein Bedeutendes höher« stehe als das Schreiben von Gedichten und Schauspielen, davon, daß »Napoleon einer der produktivsten Menschen war, die je gelebt haben«. »Sie scheinen«, sagt Eckermann an diesem 11. März 1828, »in diesem Fall Produktivität zu nennen, was man sonst Genie nannte.« »Beides«, lautet die Antwort, »sind auch sehr naheliegende Dinge. Denn was ist Genie anders als jene produktive Kraft, wodurch Taten entstehen, die vor Gott und der Natur sich zeigen können und die eben deswegen Folge haben und von Dauer sind.«

Auch die Kunst kommt in Sicht, und die Musik zuerst: »Alle Werke Mozarts sind dieser Art; es liegt in ihnen eine zeugende Kraft, die von Geschlecht zu Geschlecht fortwirkt und so bald nicht erschöpft und verzehrt sein dürfte.« Über Phidias und Raffael, Dürer und Holbein geht es zu Luther, »ein Genie sehr bedeutender Art«: »Er wirkt nun schon manchen guten Tag, und die Zahl der Tage, wo er in fernen Jahrhunderten aufhören wird produktiv zu sein, ist nicht abzusehen.« Man beachte das Präsens: produktiv zu *sein*; die fortwirkende Produktivität zeigt sich als gegenwärtige, auf allen möglichen Feldern. »Es gibt«, resümiert der Weimarische Weltbetrachter, »kein Genie ohne produktiv fortwirkende Kraft, und ... es kommt dabei gar nicht auf das Geschäft, die Kunst und das Metier an, das einer treibt: es ist alles dasselbige. Ob einer sich in der Wissenschaft genial erweist ... oder im Krieg oder in der Staatsverwaltung ... oder ob einer ein Lied macht, wie Béranger, es ist alles gleich und kommt bloß darauf an, ob der Gedanke, das Aperçu, die Tat lebendig sei und fortzuleben vermöge.«

Zeugende Kraft, das ist die etymologisch exakte Übersetzung

von Genius. Zu ihrem Maß wird die Wirkung in der Zeit und durch die Zeiten. Erscheint das Genie in dem Gespräch mit Soret wie ein Strom, der alle Gewässer einer Zeit-Landschaft in sich aufnimmt, so in diesem früheren als eine Kraft, die ihrem Zeitalter »ein Gepräge aufdrückt, das noch in nachfolgenden Geschlechtern kenntlich« bleibt. Das sind zwei Seiten einer Erscheinung. Das eine Mal empfängt das Genie seine *Leistung* vom Kollektiv, das andere Mal seinen *Begriff*. Einmal bündelt es die Leistung des Ganzen und fungiert als dessen Organ, zum andern ist es die Kraft, welche dem Ganzen seinen Stempel aufdrückt. Auch an Schubert erfüllen sich beide Seiten; er ist der Mann, der in frühestem Jugendalter an begünstigter Stelle die ganze Musik seines Zeitalters, keineswegs nur die deutsche, sondern auch die italienische und die französische, kennenlernt (was fehlt, ist das Barock: Bach und Händel), und in späteren Jahren in der Gestalt Beethovens den Mann neben sich hat, der das Maß setzt und die Hürde des Weiterschreitens vorgibt. Von seinem siebzehnten Jahr an beschäftigt er eine ganze Freundesschar, um sein Liederwerk mit der Dichtung des Zeitalters zu nähren. So sammelt sich in seinen Händen der Musik-Stoff der Epoche, um umgeformt, umgeschmolzen zu werden – zu etwas, das bleibt, da es Zukunft eröffnet. Denn der Genius ist janusköpfig, er ist, mit Nietzsche gesprochen, »kein reaktiver, sondern ein schließender und vorwärtsführender Geist«. Sein eines Gesicht blickt zurück und vereinigt das Vorhandene in sich; das andere sieht nach vorn, neue Welten formend und vorbereitend. Und das Seltsame begibt sich: erst, nachdem sich von Chopin und Schumann bis zu Bruckner und Mahler die vorwärtstreibenden Kräfte dieses Werkes erfüllt haben, kommt dies in seiner wahren Dimension zum Bewußtsein der Nachwelt.

Sammelbecken und Prägestempel – Goethe pointiert jeweils eine dieser Seiten; das Wort, an dem der Individualismus seines Ursprungs haftet, wird das eine Mal aufgegeben, das andere Mal umgewendet. Was an seine Stelle tritt, klingt bei Brecht nach, der ein Jahrhundert später, ahnungslos, in wessen Spuren er wandelt, diese Goethesche Kategorie auf den Schild hebt: Produktivität.

Ein Wort, ein Begriff, der, hundert Jahre nach dem Westfälischen Frieden, ein neues Zeitalter eingeläutet hatte, das in Deutschland zugleich die Epoche geistiger Nationwerdung gewesen war, hat seine Schuldigkeit getan. Was es mit sich führte, ist durchgedrungen, so kann es aus seinem Dienst entlassen werden; der alte Goethe tut es mit umfassender Gebärde. Dabei fällt vieles Erhellende ab über die besondere Beschaffenheit dessen, was einst Genie hieß und nun, streng überpersönlich, Produktivität. Und das ist, als das objektivere, das majestätischere Wort, denn was gemeint ist, ist ja: Produktivität des Genies.

Eckermanns Schlaf ist der Ausgangspunkt. Der Adlatus wird von Träumen geplagt und tut nichts dagegen; das mißfällt Goethe: »Aber laßt es nicht länger so fortschlendern, sondern tut dazu!« Er foppt den Gehilfen mit Tristram Shandy, dem Romanhelden, dessen Vater, ein halbes Leben lang durch eine knarrende Tür gestört, »nicht zu dem Entschluß kommen konnte, seinen täglichen Verdruß durch ein paar Tropfen Öl zu beseitigen«. »Aber so ist's mit uns allen! Des Menschen Verdüsterungen und Erleuchtungen machen sein Schicksal! Es täte uns not, daß der Dämon uns täglich am Gängelbande führte und uns sagte und triebe, was immer zu tun sei. Aber der gute Geist verläßt uns und wir sind schlaff und tappen im Dunkeln.«

Die knarrende Tür als des Menschen Schicksal – wer ihr dauernd zu entrinnen weiß, ist der Halbgott: »Da war Napoleon ein Kerl! Immer erleuchtet, immer klar und entschieden, und zu jeder Stunde mit der hinreichenden Energie begabt, um das, was er als vorteilhaft und notwendig erkannt hatte, sogleich ins Werk zu setzen. Sein Leben war das Schreiten eines Halbgottes von Schlacht zu Schlacht und von Sieg zu Sieg. Von ihm könnte man sehr wohl sagen, daß er sich in dem Zustande einer fortwährenden Erleuchtung befunden.«

Die Psychologie hat die beiden Dispositionen, die Goethe hier in Sicht bringt, nachmals auf einen handlichen Namen gebracht; mit Ernst Kretschmer, dem Konstitutionspsychologen, nennt sie zyklothym die »Neigung zu seelischen Periodenschwankungen« (sie ist oft mit dem pyknischen Körperbau verbunden) und schizothym die gegen Schwankungen resistente

Rhythmen der Erleuchtung 235

Veranlagung zum Autismus, die sich, nicht ganz so ausgeprägt, an die asthenische (leptosome) Konstitution heftet. Die schizothyme Disposition, so Kretschmer, bringe zwischen dem Typus des Überempfindlichen (Hyperästhetikers) und des Unempfindlichen (Anästhetikers) die »Mittellage der Kühl-Energischen und Systematisch-Konsequenten« hervor; Napoleon ist ihr zuzurechnen, indes Goethe weitgehend dem zyklothymen Typus angehört. Beide Gruppen sind von einem Dualismus der Stimmungslagen und Lebenshaltungen bestimmt; in dem zyklothymen Fall erscheint dieser, bis hin zu dem Grenzfall des Manisch-Depressiven, im zeitlichen Nacheinander; in dem schizothymen Fall zeigt er sich, bis hin zu dem Grenzfall der Schizophrenie, als ein Zugleich und Nebeneinander innerhalb des einzelnen Selbstbewußtseins.

Schuberts äußere Erscheinung deutet mit Entschiedenheit auf den pyknischen Typus, ja sie ist geradezu die Inkarnation dieses Typus. Seine seelische Disposition ordnet sich dem zyklothymen Erscheinungsbild zu; sie verweist auf jene Untergruppe, die Kretschmer, zum Unterschied von den »Heiter-Beweglichen« und den »Realistisch-Humoristischen«, die »Schwerblütig-Weichen« nennt. Finden sich auch bei ihm die zyklothymen Produktivitätsschwankungen, das Auf und Ab zwischen Verdüsterung und Erleuchtung, zwischen manischen Phasen entfesselten Schaffensdranges und depressiven der Stockung und Leere? Der achtzehn-, der neunzehnjährige Schubert kann immer arbeiten und arbeitet immer; in den vier Jahren nach seinem Abgang aus dem Konviktsgymnasium entstehen fünfhundert Werke, darunter fünf Sinfonien, vier Messen und sechs Singspiele bzw. Opern. Es ist glaubhaft, daß dieser Musikvulkan immer schon sechs Uhr früh zu rauchen beginnt und bis gegen eins darin fortfährt; erholt er sich dann beim Unterrichtgeben im väterlichen Schulhaus?

Doch Anfang des Jahres 1818, nach Vollendung der sechsten Sinfonie, an der er ungewöhnlich lange, fast fünf Monate, gearbeitet hat, tritt eine Stockung ein, die erst während des Aufenthalts in Ungarn weicht; zwischen Februar und Juli 1818 hat Schubert nach dem Maß vorangegangener Jahre ungewöhnlich wenig komponiert. Nimmt ihn das Verhältnis zu Therese Grob in Anspruch, der stimmbegabten Nachbarstochter, die – es ist anzunehmen – unter dem Druck ihrer verwitweten Mutter steht, das halbe Verlöbnis mit dem komponierenden Schulgehilfen, der keine Aussicht auf ein bürgerliches Auskommen hat, zu lösen? Zwei Fragmente aus dem Frühjahr 1818 – eine Klaviersonate und eine Sinfonie kommen nicht über den Entwurf hinaus – zeugen von künstlerischen Schwierigkeiten, und auch während des Zselizer Aufenthalts, der ihm mit der Klaviermusik zu vier Händen einen kompositorischen Ausweg eröffnet (es ist die Beethoven-Klemme, in der er sich fühlt), läßt Schubert eine Sonate unvollendet. Es ist die in f-Moll, in ihrer träumerischen Eleganz, ihrer kantablen Rhapsodik eine seiner schönsten Klavierkompositionen.

Nach der Rückkehr verweigert Schubert die weitere Schullaufbahn und zieht zu Mayrhofer in die innere Stadt. Dieser schwierige Poet ist einer seiner nahen Freunde; als Siebzehnjähriger hat er erstmals ein Lied des um zehn Jahre Älteren komponiert. Wenig später – im Dezember 1814 – lernt er ihn durch Joseph v. Spaun kennen; für beide ist die Begegnung folgenreich. Mayrhofer, dem – man kann es mutmaßen – homoerotische Neigungen das Leben schwermachen, hatte in jungen Jahren Zuflucht bei der katholischen Kirche gesucht und war Kleriker im Stift von St. Florian geworden. Dann war er ausgebrochen und hatte in Wien Jura studiert; als er Schubert in das Zimmer aufnimmt, in dem er zur Untermiete bei der Witwe Sanssouci wohnt, hat er eine untergeordnete Beamtenstelle beim Bücherrevisionsamt, der zentralen Zensurbehörde der Monarchie, inne, einem Dauerkonflikt preisgegeben, der den hageren Mann mit der satirischen Ader und dem ausgeprägten Profil vollends ins Düstere setzt. Sein Vorgesetzter, Sartori mit Namen, ist nebenberuflich Herausgeber des »Mahlerischen Taschenbuchs für Freunde interessanter Gegenden«, eines gewiß unverfänglichen Periodikums, und erwirbt sich als solcher das historische Verdienst, der erste zu sein, der eine Komposition Schuberts in Druck gegeben hat: das Lied »Am Erlafsee«, das – auf Worte Mayrhofers – eine besonders interessante Gegend besang und im Herbst 1817 für dieses Jahrbuch komponiert wurde.

1820 rückt Mayrhofer in eine feste Position ein, und wenig später verläßt Schubert die gemeinsame Behausung; der von einem leidenschaftlichen Freiheitssinn durchdrungene Lyriker ist, im Rang eines dritten Zensors, Revisor geworden. Aber was bringt ihn dazu, die Stelle anzunehmen? Ist es nackte Existenznot (den 1820 nach Tirol »abgeschafften« Senn zwingt sie dazu, erst Soldat und dann Kanzleischreiber zu werden), ist es die Erwägung, andere, Dümmere von dieser Funktion fernzuhalten, oder ist ein Stück Selbstkasteiung dabei, das ihn dazu bringt, bei andern zu verfolgen, was er sich selber versagen muß? Daß Mayrhofer ein besonders strenger Zensor gewesen sei, ist nicht mehr als eine Nachrede. Wie dieser sich einmal Luft machte im Freundeskreis, hat Eduard v. Bauernfeld in einem lyrischen Nachruf auf den Dichter beschrieben, der sich 1836, offenbar einer jähen Eingebung folgend, aus einem Dachfenster seines Amtsgebäudes zu Tode stürzte. »Ein Wiener Zensor« heißt das Gedicht von 1858; es erzählt, wie Mayrhofer, mit viel Wein aus der Reserve gelockt, eine glühende Rede über Österreich und seine geschichtlichen Glücks- und Unglücksfälle hält; dann blickt er mit großem prophetischem Bild in die Ferne:

> Nach Jahrtausenden vielleicht erst,
> Über all' die Leichenhügel
> Flattert, jetzt noch Puppe, Menschheit,
> Als ein Falter mit dem Flügel.
>
> Doch in jedem der Jahrhundert'
> Treibt und wächst der Puppe Leben,
> Und zum Licht empor zu dringen
> Ist ihr innerstes Bestreben.

Von Heliopolis, der Sonnenstadt, einem leuchtend-unerreichbaren Utopia, handeln zwei Gedichte Mayrhofers, aus denen Schubert machtvolle Gesänge gemacht hat. Sie sind ein später Höhepunkt seiner zahlreichen Vertonungen von Gedichten des

Freundes und entstehen zu einer Zeit, da er aus dem Zimmer bei der Witwe Sanssouci wieder ausgezogen ist. Dreiunddreißig Mayrhofer-Gedichte hat Schubert vor der Zeit des Zusammenwohnens vertont, *während* ihrer nur neun – tragisch pathetische Texte, in denen der Autor das erotische Zentralproblem seiner Existenz (Schubert teilt es nicht mit ihm) in antikische Gewänder hüllt. »Der entsühnte Orest« gehört dazu und »Die zürnende Diana« – ein Lied, an dessen Ende der von der Göttin tödlich Getroffene (er hat sie unbefugt nackt gesehen) selig verblutet. Keins dieser Lieder hat Schubert wirklich inspiriert; es sind, wie das Pichler-Lied vom »Unglücklichen«, Kunstlieder auf Kunstgedichte. Erst die Heliopolis-Texte und die ihnen verschwisterten »Nachtviolen« geben ihm wieder den zwingenden musikalischen Gestus ein.

Daß diese beiden grundverschiedenen Naturen unter der Obhut der Witwe mit dem sorglosen Namen nicht reibungslos zusammenlebten, hat Mayrhofer später beschrieben: »Wir neckten einander auf mancherlei Art und wendeten unsere Kanten zur Erheiterung und zum Behagen einander zu. Seine frohe, gemütliche Sinnlichkeit und mein in sich geschlossenes Wesen traten schärfer hervor und gaben Anlaß, uns mit entsprechenden Namen zu bezeichnen, als spielten wir bestimmte Rollen. Es war leider meine eigene, die ich spielte!« Schubert, in einer Großfamilie aufgewachsen, zu der auch noch eine Schule gehörte, ist von unbeirrbarer Konzentrationsfähigkeit; trotz dieser Unstörbarkeit, die sein vielfaches Bei-andern-Wohnen erst ermöglichte, war der Komponist vermutlich froh, wenn sein Zimmergenosse morgens aufs Amt ging und ihm seine Arbeitsruhe ließ. Denn sein Lebensrhythmus ist von Thomas Mannscher Regelmäßigkeit. Dieser Komponist ist ein Vormittagsarbeiter, der nun etwas später aufsteht als ehedem im Schulhaus; täglich von neun bis zwei vollbringt er sein Pensum am Schreibpult. Dann geht er unter Menschen oder in die Natur, um sich, wie Goethe sagt, zu »depotenziieren«: die Anspannung des Vormittags hinter sich zu lassen und Raum zu schaffen für jenes innere Weiterarbeiten, dessen Voraussetzung äußere Zerstreuung ist. Seit Zseliz sprudelt die Quelle wieder, aber in gebändig-

Rhythmen der Erleuchtung 239

tem Maß; der Umfang des Schubertschen Schaffens ist deutlich geringer geworden. Das ist kein zyklischer Vorgang, sondern der einer individuellen Entwicklung; er folgt aus dem Eintritt in die Epoche gesteigerten Selbstanspruchs und vollendeter künstlerischer Mündigkeit. Was Schubert seit 1818 weniger schreibt (es ist immer noch fabelhaft viel), schreibt er auf einem neuen, sich immer höher schraubenden Niveau des Selbstbewußtseins und der Reife. Der sechzehnjährige Ferdinand Hiller, tief beeindruckt von einem Schubert-Abend bei der Sängerin Cathinka v. Lacsny, sucht Schubert 1827 »in seinem hochgelegenen, dürftig ausgestatteten Zimmer« auf («Zum blauen Igel« hieß das Haus) und findet ihn an einem »ziemlich breiten, in ursprünglichster Einfachheit konstruierten Stehpult« bei der Arbeit; ein denkwürdiger Dialog entspinnt sich: »›Sie komponieren so viel‹, sagte ich zum jungen Meister. ›Ich schreibe jeden Vormittag einige Stunden‹, erwiderte er in bescheidenstem Tone, ›wenn ich ein Stück fertig habe, fange ich ein anderes an.‹« Die Zeit der Fragmente, zeigt sich, ist vorüber. »Offenbar tat er eigentlich nur Musik«, schließt Hiller seinen Bericht, »und lebte so nebenbei.«

Befindet er sich in dem napoleonischen Zustand einer fortwährenden Erleuchtung? Ob es große oder kleine Werke sind, die entstehen: es gibt von 1817 an, dem Jahr, in dem sich Schubert in einem großen, frühlingshaft beflügelten Anlauf die Klaviersonate zu eigen macht, nichts mehr, was nicht den Stempel exemplarischer Meisterschaft trüge. Dabei sind Schwankungen des produktiven Befindens nicht zu übersehen; Phasen extrem gesteigerter Inspiration wechseln mit Schon-, mit Karenzzeiten. Eine seiner bedeutendsten und umfangreichsten Kompositionen, das Streichquartett in G-Dur, schreibt Schubert im Juni 1826 binnen elf Tagen in *einem* Zuge, als ob es fertig in ihm dastünde und die Mühe nur im Aufschreiben bestünde. Im Vorfeld der Niederschrift aber heißt es: »Ich arbeite gar nichts.« Er gibt dem Wetter die Schuld: »Das Wetter ist hier wirklich fürchterlich, der Allerhöchste scheint uns gänzlich verlassen zu haben, es will gar keine Sonne scheinen.« (Ende Mai 1826 an Bauernfeld und Schober) Schubert arbeitet nicht und kommt sich gottverlassen vor; seine schöpferischen Kräfte haben sich tief nach innen gewandt, wo die neue Geburt sich vorbereitet. Die Niederschrift ist dann nur Niederkunft, das Zur-Welt-Kommen des Werkes; wesentlich fertig ist es schon vorher.

Ein Traum

Solche Zeiten gedrängtester Produktion, die auf den Außenstehenden tatsächlich den Eindruck von Clairvoyance machen können (bei Mozart verhielt es sich ebenso), fallen nach Phasen scheinbarer Muße immer wieder vor. Im November 1822 entstehen nach einer langen Phase halber Untätigkeit die beiden Sätze der h-Moll-Sinfonie und die Wanderer-Fantasie unmittelbar hintereinander; die Klavierfantasie steht für den sich als unmöglich erweisenden Fortgang der Sinfonie ein. Die intimere Klangform des Klaviers – Dank sei dem Edlen von Liebenberg und Zittin!* – bietet den individuellen Lösungsraum, der im Sinfonischen, das für das Gesellschaftlich-Ganze steht, nicht formulierbar ist, nämlich vom Standpunkt der jungen Generation aus. Beethoven gelingt die Vollendung der Neunten nach dem nicht endenwollenden Adagio nur auf dem Weg der Schlachtenbeschwörung, des Kriegs-Zitats, von dem sich die Friedens- und Freudenfeier abstößt. Das Problem der Sinfonie ist nicht der Anfang, sondern das Ende, das, dem Gesetz der Gattung nach, positiv sein muß, schnell, aktiv und keineswegs in sich gekehrt. Wie dies gewinnen, wenn man die Gattung mit Beethoven als Bekenntnisform, als Weltbeschreibung ansieht? Gerade sind in Verona die Mächte der Reaktion zusammengetreten, um auf dem Wege militärischer Intervention der spanischen Verfassung den Garaus zu machen. Ein Jahr zuvor haben österreichische Truppen das Gleiche in Neapel und Sardinien getan.

Es folgt, ebenfalls noch im November, auf einen Text von

---

* Dieser »reiche Particulier«, nach Deutsch »ein 1819 getaufter Jude, Gutsbesitzer, Klavierspieler, Schüler Hummels«, war der Honorargeber und Widmungsempfänger des Werkes.

Ein Traum

Schober ein Grab- und Grabelied, »Schatzgräbers Begehr«, mit dem sich der Tondichter gleichsam selbst ein Epitaph setzt, ehe er sich in Goethe rettet, und gleich dreifach: mit dem »Musensohn«, »Am Flusse«, »Willkommen und Abschied«; alles dies bringt der Dezember. Diesen sechs, sieben Wochen äußerster produktiver Verdichtung steht eine Schonzeit voran; in die acht Monate von März bis Oktober fallen nur einige wenige exzeptionelle Lieder und die Vollendung der 1819 begonnenen As-Dur-Messe. Unter den Liedern sind, auf Platensche Texte, Gesänge der Liebesenttäuschung und Liebesverfallenheit, die auf eine hochgespannte innere Verfassung deuten. Sie zeigt sich auch an einem Zwist mit Vogl, der Schubert, wie schon 1819, auf eine Sommerreise in seine oberösterreichische Heimat mitnehmen will und schließlich allein fährt. Franz v. Schober, Schuberts in vielen Sätteln gerechter und von vielen wieder herabfallender Musen- und Busenfreund, ist der Anlaß eines Zerwürfnisses, bei dem es auch um Geld geht; der finanziell bedrängte Schober hat den bettelarmen Freund offenbar angepumpt.

Auf eine Situation besonderer seelischer Spannung deutet auch die Aufzeichnung eines Traumgesichts; sie fällt in den Juli 1822, denselben Monat, da das Platen-Lied »Du liebst mich nicht« entsteht. Otto Erich Deutsch nennt diesen Text »eine Einkleidung von Gedanken im Stile des Novalis«; wahrscheinlich sei »diese Erzählung einfach ein literarischer Erguß der Phantasie eines Zeitgenossen der deutschen Romantik« (O. E. Deutsch, »Schubert / Die Dokumente seines Lebens«, Leipzig 1964, S. 159). Das Wahrnehmungsvermögen dieses eminenten Sammlers und Ordners hat hier einen blinden Fleck. Schuberts Traumerzählung ist ganz offenbar die Niederschrift eines wirklichen Traums; sie ist wie ein Schlüssel zu der seelischen Disposition dessen, der sie aufzeichnet. Aus der Mitteilungsgabe dessen, der hier träumt, zu schließen, daß dies nachgestellte Literatur, Dichtung aus zweiter Hand sei, geschrieben, wie Goldschmidt meint, für den Vortrag im Freundeskreis, ist ein Fehlschluß, der Schubert die eigene Gedankenwelt abspricht, um sich tiefere Aufschlüsse zu ersparen.

Mein Traum. – Ich war ein Bruder vieler Brüder u. Schwestern. Unser Vater, u. unsere Mutter waren gut. Ich war allen mit tiefer Liebe zugethan. – Einstmahls führte uns der Vater zu einem Lustgelage. Da wurden die Brüder sehr fröhlich. Ich aber war traurig. Da trat mein Vater zu mir, u. befahl mir, die köstlichen Speisen zu genießen. Ich aber konnte nicht, worüber mein Vater erzürnend mich aus seinem Angesicht verbannte. Ich wandte meine Schritte und mit einem Herzen voll unendlicher Liebe für die, welche sie verschmähten, wanderte ich in ferne Gegend. Jahre lang fühlte ich den größten Schmerz u. die größte Liebe mich zertheilen. Da kam mir Kunde von meiner Mutter Tode. Ich eilte sie zu sehen, u. mein Vater von Trauer erweicht, hinderte meinen Eintritt nicht. Da sah ich [ihre] Leiche. Thränen entflossen meinen Augen. Wie die gute alte Vergangenheit, in der wir uns nach der Verstorbenen Meinung auch bewegen sollten, wie sie sich einst, sah ich sie liegen.
Und wir folgten ihrer Leiche in Trauer u. die Bahre versank. – Von dieser Zeit an blieb ich wieder zu Hause. Da führte mich mein Vater wieder einstmahls in seinen Lieblingsgarten. Er fragte mich, ob er mir gefiele. Doch mir war der Garten ganz widrig u. ich getraute mir nichts zu sagen. Da fragte er mich zum zweytenmal erglühend: ob mir der Garten gefiele? Ich verneinte es zitternd. Da schlug mich mein Vater u. ich entfloh. Und zum zweytenmal wandte ich meine Schritte, u. mit einem Herzen voll unendlicher Liebe für die, welche sie verschmähten, wanderte ich abermals in ferne Gegend. Lieder sang ich nun lange lange Jahre. Wollte ich Liebe singen, ward sie mir zum Schmerz. Und wollte ich wieder Schmerz nur singen, ward er mir zur Liebe.
So zertheilte mich die Liebe und der Schmerz.
Und einst bekam ich Kunde von einer frommen Jungfrau, die erst gestorben war. Und ein Kreis sich um ihr Grabmahl zog, in dem viele Jünglinge u. Greise auf ewig wie in Seligkeiten wandelten. Sie sprachen leise, die Jungfrau nicht zu wecken. Himmlische Gedanken schienen immerwährend aus der Jungfrau Grabmahl auf die Jünglinge wie lichte Funken zu sprü-

Ein Traum 243

hen, welche sanftes Geräusch erregten. Da sehnte ich mich sehr auch da zu wandeln. Doch nur ein Wunder, sagten die Leute, führt in den Kreis. Ich aber trat langsamen Schrittes, innerer Andacht u. festem Glauben, mit gesenktem Blicke auf das Grabmahl zu, u. ehe ich es wähnte, war ich in dem Kreis, der einen wunderlieblichen Ton von sich gab; u. ich fühlte die ewige Seligkeit wie in einen Augenblick zusammengedrängt. Auch meinen Vater sah ich versöhnt u. liebend. Er schloß mich in seine Arme und weinte. Noch mehr aber ich. – *Franz Schubert.*

Schuberts Traumbild gilt dem Elternhaus; sein Ort erscheint wie eine Transformation des von der sechsköpfigen Familie in Schuberts ersten Lebensjahren bewohnten Miethauses im Himmelpfortgrund, dessen Innenhof sich hufeisenförmig in einen Garten öffnete. Nach vorn, auf die belebte Vorstadthauptstraße hin, war es durch einen Querbau abgeschlossen, in dessen Mitte ein Torbogen den Zugang ins Innere freigab; diese Wohnstatt mit ihrer zur Straße hin geschlossenen, zur Natur hin offenen Gestalt war wie der gestaltgewordene romantische Dualismus. Doch ging es nichts weniger als romantisch darin zu; dies war, als der Schulmeister Schubert hier 1786 in zwei Zimmern eine Schule aufmachte und in eine andere aus Zimmer und Küche bestehende Wohnung mit seiner Frau und zwei Kindern einzog, ein mit sechzehn Familien vollgepfropftes Wohnquartier der unteren Klassen, dem die Schuberts erst 1801 entrannen.

Das Lustgelage, zu dem der Vater alle Geschwister und insbesondere Franz einlädt, läßt sich als jene Schulmeisterkarriere deuten, auf der dieser Vater den Jüngsten halten wollte, auch nachdem dieser in Ungarn Abstand von seiner heimischen Existenz gewonnen hatte, als Musikmeister einbezogen in das gesellige Klima einer musisch gestimmten Adelsfamilie. Franz der Jüngere verweigert die Unterschrift unter ein vor-geschriebenes Gesuch zur Wiedereinstellung in der väterlichen Schule; zerreißt *er* das Papier oder der Vater? Als angerissenes ist das Dokument überliefert, dessen Zurückweisung ihn in eine Freiheit setzt, die den Auszug bedeutet: Schubert geht fort, der Bruch ist vollzogen.

Das Schuldbewußtsein, mit dem der Sohn diese Emanzipation bezahlt, malt sich in der Traumerzählung mit aller Deutlichkeit. Der da in eine ferne Gegend wandert, fühlt sich von Schmerz und Liebe zerrissen; die Belastung ist so stark, daß es scheint, als wäre der Tod der Mutter die Folge seines Fortgangs, der das Lustgelage des Vaters ausschlug. Doch läßt sich dies noch anders deuten; es ist dann der Ort des väterlichen Lustbesitzes an der Mutter, vor dem dem Träumenden so schaudert, daß er entflieht. Wenn man die enorme räumliche Enge bedenkt, in der die zuletzt sechsköpfige Familie in Schuberts ersten fünf Lebensjahren in anderthalb Zimmern zusammengepfercht war, ist eine solche Deutung schwer abzuweisen.

So könnte sich in dem ersten Weggang, den der Traum beschreibt, auch Schuberts früher Eintritt in das Konviktsinternat abbilden. Der Tod der Mutter lag lange vor der Entzweiung des Einundzwanzigjährigen mit dem Vater; er traf den Fünfzehnjährigen im vierten Jahr seiner Internatszeit als Hofsängerknabe und Gymnasiast im kaiserlich-königlichen Stadtkonvikt. In empfindlicher Übergangszeit vom Kind zum Jüngling erschüttert ihn ein Verlust, der ihm die geliebte Hilfs- und Schutzinstanz gegen die Übermacht des Vaters nimmt. Elisabeth geb. Vietz war sieben Jahre älter als ihr Mann, um so größer wird ihre familiäre Autorität gewesen sein; um so schwieriger auch mag sich das Verhältnis der Fünfzigjährigen zu dem Mann Anfang Vierzig gestaltet haben. Kaum ein Jahr nach ihrem Tod heiratet Franz Schubert der Ältere die dreißig Jahre alte Seidenwirkerstochter Anna Kleyenböck, die zwischen 1814 und '26 (da war Franz Schubert senior schon dreiundsechzig) noch fünf Kinder zur Welt bringt; vier von ihnen bleiben am Leben.

Der Traum verknüpft den Tod der Mutter mit dem Widerstand, den der Sohn dem Vater zuvor geleistet hat; es ist, als ob die Mutter es bei dem Lustgelage des Vaters nicht ausgehalten habe. (Wenn man bedenkt, daß Elisabeth Schubert in sechzehn Jahren dreizehn Kinder zur Welt gebracht hat, von denen acht

Ein Traum

im Säuglingsalter starben, gewinnt auch dies einen realen Hintergrund; der schlafende Jüngste mag halbbewußter Zeuge von Verweigerungen gewesen sein.) Im Zeichen der Trauer versöhnen sich Vater und Sohn, der Sohn kehrt ins Vaterhaus zurück, aber der Konflikt erneuert sich. Aus dem »Lustgelage« ist nun ein »Lieblingsgarten« geworden, dessen Gutheißung der Vater dem Sohn abverlangt, doch diesem ist er »widrig«; auf die Anfrage des »erglühenden« Vaters bekennt er es zitternd. Darauf schlägt ihn der Vater, der damit gerechnet hat, den Widerstand diesmal überwinden zu können. Abermals entflieht der Sohn in »eine ferne Gegend«, diesmal mit produktiver Folge: »Lieder sang ich nun lange lange Jahre«.

Er tut es »mit einem Herzen voll unendlicher Liebe für die, welche sie verschmähten«, das heißt: er fühlt sich nicht befreit, sondern verstoßen; ohne die Nötigung, Lustgelage und Lieblingsgärten (das Wort Liebesgarten ist knapp vermieden) gutzuheißen, wäre das Elternhaus höchst erwünscht. Schmerz und Liebe sind eins und gehen ineinander über: »Wollte ich Liebe singen, ward sie mir zum Schmerz. Und wollte ich wieder Schmerz nur singen, ward er mir zur Liebe. So zerteilte mich die Liebe und der Schmerz.« Die Sätze sind mit Recht berühmt geworden; sie scheinen die Summe von Schuberts künstlerischer Existenz zu ziehen. Hätte Schubert gewußt, daß man ihnen sein ganzes Werk unterstellen werde, hätte er sie vermutlich ausgespart.

Die zweite Krise ist die gesteigerte Wiederholung der ersten. Abermals geht die Trauer über einen Losriß, der nicht in Frage gestellt wird (nur der Zorn des Vaters erscheint dem Träumenden als Fehler, nicht sein Unvermögen, der Einladung zu willfahren), in ein Bild des Todes über; diesmal ist eine fromme Jungfrau gestorben. Sie liegt wie im Schlaf; die ihren Sarkophag umwandelnden Jünglinge und Greise sprechen leise, um sie nicht zu wecken. Dabei sprühen himmlische Gedanken »wie lichte Funken« von dem Grabmal auf die Wandelnden und machen ein »sanftes Geräusch«. Inspiration geht von dem Bild der Todumfangenen aus, und es ist musikalische Inspiration: man kann die Funken *hören*. Auch als der nach Aufnahme Begehrende und sie ohne weiteres selbst Vollziehende sich dem Kreis einfügt, gibt es »einen wunderlieblichen Ton«; sein Eintritt ist musikbegleitet, musikerzeugend.

Das großartige Bild verbindet drei Momente. Die Geburt der Musik durch die Gnade der sanft sprühenden Funken begibt sich als ein harmonisch-geselliger Vorgang; während sich nach der zweiten Flucht der Entronnene und Verstoßene singend freimachte, heftet sich Musik nun an den einträchtig wandelnden Kreis des Vaters und der Brüder. Mit ihnen ist der Eintretende auf eine selig Entrückte, ewig Unerreichbare bezogen, die ersichtlich die verjüngt-verwandelte Mutter ist. Daß sie im Tode liegt, der aber eigentlich nur ein Schlaf ist, wird zur Traumchiffre erotischer Unerreichbarkeit. Diese gilt für alle, die sie umwandeln, auch für den in einen Greis verwandelten und so entmachteten Vater; sie ist die schmerzlich-selige Gewähr der den Kreis durchwebenden Harmonie. Da diese Jungfrau niemandem gehört, ist es schmerzlose Inspiration, die von ihr ausgeht; Vater und Sohn versöhnen sich unter Tränen.

Schuberts Traum ist jenem Wagnerschen vergleichbar, der die Keimzelle der »Meistersinger« war und in das Preislied Walter von Stolzings so unmittelbar einging, daß der Komponist den Text in der zweiten Fassung umarbeiten mußte. Auch hier gingen die Erscheinung der Mutter und der Geliebten in eins; in eine Taube verwandelt, fliegt sie dem Träumer am Ende mit einem Lorbeerreis entgegen. Schuberts Traum meint es anders mit sich und dem Konflikt, den er austrägt; er mündet nicht in den Künstlertriumph des einzelnen, dem das Werk zur sublimen Transformation inzestuöser Wunscherfüllung wird. Der hier nach der schmerzvollen die befriedete Inspiration empfängt, sieht sich einem Kreis Gleichgestimmter einbezogen, die alle gleich weit von dem Gegenstand ihrer Sehnsucht entfernt sind; es ist, als liege die Jungfrau im Todesschlaf, weil sie, erwachend, unlösbare Konflikte auf sich zöge. Der Träumende setzt sich nicht mit phantasierter Wunscherfüllung an die Stelle des Vaters, sondern es ist, als wäre die Mutter beider Opfer, sich ihnen im Tod entziehend, um ihnen gleich nah zu sein. So finden sie sich in tönend-seligem Grabumwandeln.

Schuberts Traum macht auf bildhaft einleuchtende Weise deutlich, warum sich ihm, trotz immer neuer Anläufe, das Drama entzog, die Oper. Gegenüber den patriarchalischen Gewalten fehlte ihm das Konfrontationsbedürfnis und die Konfrontationsfähigkeit, die die Voraussetzung dramatischer Entäußerung sind. Die Traumerzählung in ihrem psychischen Realismus zeigt ihn als Sich-Verweigernden und Entfliehenden, nicht als Standhaltenden und Entgegnenden; auch die in den Tod entrückte Mutter erscheint im Bild des Sich-Entziehens. Schubert, der seine Librettisten fast durchweg aus dem Freundeskreis nimmt (sie arbeiten unter seiner Aufsicht), kann keine tragfähigen Opernhandlungen und Operntexte finden, weil er selbst jenen ödipalen Konflikt, der der urdramatische ist, undramatisch austrägt, als Stufenleiter von Flucht, Leiden, Versöhnungsbedürfnis.

Eben darin spiegelt sich eine Zeitsituation – und umgekehrt. Die allgemeine und die persönliche Disposition erscheinen parallelgeschaltet; die eine verstärkt die andre. So wenig Schubert dem Schulhaus-Patriarchen konfrontativ standzuhalten vermag, so wenig vermag die Gesellschaft, deren Teil er ist, dies gegenüber der Allmachtsfigur des Kaisers, wie inferior diese immer besetzt sein mag; der Kaiser Franz und der Schulmeister Franz stehen wechselweise füreinander ein. Die romantische Situation bestimmt sich schlechthin als undramatische, in der die herrschenden Mächte nur ein Flucht- und Klage-, kein Widerstandsobjekt vorstellen. Das hängt mit dem nach langen, blutigen Anstrengungen geglückten Tyrannensturz zusammen, auf den diese Nachkriegszeit aufgetragen ist. Es ist, als ob sich mit dem Sturz Napoleons alle Widerstandsenergien in einer großen kollektiven Anstrengung verbraucht hätten – dieser Entthronung einer übermächtigen Kronfigur, die ihrerseits jene Energien an sich gebunden hatte, die der Königsmord der Französischen Revolution freigesetzt hatte.

Die undramatische Konfliktstruktur Schuberts koinzidiert mit der der Gesellschaft, in der er aufwächst, einer postrevolutionären, wenn man so will: postödipalen Gesellschaft, und es ist diese Übereinstimmung, die, als der objektive Resonanzboden einer subjektiven Disposition, sein Werk trägt und dort »mit sanftem Geräusch« aufblühen läßt, wo es auf das uneinlösbar gewordene Drama verzichtet und die Konflikte auf ein Feld verlegt, wo jeder Affekt und jede Stimmung, jede Selbsterfahrung im Spiegel des andern und der Natur, sich zum eigenen Moment verselbständigen kann. So bildet es *im* Ganzen jenes Seelenpanorama, das die Zeit *als* Ganzes nicht hergibt, und bildet es in der Vereinzelung der Momente so universell aus, als eine tönende Bestandsaufnahme der ganzen menschlichen Existenz, wie es dem Drama, der Oper nicht gegeben ist. Schuberts Liederwerk konstituiert mit den Mitteln der Musik den modernen Menschen, der der romantische Mensch ist; gegen die Haltlosigkeit des Ganzen setzt er die Vertiefung in jenes einzelne, das das zunächst Menschliche ist; noch untersteht es einem Naturhorizont.

Krisis

Schuberts Kampf um die Oper ist eine Sisyphosanstrengung nicht, weil er nicht für die Bühne komponieren könnte (seine Partituren beweisen das Gegenteil), sondern weil seine späteren Opern auf das nicht verzichten wollen, was sich am wenigsten fügt: das große, historisch eingekleidete politische Thema. Immer, wenn die Kugel den Berg wieder hinunterrollt (und das geschieht in diesen Frühlings- und Sommermonaten des Jahres 1822, als er auf einen an Shakespeares »Sturm« angelehnten Text seines Freundes Schober eine große Oper, »Alfonso und Estrella«, komponiert hat, und sich herausstellt, daß niemand sie haben will, schon weil der Kaiser die deutsche Oper in Wien gerade geschlossen hat), wird er zu dem frei, was seine Sache ist, zu jenen neuen musikalischen Gestalten, die nicht mehr, wie in der vorrevolutionären Generation, vom ineinanderwirkenden Spiel der Gegensätze angetrieben wird, sondern sich in dem vermittelten Gegenüber intensiv bewegter Klangzonen ergeht, bis hin zu dem schroffen Kontrast von Aufruhr und Ergebung, Schmerzens- und Sehnsuchtslaut. Jäh und drängend begibt sich nach acht langen Monaten, die von der Vollendung der As-Dur-

Messe und dem Warten auf die Annahme von »Alfonso und Estrella« erfüllt sind, der schöpferische Durchbruch in Sinfonie und Klavierstück.

Aber diese Zeit ist nicht nur vom Warten, von der Messe-Partitur und einigen großen Liedern erfüllt, sondern von einer tiefgreifenden Krise, die aus dem illusionären Charakter jenes geträumten Versöhnungsfinales hervorgeht. Denn der Juli-Traum verbindet sich mit einer wirklichen Versöhnung, dem Wiedereintreten Schuberts in den patriarchalisch geleiteten Familienverband des Schulhauses »Zum schwarzen Rössl«. Der nach Linz entrückte Spaun hat vermittelnd auf Vater Schubert eingewirkt, vermutlich auch, um Franz den Jüngeren dem Einfluß Franz v. Schobers zu entziehen, bei dessen Familie – sie bestand aus Mutter und Schwester – Schubert Anfang 1822 Quartier genommen hatte. Im Göttweigerhof, einem großen Miethaus der inneren Stadt, hatte Schubert in enger Zusammenarbeit mit dem Textdichter (man kann das »Alfonso«-Libretto durchaus als Gemeinschaftswerk ansehen) eine Oper vollendet, die von Anfang an eine Beschwörung von Vater-Sohn-Harmonie gewesen war. Der Vater, Froila mit Namen, ein von Land und Thron vertriebener Fürst, der in einem Gebirgstal unter Hirten und Bauern ein mildtätig-hilfreiches Leben führt, hält seinen Sohn, der die Vorgeschichte nicht kennt, an dem von hohen Bergen umschlossenen Ort fest, und dieser fügt sich betrübt-ergeben, bis die sich jagend über die Grenze verirrende Tochter des Thronräubers ihm eine Ahnung von der Außenwelt gibt. Eduard Hanslick hat witzversessen darauf verwiesen, daß die Arie, mit der Alfonso in der ersten Szene der Oper seinen Drang in die Ferne bekundet (»Schon, wenn es beginnt zu tagen, / wird in mir die Sehnsucht wach«), einer »so gemütlich sanften Melodie« folge, »daß man ihr auch ... den Wunsch, immer daheim zu bleiben, unterlegen könnte«. Abgesehen davon, daß Schubert niemals eine gemütliche Melodie komponiert hat, ist hier das Wesentliche überhört: daß Alfonsos Drang in die Ferne darum nicht geringer ist, daß er ihn nicht gegen den Vater durchsetzen will. Was ihn an dessen Seite hält, ist auch das Geheimnis der Entmachtung, das er in dessen Dasein erspürt.

Die Kraft, ihn aus diesem Dilemma zu befreien, muß von außen kommen, und sie tut es mit der jagend-verirrten Königstochter Estrella; sie durchbricht die Schranke, die um beider Existenz gezogen ist. Die Tochter des Usurpators Mauregato ist die einzige wirklich handlungsfähige Gestalt eines politischen Märchens, in dem auch der einstige Thronräuber in einer Weise sanktioniert ist, daß der Aufstand wider ihn (ein Heerführer putscht gegen den Oberherrn) durchaus als Verbrechen erscheint. Die Sohnes-Rebellion wider die Kronfigur des Vater-Königs ist in diesem dramatisch-undramatischen Geflecht zwiefach übertragen: in erster, zurückliegender Stufe auf Mauregato, den König, der den rechtmäßigen Herrscher Froila einst vom Thron stieß, in zweiter, aktueller Stufe auf den Feldherrn Adolfo, der Mauregato, welcher ihm seine Tochter vorenthält, durch einen Aufstand entthronen will. Daß Alfonso, der bei dem entmachteten Vatergreis ausharrende Sohn der Berge, und Adolfo, der Rebellenführer, fast gleichlautende Namen tragen, ist wie eine Chiffre für diese Verschiebung.

Natürlich gelingt es Adolfo nicht, die einst von Mauregato geraubte Kronmacht an sich zu reißen; er scheitert vor allem an Estrella, die ihren Vater und dessen Truppen zum Widerstand gegen den Aufrührer beflügelt. Nach einigen traumgenauen Verwicklungen entwaffnet Alfonso, der sich sofort in Estrella verliebt hat, den Rebellen und zieht anschließend ins Feld, um Mauregatos Thron gegen die Aufständischen zu verteidigen. Er tut es für Estrella, und vorher nehmen sich beide noch Zeit zum Singen: »Das Geheimnis schöner Seelen / ahnet nur ein liebend Herz, / durch der Liebe Macht vermähle / sich die Wonne und der Schmerz.« Keine Rückeroberung der einst entrissenen Macht begibt sich, sondern eine feingestufte, genau geregelte Übergabe, zu deren harmonisch-finalem Bild die Ehe der beiden Thronerben – Alfonsos und Estrellas – wird. Froila verzeiht dem reuigen Mauregato, beide verzeihen dem aufständischen Adolfo (»Wie trag ich diese Huld?« fragt sich dieser und bekommt vom Chor die Auskunft: »Die Gnade tilgt die Schuld«) – und die vereinigten Erben besteigen einen Thron, den Mauregato formell seinem einstigen Inhaber zurückgegeben hat.

Froila aber, von den Talbewohnern bestürmt, beschließt, bei ihnen zu bleiben; er weiß: nur in der jungen Generation können sich die alten Wunden schließen.

Auch die Oper »Alfonso und Estrella« ist ein Versöhnungs- und Heimkehrtraum – einer, bei dem die Vaterfigur keinem Lustgarten, sondern einer karitativen Idylle vorsteht und die Aktivität der Frau den guten Ausgang, das *lieto fine*, entscheidet. Alle Männer sind hier mit Konfliktunfähigkeit geschlagen: der vertriebene Fürst waltet als Krankenpfleger, der Thronräuber ist von Reue zernagt, dem rebellierenden Kriegshelden aber entsinkt vor dem unbekannten Gebirgsjüngling das illegitim gezogene Schwert. In dem hochpolitischen Rahmen einer Zwei-Zonen-Welt – hier die agrarische Exil-Idylle, dort das zerfallende Rebellenkönigtum – ist die Konfliktvermeidung auf einen Punkt getrieben, der das Ganze ins Absurde umschlagen läßt, ohne daß dies Gestalt gewinnen könnte; es erscheint als Librettisten-Ohnmacht über den eigenen Stoff. Auf verschlungenen Wegen korrespondiert dieser mit der politischen Realität eines Reiches, in dem der Sohn jenes Revolutionskaisers, der dem herrschenden Kaiser einst das deutsche Reich zerschlagen hatte, am Hof dieses Kaisers als dessen Enkel heranwächst. Napoleons Sohn wird die Julirevolution nur um zwei Jahre überleben.

Dieses eigentümliche Traum-Werk, in dem die Treue zu den Vätern den Jungen den Weg zu einer Herrschaft bahnt, die Synthese, Versöhnung sein will, ist die Biedermeier-Oper par excellence; nur »Fierrabras« wird sie ein Jahr später in dieser Eigenschaft übertreffen. Zugleich ist sie der partiturgewordene Rückkehrtraum des Komponisten, der nun – im Sommer 1822 – Wirklichkeit werden soll. Im Vorfeld der Heimkehr träumt Schubert seinen wirklichen, ungleich dramatischeren Traum; er zeichnet das Idealbild der Wiederaufnahme in den Vater-Brüder-Kreis und gibt zugleich das Muster an, nach dem solche Rückkehren vormals gescheitert sind. Das Muster besteht darin, daß dem Heimkehrer das Lustreich des Vaters, in das er sich einfügen soll, unerträglich ist, ihn zu einer Abkehr nötigend, bei der das geliebte Dritte, die Frau, dem Tod anheimfällt.

Dreimal ist Schubert vor dieser neuerlichen Heimkehr ins väterliche Schulhaus zurückgekehrt: das erste Mal 1813 bei der Entlassung aus dem Konvikt (mit der Mathematik hatte es gehapert und mit der Disziplin auch: dieser Schüler wollte nur komponieren), das zweite Mal im August 1817, nachdem er ein knappes Jahr in der inneren Stadt gewohnt hatte, das dritte Mal Ende 1818 nach dem Aufenthalt in Zseliz, und zweimal ist er geflohen; wenn er der Sehnsucht nach Wiedereinbeziehung in den heimischen Kreis nachgibt, erneuert sich ein unbehebbares Konfliktpotential. Es erzeugt Gegenkräfte: die Versöhnung ist nicht auszuhalten; denkbar ist, daß Anna Schubert, die nur fünfzehn Jahre jüngere Stiefmutter, die ihm liebevoll zugetan ist, dabei die Konfliktstelle einnimmt, die der Frau des Vaters in diesem Beziehungsdreieck zukommt. Das Illusorische jener Konfliktlösung, die am Ende des Lustgartentraums stand, ist dem Anfang des zweiten Aktes von »Alfonso und Estrella« einbeschrieben, mit dem schmelzend-beschwingten »Lied vom Wolkenmädchen«, das Alfonso (»O sing mir, Vater, noch einmal / das schöne Lied vom Wolkenmädchen!«) seinen Vater anstimmen läßt, da er selbst es nicht so gut kann: »Doch fehlt mir noch die Kraft und deine seelenvolle Weise«. Es handelt von dem »schönsten Mädchen«, das den Jäger zu einem hochgebauten goldenen Bergschloß führt, ihm auf schwindelnden Pfaden voranschwebend, um ihm am Ziel endlich zu gehören. Doch als er sie »auf dem Gipfel« selig umschließen will, zerfließt sie in Nebel, und er »entstürzt in den Todesschacht«.

Wie es nach der Vollendung der Fünfhundert-Seiten-Partitur, die dem politischen Pastoral-Drama ein dicht und ingeniös gewebtes musikalisches Kleid überwirft, um Schubert steht, zeigen nicht nur die Platen-Lieder einer Liebesverfallenheit, von der wir nicht wissen, wem sie gelten, wahrscheinlich Caroline Esterházy, der Zselizer Klavierschülerin, die nun siebzehn ist und den Klavierunterricht in Wien fortgesetzt hatte. Schuberts Zustand bekundet auch eine Liedergruppe, die er im Mai 1822 als »8tes Werk« zusammenstellt, um sie dem Grafen Esterházy zu dedizieren; sie dem Vater zueignend, kann er sicher sein, daß sie die Tochter erreichen. Die Kompositionen (auf Texte von Johann Mayrhofer und Heinrich Hüttenbrenner, dem Bruder

Anselms und Josephs) liegen Jahre zurück; was sie signifikant macht, ist ihre Zusammenstellung. Das erste Lied dieses opus 8 (»Der Jüngling auf dem Hügel«) wendet das Traumbild von der todentrückten Geliebten ins Tragisch-Düstre; ein Jüngling sieht das geliebte Mädchen von einem Hügel zu Grabe tragen und tröstet sich nach bitterlichem Weinen mit der Aussicht himmlischen Wiedersehens. Das zweite Lied (»Sehnsucht«) ist eine Zeitklage, die in jenen Wunsch nach Entrinnen mündet, den der »Wanderer« einst für illusorisch erklärt hatte:

> Nie wird, was du verlangst, entkeimen
> Dem Boden, Idealen fremd,
> Der trotzig deinen schönsten Träumen
> Die rohe Kraft entgegenstemmt.
> Du ringst dich matt mit seiner Härte,
> Vom Wunsche heftiger entbrannt,
> Mit Kranichen ein strebender Gefährte,
> Zu wandern in ein milder Land.

Das dritte Lied malt die einzig reale Zuflucht, die der Natur: »Mir ist so wohl, so weh / am stillen Erlafsee«. (Der Erlafsee liegt bei Mariazell in den Niederösterreichischen Alpen.) Aber die Zuflucht ist trügerisch, und das letzte der Lieder erneuert den Auswanderungswunsch: »Mich drängt's auch in mildre Lande, / finde nicht das Glück auf Erden«. (Hier dient der zweite Vers der zensuriellen Ermöglichung des ersten.) In vier Liedern hat man alles beisammen, den erotischen wie den gesellschaftlichen Konflikt; beide erscheinen in einer Unlösbarkeit, deren Aufhebung die Musik bildet, in der sie sich bekundet: es ist musikzeugende Unlösbarkeit.

Mit diesem Spiel- und Lösungsraum des Ausdrucks gegenüber der Wirklichkeit mag es nach vollzogener Heimkehr bald vorbei gewesen sein. Die Präsenz des Schulhaus-Patriarchen, den man sich als den Stellvertreter des Kaisers in der Familie vorzustellen hat, als eine Gestalt, in der sich die Konformität des hart arbeitenden Einwanderers und Aufsteigers mit echter Autorität paart, verengt den Spielraum der Kunst, den Schubert sich gegenüber der Realität der Konflikte geschaffen hat. Der Ausweg aus der sich zuspitzenden Krise war in Wien nur zu leicht zu finden; es ist ein ähnlicher Ausweg, wie er sich Schubert einst in Zseliz eröffnet hatte. Nur daß man hier nicht auf dem Lande, sondern in der Großstadt ist, wo jene Mädchen, die nicht nur anziehend, sondern auch erreichbar sind, leicht in den Strudel eines ausgebreiteten sexuellen Geschäftsbetriebs geraten. Schubert, von jener Unerreichbaren, der die Platen-Lieder gelten, zurückgestoßen, sucht die Erreichbaren, die die Prekären, die Gefährdenden sind; offenbar hat er sich Ende dieses Jahres die Infektion zugezogen, die ihn 1823 aufs Krankenbett wirft. In der Not einer Lage, die er in einem späteren Brief an den nach Rom entrückten Kupelwieser als ausweglos empfindet, schreibt er im Mai 1823 ein Gedicht, das er »Mein Gebet« nennt; es tritt dem Versöhnungstraum vom Sommer wie ein Dementi gegenüber – Schmerzensruf aus jenem Todesschacht, in den der Verführte des Wolkenmädchens gestürzt war:

> Tiefer Sehnsucht heil'ges Bangen
> Will in schön're Welten langen;
>   Möchte füllen dunklen Raum
>   Mit allmächt'gem Liebestraum.

> Großer Vater! reich' dem Sohne,
> Tiefer Schmerzen nun zum Lohne,
>   Endlich als Erlösungsmahl
>   Deiner Liebe ew'gen Strahl.

> Sieh, vernichtet liegt im Staube,
> Unerhörtem Gram zum Raube,
>   Meines Lebens Martergang
>   Nahend ew'gem Untergang.

> Tödt' es und mich selber tödte,
> Stürz' nun Alles in die Lethe,
>   Und ein reines kräft'ges Sein
>   Lass', o Großer, dann gedei'hn.

Im gleichen Monat entsteht der großartig-ergreifende »Pilgrim«, das metaphysisch-dramatische Reiselied, an dessen Ende sich die Einsicht mit Tongewalt auflädt: »Ach kein Steg will dahin führen, / Ach der Himmel über mir / Will die Erde nie berühren, / Und das Dort ist niemals hier.« Und zwei Tage nach der Niederschrift des »Gebets« geht Schubert an das umfänglichste seiner Werke: er rettet sich in die Oper »Fierrabras«.

Auch in diesem Werk, das zur Zeit Karls des Großen in einem zwischen Christen und Mauren zerteilten Spanien spielt, wird die zeit- und ichgegebene Unmöglichkeit von Drama abendfüllend. Aber der Abend füllt sich nicht, »Fierrabras«, das Schmerzenswerk, die »heroisch-romantische Oper« von siegreichen Christen und geschlagenen Muslims, bleibt, wie »Alfonso«, unaufgeführt. Fidelios Erben laufen hier, mit der Friedenspalme winkend, als eine ritterliche Liedertafel durch das Niemandsland zwischen den weltpolitischen Lagern; sie werden gefangen und wären verloren, wenn eine liebende Sarazenin nicht die Fackel der Rettung entzündete; in ein Turmverlies trägt sie das Hoffnungszeichen. Doch auch sie muß sich ergeben, ehe im letzten Moment der Kaiser kommt und alles ins Reine bringt, das Bekehrung heißt.

Der Opernfron, die musikalisch Bedeutendes hervorbringt und zuletzt, da ist es schon Anfang Oktober, eine Ouvertüre, die zu einem Seelengemälde der Getriebenheit wird, – diesem Sisyphos-Werk mit dem tönenden Verzweiflungsbild am Ende folgt das Gelingen in der sich lyrisch vereinzelnden Form, und es erscheint doppelt, im Lied und auf dem Theater. Die »Rosamunde«-Partitur entsteht, ihrer Bestimmung nach eine Schauspielmusik aus vielen einzelnen Stücken, ihrem Wesen nach eine Orchester-Suite aus vier Sätzen: drei Zwischenaktmusiken und einer Balletteinlage. Der Bühnenanlaß ist dürftig (er stammt von derselben Helmina v. Chézy, von der Weber sich eine grausig verfehlte »Euryanthe« bescheren ließ), aber er hat einen Vorzug: im Mittelpunkt der Märchenhandlung, also auch der musikalischen Phantasie steht eine sich wider böse Mächte behauptende Frau. Fast gleichzeitig entsteht jenes kantable Monodrama, das die Frau als »schöne Müllerin« problematischer ins Zentrum stellt. Auch der Autor heißt Müller (Schober hat ihn für Schubert entdeckt), und von einem unglücklichen Müller handelt diese in den Evokationen und Reflexionen der hoffenden und leidenden Hauptfigur vorrückende Liebes- und Eifersuchtsgeschichte. Karl der Große, die schwer auf Fierrabras und seinen Altersgenossen liegende Kronfigur, ist fern, so kann Gelingen sich ausbreiten, und es ist epochal. Seit dem Sommer wohnt Schubert nicht mehr in der Rossau.

Einige Monate später, im März 1824, geht ein Klage-, ein Verzweiflungsbrief an Kupelwieser nach Rom. Die Gesundheit ist untergraben, der Freundeskreis zerrüttet, der neue Verleger ein Faulpelz, zwei Opern sind umsonst komponiert: »Ich fühle mich als den unglücklichsten, elendsten Menschen auf der Welt«. In den Wochen zuvor sind hintereinander das große, auf abgründige Weise lebensprühende Oktett und das weitgespannte a-Moll-Quartett, ein Streichquartett von völlig neuer Art, entstanden; noch zwei weitere, erfährt Kupelwieser, sind geplant. Dann aber soll die große Sinfonie folgen, damit auch er, Schubert, ein Konzert geben kann, wie Beethoven gerade eins vorhat; die Uraufführung der Neunten steht an. Schubert hört sie und stellt seinen Sinfonie-Plan fürs erste zurück; in dem ungarischen Sommer, dem er entgegengeht, heißt es vor allem vierhändig spielen.

Stimuli

Als er im Juni der Einladung nach Zseliz folgt, ist die schwere Krankheit überwunden und auch die Haare sind wieder gewachsen, die ihm zeitweise ausgegangen waren. Schon lange ist sein schöpferischer Rhythmus nicht mehr so gleichmäßig wie bis zum Jahre 1817; nach Phasen drängender Inspiration stellen sich Schaffenspausen ein. »Wenn ihm nun was recht Tüchtiges gelungen war«, schreibt Eduard v. Bauernfeld, »so schlug sein guter Humor vor und belebte des Abends den ganzen Freundeskreis. Aber man hat nicht lauter gute Stunden! Melancholie und Katzenjammer bleiben keinem Sterblichen aus.«

Stimuli 257

Durch Regelmäßigkeit wappnet sich Schuberts Arbeitsleben gegen solche Störungen. Was aber, wenn es nicht vorwärtsgeht, wenn in den frühen Stunden des Tages – Goethe sagt es zu Eckermann – »im allerglücklichsten Fall eine geschriebene Seite« entsteht? Gibt es Mittel, der produktiven Stimmung aufzuhelfen, ist es erlaubt, sich ihrer zu bedienen? Eckermann fragt so und bekommt ein Nein zur Antwort. Man muß den Genius gewähren lassen; ihn zu zwingen fruchtet nichts. »Mein Rat ist ..., *nichts zu forcieren* und alle unproduktiven Tage und Stunden lieber zu vertändeln und zu verschlafen, als in solchen Tagen etwas machen zu wollen, woran man später keine Freude hat.« »Des Menschen Verdüsterungen und Erleuchtungen sind sein Schicksal«; man darf ihm nicht vorgreifen. Schiller, bemerkt der achtundsiebzigjährige Goethe, habe seine Kränklichkeit zuweilen mit Reizmitteln – »etwas Likör oder ähnliches Spirituoses« – übertrumpft, aber man sehe es den so entstandenen Szenen an; »pathologische Stellen« seien nicht zu verkennen. Goethes ästhetische Irritation legt sich hier ein physiologisches Kleid bei. Er selbst hält es anders im Fall der Stockung, des Nicht-aufgelegt-Seins, und er hat auch die Mittel dazu; anders als Schiller lebt er nicht vom Ertrag seiner Werke.

Zuwarten ist die Goethesche Losung, sinnvoll die Zeit vertreiben, bis der schöpferische Augenblick sich einstellt. Doch ist auch er im Trinken nicht zimperlich. Eckermann weiß es und will wissen, wie es auf die Arbeit einwirkt. Er gibt sich selbst preis, um den Alten auf dies Terrain zu locken; der Wein, erklärt er, erhöhe seine Entschlußkraft, und die sei »doch auch eine Art Produktivität«. Die Antwort fällt majestätisch aus, jedenfalls in Eckermanns Niederschrift: »Ihrer Bemerkung will ich nicht widersprechen; was ich aber vorhin sagte, hat auch seine Richtigkeit: woraus wir denn sehen, daß die Wahrheit wohl einem Diamant zu vergleichen wäre, dessen Strahlen nicht nach einer Seite gehen, sondern nach vielen. Da Sie übrigens meinen ›Divan‹ so gut kennen, so wissen Sie, daß ich selber gesagt habe: ›Wenn man getrunken hat, weiß man das Rechte‹ – und daß ich Ihnen also vollkommen beistimme. Es liegen im Wein allerdings produktivmachende Kräfte sehr bedeutender Art; aber es kommt dabei alles auf Zustände und Zeit und Stunde an, und was dem einen nützt, schadet dem andern.« Das heißt: wenn *ich* mich durch den Wein poetisch beflügele, so wird schon nichts Forciertes herauskommen.

Aber die Wahrheit hat noch mehr Facetten: »Es liegen ferner produktivmachende Kräfte in der Ruhe und im Schlaf; sie liegen aber auch in der Bewegung. Es liegen solche Kräfte im Wasser und ganz besonders in der Atmosphäre. Die frische Luft des freien Feldes ist der eigentliche Ort, wo wir hingehören; es ist, als ob der Geist Gottes dort den Menschen unmittelbar anwehte und eine göttliche Kraft ihren Einfluß ausübte.« Setzt man den Schlaf für die Erde, den Wein für das Feuer, so sind hier alle Elemente zur Belebung der schöpferischen Kräfte in Anspruch genommen. Auch Schuberts psychophysische Ökonomie macht diese Anforderungen. »Durch Feld und Wald zu schweifen, mein Liedchen wegzupfeifen« – er komponiert das nicht bloß (»Der Musensohn«, im Dezember 1822 wie rettend hervorbrechend, ist eins seiner zündend-beschwingtesten Goethe-Lieder), er lebt es, und wenn er im Mai in keinem Garten sitzen kann, so ist das ein Schicksalsschlag: »Schrecklich! fürchterlich!! entsetzlich!!! für mich das Grausamste, was es geben kann!« (Das steht in dem Brief von 1826, der dem G-Dur-Quartett vorausgeht.) Das Wasser ausgenommen (ist Schubert sommers geschwommen, winters Schlittschuh gelaufen? – die Berichte haben hier eine Lücke), sind auch die übrigen Elemente zur Stelle. Daß er so oft mit der Brille auf dem Kopf schlafend angetroffen wurde, läßt auf einen genialen Schlaf – den napoleonischen Schlaf – schließen. Auch er hätte nachts an seine Tür das Schild hängen können: »Le poète travaille«, der Dichter arbeitet.

Und auch das salamandrische Element des Spirituosen ist vertreten; es stellt unter den Nachlebenden – Freunden, Bekannten, Biographen – nachgerade einen Streitpunkt dar. War Schubert ein Trinker? Oder trank er nur gern? Daß er »ein aufrichtiger Verehrer des Weines war«, notiert Heinrich v. Kreißle, der erste Biograph (sein umfangreiches, auf den Mitteilungen von Schuberts Freunden und Bekannten fußendes Buch erschien 1864 in Wien). »Ja«, fügt er hinzu, »es gibt Leute, welche ihn zum Trunkenbold zu stempeln versuchen, wahrscheinlich einiger harmloser Exzesse wegen, deren er sich allerdings schuldig gemacht hat. Wenn viel und guter Wein auf dem Tische stand, mußte man auf Franzen ein wachsames Auge haben.« »Auf Franzen« – das ist der Gängel- und Anbiederungston, in dem man im Wien der Ringstraßenzeit von Schubert glaubte sprechen zu dürfen. Jemand, der einen über den Durst getrunken hat, hat sich »schuldig gemacht«, nämlich eines »Exzesses«; er wird seinem Beschreiber zum Kinde, das man mit Vornamen anredet und auf das man »ein wachsames Auge« hat.

Sechzig Jahre später erwidert dem Stirnrunzeln des Spießbürgers das Aha des Nervenarztes (und beide leihen ihre Sprachgebärde von der Zeitung): »Vergiftet« lautet die Rubrik, unter der der Wilhelm Lange-Eichbaum Goethes wie Schuberts Alkoholverbrauch abhandelt. »Schubert: Pspth. [Psychopath] Trank seit seinem 15. Jahr«, verkündet dieser Pathograph in seinem zuerst 1928 erschienenen Buch »Genie – Irrsinn und Ruhm«, einem Werk, dessen Materialanhäufung (der Autor arbeitet 1883 Veröffentlichungen auf) durch einen Stumpfsinn akkompagniert wird, der nicht nur im Fall Schuberts seltsame Blüten treibt. Der Philister in der Maske des unerschütterlich kategorisierenden Irrenarztes ist eine Erscheinung, die als pathologische unter ihre eigene Zuständigkeit fiele, wenn sie denn wirklich eine wäre. In seinem fünfzehnten Jahr war Schubert Hofsängerknabe im k. k. Stadtkonvikt, einer spartanisch geführten Anstalt, deren Zöglinge auch auf der Straße Uniform trugen. Er hatte nicht genug Geld, um sich einen Apfel zu kaufen; wenn ältere Mitschüler ihm etwas zusteckten, so waren es nicht Spirituosen, sondern Handwerkszeug: Notenpapier.

Die Neigung zur biographischen Idealisierung des Künstlers war ein Charakteristikum des 19. Jahrhunderts, dem vieles Menschliche fremd, nämlich unheimlich und verdrängungsbedürftig, geworden war. Die Nischen nicht mehr geglaubter Heiliger werden mit den Standbildern von Künstler-Genien gefüllt, und die, deren Werke als musterhaft dastanden, mußten dies, unter dem Aspekt des Bürgers und Kleinbürgers, auch als Individuen tun, damit ein von Kirche und Religion nicht mehr gestilltes Verehrungsbedürfnis auf seine seelischen Kosten kam. Sie hatten einerseits musterhaft und andererseits verkannt, verfolgt, unterdrückt zu sein – Märtyrer eines neuen Glaubens, des Glaubens an die Kunst-Werke, die ein innerlich katholisierender Ästhetizismus als seligmachend setzte.

Die Pathologisierung des Genies, die mit psychiatrisch gerecktem Zeigefinger in der zweiten Hälfte des Jahrhunderts einsetzt, war die Reaktion auf solche Idealisierung; sie entgegnete ihr durch den Gestus der Demontage, und sie arbeitete ihr zu, indem sie den Aspekt des Elends, der Misere von den Umständen auf die Instände des genialen Individuums wandte. Wenn sie wie im Fall des mit stammtischhafter Hemdsärmligkeit rubrizierenden Wilhelm Lange auf den geniekundlichen Schlüsselbegriff des »Bionegativen« führt, so ist ein Zeitgeist, der sich in biologistische Wertvorstellungen flüchtete, nur zu nahe. Die naturalistische Reaktion auf die herrschende Genie-Devotion erscheint dann wie eine Vergeltungsmaßnahme der Plattheit; der zum jugendlichen Trinker gestempelte und mit Goethe, Beethoven, Jean Paul in die Klasse »Vergiftet« abgestellte Schubert macht das sonderlich deutlich. Daß Lange den geniebildenden Wert dessen, was er bionegativ nennt, akzentuiert, bewahrt ihn nicht vor den Fallstricken einer Terminologie, deren martialische Attitüde die Maske der Ratlosigkeit ist. Die abermalige Gegenströmung stand unter marxistischen Vorzeichen und ging hinter vorgehaltener Hand daran, den Heroen-Idealismus des 19. Jahrhunderts formationstheoretisch zu erneuern; die Figur des Klassikers wurde im Klassenauftrag neu geboren und klammerte psychologische Aspekte geflissentlich aus.

Aber wie stand es wirklich um Schuberts Verhältnis zum Alkohol? Der Darstellung Kreißles, die selbst ein halbes Dementi war, ist nach ihrem Erscheinen aus Schuberts Freundeskreis widersprochen worden. »Solche wiederholte Andeutungen«, schrieb Joseph v. Spaun, inzwischen Hofrat, Freiherr und sechsundsiebzig Jahre alt, »müssen beinahe die Meinung hervorrufen, Schubert sei unmäßig und dem Trunke ergeben gewesen, was durchaus nicht der Fall war. Schubert war immer mäßig, und wäre er es nicht aus sich selbst gewesen, so würden ihn seine Finanzen dazu gezwungen haben. Ich habe durch viele Jahre täglich mit ihm im Gasthause soupiert und häufig in geselligen Kreisen, wo nach dem Liedervortrage glänzende Abendmahle folgten, viele Stunden mit ihm zugebracht, ohne daß Schubert auch nur einmal des Guten zuviel getan hätte. Zur Zeit des Sommers, an sehr heißen Tagen, ging er abends gerne weit spazieren, aber nicht des Weines wegen, sondern weil er ein großer Freund schöner Gegenden war ... Er soll sich nun einmal, als er mit seinen Brüdern und ihren Freunden in Grinzing an einem sehr heißen Tage, ermüdet von dem weiten Gange, in einem Gasthause einkehrte, ergeben haben, daß er etwas zu viel über den Durst getrunken habe; allein ein solcher Zufall berechtigt nicht, ihn, der in der Regel höchst mäßig war, der Völlerei zu beschuldigen, und wenn man bedenkt, wie er täglich, vom frühen Morgen bis zu Mittag zwei Uhr, mit dem glühendsten Eifer und bis zur Erschöpfung komponierte, so wird man es begreiflich finden und wohl für verzeihlich erkennen, daß er nach weiten Spaziergängen, ermattet von der Hitze des Tages, ein Glas Wein oder Bier geliebt habe. Von einer Unmäßigkeit war aber keine Spur in ihm.«

Das ist richtig, aber es ist nicht ganz richtig. Spaun, die Wirkung von Kreißles Darstellung ermessend, übertreibt nach der anderen Seite. »Mit Zuckerwasser«, berichtet Bauernfeld aus einer Zeit beiderseitiger finanzieller Ebbe, »hatten wir uns das ›Du‹ angetrunken«, aber »dann kamen wohl wieder Schubert-Abende, sogenannte ›Schubertiaden‹ mit munteren und frischen Gesellen, wo der Wein in Strömen floß«. Es kam vor, daß Schubert, wenn er in sehr anregende oder sehr verstimmende Gesellschaft geriet, sich übernahm; welche Kreise es waren, die ihn daraufhin zum Trunkenbold stempelten und seinen Spitznamen dahin deuteten (die Freunde, ihrerseits mit solchen versehen, nannten den kleinen, korpulenten Mann Schwammerl oder Schwämmelein, was man auf seine rundliche Erscheinung, aber auch auf das wienerische Schwammer = Rausch beziehen konnte), gibt wiederum Bauernfeld zu erkennen. Schubert, schreibt er, trug »eine wahrhafte Scheu vor gewöhnlichen und langweiligen Leuten, vor Spießbürgern, hoch oben oder in der Mitte, die man gewöhnlich die ›Gebildeten‹ nennt, und Goethes Aufschrei: ›Lieber will ich schlechter werden / Als mich ennuyieren!‹, war und blieb sein wie unser Motto. In mittelmäßiger Gesellschaft fühlte er sich einsam, gedrückt und verhielt sich meist schweigsam, geriet wohl auch in üble Laune, so sehr man dem berühmt werdenden Manne entgegenkam. Kein Wunder, wenn er sich dann bei Tisch zuweilen ein herzhaftes Räuschchen antrank und sich nebstbei von der lästigen Umgebung durch einige herzhafte Ausdrücke zu befreien suchte, so daß man erschrocken von ihm zurückwich.«

»Voll war und rund der Bösewicht, / Ein behaglicher Österreicher«, heißt es in einem Gedicht, in dem Bauernfeld 1858 auf Jugendfreunde und Jugendzeit zurückblickte, und: »Wie man's nur bezweifeln kann! / Jedes Genie ist ein Tyrann!« bekunden zwei frühere Verse dieses Autors, dessen zentrale jugendliche Genieerfahrung Schubert war. Daß es nicht immer bloß Worte waren, mit denen dieser seine Umgebung erschreckte, bezeugt ein voreingenommener, aber in diesem Detail wahrscheinlich zuverlässiger Berichterstatter. »Wenn das Blut der Rebe in ihm glühte«, schrieb Wilhelm v. Chézy 1863 über Schubert, »tobte er nicht etwa, sondern liebte es, in einem Winkel zurückgezogen, sich behaglich stiller Wut zu überlassen, ein lächelnder Tyrann, der, wenn es anging, irgendetwas ohne Lärm verwüstete, z.B. Gläser, Teller, Tassen. Wobei er zu schmunzeln und die Augen ganz klein zusammenzukneifen pflegte.«

Affekte der Empörung, des Zorns, der Menschenverachtung – in dem bacchantischen Zustand werden sie unvermittelt frei; der Genius wütet wider eine Welt, die er sonst komponierend besteht. Zuweilen macht er sich im geschriebenen Wort Luft. »Beneidenswerther Nero«, überliefert Bauernfeld eine Tagebucheintragung Schuberts, »der du so stark warst, bei Saitenspiel und Gesang ekles Volk zu verderben!« Gelinder hat Schubert sich in einem Gedicht ausgedrückt, das auf die Rückseite einer Speisekarte, der des Gasthauses im Seitzerhof, geschrieben wurde, ganz offenbar in Abwehr eines akuten Ärgers. Die mit Bleistift hingeworfenen Verse des Dreiundzwanzigjährigen sind »Der Geist der Welt« überschrieben; sie bekunden den Vorsatz:

> Laßt sie mir in ihrem Wahn.
> Spricht der Geist der Welt,
> Er ists, der im schwanken Kahn
> So sie mir erhält.
>
> Laßt sie rennen, jagen nur
> Hin nach einem fernen Ziel,
> Glauben viel, beweisen viel,
> Auf der dunklen Spur.
>
> Nichts ist wahr von allen dem,
> Doch ists kein Verlust;
> Menschlich ist ihr Weltsystem,
> Göttlich, bin ich's mir bewußt.

Hier hat, bei Kalbsleber zu fünfzehn Kronen oder gerösteten Nirndl zu deren zwanzig, offenbar eine weltanschauliche Auseinandersetzung stattgefunden, bei der es um das Lebensrecht des Höheren ging. »O Phantasie!« schreibt Schubert einige Jahre später in sein fragmentarisch überliefertes Tagebuch, »du höchstes Kleinod des Menschen, du unerschöpflicher Quell, aus dem sowohl Künstler als Gelehrte trinken! O bleibe noch bey uns, wenn auch von Wenigen nur anerkannt und verehrt, um uns vor jener sogenannten Aufklärung, jenem häßlichen Gerippe ohne Fleisch und Blut, zu bewahren!«

Mag Schubert zuweilen gegen andere trinken, häufiger trinkt er mit andern. In jedem Fall – alle Berichte stimmen darin überein – trinkt er außerhalb, nicht innerhalb der Arbeit; Alkohol ist ihm ein »depotenziierendes«, kein potenzierendes Element. Die »produktivmachenden Kräfte«, die auch er im Wein findet, sind geselliger Art, es sind solche der Abspannung. »Wer nicht liebt Wein, Mädchen und Gesang / Bleibt ein Narr sein Lebelang. / Martin Luther«, schreibt er, frei nach Matthias Claudius, im November 1822 einem gleichaltrigen Musikfreund »zum ewigen Andenken« ins Stammbuch und fügt auf der Rückseite Goethes »Beherzigung« an:

> Eines schickt sich nicht für Alle.
> Sehe jeder, wie er's treibe,
> Sehe jeder, wo er bleibe
> Und wer steht, daß er nicht falle.

Es ist die Zeit, da jene beiden Werke entstehen, die dem, was zuerst Jean Paul mit dem sonderbaren Wort Weltschmerz nennt, einen wundersam tönenden Ausdruck geben, die h-Moll-Sinfonie und die Wanderer-Fantasie. Wie am Ende der letzteren ein rasantes Fugato trotzig-widerständig die Fahne des Lebensmuts hißt, so ergeht hier die private Vermahnung zur Selbstbehauptung.

Drei Jahre später, im Sommer 1825, kommt Schubert von der großen Sommerreise aus Oberösterreich zurück, während derer eine große Sinfonie (in C-Dur) entworfen und eine strahlungsmächtige Klaviersonate (in D-Dur) fertig geworden ist. Sie bilden ein Paar wie die Wanderer-Fantasie und die »Unvollendete«, aber sie tun es unter einem anderen Stern; beide Werke atmen einen freudig gespannten, die große Form mit weitem Atem erfüllenden Geist. Als Schubert wieder in Wien ist, heben ausladende Gastereien an. »Schubert ist zurück«, schreibt Bauernfeld in sein Tagebuch: »Gast- und Kaffeehaus-Leben mit den Freunden, häufig bis zwei, drei Uhr des Morgens.« Und er reimt:

> Wirtshaus, wir schämen uns,
> Hat uns ergötzt;
> Faulheit, wir grämen uns,
> Hat uns geletzt.

Von Bauernfeld stammt auch die Erinnerung an eine Sonntagnachmittagswanderung »mit Franz Lachner und andern nach Grinzing zum Heurigen, welchem Schubert besonders zugetan war, so wenig ich dieser scharfen Säure Geschmack abzugewinnen wußte«. »Unter muntern Gesprächen saßen wir beide beim Weine, spazierten erst im Abenddunkel zurück; ich wollte gleich nach Hause, da ich damals in einer entlegenen Vorstadt wohnte, allein Schubert zog mich mit Gewalt ins Gasthaus, auch wurde mir das Kaffeehaus hinterher nicht geschenkt, mit welchem er den Abend, eigentlich die späte Nacht zu beschließen gewohnt war.«

Schwind hat diesen (oder einen ähnlichen) Ausflug später zeichnerisch erinnert (s. Abb. 41, S. *40*). Bauernfeld hat ihn auch lyrisch beschrieben, in dem Erinnerungsgedicht vom 1858, das dem in Leipzig unter dem duchschaubaren Pseudonym Rusticocampius erschienenen »Buch von uns Wienern« zugehört:

> Oft ging's zum Heurigen, zum Wein;
> Gleich außerhalb des Thores
> Stellt' meist sich auch Franz Lachner ein –
> *Cantores amant humores.**

> Und frisch nach Grinzing, Sievering
> Mit andern muntern Gesellen;
> Zickzack gar mancher nach Hause ging –
> Wir lachten im Mondschein, im hellen!

> ♪♪♪ so brach der Chorus aus –
> Wir wollen's dem Leser erklären:
> Heißt: C. a. f. f. e. e. – Kaffee-Haus,
> Und nächtliches Punsch-Einkehren.

> Nicht immer ging es so herrlich zu,
> Nicht immer waren wir Prasser!
> So trug mir Schubert an das Du
> Zuerst mit Zuckerwasser.

> Es fehlt' an Wein – und Geld zumal;
> Bisweilen mit einer Melange
> Hielten wir unser Mittagsmahl,
> Mit diesem Wiener Pantsche.

* »Sänger lieben Flüssigkeiten«.

Im Kaffeehaus – es gab deren vierundachtzig in Wien – trank man nachts nicht sowohl Kaffee als Punsch, ein Lieblingsgetränk der Epoche, das aus Wasser, Arrak, Zitronensaft und Zucker bestand. »Vier Elemente, innig gesellt / bilden das Leben, bauen die Welt« – Schiller hat diesem Vier-Elemente-Trank zwei Lieder gewidmet, die Schubert 1815 beide vertont hat. Am Tage war noch anderes zu haben; neben Kaffee und Punsch, weiß Deutsch zu berichten, seien Tee, Schokolade, Limonade, Mandelmilch, Chaudeau (eine süße Weinschaumsoße), Rosolio (ein Maraschinolikör) und andere Liköre verfügbar gewesen, außerdem, soweit zugelassen, Zeitungen aus den wichtigsten europäischen Ländern. Nur eins gibt es nicht im Kaffeehaus, es ist das allbeliebte Hauptgetränk: Bier; dazu muß man ins Wirtshaus gehen oder in eins der zahllosen Beiseln der Vorstädte. »Zu speisen bekam man in diesen Kneipen nur sehr wenig: Würste, Käse, allenfalls noch Schweinefleisch«, schreibt Ignaz Franz Castelli, der Wiener Literat, dessen Singspiel »Die Verschworenen« Schubert 1823 vor »Fierrabras« vertonte, ohne daß eine Theateraufführung zustande gekommen wäre. »Auch Wein wurde nicht geschenkt, nur Bier, und zwar sogenanntes *weißes* Bier, das aber dunkelbraun war, *Mailänder*, eine lichtere Gattung, und dann *Hornerbier*, eine Art Haferbier von grün-gelblicher Farbe, welches, in Krüge abgezogen, sehr stark moussierte und dem Berliner Weißbier ähnlich war.«

Als Castelli einmal nach Frankfurt am Main kommt, beklagt er, »daß uns Wienern überall, wo wir in Deutschland hinkommen, des Abends eine Bierkneipe mangle«: »Ich habe immer gefunden, daß man sich in einer solchen räucherigen Stube heimlicher fühlt, sich leichter zusammenfindet und lustig wird, ... daß der echte Tabakraucher nur im Qualm in seinem Elemente ist und der echte Biertrinker nur aus großen Gläsern den Gerstensaft gerne trinkt.« So geht es auch Schubert, und wenn er seinen »Stadtfreunden« einmal abhanden kommt (das geschieht öfter), so sind diese ziemlich sicher, er sitzt in einem Vorstadtbeisel beim Bier. Oder bei Wanner auf der Brandstätte, in dem Gasthaus »Zur Eiche«: »Dorthin gingen zur Zeit die Musiker gerne wegen des guten Bieres«. Seine Freunde finden ihn dort einmal, als die erste öffentliche Aufführung des Grillparzerschen »Ständchens« ansteht, aus dem Schubert im Sommer 1827 als Geburtstagshuldigung für ein Mädchen des Freundeskreises ein anmutig-schwebendes Chorstück gemacht hatte. Nun soll das musikalische Wien dieses Stück zu hören bekommen, und der Komponist hat sich verdrückt; seine Freunde, ausgesandt von der kundigen Veranstalterin, stöbern ihn in der »Eiche« auf.

Zu Wanner in die »Eiche« ging man nicht nur des Bieres wegen, auch um der Musik willen lohnte es; Johann Strauß (der Ältere) spielte dort mit einem kleinen Streicherensemble seine ersten Walzer. Und noch anderes gab es in Wien zu Bier, Wein und Punsch zu hören, wenn man Glück hatte. In einer der vielen Weinbauernstuben, in denen man rings um Wien frischen Wein ausschenkt, wird der junge Hoffmann von Fallersleben an einem Sommerabend des Jahres 1827 einer Szene ansichtig, in der der Zusammenklang von Wein, Weib, Gesang und Landschaft wie zur Momentaufnahme gerinnt: »Der alte Fiedler spielte aus Mozart ... Schubert mit seinem Mädel erhuschten wir von unserm Sitze aus; er kam zu uns und ließ sich nicht wieder blicken.« Hoffmann hat einige Tage zuvor Verbindung zu Schubert aufgenommen, aber der zeigt wenig Neigung, etwas von ihm zu vertonen.

Über zwanzig Gastwirtschaften bringen Deutschs Dokumentenbände mit Schuberts Leben in Verbindung. Sie haben farbige Namen; es gibt da, immer mit »Zum« oder »Zur« davor, ein goldenes Rebhuhn und einen grünen Anker, einen weißen Wolf und eine rote Bretzen; eines heißt »Zur lustigen Plunzen«, ein anderes »Zum Wolf, der den Gänsen predigt«. In der Vielfalt ihrer Märchennamen gehören sie zu dem kulturellen Mutterboden, aus dem das Schubertsche Werk erwächst. In der »Ungarischen Krone« war eine Spieluhr auf Schubertsche Weisen gestimmt; wenn sich die Stunde rundete, erklang die Melodie des »Heideröslein« oder eines seiner Walzer. Ferdinand, der Schubert am nächsten stehende der Brüder, geht im Sommer 1824 in das Lokal. »Deine Uhr«, schreibt er dem Fernweilenden nach Zseliz, »überraschte mich nicht wenig, da ich sie das erstemal bei einem Mittagsmahle so vermutet einige Deiner Walzer spielen hörte. Ich fühlte mich in diesem Augenblicke so sonderbar; ich wußte nicht, wie mir war; ich wurde dadurch ganz und gar nicht erheitert; es durchfuhr vielmehr meine Seele, mein Herz ein so banger Schmerz, so eine Sehnsucht; – Melancholie warf endlich ihren Schleier darüber, und unwillkürlich entrollten mir –.« Was Ferdinand Schubert in der »Krone« anweht, ist das Überdauern dieser Töne. Von ihrer Macht berührt, fühlt er sich als Nachwelt und erschauert.

So beengt die Wohnverhältnisse in der Stadt mit den großstädtisch hochgetriebenen Mieten waren, so intensiv war der Wirtshausbetrieb, und in vielen dieser Lokale blieb die Erinnerung an den musikalischen Stammgast lebendig. »Ja, ja«, raunzt Anton Schindler, der herzhafteste unter denen, die in Wien später Schubert-Erinnerungen zu Papier bringen, »wo sie mit ihm gegessen und getrunken, welches Bier, ob März- oder Bluzer-Bier, ihm besser gemundet, wieviel Pfeifen Tabak er täglich geraucht und anderes Hochwichtiges, ... das wissen sie noch, das ist in ihrem großstädtischen Gehirnkasten hangen geblieben.« An anderer Stelle fügt er, gegen jene gewandt, die Schubert »ein unordentliches Leben« andichten, hinzu: »Das ist so unwahr, als es unwahr ist, Beethoven habe Not gelitten und sei Hungers gestorben. Solche Lügen niederzuschlagen ist keine Möglichkeit, weil sie von einzelnen teils unwissenden, teils böswilligen Journalisten immer wieder vorgebracht werden, um ihren schamlosen Doctrinen als Folie zu dienen«.

Schuberts unbefangen-positive, von Sucht wie Abstinenz gleich weit entfernte Beziehung zu dem, was man geistige Getränke nannte, hat sich künstlerisch vielfach niedergeschlagen. Auch in seinem Œuvre gibt es, wie im »Divan«, ein Schenkenbuch; es reicht von Goethes »Tischlied«, das der Achtzehnjährige als einfaches Strophenlied komponiert, mit einem Marseillaise-Zitat im vorletzten Vers:

> Mich ergreift, ich weiß nicht, wie,
> Himmlisches Behagen.
> Will mich's etwa gar hinauf
> Zu den Sternen tragen?

> Doch ich bleibe lieber hier,
> Kann ich redlich sagen,
> Beim Gesang und Glase Wein
> Auf den Tisch zu schlagen

bis hin zu der Schillerschen »Dithyrambe«, die ihm – nach einem ersten, fragmentarischen Anlauf im Jahre 1813 – zwölf Jahre später zu einem Triumphgesang der Lebens-, Trink- und Liebeslust gerät: »Kaum, daß ich Bacchus, den lustigen habe, / kommt auch schon Amor, der lächelnde Knabe«. Neben dem »Lob der Tränen« (so heißt ein Lied von 1818) steht in Schuberts Liederwerk, dieser tönenden Enzyklopädie der menschlichen Existenz, das »Lob des Tokayers«, ein sich durch einige wirksame Kunstgriffe vom Typus des Burschenschaftsliedes abhebender Wirtshaussang, dem der Text einer dichtenden jungen Dame, Gabriele v. Baumbergs, zugrunde liegt:

> O köstlicher Tokayer,
> Du königlicher Wein!
> Du stimmest meine Leier
> Zu seltnen Reimerein.
>
> Mit langentbehrter Wonne
> Und neuerwachtem Scherz
> Erwärmst du, gleich der Sonne,
> Mein halberstorbnes Herz.

Hier ist Herz doch einmal auf Scherz gereimt.

Allein zehn ausdrücklich als Trinklieder bezeichnete Kompositionen für kleine Männerchöre zählt Schuberts Lied-Œuvre; sangen die Schubertianer sie beim Heurigen unter Bäumen? Als Sololied vertont er 1826 ein Trinklied aus Shakespeares »Antonius und Cleopatra«; es entsteht im Juli, kurz nachdem er das hochexpressive G-Dur-Quartett zu Papier gebracht hat. Die Niederschrift, elf Tage umfassend, war harte, aufreibende Arbeit, und: »Bacchus, feister Fürst des Weines«, tönt es, als sie getan ist; ein übermütiges Weinlied entlastet von produktiver Hochspannung. Der Wein selbst tut manchmal desgleichen.

Wovon er sonst noch entlastet, verrät ein Brief aus dem Jahr zuvor. Es ist der große Sommer der achten Sinfonie (die die siebente ist, wenn man nur die vollendeten Partituren zählt, und die neunte, wenn man die im Entwurf vollendete E-Dur-Sinfonie von 1821 mitzählt). Schubert ist mit dem Sänger Vogl in Oberösterreich unterwegs und vermißt in Linz seinen Freund Spaun, der nach Lemberg versetzt worden ist; er schreibt ihm:

> Linz ist ohne Dich wie ein Leib ohne Seele oder wie ein Reiter ohne Kopf wie eine Suppe ohne Salz. Wenn nicht der Jägermeyr ein so gutes Bier hätte, u. auf dem Schloßberg ein passabler Wein zu haben wäre, so müßte ich mich auf der Promenade aufhängen, mit der Überschrift: *Aus Schmerz über die entflohene Linzer-Seele!* Du siehst, dß ich ordentlich ungerecht werde gegen das übrige Linzthum, indem ich doch in Deiner Mutter Hause, in der Mitte Deiner Schwester, des Ottenwald u. Max recht vergnüglich bin, u. aus den Leibern manches noch andern Linzers Dein Geist herauszublitzen scheint. Nur fürcht ich wird dieser Geist nach u. nach ganz verblitzen, und da möchte man dann vor Unmuth zerplatzen. Überhaupt ist es ein wahres Elend, wie jetzt überall alles zur faden Prosa sich verknöchert, wie die meisten Leute dabey ruhig zusehen und sich gar wohl dabey befinden, wie sie ganz gemächlich über den Schlamm in den Abgrund glitschen. Aufwärts geht's freylich schwerer; u. doch wäre dieses Gesindel leicht zu Paaren zu treiben, wenn nur von *oben* aus etwas geschähe. Übrigens laß Dir kein graues Haar wachsen, dß Du so weit von uns bist, biethe dem einfältigen Schicksal Trotz, u. ihm zum Hohne laß Dein reiches Gemüth wie einen Blumengarten erblühen, auf dß Du in dem kalten Norden Wärme des Lebens verbreiten, u. Deine göttliche Abkunft beurkunden mögest. Niederträchtig ist die Trauer, welche ein edles Herz beschleicht, wirf sie von Dir, u. zertritt den Geyer, eh er sich in Deine Seele frißt.

Ein Jahr zuvor, aus Zseliz, hatte Schubert selbst der Trauer und dem Zorn Raum gegeben, in einem Schober mitgeteilten Gedicht. Der Tonsetzer, der so vielen Dichtwerken das Leben der Musik eingehaucht hat, zeigt sich hier selbst als Dichter; sprachmächtig zieht er die Summe seiner Zeit. Eine Spätzeit scheint sie dem Siebenundzwanzigjährigen, in der die großen Erinnerungen matt und schal geworden sind; die Fähigkeit, Schmerz zu empfinden ist, die das einzig verbleibende Zeichen von Kraft:

Klage an das Volk!

O Jugend unsrer Zeit, Du bist dahin!
Die Kraft zahllosen Volks, sie ist vergeudet,
Nicht *einer* von der Meng' sich unterscheidet
Und nichtsbedeutend all' vorüberzieh'n.

Zu großer Schmerz, der mächtig mich verzehrt
Und nur als Letztes jener Kraft mir bleibet;
Denn thatlos mich auch diese Zeit zerstäubet,
Die jedem Großes zu vollbringen wehrt.

Im siechen Alter schleicht das Volk einher,
Die Thaten seiner Jugend wähnt es Träume,
Ja spottet töricht jener gold'nen Reime,
Nichtsachtend ihren kräft'gen Inhalt mehr.

Nur dir, o heil'ge Kunst, ist's noch gegönnt
Im Bild die Zeit der Kraft u. That zu schildern,
Um weniges den großen Schmerz zu mildern,
Der nimmer mit dem Schicksal sie versöhnt.

Das ist der sehr konkrete Weltschmerz einer restriktiv verstörten Jugend, die sich zwischen Krämern und Polizisten, Staatsschützern und Geschäftemachern eingeklemmt findet. Die Kinder schon trifft es.»Es darf kein Bube mit der Peitsche knallen oder singen oder rufen, sogleich ist die Polizei da, es ihm zu verbieten. Es geht bei uns alles dahin, die liebe Jugend frühzeitig zahm zu machen und alle Natur, alle Originalität und alle Wildheit auszutreiben, so daß am Ende nichts übrig bleibt als der Philister.«

Der dies sagt, ist wiederum die Weimarische Exzellenz, die »nur in unserm lieben Weimar zum Fenster hinauszusehen« braucht, »um gewahr zu werden, wie es bei uns steht«. »Man sollte oft wünschen«, sagt er zu Eckermann, »auf einer der Südseeinseln als sogenannter Wilder geboren zu sein, um nur einmal das menschliche Dasein ohne falschen Beigeschmack, durchaus rein zu genießen.«

SECHSTES HAUPTSTÜCK

Wo von der Größe
und vom Dämonischen die Rede ist,
von einer nächtlichen Ansprache
und zwei so gut
wie unbekannten Frauen

Dauer der Werke

Genie, die Gellert-Lessingsche Wortfanfare, die der alte Goethe mit souveräner Gebärde ins Überpersönliche weitet, klingt uns aus Schuberts nächster Umgebung entgegen. Joseph Hüttenbrenner, jener Registraturbeamte und Musikenthusiast, der sich 1819 in den Dienst des Komponisten stellt und einige Jahre seine Korrespondenzen, Rechnungen, Geschäfte besorgt, spricht in einem Brief an den Direktor des Prager Theaters von »unserm jungen genialen Tonsetzer Schubert«; er fügt hinzu, daß »ein wirkliches Genie Zeit brauche, um von seiner Mitwelt Verzeihung für die große Kühnheit zu erlangen, mit der es seinen eigenen Weg zu betreten wagt«.

Sachlich-genau trifft dies die Situation des Fünfundzwanzigjährigen, der mit der h-Moll-Sinfonie und der Wanderer-Fantasie gerade den Durchbruch zur großen Form vollzieht. Drei Jahre zuvor hat ein junger, aus Goethes Weimar hervorgegangener Denker ein Buch vorgelegt, das wie der philosophische Untertext zu Schuberts Sinfonie erscheint: »Die Welt als Wille und Vorstellung«. Der Autor, Arthur Schopenhauer, räumt dem Genie (aber er nennt es nicht so, sondern spricht teils vom Genius, teils vom genialen Individuum) in diesem Grundbuch der Weltenttäuschung ein eigenes Kapitel ein. Auf Kant fußend, beschränkt er den Genius auf die Sphäre der Kunst, und diese Einschränkung wird zum Mittel schrankenloser Erhöhung; die

Kunst erscheint als rettendes Gegenüber zu der ebenso flüchtigen wie nichtigen Welt der Erscheinungen: die ästhetische Erkenntnis, die allein geniale Erkenntnis ist, leuchte hinter die Welt des durch den Satz vom Grunde regierten Wandels und erschaue dort das Wesen der Dinge.

»Du holde Kunst«, dichtet der lyrisch-sanfte Schober 1817 für seinen Freund, den Komponisten, »in wieviel grauen Stunden, / Wo mich des Lebens wilder Kreis umstrickt, / Hast du mein Herz zu warmer Lieb entzunden, / Hast mich in eine beßre Welt entrückt.« Schopenhauer, ein Stück weiter nördlich, in Dresden, sitzend, sagt dasselbe zur gleichen Zeit schroff und prinzipiell; nie ist der Kunst eine erhabenere und abgelöstere Position zugeschrieben worden: »Während die Wissenschaft, dem rast- und bestandlosen Strom vierfach gestalteter Gründe und Folgen nachgehend, bei jedem erreichten Ziel immer wieder weiter gewiesen wird und nie ein letztes Ziel, noch völlige Befriedigung finden kann, so wenig als man durch Laufen den Punkt erreicht, wo die Wolken den Horizont berühren; so ist dagegen die Kunst überall am Ziel. Denn sie reißt das Objekt ihrer Kontemplation heraus aus dem Strome des Weltlaufs und hat es isolirt vor sich: und dieses Einzelne ... wird ihr ein Repräsentant des Ganzen, ein Aequivalent des in Raum und Zeit unendlich Vielen: sie bleibt daher bei diesem Einzelnen stehen: das Rad der Zeit hält sie an: die Relationen verschwinden ihr: nur das Wesentliche, die Idee, ist ihr Objekt.« Der Regenbogen wird zu ihrem leuchtenden Gleichnis: »Die dem Satz vom Grunde nachgehende ist die vernünftige Betrachtungsart, welche im praktischen Leben, wie in der Wissenschaft, allein gilt und hilft: die vom Inhalt jenes Satzes wegsehende ist die geniale Betrachtungsart, welche in der Kunst allein gilt und hilft. ... Die erstere gleicht den unzähligen, gewaltsam bewegten Tropfen des Wasserfalls, die stets wechselnd, keinen Augenblick rasten: die zweiten dem auf diesem tobenden Gewühl stille ruhenden Regenbogen.«

Eine Generation nach Schopenhauer nimmt der junge Marx den Begriff aus Schillers Händen, als er ihn gegen die preußische Zensurinstruktion von 1842 ins Feld führt. Genie – das Wort steht ihm für eine Wesenserkenntnis, die, indem sie das Wesen der Dinge bei Namen nennt, in den Weltprozeß eingreift: Was erkannt wird, bleibt sich nicht gleich. In diesem Sinn und mit diesem Hintersinn attackiert Marx einen Ministerialerlaß, der der literarisch-wissenschaftlichen Darstellung Ernsthaftigkeit und Bescheidenheit auferlegt: »Das Wesen des Geistes ist die Wahrheit immer selbst, und was macht ihr zu seinem Wesen? Die Bescheidenheit. Nur der Lump ist bescheiden, sagt Goethe, und zu solchem Lumpen wollt ihr den Geist machen? Oder soll die Bescheidenheit jene Bescheidenheit des Genies sein, wovon Schiller spricht, so verwandelt zuerst alle eure Staatsbürger und vor allem eure Zensoren in Genies. Dann aber besteht die Bescheidenheit des Genies zwar nicht darin, worin die Sprache der Bildung besteht, keinen Akzent und keinen Dialekt, wohl aber den Akzent der Sache und den Dialekt ihres Wesens zu sprechen.«

Der junge Engels beruft den Begriff in Ansehung Goethes, dem er kritisch attestiert, zugleich ein Genie und dessen Gegenteil gewesen zu sein: »So ist Goethe ... bald trotziges, spottendes, weltverachtendes Genie, bald rücksichtsvoller, genügsamer, enger Philister«. Der alte Engels wendet ihn, sich selbst mit Freundesdemut ins zweite Glied stellend, auf Marx an; das tut ein Menschenalter später auch Franz Mehring. Auch bei dem Literaturhistoriker der Sozialdemokratie wetterleuchtet noch der vorklassisch-klassische Begriff mit seiner Polarität von personaler Naturkraft und gesellschaftlicher Unnatur. Die letztere erscheint nun als die der *bürgerlichen* Gesellschaft – Genie, das ist eine Sprengladung an den von dieser aufgerichteten Barrieren: »Die bürgerliche Gesellschaft, die in dieser Hinsicht nur die ausgeprägteste Form aller Klassengesellschaft ist, mag sonst Verdienste haben, so viele sie will, aber eine gastliche Heimat für das Genie ist sie nie gewesen. Sie kann es auch nicht sein, denn gerade darin besteht das innerste Wesen des Genies, den schöpferischen Drang einer ursprünglichen Menschenkraft ins Spiel zu setzen gegen das überlieferte Herkommen, und an den Schranken zu rütteln, innerhalb derer die Klassengesellschaft nur bestehen kann.«

Indem Genie die Fähigkeit ist, ein Schöpferisch-Neues in die Welt zu setzen, rüttelt es in jedem Fall an den Schranken der bestehenden Gesellschaft. Dabei erweist sich, daß Gesellschaftsstrukturen von spezifischem Klassencharakter, wie die Stadtstaaten des alten Griechenland oder des italienischen Quattrocento, einer »abundanten Genieproduktion« (Kretschmer) fähig waren, wohingegen es völlig offen ist, ob eine Gesellschaft mit eingeebneten Klassen- und allen übrigen Schranken den Aufwuchs großer schöpferischer Begabung befördere. Die bürgerliche Gesellschaft, Erzeugerin, Unterdrückerin und Nutznießerin des Genies, produziert in dessen Gestalt ihre eigene individuelle Aufhebung, ohne die sie nicht sein kann, so wie sie in Gestalt der Arbeiterklasse ihre eigene kollektive Aufhebung produziert, ohne die sie nicht sein kann; sie ist, indem sie sich aufhebt, bis sie sich wirklich aufhebt. So die Marxsche Idee; inzwischen macht die bürgerliche Gesellschaft mit Hilfe genialer Technik Miene, die Arbeiterklasse aufzuheben und *dergestalt* in ihre Eschatologie einzutreten.

Genie, das Hauptwort jener großen Zeit, die Heine die Kunstperiode nennt, ist den Klassikern des Klassenkampfs noch im gleichen Sinn zur Hand wie Hegel, ihrem philosophischen Patron, der es seinerseits aus der Hand der Weimarer Klassik genommen hatte. Vermieden ist das Wort bei einem, der über die Sache umfassend Auskunft gibt. Jacob Burckhardt spricht von der Größe, nicht vom Genie; das ist das zuständige deutsche Wort, volleren Klangs als das anverwandelte fremde und, mehr als dieses, auf das Ganze der Persönlichkeit zielend. Zu einer Zeit, da schon nervenärztliche Naturforschung nach der Erscheinung greift, um sie sich rechnend und zählend untertan zu machen, kommt der Geniebegriff, realistisch fundiert, mit Weitblick aufgeladen, noch einmal – zum letzten Mal – auf seine Höhe. »Wir haben es hier«, schreibt Burckhardt am Anfang des fünften Kapitels seiner »Weltgeschichtlichen Betrachtungen«, »mit den großen Männern zu tun. Dabei sind wir uns der Fraglichkeit des Begriffes Größe wohl bewußt; notwendig müssen wir auf alles Systematisch-Wissenschaftliche verzichten. Unsern Ausgang nehmen wir von unserem Knirpstum, unserer Zerfahrenheit und Zerstreuung. Größe ist, was wir nicht sind.«

Burckhardt, vornehmlich mit der politisch-historischen Größe befaßt, kommt zu einem Schluß, der keiner aus Verlegenheit ist: »Die wirkliche Größe ist ein Mysterium. Das Prädikat wird weit mehr nach einem dunklen Gefühle als nach eigentlichen Urteilen aus Akten erteilt oder versagt; auch sind es gar nicht die Leute vom Fach allein, die es erteilen, sondern ein tatsächliches Übereinkommen vieler.« Der Maßstab dieses Übereinkommens sei »ein unsicherer, ungleicher, inkonsequenter«: »Bald wird das Prädikat mehr nach der intellektuellen, bald mehr nach der sittlichen Beschaffenheit zuerteilt, bald mehr nach urkundlicher Überzeugung, bald ... mehr nach Gefühl; bald entscheidet mehr die Persönlichkeit, bald mehr die Wirkung ... Schließlich beginnen wir zu ahnen, daß das Ganze der Persönlichkeit, die uns groß erscheint, über Völker und Jahrhunderte hinaus magisch auf uns nachwirkt, weit über die Grenzen der bloßen Überlieferung hinaus.«

Zieht »die Persönlichkeit, deren Bild sich magisch weiterverbreitet«, das Epitheton auf sich oder ihre besondere Leistung? Die Waage des Autors neigt sich dem letzteren zu, ohne das erstere außer acht zu lassen: »Der große Mann ist ein solcher, ohne welchen die Welt uns unvollständig schiene, weil bestimmte große Leistungen nur durch ihn innerhalb seiner Zeit und Umgebung möglich waren und sonst undenkbar sind; er ist wesentlich verflochten in den großen Hauptstrom der Ursachen und Wirkungen. Sprichwörtlich heißt es: ›Kein Mensch ist unersetzlich.‹ – Aber die wenigen, die es eben doch sind, sind groß.« Und ein Stück weiter noch einmal und durchaus antischopenhauerisch über die Verflochtenheit der Schöpfernaturen in den Hauptstrom der Ursachen und Wirkungen: »Zeit und Mensch treten in eine große, geheimnisvolle Verrechnung.«

Dabei ergeben sich einige Merkmale genialer Leistungsfähigkeit, sie heißen Reichlichkeit, Konzentrationsvermögen, Lernbegier. Charakteristisch für die »Meister ersten Ranges« sei »die von der Viel- und Schnellproduktion der Mittelmäßigkeit himmelweit verschiedene Reichlichkeit, öfter so auffallend, daß wir sie aus einer Ahnung des frühen Todes hervorgegangen glauben«. »Die Quellen dieser Reichlichkeit sind die große, übermenschliche Kraft an sich und ferner bei jedem gewonnenen Fortschritt die Macht und Lust zu vielseitiger Anwendung.« Sodann – und in Verbindung damit – »bedürfen sie jener Konzentration des Willens, ohne welche überhaupt keine Größe denkbar ist und deren magische Nachwirkung uns als zwingende Kraft berührt.« Schließlich die Lust am Lernen: »Alle großen Meister haben zunächst viel und immerfort gelernt, wozu bei schon erreichter bedeutender Höhe und bei leichter und glänzender Produktion ein sehr großer Entschluß gehört.«

Es ist nie richtiger und schöner über »das große Individuum« gesprochen worden als in diesem Text, der ursprünglich eine Vorlesung war. Friedrich Nietzsche, in Basel zugleich Professorenkollege und Kolleghörer Burckhardts, vernahm ihn im November 1870 und wußte ihn zu würdigen. Burckhardt blickt auf »Künstler, Dichter und Philosophen« und schreibt ihnen die Funktion zu, »den inneren Gehalt der Zeit und Welt ideal zur Anschauung zu bringen und ihn als unvergängliche Kunde auf die Nachwelt zu überliefern«. Bei der echten Größe gehe es ums Ganze: »Warum die bloßen Erfinder und Entdecker im gewerblichen Fach ... keine großen Männer sind, auch wenn man ihnen hundert Statuen setzte ..., beantwortet sich damit, daß sie es eben nicht mit dem Weltganzen zu tun haben, wie jene drei Arten.«

Auch bei den wissenschaftlichen Forschern sei dies das Kriterium; »die unabhängige Wertschätzung« kröne unter ihnen mit dem Prädikat der Größe nur »die Auffinder von Lebensgesetzen ersten Ranges«. »Mit den großen Philosophen erst beginnt das Gebiet der eigentlichen Größe ... Sie bringen die Lösung des großen Lebensrätsels, jeder auf seine Weise, der Menschheit näher; ihr Gegenstand ist das Weltganze von all seinen Seiten, den Menschen nota bene mit inbegriffen, sie allein übersehen und beherrschen das Verhältnis des einzelnen zu diesem Ganzen und vermögen daher den einzelnen Wissenschaften die Richtungen und Perspektiven anzugeben.«

Und die Dichter und Künstler? »Unbegnügt mit bloßer

Kenntnis, welche Sache der Spezialwissenschaften, ja mit Erkenntnis, welche Sache der Philosophie ist, inne geworden seines vielgestaltigen, rätselhaften Wesens, ahnt der Geist, daß noch andere Mächte vorhanden seien, welche seinen eigenen dunklen Kräften entsprechen. Da findet es sich, daß große Welten ihn umgeben, welche nur bildlich reden zu dem, was in ihm bildlich ist: die Künste. Unvermeidlich wird er den Trägern derselben Größe zuschreiben, da er ihnen Vervielfältigung seines innersten Wesens und Vermögens verdankt. Sie sind ja imstande, fast sein ganzes Dasein, insofern es über das Alltägliche hinausgeht, in ihre Kreise zu ziehen, sein Empfinden in einem viel höheren Sinn, als er selbst es könnte, auszudrücken, ihm ein Bild der Welt zu gewähren, welches, frei von dem Schutte des Zufälligen, nur das Große, Bedeutungsvolle und Schöne zu einer verklärten Erscheinung sammelt; selbst das Tragische ist dann tröstlich. Die Künste sind ein Können, eine Macht und Schöpfung. Ihre wichtigste, zentrale Triebkraft, die Phantasie, hat zu jeder Zeit als etwas Göttliches gegolten. Inneres äußerlich machen, darstellen zu können, so daß es als ein dargestelltes Inneres, als eine Offenbarung wirkt, ist eine seltenste Eigenschaft.«

Hier ist angemessene Sprache, hoch ansetzend, ohne sich zu versteigen; der Autor hält jene zuständige Mitte, die Hölderlin meint, wenn er in der Hyperion-Vorrede schreibt: »Wer bloß an einer Pflanze riecht, der kennt sie nicht, und wer sie pflückt, bloß um daran zu lernen, kennt sie auch nicht.« Burckhardt deutet auf das wunderbare Vermögen der Kunst, über Generationen und Epochen hinweg zu den Nachlebenden zu sprechen und ihnen als fremde zugleich eine eigene Stimme zu sein. »Das mächtigste Wollen und Empfinden der vergangenen Zeiten« rede durch die Künstler und Dichter, es habe »sie zu seinen Dolmetschern erkoren«. Der Künstler als Dolmetscher der Epochen – hinter dem Phänomen ist ein Problem verborgen. Marx hat es 1857 in der Fragment gebliebenen »Einleitung zur Kritik der politischen Ökonomie« mit einer Notiz aufgegriffen, die die Wirkung der griechischen Kunst auf eine Menschheit, die sich weit von deren gesellschaftlichen Bedingungen entfernt hat, in Analogie zu dem Reiz setzt, den die eigene Kindheit auf den erwachsenen Menschen ausübt, wenn er sie sich erinnernd vergegenwärtigt. Aphoristisch-beiläufig statuiert der philosophische Polit-Ökonom ein biologisches Modell von Kulturentwicklung; der Antike die Stufe der »gesellschaftlichen Kindheit« der Menschheit zuschreibend, versetzt er seine Gegenwart mittelbar ins reife Mannesalter und liefert den späten Leser des Fragments dem Schluß aus, dem Greisenalter der Kultur seither ein beträchtliches Stück nähergekommen zu sein.

»Überhaupt der Begriff des Fortschritts nicht in der gewöhnlichen Abstraktion zu fassen«, notiert dieser Kenner der Alten, und in der Tat: daß die Stimme alter und ältester Kunst uns über die Abgründe geschichtlicher Zäsuren »als ein dargestelltes Inneres, als eine Offenbarung« (Jacob Burckhardt) berührt, ist eine Potenz, dazu angetan, das *Prinzip Fortschritt* zu relativieren, das seit der Aufklärung in Geschichtsphilosophie und Epochenbewußtsein umgeht, indem es die Fortschritte der Technik als Fortschritte der Gattung postuliert oder interpretiert. Die überbrückende Potenz der Kunst öffnet den Blick darauf, daß die Stadien, die die Menschheit im Lauf ihrer Geschichte durchmißt, nicht einer linear aufsteigenden Wertskala folgen, sondern daß, ähnlich wie bei dem Entwicklungsgang des einzelnen Menschen, bei dem Übergang von einer zur andern Stufe Gewinn und Verlust einander gegenüberstehen und jede Erweiterung des Horizonts in *einer* Richtung mit Verengung in einer andern einhergeht.

Jedes Zeitalter vermag nur *einen* Aspekt humaner Entfaltung in Kraft zu setzen, unter Ausschluß anderer; die Kunst aber überspannt diese Endlichkeit unseres geschichtlichen Potentials. Sie versöhnt das einander Ausschließende; kraft ihrer korrespondieren wir mit Dimensionen unseres Daseins, die der aktuelle Kulturzustand verlassen hat, ohne daß es abgegoltene Dimensionen wären. Indem Entwicklung ein Aufheben gesellschaftlicher Bildungen und Qualitäten ist, bedeutet sie immer auch ein Absinken-Lassen. Die Kunst, und keineswegs nur die große, mobilisiert die Sedimente vergangener Kulturzustände in dem Empfindungsvermögen des einzelnen und manchmal einer ganzen Zeitgenossenschaft; auf ihre imaginäre Weise, die eine sinnlich-seelische ist, komplettiert sie den Horizont des Individuums und setzt von der Geschichte verlassene Bezirke menschlicher Entfaltung und Erfahrung in ihn ein.

So ist die Kunst das Medium der Utopie. Jede aufbrechende Zeit wird ihr imaginatives Potential als ungenügend verwerfen und auf die Einlösung der universellen Verheißung drängen. Dagegen wird jedes geschichtlich erfahrene Zeitalter die Frage, wie die von ihr vorgestellte (und vorstellend realisierte) »Vervielfachung [des] innersten Wesens und Vermögens« des Menschen (Burckhardt) gesellschaftlich-real werden könne, als unreif beiseite setzen. Es wird sich statt dessen fragen, wo die Wurzeln jener überzeitlich erweiternden Kraft liegen, die Marx wie Schopenhauer bemerkt. Die Poesie, schreibt Burckhardt (es gilt für alle Kunst), habe ihre Höhepunkte, »wenn sie dem Menschen Geheimnisse offenbart, die in ihm liegen und von welchen er ohne sie nur ein dumpfes Gefühl hätte, – wenn sie mit ihm eine wundervolle Sprache redet, wobei ihm zumute ist, als müßte dies einst in einem bessern Dasein die seinige gewesen sein! – wenn sie vergangene Leiden und Freuden einzelner aus allen Völkern und Zeiten zum unvergänglichen Kunstwerk verklärt, damit es heiße: spirat adhuc amor [noch immer atmet die Liebe], vom wilden Jammer der Dido bis zum wehmütigen Volkslied der verlassenen Geliebten, damit das Leiden des Spätgeborenen ... sich daran läutere und sich in ein hohes Ganzes, in das Leiden der Welt, aufgenommen fühle«.

Mit paradoxem Doppelsinn, dem des Wiedererkennens eines besseren Daseins und dem des Sich-aufgenommen-Fühlens in das Leiden der Welt, ist hier auf jenes Déjà-vu, als die Empfindung des Längstvertrauten, Urbekannten, gedeutet, welches auch in der Marxschen Notiz umgeht. Die Ästhetik der sozialen Utopie hat es als das Vorerinnern eines goldenen Zeitalters neuer Menschwerdung gedeutet, die der Psychoanalyse als Nachklang und Widerhall früh empfangener Individualempfindung. In der Marxschen Notiz scheint ein kulturhistorischer Parallelismus von Onto- und Phylogenese, von Individual- und Gattungsentwicklung auf; sicher ist, daß die Kulturepochen der

Menschheit mit ihren Leiden und Leistungen, ihren Konflikten und Errungenschaften der geistigen Organisation des Individuums in einer Weise entsprechen, daß sie durch die Kunst aus schlummernder Latenz in besitzergreifendes Bewußtsein gerufen werden können. So erscheinen uns – Burckhardt sagt es – »die großen Dichter groß schon als wichtigste Urkunde über den Geist aller der Zeiten, welche ihre Dichtungen schriftlich gesichert hinterlassen haben; vollends aber bilden sie in ihrer Gesamtheit die größte zusammenhängende Offenbarung über den inneren Menschen überhaupt«.

Nächtliche Ansprache

Das gilt, in dem Rahmen einer viel begrenzteren Überlieferung, auch und erst recht für die Musik. Burckhardt sieht sie »ganz am äußersten Ende der Künste, am ehesten in flüchtiger Verwandtschaft mit der Achitektur«; »wunderbar und rätselhaft« erscheint ihm ihre Stellung: »Wenn Poesie, Skulptur und Malerei sich noch immer als Darstellerinnen des erhöhten Menschenlebens geben mögen, so ist die Musik nur ein Gleichnis desselben. Sie ist ein Komet, der das Menschenleben in kolossal weiter und hoher Bahn umkreist, dann aber auf einmal sich wieder so nahe zu demselben herbeiläßt, als kaum eine andere Kunst, und dem Menschen sein Innerstes deutet. Jetzt ist sie phantastische Mathematik – und jetzt wieder lauter Seele, unendlich fern und doch so nahe vertraut. Ihre Wirkung ist (d.h. in den rechten Fällen) so groß und unmittelbar, daß das Dankgefühl sofort nach dem Urheber frägt und unwillkürlich dessen Größe proklamiert. Die großen Komponisten gehören zu den unbestrittensten Größen.«

Doch es gibt Stufen der Größe; nicht leicht sind sie voneinander zu scheiden. »Was die primären Meister der Welt als freie Schöpfung geschenkt, das kann ... von trefflichen sekundären Meistern als Stil festgehalten werden, freilich meist als ein kenntlich Sekundäres, es sei denn, daß die Anlage des Betreffenden an sich ersten Ranges war und nur eben die erste Stelle schon entschieden eingenommen vorfand.« Ist dies auf Schubert hin gesagt? Es war die Lage, in der Mozart sich als Fünfundzwanzigjähriger in Wien gegenüber Gluck und Haydn und Schubert in demselben Alter gegenüber Beethoven zu finden scheinen; beide durchbrechen sie durch die Erfindung neuer und das Zur-Reife-Bringen noch unausgefüllter Gattungen. So hatte Mozart das Klavierkonzert kreiert und sich die deutsche Oper angeeignet; Schubert macht sich das Lied zu eigen und übernimmt von seinem Wiener Kollegen und Generationsgenossen Worzischek (Voříšek) Namen und Formgedanken des Impromptus; mit dem Klavierquintett, der Klavierfantasie schafft er neue, unabhängige Genres.

Daß er sich nach Anläufen, die das Gelingen schon sind, an dem sie verzagen, auch der Formen bemeistert, um deren Neubestimmung auch der Beethoven der 1820er Jahre ringt, ist ein Vorgang, der den Mit- und Nachlebenden lange verborgen bleibt. Man sieht ihn im Schatten Beethovens, überlegen in einer Gattung, die dieser vorangebracht, aber nicht ausgeschöpft hatte, dem Lied, und sonst fruchtlos mit dessen Übermacht ringend. Noch 1931 sieht Walther Vetter den Komponisten angesichts der Beethoven-Anklänge in dessen später c-Moll-Sonate »noch einmal bei Beethoven in die Schule gehen« und »in einer wahren Wolke von Klassizismus untertauchen«. Nicht einer der Zeitgenossen bemerkt, daß Schubert, die Oper ausgenommen, die auch Beethovens Genre nicht gewesen war, in *allen* Gattungen über den Großmeister hinausgelangt war, nicht im Sinn eines Fortschritts, den es von Beethoven zu Schubert so wenig gab wie von Mozart zu Beethoven, aber in dem des Weitergehens, des Auftuns neuer, eigenständiger Zonen des Ausdrucks und der Empfindung.

Das Lied, Keimzelle und erste Erfüllung des neuen Geistes, hatte am Anfang gestanden, eine Gattung, die sich in der intimgeselligen Sphäre eines politisch ausgeschlossenen, zugleich geistig maßgebenden Bürgertums entfaltete, jenseits eines Repräsentationsanspruchs, wie ihn in der napoleonischen Ära, die auch in Österreich eine des Aufbruchs und der Erneuerung gewesen war, Beethoven noch hatte erheben können. Am Ende hatte ein Kosmos neugefaßter Großformen gestanden: Sinfonie und Messe, Streichquartett und Klaviersonate; alles dies hatte Schubert, neben dem exzentrisch kühnen Beethoven der späten Sonaten und Quartette her arbeitend, sich seit 1817 anverwandelt. Über die Werke hinaus hat das Selbstbewußtsein solchen Tuns keinen Ausdruck gefunden; das Insistieren auf dem Rang der eigenen Arbeit lag Schubert, dem Scheuen und Schroffen, fern (und Joseph Hüttenbrenner war ihm wohl gerade wegen dessen propagandistischer Hellsicht ein ungeliebter Helfer). Berühmt ist jene Szene, da das von Ignaz Schuppanzigh geleitete Streichquartett – es war das führende Wiens – Anstalten macht, das gerade fertig gewordene Streichquartett in d-Moll, mit den Andante-Variationen nach einem Thema aus der Claudius-Vertonung »Der Tod und das Mädchen«, zu spielen: »Die Quartettisten legten die Stimmen auf, begannen zu spielen, aber nach mehreren argen Mißgriffen stockten sie schon mitten im ersten Satze und ließen von den weiteren ab, indem Schuppanzigh erklärte, dies sei kein Quartettsatz und überhaupt nicht spielbar.« Worauf der Komponist, »schweigend und lächelnd«, wie berichtet wird, die Noten von den Pulten nimmt. War es wirklich das auch von Beethoven ständig ans Äußerste getriebene Schuppanzigh-Quartett, dem dies geschah? Schubert hatte ihm 1824 sein a-Moll-Quartett mit den Rosamunde-Variationen gewidmet; im Frühjahr 1828 hören die Wiener von Schuppanzighs Leuten den ersten Satz eines »neuen Quartetts« von Schubert. Die Szene mag stimmen (Ludwig Speidel hat sie berichtet), die Musiker werden andere gewesen sein, vielleicht jene Orchestermusiker, die 1828 Schuberts neue C-Dur-Sinfonie für unspielbar befanden; er tauschte sie daraufhin gegen seine alte C-Dur Sinfonie aus.

Schweigend und lächelnd fügt sich der Komponist in das Verdikt der Unspielbarkeit; er hat die Zukunft auch dann für sich, wenn sie ihm selbst sich nicht mehr eröffnet. Einmal aber, zu nächtlicher Stunde im Wirtshaus, ist die Provokation groß genug, um Schubert aus der Reserve zu locken; die »Tirade«, die er einigen ihn leichtfertig bestürmenden Orchestermusikern hält, konnte eine Nachwelt an sich gerichtet fühlen, die das bis tief in den Freundeskreis reichende Vorurteil fortschrieb. Bauernfeld hat sie wiedergegeben; die Episode steht am Ende eines Heurigenausflugs, der zuletzt ins Kaffee-, also Punschhaus geführt hatte:

> Es war bereits ein Uhr, und eine äußerst lebhafte musikalische Diskussion hatte sich beim heißen Punsche entsponnen. Schubert setzte Glas auf Glas und war in eine Art Begeisterung geraten, in welcher er, beredter als gewöhnlich, Lachner und mir alle seine Zukunftspläne auseinandersetzte. Da mußte ein eigener Unstern ein paar ausübende Künstler, berühmte Orchester-Mitglieder des Operntheaters, ins Kaffeehaus führen. Beim Eintritt dieser Leute hielt Schubert mitten in seiner schwungvollen Rede inne; seine Stirn runzelte sich, seine grauen Äuglein glänzten wild unter den Augengläsern hervor, an denen er unruhig hin und her schob. Kaum hatten aber die Musiker den Meister erblickt, als sie eiligst auf ihn zuliefen, seine Hände ergriffen, ihm tausend Schönes sagten, ihn mit Schmeicheleien beinahe erdrückten. Schließlich kam heraus, daß sie eine neue Komposition für ihr Konzert sehnlichst wünschten, mit Solostellen für ihre besonderen Instrumente, Meister Schubert werde sich gewiß willfährig erweisen, usw.
> Der Meister zeigte sich aber nichts weniger als willfährig, sondern schwieg. Auf wiederholtes Andringen sagte er kurzweg: »Nein! Für euch schreib' ich nichts.«
> »Nichts für uns?« fragten die Männer betreten.
> »Nein! Durchaus nicht.«
> »Und warum nicht, Herr Schubert?« wurde in etwas gereiztem Tone erwidert. »Ich denke, wir sind Künstler so gut wie Sie! Man kennt ja in ganz Wien keine besseren.«
> »Künstler!« rief Schubert, trank hastig das letzte Glas Punsch aus und stand vom Tische auf. Dann schob der kleine Mann den Hut übers Ohr und stellte sich dem einen körperlich großen und dem andern mehr korpulenten Virtuosen wie drohend entgegen. »Künstler?« wiederholte er, »Musikanten seid Ihr! Weiter nichts! Der eine beißt in das Messingmund-

stück seines hölzernen Prügels, der andere bläst sich die Backen auf an seinem Waldhorn! Nennt ihr das Kunst? Ein Handwerk ist's, eine Fertigkeit, die Geld einbringt und damit holla! – Künstler ihr! Wißt ihr nicht, was der große Lessing sagt? – Wie kann einer sein ganzes Leben lang nichts tun, als in ein Holz mit Löchern beißen! – Das hat er gesagt – (zu mir gewendet) oder was Ähnliches! Gel! (wieder zu den Virtuosen): Ihr wollt Künstler sein? Bläser und Fiedler seid ihr alle miteinander! Ich bin ein Künstler, ich! Ich bin Schubert, Franz Schubert, den alle Welt kennt und nennt! Der Großes gemacht hat und Schönes, das ihr gar nicht begreift! Und der noch Schöneres machen wird – (zu Lachner:) Gelt, Bruder, gelt? – das Allerschönste! Kantaten und Quartette, Opern und Sinfonien! Denn ich bin nicht bloß ein Ländler-Kompositeur, wie's in der dummen Zeitung steht und wie's die dummen Menschen nachschwatzen – ich bin Schubert! Franz Schubert! daß ihr's wißt! Und wenn das Wort Kunst ausgesprochen wird, ist von *mir* die Rede, nicht von euch Würmern und Insekten, die ihr Soli verlangt, die ich euch niemals schreiben werde – ich weiß wohl warum! Ihr kriechenden und nagenden Würmer, die mein Fuß zertreten sollte – der Fuß des Mannes, der an die Sterne reicht – *sublimi feriam sidere vertice* (zu mir) übersetz ihnen das! – An die Sterne, sag' ich, während ihr armen blasenden Würmer euch im Staube windet und mit dem Staube als Staub verweht und vermodert!«
Eine solche, wohl noch weit ärgere, aber dem Inhalte nach getreu wiedergegebene Tirade ward den verblüfften Virtuosen an den Kopf geworfen, die mit offenen Mäulern dastanden, ohne ein Wort der Gegenrede zu finden, während Lachner und ich uns bemühten, den erhitzten Kompositeur von dem Schauplatze des jedenfalls unliebsamen Auftritts zu entfernen. Unter beschwichtigenden Worten brachten wir ihn nach Hause.

Was Eduard v. Bauernfeld, dessen Gesellschaftskomödien in den 1830er Jahren das Burgtheater erobern, hier nach vierzig

Jahren wiedergibt, trägt die Züge eines Bauernfeldschen Monologs. Das Original hat man sich insofern »weit ärger« vorzustellen, als es im Dialekt gesprochen wurde; für seine Wiedergabe wäre Nestroy der bessere Mann gewesen. (Wie Schubert und Nestroy, die sich begegnet sein müssen, zueinander standen, die Protagonisten zweier durch das Jahr der Pariser Julirevolution scharf geschiedener Zeitalter, ist nirgendwo überliefert.) Aber auch als stilisierte ist dies eine kostbare Stelle. Vom Punsch erhitzt, von den Ansprüchen fraternisierender Mittelmäßigkeit bedrängt, steht Schubert für den Anspruch seines Werkes ein; olympischer Zorn weist jene in die Schranken, die sich die Miene geben, über ihn verfügen zu können. Natürlich kommt ihm am andern Morgen das Ganze unsinnig vor. Er braucht diese Leute, denen er die Ehre erwiesen hat, zu sagen, was er von ihnen hält, und sucht den Eklat zu applanieren. Auch dies beschreibt Bauernfeld, wobei er jene Nero-Notiz, die einem früheren Tagebuch Schuberts entstammt, dem Bericht einmontiert:

Am nächsten Morgen lief ich zu dem Freunde, um nachzusehen, da mir sein Zustand bedenklich erschienen war. Ich traf Schubert noch im Bette, fest schlafend, die Augengläser auf dem Kopfe wie gewöhnlich. Im Zimmer lagen die Kleider von gestern, wild und wirr durcheinander geworfen. Auf dem Schreibtisch lag ein halbbeschriebener Bogen Papier, ein Meer von Tinte aus dem umgeworfenen Tintenfasse darüber gegossen. Auf dem Blatte stand: »Um 2 Uhr nachts« – ... nun folgten ein paar halb verworrene Aphorismen, heftige Gemütsausbrüche. Kein Zweifel, er hatte das gestern, nach der heftigen Szene niedergeschrieben. So hatte ich mir die verwunderliche Stelle exzerpiert: »Beneidenswerter Nero, der du so stark warst, bei Saitenspiel und Gesang ekles Volk zu verderben!!« Ich wartete das Erwachen des Freundes ab. – »Du bist's?« sagte er, nachdem er mich erkannt, schob die Augengläser zurecht und reichte mir, freundlich lächelnd, obwohl beinahe verlegen, die Hand. – »Ausgeschlafen?« fragte ich mit einer gewissen Betonung. – »Unsinn!« fuhr

Schubert heraus und sprang lautlachend aus dem Bette. Ich konnte nicht umhin, der Szene zu erwähnen. – »Was werden sich die Leute von dir denken?« sagte ich, ein wenig im Hofmeisterton.

»Die Spitzbuben!« erwiderte Schubert ruhig und gutmütig. »Weißt du denn, daß es die intrigantesten Schlingel von der Welt sind? Auch gegen mich. Sie haben die Lektion verdient! Obwohl mich's reut. Aber ich werd' ihnen die verlangten Solis schreiben, und sie küssen mir noch die Hand dafür.«

Für einen Augenblick lang hat der gereizte Genius die Schranken zwischen sich und der Welt eingerissen, einem Verlangen nachgebend, das ihm zeitlebens fremd war: dem Verlangen nach Macht, die Masse der Widerstrebenden zu bezwingen. Dergleichen ist keine Frage der Physis (Napoleon war nur sechs Zentimenter größer als Schubert); es ist eine des Bedürfnisses, der Haltung. Das Schubertsche geht nicht auf Herrschaft, Triumph, Bemächtigung, sondern auf Gemeinschaft, auf Eintracht. Seine Musik, in der die Beschwörung naturverbürgter Harmonie immer wieder schroff neben dem Ausdruck der Verweigerung und des Leidens an ihr steht, drückt dies aus; die Traumerzählung von 1822 faßt es in Bilder. Mit Worten sagt es eine Tagebucheintragung aus dem Jahre 1824: »Keiner, der den Schmerz des andern, und keiner, der die Freude des andern versteht! Man glaubt immer, zueinander zu gehen, und man geht immer nur nebeneinander. O Qual für den, der dies erkennt!« Es folgt ein Satz, der bei der Nachwelt, die ihn absolut nahm, Verwirrung gestiftet hat: »Meine Erzeugnisse sind durch den Verstand für Musik und durch meinen Schmerz vorhanden; jene, welche der Schmerz allein erzeugt hat, scheinen am wenigsten die Welt zu erfreuen.« Schubert hat niemals ohne Verstand für Musik komponieren können.

Beethoven und Wagner, die Zöglinge vorrevolutionärer Zeiten, waren, im Subjektiven wie im Objektiven, anders disponiert; sie entwickelten, jeder auf seine Weise, ein Instrumentarium der Selbstdarstellung, das ihnen Einfluß auf eine unterwerfungsbedürftige Kunst-Gesellschaft sicherte. Der eine überwältigt die Zeitgenossen durch jene Barschheit des Tons, die in Verbindung mit echter Superiorität ein sicheres Mittel ist, sich Raum zu verschaffen, um so mehr, wenn sie dazu dient, eine gravierende Kommunikationsbehinderung zu überspielen. Der andere kultiviert eine hypnotisch-beredsame Anziehungs- und Einverleibungsgabe. Wie fern Schubert der Gestus der Bemächtigung ist, zeigt das Explosive seiner nächtlichen Reaktion. Am andern Morgen ist das Gleichgewicht wiederhergestellt, der Ernüchterte kehrt auf das Feld der Imagination zurück. Einige Zeit später schreibt er dem philharmonischen Solohorn einen »Nachtgesang im Walde«; das ist – vom April 1827 – ein Vokalquartett mit vierfacher Hörnerbegleitung, dessen Textanfang: »Sei uns stets gegrüßt, o Nacht!«, wie eine humoristische Anspielung auf die nächtliche Szene bedünkt. Über dem jäh aufgerissenen Abgrund ist der Friede wiederhergestellt. Seine Außenseite ist Entgegenkommen, seine Schutzwehr Distanz, seine Losung Noli me tangere.

Mädchenbildnis zu Häupten

»Nullum magnum ingenium sine aliqua mixtura dementiae fuit« (es hat keinen großen Geist ohne eine Beimischung von Wahnsinn gegeben), das Wort stammt aus einem Dialog des Seneca. Im Jahre 1827 hält es Bauernfeld, der im Vorjahr in einer kleinen Beamtenstelle untergekommen ist, dem Freund humoristisch entgegen, als der auf einem Spaziergang seine miserablen materiellen Aussichten beklagt und Bauernfeld diese Verzagtheit närrisch findet. Senecas Sentenz beruft sich auf ein Wort des Aristoteles, aber sie hat noch ältere Ahnen; Cicero überliefert von Demokrit, dieser habe bestritten, daß man »sine furore« ein großer Dichter sein könne. Furor, das hat den psychischen Doppelsinn von Raserei, Begeisterung, Verzückung, und als Verzückten beschreiben Freunde und Weggenossen die Erscheinung des komponierenden Schubert, »glühend und mit leuchtenden Augen, ja selbst mit anderer Sprache, einer Somnambule ähnlich« (Spaun). »Beim Komponieren«, schreibt Joseph Hüttenbrenner fast gleichlautend, »kam mir Schubert wir ein Somnambule vor. Seine Augen leuchteten dabei, hervorstehend wie von Glas. Dabei schnalzte er öfter mit der Zunge.« Es mögen solche Berichte gewesen sein, die der Rede vom clairvoyanten Naturkind Auftrieb gaben.

Auch ein Wort aus den »Problemata« des Aristoteles findet sich bei Cicero; es erklärt »omnes ingeniosos melancholicos esse«: Alle Genialen seien Melancholiker. Von Melancholie ist mehr als einmal auch in betreff Schuberts die Rede. Pauline Grabner, Leopold v. Sonnleithners schon berufener Schwester, erschien er »als höchst einfacher, natürlicher, zu schwerer Melancholie neigender Mann, der sich in Gesellschaft heiterer Freunde aber sehr wohl fühlen konnte«. Bauernfeld spricht von der »Doppelnatur« des Freundes; er verknüpft die Bemerkung mit Musikkritik: »Das österreichische Element, derb und sinnlich, schlug im Leben vor wie in der Kunst. ... Bei Schubert läßt sich an der Form, an der musikalischen Deklamation, an den frischen Melodien selbst so manches tadeln. Die letzteren klingen bisweilen zu vaterländisch, zu österreichisch, mahnen an Volksweisen, deren etwas niedrig gehaltener Ton und unschöner Rhythmus nicht die volle Berechtigung hat, sich in das poetische Lied einzudrängen. ... Kam in dem kräftigen und lebenslustigen Schubert, so im geselligen Verkehr wie in der Kunst, der österreichische Charakter bisweilen allzu stürmisch zur Erscheinung, so drängte sich zeitweise ein Dämon der Trauer und Melancholie mit schwarzem Flügel in seine Nähe – freilich kein völlig böser Geist, da er in den dunklen Weihestunden oft die schmerzlich-schönsten Lieder hervorrief. Allein der Kampf zwischen ungestümem Lebensgenuß und rastlos geistigem Schaffen ist immer aufreibend, wenn sich in der Seele kein Gleichgewicht herstellt. Bei unserm Freunde wirkte zum Glück eine ideelle Liebe vermittelnd, versöhnend, ausgleichend, und man darf Comtesse Caroline als seine sichtbare wohltätige Muse, als die Leonore dieses musikalischen Tasso betrachten.«

Die Rede ist von Caroline Esterházy von Galantha, der Tochter jenes ungarischen Magnaten, der den einundzwanzigjährigen Schubert als Musiklehrer seiner beiden wohlvorbereiteten Töchter auf sein Schloß im nördlichen Ungarn, in Zseliz an der Hron, verpflichtet hatte. Der Vater der Sängerin Caroline Unger hatte in Wien die Beziehung zwischen Schubert und dem Haus Esterházy von Galantha hergestellt, das nicht mit der in Eisenstein residierenden fürstlichen Dynastie zu verwechseln ist; ein anderer gemeinsamer Freund war Carl v. Schönstein, der Hofkammerpraktikant mit dem hinreißenden Tenorbariton, der unter der Anleitung des Komponisten zu dem besten aller Schubert-Sänger heranwuchs. Bei Schuberts zweitem Ungarn-Aufenthalt im Jahre 1824 ließ er sich nach vier Monaten von Schönstein, der zu Besuch gekommen war, vorzeitig nach Wien mitnehmen, von der jähen Zwangsvorstellung eines Giftanschlags befallen, die ihn auch Anfang November des Jahres 1828, kurz vor Ausbruch der tödlichen Krankheit, heimsuchte. War, was ihn bedrängte, die Erinnerung an Mozart, der nicht von Salieri, aber möglicherweise von einem eifersüchtigen Ehemann vergiftet worden war? Als Schubert bei der Rückfahrt aus Zseliz in der Esterházyschen Kutsche Platz genommen hat, ist er so aufgeregt, daß er nach kurzer Fahrt das Rückfenster der Kutsche zerschlägt; die Oktoberkälte dringt ins Innere. In dem – trotz Caroline – langentbehrten Wien ist dann alles wieder in Ordnung. »Schubert ist hier«, annonciert Moritz v. Schwind dem fernweilenden Schober die Rückkehr, »gesund und himmlisch leichtsinnig, neu verjüngt durch Wonne und Schmerzen und heiteres Leben.«

Auch dieser zweite Aufenthalt, bei dem sich der Umgang mit der nun neunzehnjährigen Caroline nicht problemlos gestaltete, regt eine Fülle vierhändig gesetzter Klaviermusik an, zu der die ungarische Umgebung nicht nur Themen und Rhythmen, sondern auch eine eigentümliche Härte und Kühnheit der Formbildung beiträgt. In Zseliz entsteht eine große Sonate, das sogenannte Grand Duo, gefolgt von acht Variationen auf ein eigenes Thema, die bei der Veröffentlichung im folgenden Jahr eine bezügliche Opusziffer erhalten, die Nr. 35 der Beethovenschen Es-Dur-Variationen. Zuletzt schreibt Schubert das einer ebenso bedeutenden wie eigenartig-anziehenden Wiener Sängerin, der mit dem Edlen v. Lacsny verheirateten Cathinka Buchwieser, gewidmete »Divertissement à la Hongroise«, eine weit in Neuland vorstoßende Komposition.

Die einem Linzer Schubertianer, dem Philosophieprofessor Neuhaus, als op. 82 gewidmeten Variationen über ein schlichtakkordisches Thema aus einer vergessenen französischen Oper entstehen im Februar 1827; als Schubert ein Jahr später zu der vierhändigen Klaviermusik zurückkehrt, steht ihm Comtesse Caroline vor Augen. Das erste und ausgedehnteste der nun entstehenden Stücke, die Fantasie in f-Moll, ist ihr als op. 103 gewidmet; es folgt ein Allegro, dem ein Verleger später den Titel »Lebensstürme« gibt (die poetisierenden Titel, fragwürdig durchaus, fungieren als Kurbelwellen der Wirkungsgeschichte). Ein großes Rondo (seine in Berlin aufbewahrte Reinschrift [s. Abb. 26–28, S. *29–31*] ist auch skriptural faszinierend) steht am Ende – ein Wiegenlied für vier Hände, dessen Trost-, Versöhnungs-, Abschiedsgebärde eine weite Landschaft durchmißt, ehe nach einer letzten Diskantberufung des Themas ein lerchenhaft hochangesetzter Triller auf den Tonikaschluß führt. Alle drei Stücke sind Gipfelwerke der Gattung – Kompositionen, nach denen es musikgeschichtlich nicht eigentlich weitergeht. Vor ihnen hatte nur Mozart mit solchem Anspruch für diese als unterhaltsam geltende Gattung komponiert; unter Schuberts Händen weitet sie sich ins Klaviersinfonische.

Kein Zweifel: alle drei Stücke, die wie Teile eines weitgefaßten Ganzen anmuten, sind innerlich an Caroline adressiert. Die Intensität von Schuberts Gefühlen für die ungarische Comtesse ist von vielen Seiten bezeugt; Bauernfeld deutet in seinem Gedicht von 1858 darauf, dessen Ton ungleich zwangloser ist als seiner späteren Prosa-Erinnerungen. Auch des Zselizer Stubenmädchens Pepi Pöckelhofer ist hier gedacht:

> Die Künstler waren damals arm!
> Wir hatten auch Holz nicht immer –
> Doch waren wir jung und liebten warm
> Im ungeheizten Zimmer.

O Liebeslust! O Liebespein!
Wir saßen so recht mitten
In diesem bitter-seligen Sein –
Schlimm, daß wir ausgelitten!

»Wenn Dir's in Kopf und Herzen schwirrt,
Was willst Du Bess'res haben!
Wer nicht mehr liebt und nicht mehr irrt,
Der lasse sich begraben.« –

Der Jugend Losung war das Wort,
Und ist's auch später geblieben;
Nur daß im Alter wir sofort
Mehr irren jetzt als lieben.

Verliebt war Schubert; der Schülerin
Galt's, einer der jungen Comtessen;
Doch gab er sich einer – ganz Andern hin,
Um die – Andere zu vergessen.

Ideell, daß uns das Herz fast brach,
So liebte auch Schwind, wir Alle;
Den realen Schubert ahmten wir nach
In diesem vermischten Falle.

Damals, bei der ersten Begegnung, war Caroline dreizehn Jahre alt; wie das Verhältnis sich später gestaltete, hat Bauernfeld 1869 für die Sonntagsbeilage der Wiener »Presse« beschrieben. »Nebenbei«, schreibt dieser Zeuge aus nächster Nähe, »lief es auch bei dem in gewissen Dingen ziemlich realistischen Schubert nicht ohne einige Schwärmerei ab. Eigentlich war er zum Sterben in eine seiner Schülerinnen verliebt, in eine junge Comtesse Esterházy, welcher er auch eine seiner schönsten Klaviersachen, die vierhändige Phantasie aus f-Moll, gewidmet hatte. Er kam auch außer den Lektionsstunden bisweilen in das gräfliche Haus, unter Schutz und Schirm seines Gönners, des Sängers Vogl, der mit Fürsten und Grafen wie mit seinesgleichen verkehrte, überall das große Wort führte und sich, wenn er den genialen Kompositeur unter seine Flügel nahm, wie der Kornak gebärdete, der eben eine besondere Rarität aus dem Tierreiche vorzuzeigen hatte. Schubert ließ sich bei dieser Gelegenheit nicht ungern in Schatten stellen, hielt sich im stillen zu der angebeteten Schülerin, drückte sich den Liebespfeil immer tiefer ins Herz. Für den lyrischen Dichter wie für den Tondichter ist eine unglückliche Liebe, wenn sie nicht gar zu unglücklich ist, vielleicht ein Vorteil, indem sie seine subjektiven Empfindungen erhöht und den Gedichten und Liedern, die ihr entströmen, Farbe und Ton der schönsten Wirklichkeit aufdrückt.«

Das klingt geradezu, als habe Schubert in Caroline ein Gegengewicht zu seinem sonstigen erotischen Umgang gesucht. Spätestens an dieser Stelle vermißt man das Wort derer, um die es geht, das Wort Carolines. Ein anderer nimmt es statt ihrer, Carl v. Schönstein, der fesche Tenorbariton; eine Miniatur Teltschers zeigt den Freiherrn als jugendlichen Elegant mit aufgezwirbeltem Schnurrbart. Der Hausfreund der Esterházys hat in einer erst 1948 zutage tretenden Erinnerung aus dem Jahre 1857 jenen Widmungswunsch der Comtesse (und Schuberts Antwort darauf) überliefert, der – zweifellos aus derselben Quelle – auch Schwind bekannt war; Schönstein beschreibt das Verhältnis im Ganzen: »Welch musikalisch-schöpferischer Reichtum in Schubert lag, erkannte man bald im Hause Esterházy; er wurde ein Liebling der Familie, blieb auch über Winter in Wien Musikmeister im Hause und begleitete die Familie auch spätere Sommer hindurch auf das genannte Landgut in Ungarn. Er war überhaupt bis zu seinem Tode viel im Hause des Grafen Esterházy. Ein Liebesverhältnis mit einer Dienerin, welches Schubert in diesem Hause bald nach seinem Eintritt in dasselbe anknüpfte, wich in der Folge einer poetischeren Flamme, welche für die jüngere Tochter des Hauses, Comtesse Caroline, in seinem Inneren emporschlug. Dieselbe loderte fort bis an sein Ende. Caroline schätzte ihn und sein Talent sehr hoch, erwiderte jedoch diese Liebe nicht, vielleicht ahnte sie dieselbe auch nicht einmal in dem Grade, als sie vorhanden war. Ich sage, *in dem Grade,* denn *daß* er sie liebe, mußte ihr durch eine Äußerung Schuberts – die einzige Erklärung in Worten – klargeworden sein. Als sie nämlich einst Schubert im Scherz vorgeworfen, er habe ihr noch gar kein Musikstück dediziert, erwiderte jener: ›Wozu denn, es ist Ihnen ja ohnehin alles gewidmet.‹«

Der Satz klingt authentisch; auch die Liebschaft mit der namentlich überlieferten Zselizer Pepi (offenbar weiß Bauernfeld durch Schönstein davon) ist glaubhaft. Alles Übrige in diesem Bericht, den Schönstein, ohne ihn aus der Hand zu geben, dem Schubert-Biographen Kreißle v. Hellborn zugänglich machte, untersteht dem Aspekt, daß es ein Duzfreund der Familie Esterházy ist, der hier spricht, gehalten, alles zu verbergen, was auf Komplikationen deuten könnte. Spaun, Schuberts ältester Freund, spricht in einer späten Notiz nicht von einer unerwiderten, sondern »durch die Verhältnisse hoffnungslosen Neigung« Schuberts zu Caroline; das ist ein gewichtiger Unterschied.

Die Widmungsanfrage ist fast das einzige Wort, das von der Comtesse überliefert ist, die 1828 immerhin dreiundzwanzig Jahre alt war, also über die erste Mädchenblüte hinaus (man war in diesem Alter damals älter als heute). Kein Brief von ihr oder von ihrer älteren, klavieristisch besonders begabten Schwester Marie, keine Tagebuchnotiz, keine weitergegebene Erinnerung – nicht ein einziges Wort von Caroline gibt von Schuberts Beziehung zu ihr und ihrer zu Schubert unmittelbar Kunde. Eine Dreizehnjährige, klavieristisch bestens vorbereitet, bekommt Unterricht von einem der ersten Musiker seiner Zeit, er schreibt Stücke für sie beide, sie spielen sie zusammen. Als sie neunzehn ist, kommt er wieder, das Mädchen ist empfänglich, sensibel, originell; die bloße Tatsache von Schuberts Zuneigung zeugt davon, aber auch ihr Porträt tut es; es stammt von Teltscher und zeigt ein zartes, waches, von schwarzen Locken umzüngeltes Gesicht (Abb. 35, Seite 38). Caroline erlebt noch die Anfänge von Schuberts Nachruhm – und sollte in dieser schreibseligen Epoche nie etwas darüber (und auch sonst nichts) zu Papier gebracht haben? Die Miniatur, die ihr Bild überliefert, ist durch Schönstein auf die Nachwelt gekommen, der sie Anfang der sechziger Jahre Schwind erst zum Kopieren überließ und dann schenkte. In Zseliz gab es ein Gruppenbildnis aller drei Geschwister aus dem Jahre 1820, in dem Caroline besonders zart und grazil erscheint, und ein Einzelporträt von 1837, auf dem sie als reife, melancholisch-gefaßt blickende Schönheit erscheint, den beiden andern Bildern nicht sehr nah.

Die gräflichen Esterházys, eine in allen ihren Gliedern hochmusikalische Familie, hatten eine Stadtwohnung in Wien, wo viel musiziert wurde; dort lernten sie Schubert kennen, ehe sie ihn nach Zseliz einluden. Nach den beiden Zseliz-Aufenthalten gab es in Wien eine Fortsetzung des Musizierens mit Caroline; »im stillen«, so Bauernfeld, hielt er sich »zu der angebeteten Schülerin«. Keine weitere Kunde ist davon überliefert; statt dessen wird Caroline (so von Deutsch in dessen Dokumenten-Band) nicht nur als »unscheinbar und scheu«, sondern geradezu als infantil geschildert. Obschon 1824 fast zwanzig Jahre alt, sei sie »ein Kind geblieben«; die Mutter habe sie reifenspielen geschickt, »als sie schon dreißig geworden war«. An Zseliz habe sie dermaßen gehangen, daß sie gesagt habe: »Wenn es im Himmel nicht ebenso schön ist wie in Zseliz, dann will ich gar nicht in den Himmel kommen.« Das ist das zweite von Caroline überlieferte Wort. Der Satz klingt, als sei er in Umlauf gesetzt worden, um Carolines spätere Wien-Abwesenheiten zu begründen.

In jenem Schubertiade-Bild, das, als ideale Szene, auf ein ganz bestimmtes Konzert Bezug nimmt (Abb. 45, Seite 42/43), hängt die Comtesse als Imago an der Wand; offenbar hat sie niemals an Schubertiaden teilgenommen. Untersagten die Eltern ihr, wenn die Familie sich in Wien aufhielt, den Kontakt mit Schubert außerhalb der eigenen Wohnung? Oder entzog sie sich selbst einer Zuneigung, die sie nicht erwiderte und deren Andrang sie scheute? Hat Schubert, der – das wenige Erhaltene zeigt es – ein großer Briefschreiber war, ihr niemals schreiben dürfen und hat sie ihm niemals geschrieben? Auch wenn man die Zwänge des Standesunterschieds in Betracht zieht, sind alles dies Merkwürdigkeiten. Es ist nicht auszuschließen, daß die Comtesse Schubert die Nicht-Erwiderung seiner Liebe vorspielte, weil ihre Eltern sie an den unüberbrückbaren gesellschaftlichen Abstand erinnert hatten. Wenn das im Sommer und Herbst 1822 geschah, dann muß sie sich Schuberts gesundheitliche Katastrophe ein Leben lang zum Vorwurf gemacht haben.

Daß Schubert bei seinem ersten Zseliz-Aufenthalt mit dem nachmals zur Kammerjungfer beförderten Stubenmädchen anbandelte, wird dem dreizehnjährigen Landkind nicht verborgen geblieben sein. Schuberts Briefe von seinem zweiten Besuch, bei dem er nicht mehr in einem Nebengebäude, sondern im Schloß wohnte, deuten auf Komplikationen: »Ich bin noch immer Gottlob gesund u. würde mich hier recht wohl befinden, hätt' ich Dich, Schober und Kupelwieser bey mir, so aber verspüre ich trotz des anziehenden bewußten *Sternes* manchmal eine verfluchte Sehnsucht nach Wien.«

So heißt es im August 1824 an Schwind, und einen Monat später an Schober: »Nun sitz ich allein hier im tiefen Ungarlande in das ich mich leider zum 2ten Mahle locken ließ, ohne auch nur *einen* Menschen zu haben, mit dem ich ein gescheidtes Wort reden könnte.« Die Wendung vom »bewußten Stern« zeigt: die Freunde wußten von Schuberts Neigung; seine Hoffnungen auf das Wiedersehen hatten sich anscheinend nicht erfüllt. Die gräflichen Eltern hätten Schubert nicht ein zweites Mal nach Ungarn eingeladen, wenn er eine Gefahr für die unverheiratete Tochter bedeutet hätte, doch hielten sie den Umgang möglicherweise unter scharfer Aufsicht.

Carolines Rolle als die der fernen Muse, der alles gewidmet ist, ohne daß sie selbst Körper und Stimme gewänne, ist allzu literarisch konzipiert, um wirklich zu überzeugen. Auch gibt es, bis in den Sommer 1828 mit der sehnsuchtsverlorenen »Taubenpost«, unter Schuberts Liedern zu viele, die von dem heimlichen Verkehr gehinderter Liebender handeln, um die Möglichkeit auszuschließen, daß ein elterliches Veto jedes unkontrollierte Zusammensein dieser beiden unterband. (Die Autographe von zweien dieser Lieder, Platners »Blumensprache« und Schillers »Geheimnis«, erhielt Caroline von Schubert zum Geschenk.) Da es kaum denkbar ist, daß Caroline niemals an Schubert geschrieben und niemals ein Briefwort von ihm erhalten habe (sie besaß noch andere wichtige Autographe wie das des Klaviertrios op. 100), muß man annehmen, daß alles dies so verfänglich schien, daß es der Vernichtung anheimfiel, durch Caroline selbst oder durch ihre Familie.

Wie nahe Schubert der Comtesse ging, läßt sich mittelbar erschließen: aus der Tatsache, daß diese den überlieferten Porträts nach zierlich-lebhafte, scheue und gescheite Frau spät und vollkommen unglücklich heiratete. Als Neununddreißigjährige vermählte sie sich 1844 in Preßburg mit einem pensionierten Major, dem Grafen Folliot de Crenneville-Poutet; die Ehe ging so schief, daß sie bald darauf annulliert wurde. Caroline überlebte dieses Desaster um sieben Jahre; sie starb 1851 in Preßburg und liegt in Zseliz begraben.

Als Schuberts himmlische Liebe hängt Moritz v. Schwind 1868 ihr der Teltscherschen Miniatur nachgezeichnetes Bildnis über Schubert auf. In welchem Maß dies eine erzwungene Rolle war und in welcher Weise sie in die Komplikationen von Schuberts irdischen Liebesangelegenheiten verwickelt war, – alles dies (dafür ist von allen Seiten gesorgt worden) läßt sich nur vermuten. In den Lücken dieser Liebesbeziehung, die sich wie kaum eine andere in die Musikgeschichte eingezeichnet hat, nisten ganze Romane, die fernab vom »Dreimäderlhaus« liegen, jenem musikfreudigen Wiener Bürgerhaus mit den vier sangeskundigen Schwestern, von denen die älteste – Anna, die Inspiratorin des »Ständchens« – Gesangslehrerin am Konservatorium war. Eine andere und offenbar die schönste, Catharina, war ihr Leben lang mit Grillparzer verlobt, in dessen Lebenserinnerungen Schubert nicht vorkommt, da sonst auch Catharina hätte vorkommen müssen; das Haus der sich singend durchs Leben schlagenden Fröhlich-Schwestern war ohne seine Musik nicht zu denken. Über die Wirkung, die Schuberts Musik auf seine Braut ausübte, schrieb der Dichter 1821 ein Stanzen-Gedicht (»Als sie, zuhörend, am Klavier saß«), in dem er gleichsam Schubert dafür verantwortlich macht, daß er nicht dazu kommt, Fräulein Katty die überfällige Liebeserklärung zu machen:

Und wie die Töne brausend sich verwirren,
 in stetem Kampfe stets nur halb versöhnt,
jetzt klagen, wie verflogne Tauben girren,
 jetzt stürmen, wie der Gang der Wetter dröhnt,
sah ich ihr Lust und Qual im Antlitz kriegen,
und jeder Ton ward Bild in ihren Zügen.

Mitleidend wollt' ich schon zum Künstler rufen:
 »Halt ein! Warum zermalmst du ihre Brust?«
Da war erreicht die schneidendste der Stufen,
 der Ton des Schmerzes ward zum Ton der Lust,
und wie Neptun, vor dem die Stürme flogen,
hob sich der Dreiklang ebnend aus den Wogen;

und wie die Sonne steigt, die Strahlen dringen
 durch der zersprengten Wetter dunkle Nacht,
so ging ihr Aug', an dem noch Tropfen hingen,
 hellglänzend auf in sonnengleicher Pracht;
ein leises Ach! aus ihrem süßen Munde,
sah, wie nach Mitgefühl, sie in die Runde.

Da trieb's mich auf: nun soll sie's hören,
 was mich schon längst bewegt, nun werd' ihr's kund;
doch sie blickt her; den Künstler nicht zu stören,
 befiehlt ihr Finger, schwicht'gend an dem Mund;
und wieder seh' ich horchend sie sich neigen,
und wieder muß ich sitzen, wieder schweigen.

Von Schuberts Wirkung auf Frauen gibt es kein nachhaltigeres Zeugnis.

In seiner Prosaerinnerung schlüpft Eduard v. Bauernfeld, der dem Freund seine musikalischen Griffe ins Volksleben vorhält und auf dessen erotischen Griffe in ebendieses anspielt, in die Rolle jenes Famulus, dem Faust »vor dem Tore« die zwei Seelen in seiner Brust auseinandersetzt:

Die eine hält, in derber Liebeslust.
Sich an die Welt mit klammernden Organen;
Die andre hebt gewaltsam sich vom Dust
Zu den Gefilden hoher Ahnen.

Goethe verstand sich auf die Doppelnatur, es war die seine; auch er stellte sie lange Zeit unter die Obhut und den Ausgleich einer ideellen Liebe. Dann folgte die Flucht nach Italien, die Liebeserfüllung im Umgang mit einer verwitweten jungen Römerin. Verse und Briefe aus dieser Zeit – vor allem die an den Weimarer Herzog – bekunden die Sorge gegenüber einer Ansteckungsgefahr, die damals überall in den großen Städten Europas lauerte. Mozarts frühe, vom Vater mißbilligte Ehe mag auch diese Furcht zum Hintergrund gehabt haben; die Junggesellen Beethoven und Schubert zogen sich eine Krankheit zu, die für alle jene, die eine amtlose Künstlerexistenz führten und an Familiengründung nicht denken konnten, in den Großstädten schwer entrinnbar war.

Bauernfelds Sätze deuten darauf, daß Schubert jener Weiblichkeit, die für ihn, den stellungslosen Musiker (freischaffend zu sein war unter den gesellschaftlichen Verhältnissen und Gesichtspunkten der Zeit gleichbedeutend mit einem Proletarierdasein), die einzig erreichbare war, nicht bloß sporadisch zuneigte. Die Nachwelt hat über diese Verhältnisse einen dichten Schleier gebreitet, den nur ein Mißwollender wie der bei den Schubertianern abgeblitzte Wilhelm v. Chézy etwas lüftet, außer dem heftig gegen Schober eingenommenen Joseph Kenner; dieser spricht, Schubert betreffend, von dem »Zwiespalt seiner Seelen, deren eine zum Himmel drang und die andere im Schlamme badete«. »Nach innen Poet und von außen eine Art Genuß-Mensch«, beschreibt Bauernfeld den »aus zwei einander fremden Naturen« (Kenner) zusammengesetzten Freund. Anton Schindler, der von langer Hand in genialem Umgang Geübte, verbreitet auch auf diesem Feld einen fühlsamen Realismus. »Familiensorgen und Kümmernisse mancherlei Art, in nicht gesicherten ehelichen Verhältnissen ihre Quelle findend«, schreibt er 1857 in einem biographischen Text über Schubert,

»lähmten dem Genius die Schwingen nicht, denn er stand allein in seinem Zauberkreise, von Familien-Prosa nicht angefochten«.

Die Klage über eine verlorene Natur, die Schuberts Musik anstimmt, indem sie die bedrohte und angefochtene zugleich mit großartiger Beschwörung laut werden läßt, gilt auch der Perhorreszierung einer Sinnlichkeit, die das sich zum Kapitalismus streckende Bürgertum dieser Zeit immer ängstlicher und zwanghafter vor sich verbirgt; Goethe, der das nicht für moralisch erkennen will, ist dem bürgerlichen Blick eben dadurch verdächtig. Naturverdrängung, die Verengung des sinnlichen Spielraums der menschlichen Existenz ist ein Element jenes »Weltsystems«, dem Schuberts Degout gilt; auch in »jener sogenannten Aufklärung«, die ein »häßliches Gerippe ohne Fleisch und Blut« sei, erkennt er das Gespenst der Entsinnlichung. Bauernfeld hat die Tagebuchnotiz mit einigen andern exzerpierend gerettet; was mögen Schuberts Aufzeichnungen alles enthalten haben? Das Buch ist verschollen, vernichtet wahrscheinlich von Ferdinand, dem Bruder und Erbhüter, der es Bauernfeld vorher zum stellenweisen Abschreiben ausgehändigt haben mag. Kein Zeitalter hat das Genie schlechter zu ertragen gewußt als jenes, in dem der Geniekult anfing, Massenware zu werden.

Vom Dämonischen

Melancholia, furor, dementia – die Termini sind verschieden, aber sie haben eine gemeinsame Mitte, der Bauernfelds Worte vom Dämon und von der Doppelnatur sich zuordnen. Die Psychologie des Genies, der sie zugehören, ist ein ursprüngliches Kulturgut der europäischen Menschheit; Schopenhauer hat sie in zwei Kapiteln seines Hauptbuchs in einer Weise zusammengefaßt, die im Vorfeld der noch zu seinen Lebzeiten einsetzenden Geniepsychiatrie steht. »Dem Wahnsinn ist der große Geist verwandt, und beide trennt nur eine dünne Wand«, übersetzt er ein Wort von Pope; als »besonders lehrreich« erscheint ihm »Goethes ›Torquato Tasso‹, in welchem er uns nicht nur das

Leiden, das wesentliche Märtyrertum des Genius als solchen, sondern auch dessen stetigen Übergang zum Wahnsinn vor die Augen stellt«.

Der alte Goethe enthält sich solcher Weiterungen. Das Dämonische ist ihm die Kategorie, unter die er das Irrationale seines schöpferischen Selbst faßt, ohne es erklären zu wollen und zu können; es steht ihm für jene Instanz, die das Innerste der dichterischen Hervorbringung regiert. »Jede Produktivität höchster Art«, sagt er am 11. März 1828 zu Eckermann, »jedes bedeutende Aperçu, jede Erfindung, jeder große Gedanke, der Früchte bringt und Folge hat, steht in niemandes Gewalt und ist über aller irdischen Macht erhaben. Dergleichen hat der Mensch als unverhoffte Geschenke von oben, als reine Kinder Gottes zu betrachten, die er mit freudigem Dank zu empfangen und zu verehren hat. Es ist dem Dämonischen verwandt, das übermächtig mit ihm tut, wie es beliebt, und dem er sich bewußtlos hingibt, während er glaubt, er handle aus eigenem Antriebe.«

Dämonisches waltet im Innern der künstlerischen Hervorbringung, und es wirkt im Wesen der einzelnen Künste: »In der Poesie ist durchaus etwas Dämonisches, und zwar vorzüglich in der unbewußten, bei der aller Verstand und alle Vernunft zu kurz kommt und die daher auch so über alle Begriffe wirkt.« (8. März 1831) Unbewußte Poesie? Die Wendung läßt des radikalen Satzes von einst gedenken: »Ich glaube, daß alles, was das Genie, als Genie, tut, unbewußt geschehe.« Von hier aus ist es nicht weit zur Musik: »Desgleichen ist [das Dämonische] in der Musik im höchsten Grade, denn sie steht so hoch, daß kein Verstand ihr beikommen kann, und es geht von ihr eine Wirkung aus, die alles beherrscht und von der niemand imstande ist, sich Rechenschaft zu geben.« Goethe – auch andere Äußerungen bezeugen es – fürchtet diese dämonische Gewalt des musikalischen Elements; dies ist der tiefste Grund seiner Wortlosigkeit gegenüber Schubert.

In vielerlei Bezügen erscheint das Dämonische in diesen späten Gesprächen als Synonym für rätselhaft-übermächtige Einflüsse, für ein unerklärlich Treibendes, das, zu Schaden oder

Nutzen, in der bestimmten Person wie in Staaten und Völkern wirkt. »Retardierende Dämonen« hemmen den geschichtlichen Fortschritt, beflügelnde ergreifen die Völker; das Dämonische regiert das Dasein des einzelnen und greift besonders in die hochproduktive Existenz ein. Aber man darf ihm nicht blindlings folgen. »Je höher ein Mensch, desto mehr steht er unter dem Einfluß der Dämonen, und er muß nur immer aufpassen, daß sein leitender Wille nicht auf Abwege gerate.«

So vielsinnig Goethe das Wort verwendet – er hat genaue Vorstellungen von dem, was es ihm umschreibt. Paganini (Schubert sieht und hört ihn im März 1828 in Wien und ist fasziniert) ist dämonisch, Mephistopheles dagegen (Eckermann fragt danach) keineswegs. Denn »Mephistopheles ist ein viel zu negatives Wesen, das Dämonische aber äußert sich in einer durchaus positiven Tatkraft«. Ist es also göttlicher Natur? Eckermann hat nach allem, was er gehört hat, gewisse Zweifel. »In die Idee des Göttlichen«, sagt er »versuchend« zu Goethe, »scheint die wirkende Kraft, die wir das Dämonische nennen, nicht einzugehen.« »Liebes Kind!« protestiert dieser, »was wissen wir denn von der Idee des Göttlichen …!«

Für sich selbst zieht der Adlatus die Quintessenz des ihm in vielen Bezügen angetragenen Begriffs. Dieser bezeichne, notiert er, »jene geheime problematische Gewalt, die alle empfinden, die kein Philosoph erklärt und über die der Religiöse sich mit einem tröstlichen Wort hinaushilft«. »Goethe nennt dieses unaussprechliche Welt- und Lebensrätsel das Dämonische, und indem er sein Wesen bezeichnet, fühlen wir, daß es so ist, und es kommt uns vor, als würden vor gewissen Hintergründen unseres Lebens die Vorhänge weggezogen.«

Das Dämonische erscheint chiffrenhaft bei Goethe; es steht für die »heimlich einwirkende Gewalt«, der die geniale Leistung schicksalhaft erwächst. Der es ein Forscherleben lang von sich weist, den Strahl des Sonnenlichts prismatisch zu zergliedern, faßt das seelische Urphänomen mit einem Wort, das ihm sein Geheimnis läßt; es ist gleichsam die Anschaulichkeit dieses Geheimnisses. Streng geschieden ist dieses phänomenale Benennen von jenem anders wissenschaftlichen, das, die Sperren niederlegend, mit denen Goethes Naturverständnis die Erscheinungen umgibt, um ihren Eigenwert zu schützen, im Lauf des neunzehnten Jahrhunderts in alle Bereiche des Menschen und der Natur ausgreift. Weder bei dem physischen noch bei dem geistigen Licht begnügt eine Wissenschaft, die Begriff und Methode von den »neutonischen [Newtonschen] Flausen« (Schopenhauer) empfängt, sich bei dem Urphänomen. Was Goethe das Dämonische heißt, wird der modernen Psychologie zum Untersuchungsobjekt; nur zu leicht zeigt sich das analytische Verfahren als eins der Trivialisierung. Am Beispiel des physischen Lichts hat Schopenhauer die Gefahr benannt. Wenn, so sagt er, rot eine Strahlung von soundsoviel Billionen Schwingungen pro Sekunde und blau eine mit doppelt so vielen sei, dann heiße, farbenblind zu sein, wohl, daß man sich verzählt habe.

Daß man sich verzählt hat, kommt bei jener Naturalisierung des Geniebegriffs, die in Gegenbewegung zu seiner Idealisierung steht, von Anfang an (und gerade am Anfang) immer wieder vor. Doch es hieße die pathographische Geniekunde mißverstehen, wollte man ihr schlechthin die Tendenz unterlegen, die geniale Leistung auf ein Prekär-Subjektives zu reduzieren. Denn es ist ja das Wesen des künstlerischen Genies, sich der eigenen Widersprüche formend zu entäußern und sie ins Objektive und Allgemeinbedeutende zu setzen. Die Konfliktsituation drängt nach der Aufhebung im Werk; sie erscheint als treibende Kraft einer Produktivität, deren Wesen es ist, sich gestaltend Welt zu verbinden. Dennoch ist unverkennbar, daß das in der zweiten Hälfte des neunzehnten Jahrhunderts einsetzende Unternehmen, das Genie aus einer ästhetisch-philosophischen Kategorie in eine biologisch-psychiatrische zu überführen, das Ende dessen anzeigt, was Heine die Kunstperiode der europäischen Menschheit genannt hatte. Einerseits naturalistische Demontage, andererseits idealische Verklärung – nach beiden Seiten, der idealen wie der naturalen, die seit der Antike zusammengingen und sich nun, im Zeitalter umfassender Industrialisierung auch der öffentlichen Meinung, voneinander sondern, geht dem Blick auf die große, weltverwandelnde Produktivität das Maß verloren, die Unbefangenheit, die Distanz. Was übrigbleibt, ist vielfach nur der verschieden gefärbte Bodensatz der Unverhältnismäßigkeit.

Die Kunstperiode, das ist die Goethezeit, eine dramatisch bewegte Erleuchtungszone von etwa achtzig Jahren, in der die Entdeckung der geistigen Freiheit noch nicht durch den Rauch der Erfahrung getrübt ist, daß diese nur ein Vorschein des Naturverlusts ist. Der Weimarer Alte weiß sich an ihrem Ende und will darum noch viel über den Graben künftiger Zäsuren hinübertragen. In seiner Jugend hat er dichterisch-dramatisch über den Genie-Status des bevorzugt Leidenden gesprochen, der – nicht Mensch, nicht Gott – selbst zu der Sphäre der Dämonen zu gehören scheint. Von der Natur spricht Tasso am Ende der Tragödie, ein Theaterheld, dem Goethe zwiefache Erfahrung mitgab (er ist eine Transfiguration seines in Weimar scheiternden Jugendfreundes Lenz); er meint die besondere Dichter-Natur damit:

> Sie ließ im Schmerz mir Melodie und Rede,
> Die tiefste Fülle meiner Not zu klagen:
> Und wenn der Mensch in seiner Qual verstummt,
> Gab mir ein Gott, zu sagen wie ich leide.

Auf Schubertisch heißt das: »Meine Erzeugnisse sind durch den Verstand für Musik und durch meinen Schmerz vorhanden.«

»Zu sagen wie ich leide«, es immer wieder und immer neu und in einer Weise zu sagen, die so noch niemand vernommen hat, die aber alle bald als ihre eigene Stimme empfinden, ist Fähigkeit des Genies. In ihr verknüpft sich das Leiden am Leben mit einer Daseinszuwendung und -hingegebenheit, die noch den Ausdruck des Schmerzes, der Sehnsucht, der Unbehaustheit in eine Lebensmacht verwandelt und eben daran ihr tiefstes Geheimnis hat. Wenn jenes Leiden zuletzt dem Mangel an Bindung und Bindungsfähigkeit erwächst, an Einpassungsvermögen in die große und kleinen Kammern des Normalen und Sozialen, so ist das Triumphale, das seinen Ausdruck durchwebt, das Selbstgefühl der Freiheit. Man höre (es ist nicht beschreiblich), wie Schubert in dem Platen-Lied vom Sommer 1822 (»Mein Herz ist zerrissen, / du liebst mich nicht! / Du ließest mich's wissen, / du liebst mich nicht!«) das wiederkehrende »Du liebst mich nicht« des Textes mit immer neuer Modulation inbrünstig abwandelt, nachdem schon das dreitaktige Vorspiel ein aussichtsloses Verfallensein auskostete. Sehnsucht changiert hier ins Süchtige (sie tut es nicht nur hier), der Ausdruck des Leidens wird zum Raum narkotischer Geborgenheit.

Auf andere, männlich-freudige statt narkotisch-inwendige Weise begibt die Einheit von Lust und Leiden sich in »Auf der Bruck« nach dem Text von Ernst Schulze. Schubert hat 1825 und '26 zehn Gedichte dieses romantischen Zeitgenossen (er lebte von 1789 bis 1817) vertont, liebesleidbewegte Wanderund Reiselieder aus einem »Poetischen Tagebuch«, das seine lyrischen Notate zumeist nur mit dem Entstehungsdatum überschreibt; Schubert, der Schulzes Hauptwerk, das Versepos »Die bezauberte Rose«, am liebsten in eine Oper verwandelt hätte, gibt ihnen eigene Titel. »An mein Herz« nennt er ein Lied, das bei Schulze »Am 23ten Januar 1816« heißt; in Zweiunddreißigstel-Akkorden pocht darin zu der melodisch dahinstürmenden Klage der Herzschlag des Liebend-Resignierenden. Titel und Text und der Klang, der ihm wird, deuten darauf, daß der Komponist hier die Summe seines Verhältnisses zu Caroline zieht, es zum bewegten Sinnbild aller verwehrten und enttäuschten Liebe erhebend, die im Sturm der Klage als die einzig wahre erscheint:

> Und wenn sie auch nie dein Lieben
> Und nie dein Leiden verstand,
> So bist du doch treu geblieben,
> Und Gott hat's droben erkannt.

In »Auf der Bruck« gibt der Hufschlag des Pferdes die rhythmische Untermalung – das Lied ist die hinreißende Beschwörung eines nächtlichen Ritts zu der problematischen Geliebten, deren Lust und Leiden bereitende Nähe der Reiter allem Glück der Welt vorzieht. Mit galoppierender Verve (Schuberts Ritt-Malereien bilden, wie die Wasserberufungen, ein eigenes Kapitel in seinem Liederwerk) zeichnet die Klavierbegleitung das

Traben des Rosses, indes die Singstimme den Aufschwung weithallenden Jubels nimmt:

> Manch Auge lacht mir traulich zu,
> Und beut mir Frieden, Lieb' und Freude.
> Und dennoch eil' ich ohne Ruh
> Zurück, zurück zu meinem Leide.

Es ist die innere Einheit von Übermut und Überdruß, die in solchen Schöpfungen faßbar wird: der Ausdruck des Leidens als ein Sich-seiner-Entledigen, dessen Energien in Form gebannt sind. Das Bild von der Auster, welche die eingedrungene Störung zum Juwel sublimiert, indem sie sie perlmutten umhüllt, ist als Metapher künstlerischer Arbeit schier abgegriffen; das Gleichnis ist unstimmig durch das Statisch-Schimmernde, bloß Dekorative des Produkts. Der Dynamik eines Ausdrucks, der Last und Not der Existenz in das strahlende Inbild der Lebensbehauptung verwandelt, entspricht weit mehr ein physikalisches Gleichnis: der überschwere Atomkern, der sein Gleichgewicht herstellt, indem er winzige Teilchen aus sich herausschleudert, die gerade noch materiellen Träger einer Energie, die an die Geschwindigkeit des immateriellen Lichts heranreicht. Die Instabilität des strahlenden Nukleons ist seine Anomalie, sein Dämon; ohne sie würde es nicht strahlen.

Geniologie

Entzweiung ist das Wesen der Genialität; sie ist es in mehr als einem Sinn. Die geniale Leistung, sei sie künstlerischer Ausdruck oder wissenschaftliche Erkenntnis, tritt der Welt als ein Novum gegenüber, als das noch nicht Dagewesene, das sich als das Maßgebliche herausstellt – ein exzentrisches Vermögen, das symbolisch an sich selbst ist. Das Genie ist die exorbitante Verkörperung des sich und die Natur arbeitend verwandelnden Menschen schlechthin.

Der Fähigkeit, dem Bedürfnis, dem Drang und Zwang, Neues in die Welt zu setzen und diese dadurch zu einem tieferen

Bewußtsein ihrer selbst zu bringen, entspricht einerseits ein besonders inniges, andererseits ein besonders gespanntes Verhältnis zum Bestehenden; dies ist die vorgegebene Doppelnatur der genialen Veranlagung. Der Psycholog faßt sie auf seine Weise. »Im Vergleich mit den übrigen Begabungen ihrer Kaste und Familie«, schreibt Ernst Kretschmer, »zeigen manche Genies ... eine gewisse Auflockerung ihrer Beziehung zum Hergebrachten, eine gewisse Auflockerung ihrer Instinkte und Denkbahnen, die eben dann zur Bildung überraschender neuer Gedankenverbindungen führt. ... Mindestens für bestimmte Gruppen von genialer Begabung ist diese innere Auflockerung der seelischen Struktur, diese leidenschaftliche innere Kontrastierung der Persönlichkeit die unerläßliche Voraussetzung.«

Eine solche Disposition kann durch frühkindlich-familiäre Erfahrungen genährt werden; ödipale Konfliktfigurationen bei Schiller oder bei Mozart geben ein Beispiel dafür, Goethes Mutter- und Schwesterbezogenheit ein anderes. Oft ist das Spannungsverhältnis aber noch tiefer angelegt, in einer genetischen Dimension, die die Wissenschaft in den ersten Jahrzehnten des zwanzigsten Jahrhunderts erschlossen hat, die Fangnetze sowohl familiengeschichtlicher wie statistisch-ethnographischer Analyse nach einem Phänomen auswerfend, das sich als exzentrisch-singuläres darstellt. Das Resultat weist die dualistische Disposition auf dem Grund der genialen Persönlichkeit vielfach als erblich angelegte aus. Kontrastehe ist der pathographische Name für eine solche Polarität in der Elterngeneration; für den Extremfall hält die Biologie den Begriff der Keimfeindschaft bereit. »Es entsteht«, erläutert Kretschmer, »ein komplizierter individualpsychologischer Aufbau, in dem die Anteile aus zwei sich schroff widerstreitenden Erbmassen zeitlebens in polarer Gegenspannung stehen. Diese Gegenspannung wirkt einerseits als affektiv-dynamischer Faktor, sie bewirkt das labile Gleichgewicht, den affektiven Überdruck, das rastlose innere Getriebensein des Genialen, das ihn hoch über die ruhige traditionelle Berufsausübung und das Genügen an sattem Lebensgenuß emporreißt. In intellektueller Begabung aber schafft sie die große geistige Spannweite, die Vielseitigkeit und den komplizierten Reichtum der Begabung, die umfassende Persönlichkeit.«

Eine besondere Dimension dieser Polarität ergibt sich unter dem statistisch gesicherten Aspekt der Rassenmischung. Der Geniologe, wohl wissend, daß er ein Moment unter vielen herauspräpariert, einen Strang in einem ganzen Bündel kausaler Leitungen, die auch zusammengenommen das Mirakel nicht erklären, bezeichnet »die besonders brüsken Übergangsstellen der Rassenkreuzung als möglicherweise gesteigert genieerzeugend«: »Innerhalb der nordisch-alpinen Mischzone finden wir öfters interessante Einzelzonen, wo Spezialbegabungen gerade einer bestimmten Richtung gehäuft auftreten. ... So finden wir die schöpferisch musikalische Begabung in Deutschland zum überwiegenden Teil entstanden in einer umschriebenen Stammeszone, die das alpine Rassezentrum Böhmen halbkreisförmig umgibt und von da gegen die Alpen hinstreift.« »Für die musikalische Genialität«, so Kretschmer, der in Europa eine nordische, alpine, mediterrane und dinarische ethnische Zone unterscheidet, sei »offenkundig bis heute die alpine Rasse der entscheidende Faktor; nur die drei Völker mit dem stärksten alpinen Rassenzusatz: Deutschland, Italien und Frankreich mit ihren Anhangsgebieten haben bis jetzt die europäische Musikgeschichte in ihren wesentlichen Teilen gemacht und unter ihnen wieder die mit dem besonders weichen Temperament an erster Stelle: Italien, Österreich, Sachsen. Die von ihnen in den letzten Jahrhunderten geschaffene musikalische Kultur ist ein Unikum unter allen Zeiten und Völkern.« (Ernst Kretschmer, »Geniale Menschen«, Berlin 1929, S. 96 f.)

Auch Schuberts Eltern stammen aus dieser das »alpine« Böhmen umgebenden Durchmischungszone. Nur über Schuberts Vater, den aus dem Mährischen eingewanderten Schulgehilfen, der sich im Lauf von Jahrzehnten in der Wiener Vorstadt Himmelpfortgrund zum Hausbesitzer, Schulvorsteher und urkundlich geehrten Wiener Bürger hocharbeitet (er lebte von 1763 bis 1830), wissen wir Näheres; das Bild der Mutter liegt im dunkeln. Elisabeth Vietz, seine 1756 geborene Frau, entstammte einer südschlesischen Familie, in die ein schwerer Unfall eingeschlagen hatte; der Vater, in Zuckmantel, einer kleinen Stadt im Fürstentum Neiße, Vorsteher der Schlosser- und Büchsenmeistergilde, hatte sich Gelder der Gildenkasse angeeignet und seine Heimat mit Schimpf und Schande verlassen müssen. Mit seiner Frau und drei halbwüchsigen Kindern hatte er sich auf den Weg nach Wien gemacht, zu Fuß und völlig mittellos. War er ein Spieler, ein Trinker, hatten Betrüger ihn hereingelegt? Seine Frau, Schuberts Großmutter, stirbt unterwegs, er selbst kurz nach der Ankunft; die beiden Töchter – Elisabeth ist sechzehn Jahre alt – müssen sich als Mägde und Köchinnen verdingen.

Das geschieht 1772; zwölf Jahre später gewinnt die nun Achtundzwanzigjährige das Herz des um sieben Jahre jüngeren Schulgehilfen Franz Schubert, der von der Südseite des Altvatergebirges stammt; sie selbst war an der Nordseite dieses Schlesien und Mähren trennenden Bergmassivs zu Hause gewesen. Sie wird schwanger, und die beiden heiraten auf schmalster Existenzgrundlage; das Geburtsdatum des ersten Sohnes – er heißt Ignaz und ist bucklig, ein Gemälde zeigt ein schmales und zartes, wach-intelligentes Gesicht – wird später umdatiert. Elisabeth Vietz muß sehr anziehend gewesen sein, wenn es ihr gelang, den einundzwanzigjährigen Schulgehilfen an sich zu binden. Franz Schubert der Ältere war damals in der Schule seines älteren Bruders tätig; zugleich hört er Philosophievorlesungen an der Wiener Universität. Ohne Zweifel war diese Frau die bestimmende Gestalt in Schuberts Leben, des Jüngsten von vier überlebenden Brüdern, denen 1801 ein Schwesterchen, Maria Theresia mit Namen, folgt. Ferdinand und Carl heißen die mittleren beiden Brüder; Ferdinand wird Lehrer, wie auch Ignaz, der Älteste, und bringt es bis zum Direktor der Haupt-Normalschule; Carl, zwei Jahre älter als Franz, bildet sich zum Maler aus und wird Zeichenlehrer und Kalligraph.

Von den dreizehn Kindern, die Elisabeth Schubert zwischen 1785 und 1801 in dem Alkoven einer Einzimmerwohnung mit Küche zur Welt bringt, bleiben fünf am Leben; alle andern geben nur kurze Gastrollen auf Erden. Die Zahl ist ein Maß für das Wohnelend in dem Plebejerviertel, das Schuberts Kindheit umsteht; heißt es Himmelpfortgrund nach der hohen Säuglingssterblichkeit?

Dreitausend Menschen sind hier in engen Wohnzeilen mit poetischen Namen zusammengepfercht. Erst 1801, vor der Geburt Theresias, bessern sich die Wohnverhältnisse der Schuberts; mit einer Hypothek gelingt es dem Vater, ein Haus zu erwerben, in dem er Schule und Familie unterbringt; da ist Elisabeth Schubert schon fünfundvierzig. »Eine stille, von ihren Kindern sehr geliebte und von allen geachtete Frau« nennt sie Schuberts Konviktskamerad Holzapfel; daß sie bei ihrem Jüngsten »mit großer Sorgfalt und mütterlicher Zärtlichkeit den Grund zur Religiosität und Rechtschaffenheit legte«, bekundet ein anderer von Schuberts Kameraden. Es sind die einzigen Beschreibungen, die von ihr überliefert sind; kein Bild, kein Brief, kein Erinnerungsstück hat sich in ihrer Familie erhalten; hat ihr Mann alles vernichtet? Wir wissen nicht einmal, ob Elisabeth Vietz musikalisch war und ihren Kindern vorgesungen hat; wir können es nur mittelbar erschließen, aus den zahlreichen Wiegenliedern, die Schubert komponiert hat. Von Körner, Mayrhofer, Ottenwalt und Seidl stammen die Texte, und das bekannteste von ihnen (»Schlafe, schlafe, holder süßer Knabe«) hat Schubert ganz offenbar selbst gedichtet. Über diese Lieder hinaus gibt sein Werk einen musikalischen Topos zu erkennen, den man den Wiegenlied-Topos nennen kann; in dem späten A-Dur-Rondo (op. 107) ebenso wie in der A-Dur-Sonate von 1819 und noch an manch anderer Stelle erweist diese tönende Grundform – es ist eine von vielen, die das gestische Grundmaterial seines Komponierens bilden – Prägekraft und Verwandlungsfähigkeit.

Wie musikalisch Elisabeth Schubert war, kann man aus diesen Werk-Indizien erschließen. Wie stark diese Frau war, die als Fünfzehnjährige den Sturz der elterlichen Verhältnisse aus bürgerlicher Wohlhabenheit in tiefes Elend erlebte und sich dann zwölf Jahre lang mit ihren Geschwistern elternlos durchs Großstadtleben schlug, läßt sich, über die bloßen Daten hinaus, aus Schuberts großen Opern abnehmen, in denen allein die Frauen sich als handlungsfähig erweisen; es sind die Mädchengestalten – hier Estrella, dort Florinda –, die der Ohnmacht der Söhne und damit ihrer eigenen Liebe zu Hilfe kommen. Schuberts Opernwerk nimmt die Partei der Frau, indem es sie in das Zentrum der Handlung einsetzt, Schuberts Liederwerk tut dies, indem es dem Seelendasein der Frau eine Stimme gibt, wie sie bisher in der Kunst, also im Leben, nicht gehört worden war.

Nur zu leicht kann man das wenige, das aus der Vietzschen Familiengeschichte bekannt ist, jenem geniologischen Aspekt zuordnen, den Gottfried Benn in die Worte faßt: »Wenn nach Generationen der Tüchtigkeit der Abstieg beginnt, der wirtschaftliche Konkurs, der Selbstmord, die Kriminalität, dann ist auch die Stunde des Genies.« (»Das Genieproblem«, 1929) Benns Essay zieht das Fazit aus den im Lauf der zwanziger Jahre vorgelegten Forschungen und Materialien zu der Naturgeschichte des Genies, er nimmt sie ernst und breitet sie aus; zuletzt sucht er der hinter aller biologisch-psychiatrischen Geniekunde lauernden Trivialisierungsgefahr zu entkommen, indem er den Spieß der Geniewerdung mit kühnem Griff umkehrt: Nicht primär Werk und Persönlichkeit seien es, die eine Schöpfergestalt bei der kollektiven gesellschaftlichen Instanz der Nachwelt in den Rang des Genies erheben, sondern das Bedürfnis nach dem Numinosen und Exzentrischen, die Suche nach dem Opfer. Es habe sich »herausgestellt, daß der Ruhm und später die Geniebildung eigentlich niemals unmittelbar an die Leistung anknüpft, sondern immer an Akzidentelles, an das Schicksalhafte der Figur, das Äußere und das Innere«. Das Kollektiv, die Gesellschaft, vollziehe »wegen der Entartung, ihres dämonische Reizes, ihrer rätselhaften Züge die Umformung zum Genie«: »Es tritt in die Reiche früher Schichten mit dem primitiven Verlangen nach dem geopferten Gott!«

Was Benn hier unternimmt, ist eine verzweifelt-geistreiche Gegenwehr gegen die Resultate der wissenschaftlichen Unternehmung, den Satz vom Grunde auf das exzentrische Vermögen anzuwenden, in individuell signifikanter Weise Neues in die Welt zu bringen. Doch hat sein Auf-den-Kopf-Stellen des Kausalverhältnisses einen rationalen Kern; es wirft ein Schlaglicht auf jene Legendenbildung, die einsetzt, wenn eine Nachwelt Rang und

Größe einer schöpferischen Existenz begreift und anfängt, sich die Gestalt des Entrückten zurechtzulegen, zurechtzudichten. Sie neigt dann dazu, das Versagen der Zeitgenossen zu übersteigern und sich den ungenügend Erkannten nicht nur als einen Übersehenen, sondern geradezu als einen Verstoßenen, vom Unverständnis der Zeitgenossen in den Tod Getriebenen vorzustellen. Diese Legendenbildung dramatisiert das Versagen der Vorgänger, und da dies keineswegs geschieht, um eine Nutzanwendung auf die Gegenwart zu ziehen und das Schaffen der Zeitgenossen aufmerksamer und unbefangener aufzunehmen, deutet sie auf ein retrospektives Bedürfnis. Die Gesellschaft, das Kollektiv fingiert eine Situation der Opferung und Ausstoßung des Werk-Trägers, scheinbar, um sie zu bereuen, in Wahrheit, weil sie ihr als das angemessene Schicksal des Genies erscheint, als der Probierstein, der dessen Exorbitanz beglaubigt. Daß Goethe durch sichere Anstellung und hohes Alter dieser Vorstellung widerstand, hat man ihm mehr als alles andre übelgenommen.

Das Genie als der geopferte Gott, dem es bestimmt ist, wieder aufzuerstehen, da sein Leib – das Werk – unsterblich ist, was seine Opferung erst erweist: hier ist, in weiterem Sinn als bei Benn, eine mythische Dimension bestimmend, die, mit dem in die Erde gelegten und dann fruchtbar aufsprießenden Korn, tief in Fruchtbarkeitsriten und Ackerbauerfahrungen hinabreicht. Zugleich gibt die Erscheinung eine kollektive Beängstigung gegenüber jener objektiven Dämonie zu erkennen, die in der Fähigkeit des Genies liegt, kraft seines Werkes die Zeit zu verwandeln, indem es ihr Neues anträgt und aufdrängt. Genie ist die personale Gestalt dessen, was als Fortschritt, als Entwicklung in einem gerade nicht biologischen Sinn die Geschichte der Menschheit vorantreibt. Sich den Träger solcher Fortschrittsgabe als einen von der Gesellschaft Geopferten zu imaginieren und erst mit dieser Voraussetzung sich zu seiner Annahme bereit zu finden, erscheint wie ein Reflex auf die Unheimlichkeit eben dieser Disposition.

Weltabschiedswerk

Auch Schubert ist es so ergangen. Eine in den 1850er Jahren allmählich zum Bewußtsein seines Ranges und seiner Bedeutung erwachende Nachwelt, die in Wien großenteils noch aus den Zeitgenossen seines Erdenwandelns bestand (aus Paris hört sie 1855 von dem durchschlagenden Erfolg der Schubertschen Lieder, und der ihr dies Licht aufsteckt, Heinrich Heine, ist auch der erste, der »Mozart, Beethoven und Schubert« in einem Atem nennt*), spann an dem von Grillparzers Grabschrift (s. Abb. 31, S. *34*) fixierten Bilde dessen weiter, der auf dem Weg zu den Höhen der Kunst dahingerafft worden sei, zerbrochen nicht zuletzt an dem Unvermögen seiner Zeitgenossen, ihm ein anständiges Auskommen zu verschaffen. Von da an war es nur ein kleiner, auf der Ebene der Genie-Dichtung konsequenter Schritt, sich die »Unvollendete« als ein Werk zu denken, bei dem dem Komponisten nach dem gerade noch vollendeten zweiten Satz der Tod die Feder aus der Hand genommen habe. Nach Belieben trat eine 1825 nur eben fast, nicht ganz vollendete Klaviersonate (die in C-Dur) in diese Rolle ein; als »Reliquie« und »Schuberts letzte Sonate« brachte der Verleger sie unter die Leute.

Der aus dem Wien des Machschen Empiriokritzismus hervorgehenden Forschungsarbeit von Otto Erich Deutsch ist es im zweiten Jahrzehnt des zwanzigsten Jahrhunderts gelungen, dieses legendenhaft gefärbte Bild aus den Angeln zu heben. Deutschs Bücher, ein chronologisches Werkverzeichnis und drei Dokumentensammlungen, statuierten eine neue Form, die positivistische Biographie – Lebensbeschreibung als Materialsammlung, die alles authentisch Bezeugte und Bezeugende zusammenträgt und, rein sachlich kommentierend, mit Fleiß vermeidet, aus dem Mosaik des Sichergestellten und Geprüften ein Bild zusammenzusetzen. Der analytische Gedanke bekundete

---

* Im 56. Kapitel der »Lutetia« (1855), in dem Heine furchtbar über Joseph Dessauer herzieht. Die Dessauer- wie die Schubert- und auch die Wagner-Erwähnung sind nachträgliche Einschübe in einen Text von 1843.

sich hier als eine Spektralanalyse des Zeugnisbestandes, dessen Linienfolge schon deshalb nicht zum Gesamtbild der Persönlichkeit zusammenzufügen ist, weil diese einzig im Werk strahlt; die lebendige bleibt entzogen.

In die zu dieser diskreten (diskontinuierlichen) Form per se gehörenden Lücken und Zwischenräume nistete sich dann aber doch wieder die bildschaffende Poesie ein, auf dem gehobenen Niveau marxistischer Selbst- und Weltgewißheit oder demjenigen psychoanalytisch präparierender Phantasie. Die große Parallelaktion zu Deutschs Dokumentenwerk, das sich 1957 mit dem Erscheinen der in Leipzig edierten »Erinnerungen seiner Freunde« vollendete, vollzog von der Erfindung der Langspielplatte an die Schallplattenindustrie im Bund mit einem sich kulturell spezialisierenden Rundfunk. Gestützt auf große Interpreten aller Disziplinen stellte sie den immensen Reichtum dieses Œuvres erst schrittweise, dann nahezu im Ganzen zu hörender Verfügung.

Schuberts Zeitgenossen blieben mit Ausnahme derer, die die Sammlung der Notenskripte betrieben, von solcher Kenntnis weit entfernt; dieses Werk blieb in seinem wahren Umfang, seiner wahren Bedeutung unerkannt auch bei den meisten seiner Freunde. Anders er selbst als Zeitgenosse und Schöpfernatur. Schuberts letztes Lebensjahr, mit einem großen und höchst erfolgreichen »Privat-Konzert« am 26. März 1828, zeigt ihn auf einer Ruhmeshöhe, die mit der Mozartschen Mitte der 1780er Jahre wohl zu vergleichen ist, obschon ihr das Siegel des Opernerfolges fehlt. Aber nicht die Oper ist Form und Forum dieser Zeit, die von der Erschöpfung der großen, blutig durchkämpften Antagonismen geprägt ist. Das Konzert, das Schubert, von seinen Freunden dazu gedrängt, »im Lokale des österreichischen Musikvereins« veranstaltet, ist ein reines Schubert-Konzert und gibt einen Querschnitt neuerer Arbeiten: Sololieder und Ensemblegesänge, dazu der Allegro-Satz eines »neuen Streich-Quartetts« (zwei kommen dafür in Frage) und das ganze große Klaviertrio op. 100. »Ungeheurer Beifall. Gute Einnahme«, lautet das Fazit in Bauernfelds Tagebuch.

Das Echo des im Schatten von Paganinis erstem Wiener Auftreten stehenden Unternehmens dringt bis in Dresdner, Leipziger, Berliner Zeitungen; in Wien, wo in mehreren Blättern prononcierte Hinweise auf das Konzert erschienen waren, äußert sich wenig später ein ungenannter Enthusiast über den kürzlich erschienenen ersten Teil der »Winterreise«. »Schuberts Geist«, huldigt er dem Werk, »hat überall einen kühnen Schwung, in dem er alle mit sich fortreißt, die sich ihm nahen, und der sie durch die unermeßlichen Tiefen des Menschenherzens in weite Fernen trägt, wo ihnen die Ahndung des Unendlichen im dämmernden Rosenlicht sehnsüchtig aufgeht, wo aber auch zur schaurigen Wonne eines unaussprechlichen Vorgefühles der sanfte Schmerz beschränkender Gegenwart sich gesellet, der die Grenze des menschlichen Seins umstellt. Hierin liegt das Wesen der Romantik deutscher Art und Kunst, und in diesem Sinne ist Schubert ein durchaus deutscher Komponist, der unserem Vaterlande und unserer Zeit Ehre macht.« Die Nachsätze dienen hier der Ermöglichung der Hauptsätze; der Leser weiß das ebenso wie der Zensor und der Rezensent weiß, daß beide es wissen.

Nicht der frühe Tod macht das Numinose dieses Schöpferlebens aus, sondern der zur Legendenbildung untaugliche, dabei höchst sonderbare Umstand, daß er ein Werk enden läßt, das alle Anzeichen des Vollendeten trägt. Was Schubert 1828 in einem über viele Monate anhaltenden Zustand höchster schöpferischer Anspannung zu Papier bringt, in einer Inspirationsphase, die einen Schaffensrausch zu nennen nur deshalb unstatthaft wäre, da alles, was ihr entspringt, den Stempel höchster künstlerischer Besonnenheit trägt, – alles, was von der im März vollendeten C-Dur-Sinfonie an entsteht: drei Werke für Klavier zu vier Händen, eine große Messe, drei Klavierstücke im Mai und drei Klaviersonaten im September, die im August entstehenden dreizehn Lieder nach Rellstab und Heine und, fast gleichzeitig mit den Klaviersonaten, das große Streichquintett in C-Dur, – alles dies sind Spätwerke ihrer Gattungen. Ein Jahr nach Beethovens Tod komponiert Schubert die Hauptformen der musikalischen Klassik zu Ende; er schließt den Tempel, zugleich öffnet er Tore ins Neue.

Die Klaviersonate, diese Bekenntnisform, die er in den Jahren 1825/26 mit vier großen Werken wiederaufgenommen hat, wird ihm noch einmal bedeutsam – und die erste dieser Sonaten, die in c-Moll, gibt sich im Eingangsthema als eine Huldigung an Beethoven, der die Gattung auf seine Weise ans Ende geführt hatte. Es gelingt Schubert, sie in dreifach abgewandelter Gestalt als Gesamtform zu behaupten, nämlich sub specie finis, unter der Voraussetzung, daß es danach nicht mehr weitergeht. Ähnlich steht es mit der Es-Dur-Messe und mit dem Streichquintett. Diese letzten Worte einer ganzen musikalischen (und historischen) Epoche, deren Achse die große Revolution gebildet hatte, ziehen Kraft und Möglichkeit daraus, daß sie zugleich Spätwerke eines einzelnen sind, und umgekehrt; auch das innere Wissen darum, daß das Zeitalter, dessen Kräfte ihn genährt haben, zu Ende geht (das Revolutionsjahr 1830 wird den Zeitgraben bilden), mag Schubert dazu antreiben, seine Kräfte in einer einzigen übermenschlichen Anstrengung zu erschöpfen: »Zeit und Mensch treten in eine große, geheimnisvolle Verrechnung«.

Ein »Weltabschiedswerk« nannte Wagner seinen seltsam schubertisch angewehten »Parsifal« und hütete sich, die Partiturskizze schnell zu instrumentieren. Er wußte im Innern, danach werde nichts mehr kommen; so dehnt er die Komposition über fünf lange Jahre. Schubert in seinem letzten Jahr schreibt mit fliegender, dabei völlig beherrschter Feder; nachdem er die neue Oper, deren leidig-läppischem Text die Wiener Zensur das Plazet verweigert hat (Bauernfelds Operette vom »Grafen von Gleichen« handelt von einer Kreuzzugs-Bigamie zwischen Orient und Okzident), in einem Stadium aus der Hand gelegt hat, wo er die zwanzig Nummern nur noch zu instrumentieren braucht, überfällt ihn, beginnend mit den Liedern des zweiten Teils der »Winterreise«, eine inspirative Periode von unvorstellbarer Dichte und Ergiebigkeit – und alles ist »Weltabschiedswerk«, das eines immer noch jungen Mannes. Es ist diese Doppelnatur, die Schuberts Spätwerk ins Einzigartige setzt.

Ist es die nach dieser ein volles Jahr währenden und schier pausenlosen Anspannung einsetzende Erschöpfung, die ihn im

November 1828 einer Typhusinfektion preisgibt, derselben Krankheit, die 1812 seine Mutter dahingerafft hat? Oder ist es das Vorgefühl dieses frühen Endes, was ihm die exorbitante Anstrengung auferlegt? Der der Krankheit erliegt, ist einer, der sein Werk getan hat, bis hin zu jener B-Dur-Sonate mit dem finalen Rondo, dessen spieldosenhaft-matt in sich kreisendes Thema eine ätherische Gestalt der Verzweiflung ist. Schubert schreibt einen letzten Gruß an die ferne, nur mit der Taubenpost – so heißt das Lied – erreichbare Geliebte; er schreibt zu Händen und Stimme Anna Milders, jener bewunderten Sängerin, die seine Lieder zuerst ins nördliche Deutschland getragen hat, eine Sopran-Kantate (sie heißt »Der Hirt auf dem Felsen«), die noch einmal jene Metaphysik des Sinnlichen Klang werden läßt, die dieses Komponisten besonderes Teil ist. Einem Gedicht von Wilhelm Müller, in dem der Hirt dem fernen Liebchen zusingt, fügt er (man hat die Verse unsinnigerweise Helmina v. Chézy zugeschrieben) zwei eigene Strophen ein, die sein letztes Gedicht sind, ein Abschiedsgedicht:

> In tiefem Gram verzehr' ich mich,
> Mir ist die Freude hin,
> Auf Erden mir die Hoffnung wich,
> Ich hier so einsam bin.
>
> So sehnend klang im Wald das Lied,
> So sehnend klang es durch die Nacht,
> Die Herzen es zum Himmel zieht
> Mit wunderbarer Macht.

»So sehnend klang es durch die Nacht« – so oft das Lied dieses Tondichters (und auch in diesem Stück wieder) den Tag und die Sonne feierte, so war doch die Nacht seine eigentümliche Sphäre; nach der Lichtmusik Mozarts und der Lichtbringermusik Beethovens hatte es jenen nächtlich-bergenden Seelenraum aufgetan, in dem nicht mehr Kampf und Wille, sondern Ankunft und Innehalten Laut werden.

Schubert schreibt dieses Lied, in dem Singstimme und Klarinette ihren Sang ineinanderweben; dann nimmt er Kontrapunktstunden bei Simon Sechter, der ortsansässigen Theorie-Koryphäe; er erklärt dem verwunderten Mann, sich im polyphonen Satz vervollkommnen zu wollen. Nichts bezeugt deutlicher sein Gefühl, daß der Kreis ausgeschritten ist – ein Kreis, in dem Fugen und Fugati von jeher ihren genauen kompositorischen Platz gehabt hatten; noch im Juni hatte er eine bachisch strenge, dabei ganz eigene Orgelfuge geschrieben. Was sucht Schubert, der epochale Harmoniker und einzigartige Melodiker, bei dem Kontrapunktiker – sucht er das ganz andere, eine Musik jenseits von allem, was er kennt und selbst geschaffen hat? Oder will er nur eine Erschöpfungspause füllen? Die Oper, die er vor sich hat, hält ihn nicht bei der Musik, beim Leben; so trifft ihn eine Erkrankung, die anfangs harmlos scheint, widerstandslos, und die Erschöpfung, in der sie ihn trifft, mag es ihm anzeigen: er hat für ein Jahrhundert vorgesorgt. An das Krankenbett, das in der Wohnung Ferdinands, des nächststehenden der Brüder, steht, läßt er sich Coopersche Indianerromane bringen, dann wünscht er sich Musik, aber nicht die eigene. Vier befreundete Musiker spielen dem Fiebernden Beethovens opus 131 vor, das Streichquartett in cis-Moll.

Sein Grab liegt an zuständigem Ort, nahe demjenigen Beethovens. An die Mauer, an die es sich anlehnt, stellen die Freunde, von Anna Fröhlich angeleitet, ein Denkmal, dessen kraftvoller Säulenbau eine Büste umrahmt, die sein Bild dem Betrachter mit lebenskräftiger Fülle anträgt; der Bildhauer Dialer modelliert sie. Sie widerspricht dem Bild, das eine in das Marklose oder Dräuende vergaffte Nachwelt sich von dem romantischen Sänger zu machen begehrt, der ihr einerseits Schwammerl, andererseits der Liederfürst ist. Dialers Werk ist darum das unbekannteste der Schubert-Bildnisse geblieben. Den Todumfangenen zeigt es in der Fülle des Lebens.

Geschrieben 1980/81. Ergänzt und zu Ende geführt 1996.

Anhang

Daten zu Schuberts Leben und Werk

1797

31. Januar: Franz Peter Schubert als Sohn des Schullehrers Franz Schubert (* 1763) aus Neudorf bei Mährisch-Schönberg und seiner Frau Elisbabeth geb. Vietz (* 1756) aus Zuckmantel (Österreichisch-Schlesien) in der Wiener Vorstadt Himmelpfortgrund im Haus »Zum roten Krebsen« als viertes überlebendes Kind geboren. Seine älteren Brüder: Ignaz (* 1785), Ferdinand (* 1794), Carl (* 1795);

17. Oktober: *Im Frieden von Campo Formio (Ende des 1. Koalitionskriegs) stimmen Österreich und seine Verbündeten der Angliederung der österreichischen Niederlande (später Belgien) und der linksrheinischen deutschen Gebiete an das siegreiche Frankreich zu.*

1799

9. November: *Napoleon Bonaparte wird mit diktatorischen Vollmachten Erster Konsul der Französischen Republik, die im 2. Koalitionskrieg gegen Österreich steht (14. Juni 1800 entscheidender Sieg Napoleons in der Schlacht von Marengo).*

17. Dezember: Geburt der Schwester Aloisia Magdalena (gest. 18. Dezember 1799).

1801

Im Herbst ziehen die Schuberts in das von beiden Eltern erworbene Haus »Zum schwarzen Rössl« schräg gegenüber von der bisherigen Wohnung im Nordwesten Wiens.

17. September: Geburt der Schwester Theresia.

1803

25. Februar: *Im »Reichsdeputationshauptschluß« vollzieht Napoleon die staatliche Neuordnung Deutschlands.*
Schubert kommt (bei seinem Vater) in die Schule.

1804

14. August: *Franz II., der in Wien residierende Kaiser des deutschen Reiches, nimmt als Franz I. den erblichen Titel eines Kaisers von Österreich an und erhebt damit die Habsburger-Monarchie zum Kaisertum.*
2. Dezember: *Napoleon zum Kaiser der Franzosen gekrönt.*

1805

Schubert bekommt Musikunterricht: beim Vater im Geigen- und bei Bruder Ignaz im Klavierspiel. Michael Holzer, Regens chori (Kantor) an der Lichtentaler Kirche, unterrichtet ihn im Gesang.
13. November: *Besetzung Wiens durch französische Truppen. Der 3. Koalitionskrieg wird am 2. Dezember durch Napoleons Sieg bei Austerlitz (Mähren) über eine russisch-österreichische Übermacht entschieden.*

1806

12. Juli: *Napoleon gründet einen deutschen Staatenbund unter französischer Vorherrschaft (»Rheinbund«), dem 1808 alle deutschen Staaten außer Preußen und Österreich angehören. Franz II. reagiert am 6. August mit der Niederlegung der deutschen Kaiserkrone; formelles Ende des tausendjährigen Heiligen Römischen Reiches Deutscher Nation.*
14. Oktober: *Vernichtende Niederlage der preußischen Armee bei Jena und Auerstädt. Napoleon zieht am 27. Oktober in Berlin ein.*

1807

Schubert singt unter Michael Holzer Sopransoli in der Lichtentaler Kirche. Unterricht in Bratsche, Orgel und Generalbaß bei Holzer.

1808

Als Sängerknabe der Hofkapelle bezieht Schubert das Kaiserlich-königliche (K. k.) Stadtkonvikt, ein von Piaristen (Mitgliedern eines auf Unterricht spezialisierten katholischen Ordens) geführtes Internatsgymnasium gegenüber der alten Universität in der Wiener Innenstadt. Im Konvikts-Orchester, das unter der Leitung von Wenzel Ruziczka allabendlich eine Sinfonie (zu Schuberts Leidwesen mehr Kommer als Haydn und Kozeluch) und ein bis zwei Ouvertüren vorträgt, spielt Schubert bald bei den ersten Geigen. Zu seinen Mitschülern gehören u. a. Joseph und Max v. Spaun.

1809

Zum vierten Mal seit 1792 Krieg zwischen Frankreich und Österreich. Unter den Reformern Graf v. Stadion und Erzherzog Carl versucht Österreich im Alleingang die französische Herrschaft über Mitteleuropa zu brechen.
9. Mai: *Nach viertägigem Bombardement, bei dem auch das Konvikt getroffen wird, besetzen französische Truppen Wien (sie bleiben bis zum 20. Oktober).*
22. Mai: *Niederlage Napoleons bei Aspern (nahe Wien).*
29. Mai: *Sieg einer Tiroler Armee unter Andreas Hofer am Berg Isel über die mit Frankreich verbündeten Bayern.*
31. Mai: *Tod Joseph Haydns.*
6. Juli: *Sieg Napoleons bei Wagram.*
7. Juli: *Stadion abgesetzt, Metternich wird neuer österreichischer Außenminister.*
14. Juli: *Frieden zu Wien. Österreich verliert Salzburg und das Innviertel an Bayern.*

1810

April: Schubert komponiert eine dreisätzige Fantasie für Klavier zu 4 Händen, seine erste überlieferte Komposition.

1811

15. März: Die österreichische Regierung verkündet den Staatsbankrott.
30. März: Schubert komponiert »Hagars Klage« (C. A. Schücking; D 5).
26. Dezember: Das Lied »Der Vatermörder« (Pfeffel; D 10).

1812

28. Mai: Tod der Mutter, die an Nervenfieber (Typhus) erkrankt war.
18. Juni: Bei dem Hofkapellmeister Antonio Salieri, der ihn bis etwa 1816 wöchentlich zweimal unterrichtet, beginnt Schubert mit Kontrapunkt-Unterweisungen. Wegen des Stimmwechsels endet seine Tätigkeit als Hofsängerknabe.
August: Mit dreißigtausend Soldaten nimmt Österreich an Napoleons Krieg gegen Rußland teil und erklärt nach dessen Scheitern seine Neutralität.
9. September: Mit einem Andante C-Dur (D* 29) zeigt sich der Klavierkomponist Schubert.
24. September: Auf Schillers Gedicht »Der Jüngling am Bache« komponiert Schubert sein »erstes wirkliches Lied« (Dietrich Fischer-Dieskau).
September/Oktober: Streichquartett C-Dur (D 32).
24. November: In einem launigen Brief – dem ältesten erhaltenen – an einen der Brüder schreibt Schubert aus dem Konvikt, daß seine Lage »zwar gut sei, aber doch noch hie und da verbessert werden könnte«: »Du weißt aus Erfahrung, daß man doch manchmal eine Semmel und

---

* Sigle des chronologischen Werkverzeichnisses von Otto Erich Deutsch nach der Neuausgabe von 1978 (innerhalb der Neuen Ausgabe sämtlicher Werke, hrsg. von der Internationalen Schubert-Gesellschaft).

ein Paar Äpfel essen möchte, um so mehr wenn man nach einem mittelmäßigen Mittagsmahle, nach 8 ½ Stunden erst ein armseliges Nachtmahl erwarten darf. ... Die paar Groschen, die ich vom Herrn Vater bekommen, sind in den ersten Tagen beim Teufel, was soll ich dann die übrige Zeit thun?«*

1813

Februar: Streichquartett B-Dur (D 36) beendet.
Zwischen März und September komponiert Schubert vier Streichquartette (D 46, 68, 74, 87).
17. April: Schubert vollendet die Komposition von Schillers »Sehnsucht« (D 52).
25. April: Schuberts Vater heiratet Anna Kleyenböck (geb. 1783), Tochter eines Seidenzeugfabrikanten aus Gumpendorf bei Wien.
Mai: Schubert schreibt ein Gedicht mit dem Titel »Die Zeit« (»Unaufhaltsam rollt sie hin / Nicht mehr kehrt die Holde wieder«). Durch Joseph v. Spaun lernt er Theodor Körner kennen, der als Theaterdichter in Wien lebt. (Körner fällt im August 1813 in einem Gefecht bei Gadebusch.)
  11. August: Österreich tritt der Koalition gegen Frankreich bei. Anders als Preußen führt es keinen Volkskrieg, sondern einen Kabinettskrieg im Bund mit Rußland, Preußen und England.
August: Bläseroktett (D 72).
27. September: Zur Namensfeier seines Vaters vertont Schubert ein eigenes Gedicht (»Ertöne Leyer / zur Festesfeyer!«)
  19. Oktober: Napoleons Niederlage bei Leipzig.
21. Oktober: Zwei Tage nach der Völkerschlacht verfügt Franz I. in seinem Hauptquartier in Rötha bei Leipzig, daß der Stiftling Franz Schubert, der in Mathematik eine 2 (ungenügend) erhalten hat, nur dann im Besitz des Stiftplatzes bleiben solle, wenn er seine Leistungen verbessert, »indem das Singen und die Musik nur eine Nebensache die guten Sitten und Fleiß im studieren aber die Hauptsache« ist.

---

* Dieser und alle andern Briefe vollständig in: O. E. Deutsch, »Schubert / Die Dokumente seines Lebens«, Leipzig 1964 und 1980.

28. Oktober: Schubert beendet seine 1. Sinfonie in D-Dur (D 82). Zwei Tage später beginnt er mit der Vertonung von Kotzebues Zauberoper »Des Teufels Lustschloß« (ein Jahr später in zweiter Fassung beendet). Dem Sieg der Verbündeten in der Leipziger Schlacht huldigt Schubert mit dem Lied »Auf den Sieg der Deutschen« (D 81).

23. November: Ein Dekret der Niederösterreichischen Landesregierung an die Konviktsdirektion enthält den Hinweis, daß trotz Bewilligung eines Stipendiums »Franz Schubert der Studien entsagt hat« und sein Stiftsplatz »als erledigt anzusehen« sei. Schubert tritt als Gehilfe in die von seinem Vater mit den Brüdern betriebene Schule im Himmelpfortgrund ein.

1814

22. Januar: Geburt der Stiefschwester Maria.

11. April: *Abdankung Napoleons nach dem Einzug der Alliierten in Paris.*

5. April: Schubert beendet die Komposition von Schillers Ballade »Der Taucher« (D 77).

16. Mai: Er schreibt wieder ein tagespolitisches Lied, »Die Befreier Europas in Paris« (D 104).

22. Juli: Vollendung der Messe Nr. 1 (F-Dur). Wie auch in allen folgenden Messen läßt Schubert im Credo jene Passage weg, die das Glaubensbekenntnis auf »*eine* heilige katholische und apostolische Kirche« (»et unam sanctam catholicam et apostolicam ecclesiam«) beschränkt.

19. August: An der K. k. Normal-Hauptschule legt Schubert eine Präparandenprüfung als Schulgehilfe ab.

13. September: Streichquartett B-Dur (D 112) beendet.

22. September: *Beginn des Friedenskongresses der europäischen Mächte in Wien (Wiener Kongreß).*

16. Oktober: In der Pfarrkirche der dem Himmelpfortgrund benachbarten Vorstadt Lichtental wird unter Schuberts Leitung erstmals eins seiner Werke – die F-Dur-Messe – öffentlich aufgeführt; Salieri ist unter den Hörern. Am 26. Oktober wird die Aufführung in der Augustiner-Hofkirche wiederholt. Die Sopranpartie singt die sechzehnjährige Therese Grob, deren verwitwete Mutter in Liechtental eine kleine Sei-

denweberei betreibt. Vater Schubert schenkt seinem Sohn ein wertvolles Klavier. (In einem Brief bekennt Schubert seinem Konviktskameraden Anton Holzapfel etwas später seine Liebe zu Therese, die Holzapfel als »durchaus keine Schönheit, aber gut gewachsen, ziemlich voll, ein frisches kindliches Rundgesichtchen, mit einer schönen Sopranstimme« beschreibt.)
19. Oktober: Schubert komponiert sein erstes Goethe-Lied, »Gretchen am Spinnrade« aus »Faust« (es erscheint 1821 als 2tes Werk im Druck).
30. November: Er vertont drei weitere Goethe-Lieder (D 119-121) und am 3. Dezember ein viertes (»Sehnsucht«).
Dezember: Durch Joseph v. Spaun lernt Schubert den Dichter Johann Mayrhofer (* 1787) kennen.

1815

Schubert komponiert etwa 145 Lieder, darunter zahlreiche von Goethe und mehrere von Schiller.
21. Februar: Erste Klaviersonate (E-Dur; D 157).
27. Februar: »Nähe des Geliebten« (Goethe; D 162).
7. März: Vollendung der Messe Nr. 2 (G-Dur), mit einer Sopranpartie für Therese.
24. März: Vollendung der Sinfonie Nr. 2 (B-Dur).
1. April: Das Streichquartett g-Moll (D 173) beendet.
8. April: »Liebesrausch«, ein Lied nach Körner (D 179). Geburt der Stiefschwester Josepha.
8.-19. Mai: Auf einen Text von Körner entsteht das einaktige Singspiel »Der vierjährige Posten« (D 190).
   8. Juni: Gründung des Deutschen Bundes als eines alle deutsche Staaten (34 Monarchien und vier Freie Städte) umfassenden Staatenbundes.
   18. Juni: Der am 1. März nach Frankreich zurückgekehrte Napoleon schlägt bei Waterloo gegen Preußen und Briten seine letzte Schlacht.
9. Juli: »Fernando«, Singspiel in einem Akt nach einem Text des Konviktskameraden Albert Stadler (D 220).
19. Juli: Vollendung der Sinfonie Nr. 3 (D-Dur).

26. Juli: Beginn der Vertonung von Goethes Singspiel »Claudine von Villa Bella« (D 239).
August: »Die Bürgschaft« (Schiller; D 246).
September: Zweite Klaviersonate (C-Dur; D 279).
  26. September: In Paris schließen die Monarchen Österreichs, Preußens und Rußlands die Heilige Allianz, einen Fürstenbund zur Sicherstellung der absoluten Monarchie, dem nur England fernbleibt. Das Zeitalter der Restauration hat begonnen.
Oktober (?): Schubert vertont Goethes »Erlkönig«. »An einem Nachmittag ging ich mit Mayrhofer zu Schubert, der damals bei seinem Vater auf dem Himmelpfortgrund war; wir fanden Schubert ganz glühend, den ›Erlkönig‹ aus dem Buche laut lesend. Er ging mehrmals mit dem Buche auf und ab, plötzlich setzte er sich, und in der kürzesten Zeit, so schnell man nur schreiben kann, stand die herrliche Ballade nun auf dem Papier. Wir liefen damit in das Konvikt ... und dort wurde der Erlkönig noch den selben Abend gesungen und mit Begeisterung aufgenommen« (Joseph v. Spaun, 1858).
11. November: Beginn der Messe Nr. 3 (B-Dur).
31. Dezember: Vollendung des Singspiels »Die Freunde von Salamanca« von Johann Mayrhofer (D 326).

1816

Schubert komponiert mehr als hundert Lieder. Steichquartett E-Dur (D 353).
April: Er bewirbt sich um die öffentlich ausgeschriebene Musiklehrerstelle an der Normalschule zu Laibach.
Frühjahr: Schubert begegnet dem aus Schweden stammenden Jurastudenten Franz v. Schober (* 1796), dessen vermögende Mutter mit ihm und seiner Schwester Sophie im Haus »Zum Winter« in der inneren Stadt wohnt. Er bezieht ein Zimmer im Haus des Jura-Professors Watteroth in der Vorstadt Landstraße, wo auch Joseph v. Spaun wohnt.
17. April: Mit der Bitte, sie dem Autor widmen zu dürfen, sendet Joseph v. Spaun in Schuberts Namen an Goethe eine Reinschrift von

sechzehn Goethe-Vertonungen und läßt im Mai ein zweites Heft mit zwölf Liedern folgen. Beide werden wortlos zurückgesandt.
27. April: Schubert beendet seine Sinfonie Nr. 4 (c-Moll), die er Tragische Sinfonie nennt.
2. Mai: Beginn der Vertonung der dreiaktigen Oper »Die Bürgschaft« nach Schillers Ballade (Partitur im dritten Akt abbrechend).
Juni: Beginn der Messe Nr. 4 (C-Dur).
13. Juni: Schubert trägt in dem Konzert einer musikalischen Gesellschaft zwei Lieder sowie Variationen von Beethoven vor und hat Erfolg mit »Rastlose Liebe«. »Ein heller, lichter, schöner Tag wird dieser durch mein ganzes Leben bleiben. Wie von ferne leise hallen mir noch die Zaubertöne von Mozarts Musik.« (Tagebucheintragung)
16. Juni: Zur Feier des 50. Jahrestags von Salieris Ankunft in Wien steuert Schubert die Vertonung eines eigenen Gedichts bei (»Gütigster, Bester! / Weisester, Größter! / So lang ich Thränen habe, / Und an der Kunst mich labe, / Sei beides Dir geweiht, / Der beides mir verleiht«). In einer Tagebucheintragung vom gleichen Tag opponiert er Beethoven und räsoniert über diese »Bizarrerie, welche das Tragische mit dem Komischen, das Angenehme mit dem Widrigen, das Heroische mit Heulerey, das Heiligste mit dem Harlequin vereint, verwechselt, nicht unterscheidet, den Menschen in Raserey versetzt statt in Liebe auflöst«.
17. Juni: »An diesem Tag componirte ich das erste Mahl für Geld. Nähmlich eine Cantate für die Nahmensfeyer des H. Professors Wattrot von Dräxler. Das Honorar ist 100 f. W. W. [Gulden Wiener Währung]«. (Tagebucheintragung) Es handelt sich um die Kantate »Prometheus« (Text von Philipp Dräxler; D 451; verschollen).
24. Juli: Aufführung der Prometheus-Kantate im Garten des Prof. Watteroth.
August: Klaviersonate E-Dur (D 459; 1843 als »Fünf Klavierstücke« veröffentlicht).
20. August: Die Stelle in Laibach wird an einen andern von 21 Bewerbern vergeben.
3. Oktober: Vollendung der Sinfonie Nr. 5 in B-Dur.
Oktober: Unter dem Titel »Der Wanderer« komponiert Schubert ein Gedicht von Georg Philipp Schmidt.
Im Lauf des Herbstes zieht er als Gast der Familie Schober in das Haus Zum Winter.

15. Dezember: Geburt des Stiefbruders Theodor Kajetan Anton (gest. 30. Juli 1817).

1817

Schubert komponiert fast sechzig Lieder.
Februar/März: Durch Schober lernt Schubert den Hofopernsänger Johann Michael Vogl kennen (* 1768), der sich tatkräftig seiner annimmt.
Januar: »Wie Ulfru fischt« (Mayrhofer; D 525).
Februar: »Der Tod und das Mädchen« (Claudius; D 531).
März: »An die Musik« (Schober; D 547). »Ganymed« (Goethe; D 544). Klaviersonate a-Moll (D 537).
Mai: Klaviersonate As-Dur (D 557).
Juni: Zwei Klaviersonaten (e-Moll, D 566; Es-Dur, D 568).
August: Klaviersonate H-Dur (D 575). Klaviervariationen über ein Thema von Anselm Hüttenbrenner (D 576), dem Mitschüler bei Salieri. Violinsonate A-Dur (D 574). Schubert dichtet und komponiert ein Abschiedslied für den nach Linz versetzten Schober (»Lebe wohl! Du lieber Freund! / Ziehe in ein fernes Land«).
September: Streichtrio B-Dur (D 581).
    18. Oktober: *Wartburgfest der deutschen Burschenschaften im neuen Verfassungsstaat Sachsen-Weimar-Eisenach.*
Herbst: Schubert kehrt in das Schulhaus auf dem Himmelpfortgrund zurück, wo er auch wieder unterrichtet.
November: Zwei Ouvertüren »im italienischen Stile« (D 590, D 591).
Dezember: »Das Dörfchen« nach Bürger (für vier Männerstimmen; D 598).

1818

Vater Schubert übernimmt die Schule der Vorstadt Roßau (nahe Lichtental) und zieht mit der ganzen Familie um.
24. Januar: Erstmals erscheint ein Lied Schuberts im Druck (»Am Erlafsee« in einem »Taschenbuch für Freunde interessanter Gegenden«).
Februar: Schubert beendet die im November begonnene Sinfonie Nr. 6 (C-Dur).

1. März: Eine der beiden italienischen Ouvertüren Schuberts wird in Wien öffentlich aufgeführt. Eine Rezension nennt sie »wunderlieblich« und meint von dem Komponisten: »Dieser, ein Schüler unsers hochverehrten Salieri, weiß jetzt schon alle Herzen zu rühren und zu erschüttern.«
12. März: Schubert, A. Hüttenbrenner und zwei junge Mädchen spielen in einem Konzert dieselbe Ouvertüre achthändig auf zwei Klavieren.
14. März: »Aufgeschrieben für mein Kaffeh- Wein- und Punsch-Brüderl Anselm Hüttenbrenner, weltberühmten Compositeur. Wien den 14. März im Jahre des Herrn 1818 in seiner höchst eigenen Behausung monathlich 30 fl. W. W.« (Widmung Schuberts für den sog. Trauerwalzer, D 365/2) Einem andern Freund widmet Schubert denselben Tanz mit der Unterschrift »Franciscus Seraphicus vulgo Schubert«.
April: Fragment einer Klaviersonate in C-Dur.
Mai: Fragment einer Sinfonie in D-Dur.
3. August: Brief Schuberts aus Ungarn, von dem Schloß Zseliz an der Gran (Hron), wo er für vier Monate als Musikmeister in der Familie des Grafen Esterházy von Galantha engagiert ist (für 75 fl. C. M. pro Monat). »Jetzt lebe ich einmal. Gott sey Dank, es war Zeit, sonst wär' noch ein verdorbner Musikant aus mir geworden« (an Spaun, Schober, Mayrhofer, Senn). Er unterrichtet die beiden gut vorgebildeten Töchter Marie (* 1802) und Caroline (* 1805) und schreibt für das Vierhändig-Spielen u. a. die Sonate B-Dur (op. 30; D 617).
8. September: »Unser Schloß ist keines von den größten, aber sehr niedlich gebaut. Ich wohne im Inspectorat. Es ist ziemlich ruhig, bis auf einige 40 Gänse ... Die mich umgebenden Menschen sind durchaus gute. Selten wird irgend ein Grafen-Gesinde so gut zusammen gehen, wie dieses. ... Der Graf, ziemlich roh, die Gräfinn stolz, doch zarter fühlend, die Contessen gute Kinder. Vom Braten bin ich bisher verschont geblieben. Nun weiß ich nichts mehr; dß ich mit meiner natürlichen Aufrichtigkeit recht gut bey allen diesen Leuten durchkomme, brauche ich euch, die ihr mich kennt, kaum zu sagen« (an die Wiener Freunde).
September: Klaviersonate f-Moll (D 625). Variationen für Klavier zu 4 Händen nach einem Thema von Napoleons Schwägerin, der Königin Hortense (e-Moll, D 624; 1822 als op. 10 Beethoven gewidmet).
29. Oktober: Letzter von mehreren Briefen Schuberts aus Zseliz, dies-

mal an die Geschwister.»Du, Ignaz, bist noch ganz der alte Eisenmann. Der unversöhnliche Haß gegen das Bonzengeschlecht macht Dir Ehre. Doch hast Du keinen Begriff von den hiesigen Pfaffen, bigottisch wie ein altes Mistvieh, dumm wie ein Erzesel, u. roh wie ein Büffel, hört man hier Predigten, wo der so sehr venerierte Pater Nepomucene nichts dagegen ist. Man wirft hier auf der Kanzel mit Ludern, Kanaillen etc. herum, daß es eine Freude ist«.
Ende November: Rückkehr nach Wien. Zwist mit dem Vater um die Wiedereinstellung als Schulgehilfe. Umzug zu Mayrhofer in die innere Stadt als Untermieter der Witwe Sanssouci.

1819

Januar: Die von Vogl angeregte Komposition des einaktigen Singspiels »Die Zwillingsbrüder« auf einen Text des Theatersekretärs Georg v. Hofmann beendet (D 647).
8. Januar: Schuberts Prometheus-Kantate von 1816 im Gundelhof unter Mitwirkung von Ignaz Sonnleithner aufgeführt.
Februar: Ouvertüre in e-Moll (D 648).
28. Februar: Erstmals wird ein Lied Schuberts öffentlich vorgetragen (»Schäfers Klagelied« von dem Tenor Franz Jäger).
 23. März: Ermordung des Schriftstellers und russischen Staatsrats August v. Kotzebue durch den revolutionären Studenten Sand in Mannheim.
April: »Nur wer die Sehnsucht kennt« (Goethe; Vertonung für Männerquintett; D 656). »Der Jüngling am Bache« (Schiller; dritte Vertonung; D 638).
Mai: Schubert vertont vier von Novalis' »Geistlichen Gesängen« (die Nummern 5, 6, 7 [Hymne] und 9; D 659-662).
Juli bis September: Reise mit Vogl nach Oberösterreich; Aufenthalte in Linz und Steyr, wo sich alte Freundschaften erneuern und neue ergeben. Das Klavierquintett in A-Dur (»Forellen-Quintett«; D 667) und die Klaviersonate A-Dur (D 664) entstehen.
10. August: In Steyr Geburtstagskantate für Vogl (D 666).
 31. August: In Karlsbad endet ein Ministerkongreß des Deutschen Bundes mit Beschlüssen gegen die Freiheit der Universitäten und der Presse.

Daten zu Schuberts Leben und Werk

20. September: *Veröffentlichung der Karlsbader Beschlüsse. Sog. Demagogenverfolgungen lähmen das intellektuelle und politische Leben.*
21. *September:* Salieri schreibt Schubert ein Zeugnis, das seine Kompositionen »sowohl für die Kirche als für das Theater« rühmt und ihn als »für jede Kapell-Meisterstelle vollkommen geeignet« erklärt.
Oktober: Vertonung von Goethes »Prometheus« (D 674) und einer Strophe aus Schillers »Die Götter Griechenlands« (D 677).
November: Beginn der Messe Nr. 5 (As-Dur).

1820

Januar: Schubert komponiert die Schlußverse von Novalis' vierter »Hymne an die Nacht« (D 687).
Februar: Beginn der Vertonung des dreiaktigen szenischen Oratoriums »Lazarus, oder: Die Feier der Auferstehung« von August Hermann Niemeyer (im zweiten Akt abbrechend; D 689).
März: Verhaftung des Dichters Johann Senn unter dem Verdacht burschenschaftlicher Betätigung in Gegenwart von vier Freunden, darunter Schubert.
4. April: Am Ostersonntag dirigiert Schubert in der Alt-Lerchenfelder Kirche Haydns Nelson-Messe.
24. Mai: Schlußakte des Wiener Kongresses (Widerruf der 1815 gegebenen Verfassungsversprechen).
14. Juni: Uraufführung der »Zwillingsbrüder« (»Posse mit Gesang in einem Aufzuge«) innerhalb eines mehrteiligen Aufführungsabends im Hofoperntheater am Kärntnertor. Schubert kommt nicht auf die Bühne, statt seiner dankt Vogl für den Beifall.
Sommer: Komposition des Singspiels »Die Zauberharfe« von Georg v. Hofmann (D 644). Ferienaufenthalt in Atzenbrugg, einem von Schobers Onkel Joseph Derffel verwalteten Gut in der Nähe Wiens, das sich dem Schubert-Kreis gastlich öffnet. Leopold Kupelwieser zeichnet einen Ausflug im Zeislwagen (Abb. 5, Seite 6/7).
19. August: Uraufführung der »Zauberharfe« im Schauspielhaus an der Wien.
September: Schubert schreibt in einem Gasthaus das Gedicht »Der Geist der Welt« (s. Seite 263). »Frühlingsglaube« (Uhland; D 686).

Oktober: Kompositionsskizzen zu der dreiaktigen Oper »Sakuntala« von Johann Philipp Neumann.
21. November: Therese Grob heiratet in Lichtental den Bäckermeister Bergmann.
1. Dezember: Der Tenor August Ritter v. Gymnich (1786-1821) singt im Hause Ignaz Sonnleithners erstmals den »Erlkönig«.
Dezember: Streichquartettsatz in c-Moll (D 703). »Gesang der Geister über den Wassern« für vier Männerstimmen (Vorstufe der späteren Komposition für acht Stimmen; s. Abb. 2, Seite *2*). »Der 23. Psalm« (für gemischtes Vokalquartett). »Der zürnenden Diana« (Mayrhofer; D 707).

1821

Anfang des Jahres bezieht Schubert ein Zimmer in der (heutigen) Wipplingerstraße, das erste, das er allein bewohnt. Der 17jährige Moritz v. Schwind zeichnet eine Ecke des Zimmers (Abb. 8, Seite *11*).
Januar: Zwei gewichtige Zeugnisse empfehlen Schubert als Opernkomponisten. Der einflußreiche Hofsekretär v. Mosel bezeichnet ihn als »einen unserer hoffnungsvollsten jungen Tonsetzer, von welchem sich die Oper überhaupt und das k. k. Hofoperntheater ... die erfreulichsten Kunsterzeugnisse versprechen darf«; der k. k. Hofmusikgraf Graf Dietrichstein spricht von seinem »angebornen Genie«. Im Februar wird Dietrichstein Oberster Hoftheater-Direktor.
Januar: »Die gefangenen Sänger« (A. W. v. Schlegel; D 712); »Der Unglückliche« (Pichler; D 713).
19. Januar: August v. Gymnich singt im Hause Ignaz Sonnleithners Schuberts »Wanderer«.
25. Januar: Innerhalb eines Konzerts der »Gesellschaft der Musikfreunde« im Wiener Gundelhof trägt August v. Gymnich den »Erlkönig« vor.
30. Januar: Vor vierzehn Freunden und Bekannten gibt Schubert einen Liederabend (erste Nachricht von einer »Schubertiade«). »Da wurden eine Menge herrliche Lieder Schuberts von ihm selbst gespielt und gesungen was bis nach 10 Uhr Abends dauerte. Hernach wurde Punsch getrunken den einer aus der Gesellschaft gab und da er sehr gut war und in Menge da war, wurde die ohnedies schon fröhlich gestimmte Gesell-

schaft noch lustiger, so wurd es 3 Uhr Morgens als wir auseinander giengen« (Joseph Huber).
Februar: »Versunken« nach einem »Divan«-Gedicht Goethes (D 715).
  1. Februar: *Beginn des griechischen Aufstands gegen die Türkenherrschaft.*
  26. Februar: *Der Kongreß der Heiligen Allianz in Laibach beschließt den Einmarsch österreichischer Truppen in den Königreichen Neapel und Sardinien zum Sturz der dort eingeführten Verfassungen.*
  7. *März:* Innerhalb einer Großen musikalischen Akademie im Kärntnertor-Theater kommen drei Kompositionen Schuberts zur Aufführung, der von Vogl gesungene »Erlkönig« und die Ensemblestücke »Das Dörfchen« und »Gesang der Geister über den Wassern« (D 714).
März: Schubert vertont drei weitere Gedichte aus Goethes »Divan« (D 717, 719, 720) und schreibt eine c-Moll-Variation über Diabellis Walzerthema (D 718). In einem Gedicht beschreibt Grillparzer die Wirkung Schubertscher Musik auf die schöne Katty Fröhlich (s. Seite 299).
  2. *April:* Als von Schuberts Freunden initiierter Kommissionsdruck erscheint als 1tes Werk »Der Erlkönig« bei Cappi & Diabelli. Bis Ende November erscheinen sechs weitere Kommissionsdrucke mit Schubert-Liedern, unter ihnen »Gretchen am Spinnrade«, »Der Wanderer«, »Der Tod und das Mädchen« und »Heidenröslein«.
  22. *April:* Der 19jährige Eduard v. Bauernfeld, der tags zuvor in einem Konzert im Kärntnertor-Theater war, schreibt in sein Tagebuch: »Das Beste ein Quartett von Schubert. Ein herrlicher Mensch! Den muß ich kennen lernen.«
  25. *Mai:* Metternich *wird von Franz I. zum Haus-, Hof- und Staatskanzler berufen.*
Juli: Ferienaufenthalt auf dem Gut Atzenbrugg.
10. *Juli:* Leopold Kupelwieser zeichnet Schubert (Abb. 3, Seite *3*) und aquarelliert eine Charade der Atzenbrugger Schubertianer (Abb. 6, Seite *8/9*). Schober und Schwind zeichnen ein Atzenbrugger Ballspiel (Abb. 4, Seite *4*).
August: Entwurf einer Sinfonie in E-Dur.
30. *August:* Anna Fröhlichs Schülerinnen singen im Gundelhof den »23. Psalm«.
September/Oktober: Schubert, der mit Schober auf Schloß Ochsen-

burg bei St. Pölten als Gast des Bischofs Dankesreither weilt, beginnt mit der Komposition der dreiaktigen Oper »Alfonso und Estrella« auf einen – noch nicht fertigen – Text von Franz v. Schober.
November: Schubert zieht als Gast der Familie Schober in den Göttweigerhof in der inneren Stadt. Schobers Libretto ist bis zum 3. Akt gediehen.
18. November: In dem 2. Jahreskonzert der Gesellschaft für Musikfreunde wird unter der Leitung Leopold Sonnleithners außer Beethovens 7. Sinfonie Schuberts e-Moll-Ouvertüre von 1819 aufgeführt.
29. November: Mit den »Original-Tänzen für das Pianoforte« erscheint als 9tes Werk bei Cappi & Diabelli erstmals Instrumentalmusik Schuberts im Druck.

1822

Januar: Schubert vertont eine humoristische Vermißtenanzeige an den nach Linz versetzten Spaun (»Und nimmer schreibst du? / Bleibest uns verloren, / Ein starr Verstummter, nun für ew'ge Zeit?«).
22. Januar: Bauernfeld erlebt Schubert und Schwind auf einem Abend bei dem 1820 amtsenthobenen Theologieprofessor Vincenz Weintridt.
11. Februar: Am Wiener Theresianum wird eine von Schubert komponierte Huldigungskantate auf den Geburtstag Franz' I. aufgeführt.
27. Februar: Schubert beendet die Partitur von »Alfonso und Estrella«.
3. März: Johann Nestroy, frischengagierter Hofopern-Bassist, wirkt im Großen Redoutensaal in Schuberts im Januar komponiertem Vokalquartett »Geist der Liebe« (D 747) mit.
23. März: Eingehende Rezension von Schuberts Liedern in der »Wiener Zeitschrift für Kunst« (von Friedrich v. Hentl).
April: Zwei Heliopolis-Lieder auf Texte von Mayrhofer (D 753/754).
17. April: Schuberts Freund Franz v. Bruchmann sendet dem Autor, August Graf Platen-Hallermünde, das Lied »Die Liebe hat gelogen« (D 751).
3. Juli: Schubert schreibt einen Traum auf (s. Seite 242).
Herbst: Schubert zieht in das väterliche Schulhaus in der Roßau.
September: Die 1819 beiseite gelegte As-Dur-Messe (D 678) beendet.
  20. Oktober: Beginn des Kongresses der Heiligen Allianz in

Verona, der die militärische Intervention in Spanien zur Wiederherstellung der absoluten Monarchie beschließt und die griechische Erhebung verurteilt.

Oktober: Schubert komponiert zwei Gedichte des nach vierzehnmonatiger Haft nach Tirol verbannten Johann Senn (»Selige Welt« und »Schwanengesang«, D 743/744). Franz v. Bruchmann hat die Texte aus Innsbruck mitgebracht.

30. Oktober: Schubert komponiert zwei Sinfonie-Sätze in h-Moll (D 759, »Unvollendete«).

3. November: Schubert in der Premiere der Neueinstudierung von Beethovens »Fidelio« im Kärntnertor-Theater (Leonore: Wilhelmine Schröder; Don Fernando: Johann Nestroy).

November: Fantasie in C-Dur für Klavier (»Wandererfantasie«, D 760). »Schatzgräbers Begehr« (Schober; D 761). »Schwestergruß« (Bruchmann; D 762).

Anfang Dezember: Vier Goethe-Vertonungen (»Der Musensohn«, »An die Entfernte«, »Am Flusse«, »Willkommen und Abschied«; D 764-767).

7. Dezember: »Mit der Oper ist es in Wien nichts, ich habe sie zurück begehrt u. erhalten, auch ist Vogl wirklich vom Theater weg. ... Mir ging es sonst ziemlich gut, wenn mich nicht die schändliche Geschichte mit der Oper so kränkte.« (Schubert an Spaun) Die Wiener Hofoper war in die Hände einer italienischen Truppe gefallen.

13. Dezember: Bei Cappi & Diabelli erscheinen in Kommission drei Liederhefte von Schubert (das 12te, 13te und 14te Werk).

1823

Januar: Schubert lehnt die Komposition eines weiteren Vokalquartetts ab: »Da mir aber mein künftiges Schicksal doch etwas am Herzen liegt, so werden Sie, der Sie auch daran Theil zu nehmen mir schmeichle, wohl selbst gestehen müssen, daß ich mit Sicherheit vorwärts gehen muß« (an Leopold Sonnleithner).

Februar: Klaviersonate a-Moll (D 784). »Der zürnende Barde« (Bruchmann; D 785).

21. Februar: Differenzen mit dem Verleger Diabelli, die sich im

April mit dem Ersuchen um Rücksendung aller Manuskripte verschärfen.

24. Februar: Bei Cappi & Diabelli erscheint die Wandererfantasie als Œuvre 15.

28. Februar: Brief-Verweis Schuberts auf eine Erkrankung, die ihn offenbar Anfang des Jahres befallen hat.

6. April: Schubert wird auswärtiges Ehrenmitglied des Steiermärkischen Musikvereins in Graz.

10. April: Mit dem 20ten Werk, das »Sei mir gegrüßt« (Rückert), »Frühlingsglaube« (Uhland) und »Hänflings Liebeswerbung« (Kind) enthält, beginnt Schuberts Verlagsbeziehung zu Sauer & Leidesdorf.

April: Komposition des Singspiels »Die Verschworenen« (Text von I. F. Castelli) unter dem Titel »Der häusliche Krieg«.

Mai: Schubert komponiert zwei Schiller-Gedichte, »Das Geheimnis« (D 793) und »Der Pilgrim« (D 794). Entwürfe zu einer Oper »Rüdiger«.

8. Mai: Schubert schreibt das Gedicht »Mein Gebet« (s. Seite 254).

25. Mai: Schubert beginnt mit der Komposition der dreiaktigen Oper »Fierrabras« (Text von Joseph Kupelwieser, dem Sekretär der Kärntnertor-Oper, einem Bruder von Schuberts Freund Leopold; D 796).

27. Mai: Schuberts neuer Verleger Leidesdorf bringt als Opus 22 zwei Lieder nach Matthäus v. Collin und im Juni als Opus 21 drei Lieder nach Mayrhofer heraus.

31. Mai: Beginn des 2. Aktes »Fierrabras« (5. Juni beendet).

7. Juni: Beginn des 3. Aktes »Fierrabras«.

21. Juli: Die k. k. Polizeihofstelle genehmigt den Text von »Fierrabras« mit wenigen Kürzungen (»omissis deletis«).

Juli bis September: Schubert mit Vogl in Oberösterreich (Steyr, Linz).

August: Ehrenmitglied des Linzer Musikvereins (zusammen mit Vogl).

14. August: »Ob ich je wieder ganz gesund werde, bezweifle ich fast« (an Schober nach Breslau). Fortgesetzte Arbeit an »Fierrabras«. Walter-Scott-Lektüre.

Mitte September: Schubert wieder in Wien. Er zieht zu seinem alten Freund Joseph Huber in ein Haus auf dem Stadtwall.

20. September: Schubert dankt dem Steiermärkischen Musikverein und kündigt an, er werde »dem löblichen Vereine ehestens eine meiner Sin-

fonien in Partitur« überreichen. Was er bald darauf an Anselm Hüttenbrenner nach Graz sendet, ist die Partitur der h-Moll-Sinfonie.
26. September: Vollendung des 3. Aktes »Fierrabras«.
2. Oktober: Ouvertüre zu »Fierrabras«.
25. Oktober: Uraufführung von Webers »Euryanthe« (Text Helmina v. Chézy) am Kärntnertor-Theater.
Oktober/November: Schubert im Krankenhaus. »Die schöne Müllerin«, Liederzyklus nach Wilhelm Müller (D 795). Musik zu dem romantischen Schauspiel »Rosamunde, Fürstin von Zypern« von Helmina von Chézy (D 797).
7. November: Geburt des Stiefbruders Andreas.
30. November: Schubert, dessen Gesundheit sich gebessert hat, stimmt in einem Brief an Schober, der nach Breslau gegangen ist, »ein Lamento über den Zustand unserer Gesellschaft« (der Schubertianer) an. »Mit meinen 2 Opern steht es ebenfalls sehr schlecht. Kupelwieser ist vom Theater plötzlich weggegangen. Weber's Euryanthe fiel schlecht aus u. wurde nach meiner Meinung mit Recht nicht gut aufgenommen.«
20. Dezember: Uraufführung von »Rosamunde« im Theater an der Wien. Schubert stellt den dafür komponierten musikalischen Einlagen seine Ouvertüre zu »Alfonso und Estrella« voran, die er in den folgenden Aufführungen durch die der »Zauberharfe« ersetzt.

1824

Januar: Variationen für Flöte und Klavier über das Lied »Trockne Blumen« (e-Moll; D 802).
13. Januar: In einer Selbstverteidigung für die »Wiener Zeitschrift für die Kunst« rühmt die Autorin der »Rosamunde« Schuberts Musik: »Ein majestätischer Strom, ... großartig, rein melodiös, innig und unnennbar rührend und tief, riß die Gewalt der Töne alle Gemüter hin.«
31. Januar: In der Ungarischen Krone feiern Schwind, Bruchmann und andere Freunde Schuberts Geburtstag. »Im höchsten Rausch konnt' ich sehen, wie jeder ist. Alle waren mehr oder weniger dumm, Schubert schlief« (Schwind an Schober).
Februar: Streichquartett a-Moll (D 804). Oktett für Streicher und Bläser (F-Dur; D 803). Beide Werke Anfang März vollendet.

17. Februar: Bei Leidesdorf erscheint das erste Heft der »Schönen Müllerin« (im März und August die weiteren).
März: Streichquartett d-Moll (D 810) begonnen (1826 vollendet).
14. März: Uraufführung des Streichquartetts a-Moll in einem Abonnements-Konzert des Schuppanzigh-Quartetts. »Das Quartett von Schubert wurde aufgeführt, nach seiner Meinung etwas langsam, aber sehr rein und zart. Es ist im ganzen sehr weich, aber von der Art, daß einem Melodie bleibt wie von Liedern, ganz Empfindung und ganz ausgesprochen. Es erhielt viel Beifall« (Schwind an Schober).
31. März: Verzweifelter Brief Schuberts über seinen Gesundheitszustand, den Zerfall der Freundesgesellschaft, die Untätigkeit des Verlegers Leidesdorf und das Scheitern der beiden »nicht in Anspruch genommenen« neuen Opern an Leopold Kupelwieser nach Rom. Am Ende die Nachricht: »... ich componirte 2 Quartetten ... und will noch ein Quartetto schreiben, überhaupt will ich mir auf diese Art den Weg zur großen Sinfonie bahnen. – Das Neueste in Wien ist, daß Beethoven ein Concert gibt, in welchem er seine neue Sinfonie, 3 Stücke aus der neuen Messe, u. eine neue Ouvertüre produciren läßt. – Wenn Gott will, so bin auch ich gesonnen, künftiges Jahr ein ähnliches Concert zu geben.«
Im Lauf des Frühjahrs Privataufführung des Oktetts durch das erweiterte Schuppanzigh-Quartett bei Graf Troyer, dem Besteller des Werkes.
April: Schubert klagt über Knochenschmerzen.
7. Mai: Uraufführung von Beethovens neuer Sinfonie – der Neunten – im Kärntnertor-Theater. Schubert ist zweifellos unter den Hörern.
31. Mai: Schubert wieder in Zseliz, wohin er für fünf Monate als Musikmeister eingeladen ist. »... auch hat er sich vorgenommen, eine Symphonie zu schreiben« (Schwind an Kupelwieser). Schubert wohnt nun im Schloß, er bekommt im Monat 100 fl. C. M.
Juni: Sonate in C-Dur für Klavier zu 4 Händen (D 812, sog. Grand Duo).
Juli: Schubert läßt sich von seinem Bruder Ferdinand Bachsche Fugen (aus dem Wohltemperierten Klavier) nach Zseliz schicken. Acht Variationen in As-Dur über ein eigenes Thema für Klavier zu 4 Händen (op. 35; D 813).
16. Juli: Schubert antwortet seinem Bruder Ferdinand, der von einer Wiener Gasthaus-Spieluhr, die Schubertsche Melodien spielte, zu Tränen gerührt worden war: »War es bloß der Schmerz über meine Abwesenheit, der dir Thränen entlockte, die Du Dir nicht zu schreiben ge-

trautest? Oder fühltest Du beym Andenken an meine Person, die von ewig unbegreiflicher Sehnsucht gedrückt ist, auch um Dich ihren trüben Schleier gehüllt? Oder kamen dir alle die Thränen, die Du mich schon weinen sahst, ins Gedächtniß? ... ich fühle es in diesem Augenblicke deutlicher, Du oder Niemand bist mein innigster, mit jeder Faser meiner Seele verbundener Freund!« Aus dem Brief spricht Enttäuschung über Zseliz: »Freylich ists nicht mehr jene glückliche Zeit, in der uns jeder Gegenstand mit einer jugendlichen Glorie umgeben scheint, sondern jenes fatale Erkennen einer miserablen Wirklichkeit, die ich mir durch meine Phantasie (Gott sey's gedankt) so viel als möglich zu verschönern suche.«

14. August: »Das Neueste ist, daß ein rasendes Selbstumbringen hier herrscht, nicht anders, als ob die Leute ganz gewiß wüßten, daß sie jenseits schnurstracks in den Himmel hineinspringen könnten« (Ignaz Schubert aus Wien an Franz nach Zseliz).

16. August: Verlängerung der Karlsbader Beschlüsse von 1819 »auf unbestimmte Zeit«.

21. September: »Nun sitz ich allein hier im tiefen Ungarlande in das ich mich leider zum 2ten Mahle locken ließ, ohne auch nur *einen* Menschen zu haben, mit dem ich ein gescheidtes Wort reden könnte« (an Schober nach Breslau). Der Brief enthält das Gedicht »Klage an das Volk!« (s. Seite 271).

16. Oktober: Mit Carl v. Schönstein fährt Schubert aus Zseliz vorzeitig nach Wien zurück. Er wohnt wieder im Schulhaus in der Roßau.

Im Herbst: »Divertissement à la hongroise« in g-Moll für Klavier zu 4 Händen (op. 54; D 818).

November: Sonate in a-Moll für Arpeggione und Klavier (D 821). Das Arpeggione ist eine neu erfundene Spezial-Gitarre.

1825

Anfang des Jahres entsteht die erste Walter-Scott-Vertonung (»Gesang der Norna«, D 831), der bis zum Juli acht weitere folgen.

8. Januar: Mit dem Erscheinen der »Deutschen Tänze und Ecossaisen« als 33stes Werk beginnt Schuberts Beziehung zu dem Musikverlag Cappi & Co.

Februar: Schubert bezieht ein Zimmer in dem sog. Bierhaus neben der Karlskirche, das neben dem Schwindschen »Mondscheinhaus« liegt.
8. Februar: Beginn der Verlagsbeziehung zu Anton Pennauer mit dem Erscheinen von »Sehnsucht« (nach Schiller) als 39tes Werk.
24. Februar: »Jenger, Vogl und Schubert speisten heute zum ersten Male bei uns; nach Tische sang Vogl mehrere Schillersche Gedichte von Schubert« (Tagebucheintragung von Sophie Müller, der 22jährigen Burgschauspielerin).
März: Das erste Sololied nach Ernst Schulze (»Im Walde«, D 834), dem bis März 1826 neun weitere folgen, darunter »Auf der Bruck« und »An mein Herz«.
2. März: »Nach Tisch kam Schubert; bis gegen 6 Uhr sang ich mit ihm, dann fuhr ich ins Theater« (Sophie Müller).
7. März: »Schubert und Schwind leben in offener Fehde mit dem Bruchmann« (Johanna Lutz an Leopold Kupelwieser). Der Anlaß des Zwistes: Schober hatte sich heimlich mit Justina v. Bruchmann verlobt, der Bruder war dazwischengetreten.
8. März: »Ich eile Ihnen zu melden, daß ich Ihre Oper Estrella und Alfonso sowie auch den zweiten Gesang der Zuleika mit unendlichem Vergnügen erhalten habe. ... Zuleikas zweiter Gesang ist himmlisch und bringt mich jedesmal zu Thränen« (Anna Milder-Hauptmann, die berühmte Sängerin, aus Berlin an Schubert).
März: »Viel mit Schwind und Schubert zusammen. ... Mit Schubert Du worden bei einem Glase Zuckerwasser. ... Besuch bei dem Sänger Vogl. Merkwürdiger alter Junggeselle. Liest den Epiktet und ist ein Schatz angenehmer Geckerei. Moritz benahm sich manieriert ungezogen gegen ihn. Schubert ist immer der selbe, immer natürlich« (Tagebuchnotiz Eduard v. Bauernfelds). Schubert bittet Bauernfeld um einen Operntext nach Schulzes »Bezauberter Rose«, diesem geht »ein ›Graf von Gleichen‹« durch den Kopf«.
April: Klaviersonate C-Dur (D 840), im 3. und 4. Satz nicht ganz zu Ende geführt. »Ellens Gesänge I-III« nach Walter Scott (D 837-839), darunter die »Hymne an die Jungfrau« (»Ave Maria! Jungfrau mild«). »Große Schubertiade mit Freunden, Musikern und Malern« (Bauernfeld) in dem Städtchen Retz bei dem dort als Pfarrer untergekommenen Professor Weintridt.

Mai: Wilhelm Rieder zeichnet Schubert bei einem Besuch in dessen Wohnung (Abb. 11, Seite *14*). Klaviersonate a-Moll (op. 42; D 845).
20. Mai: Schubert folgt Vogl auf dessen Landgut nach Steyr. Er bleibt ein halbes Jahr in Oberösterreich.
Anfang Juni: Schubert mit Vogl nach Gmunden, »wo wir 6 volle Wochen recht angenehm zubrachten. Wir waren bei Traweger einloschirt, der ein prächtiges Pianoforte besitzt, u. wie du weißt, ein großer Verehrer meiner Wenigkeit ist« (Schubert am 21. Juli an Spaun).
9. Juni: Anna Milder-Hauptmann singt in Berlin Schuberts »Erlkönig« und »Ach, um deine feuchten Schwingen« (Suleika II).
16. Juni: »Sendung von Schubert aus Wien, von meinen Liedern Compositionen« (Tagebucheintragung Goethes). Schuberts Begleitbrief enthält den Wunsch, »durch die Widmung dieser Composition Ihrer Gedichte meine unbegränzte Verehrung gegen E. Excellenz an den Tag legen zu können«; Goethe antwortet nicht.
Juli: »Schober ist angekommen aus Breslau ... Er hatte ein etwas abenteuerliches Leben geführt, war auch eine Zeitlang Schauspieler à la Wilhelm Meister. Er ist ... eine Art Weltmann, besitzt große Suada und Dialektik, ist bei den Weibern beliebt, trotz seiner etwas krummen Beine. Wir kamen gleich in ein angenehmes Verhältnis. – Klementine Ruß nannte ihn den Gott Mahadöh. Sie verlange aber nicht, daß er sie mit feurigen Armen emporhebe. Auch Moritz [v. Schwind] verehrt ihn wie einen Gott. Ich finde ihn ziemlich menschlich, aber interessant« (Tagebucheintragung Eduard v. Bauernfelds).
19. Juli: »Schubert sieht so gesund und kräftig aus, ist so gemütlich heiter, so freundlich mitteilend, daß man innige Freude daran haben muß. ... Übrigens hat er in Gmunden an einer Symphonie gearbeitet, die im Winter in Wien aufgeführt werden soll« (Anton Ottenwald aus Linz an Joseph v. Spaun nach Lemberg). Die Sinfonie (in C-Dur) wird erst 1828 fertig.
21. Juli: »Da sitz ich in Linz, schwitze mich halbtodt in dieser schändlichen Hitz, habe ein ganzes Heft neuer Lieder, und Du bist nicht da! ... Linz ist ohne Dich wie ein Leib ohne Seele« (Schubert an den nach Lemberg versetzten Spaun, dem er Grüße an den jungen Mozart – Mozarts Sohn – aufträgt).
25. Juli: In einen großen Reisebrief an die Eltern fließen Bekenntnisse vieler Art ein. Über die rechte Frömmigkeit: »Auch wundert man sich

sehr über meine Frömmigkeit, die ich in einer Hymne an die heil. Jungfrau ausgedrückt habe, und, wie es scheint, alle Gemüther ergreift und zur Andacht stimmt. Ich glaube, das kommt daher, weil ich mich zur Andacht nie forcire, und, außer wenn ich von ihr unwillkürlich übermannt werde, nie dergleichen Hymnen oder Gebete componire, dann aber ist sie auch gewöhnlich die rechte und wahre Andacht.« Über Musikverleger: »Mit der Herausgabe dieser [der Scottschen] Lieder gedenke ich aber doch eine andere Manipulation zu machen, als die gewöhnliche, bei der gar so wenig herausschaut ... Wenn nur mit den – [Rindviechern?] von Kunsthändlern etwas Honnetes zu machen wäre, aber dafür hat schon die weise und wohlthätige Einrichtung des Staates gesorgt, daß der Künstler ewig der Sclave jedes elenden Krämers bleibt.« Übers Klavierspielen: »In Oberösterreich finde ich allenthalben meine Compositionen, besonders in den Klöstern Florian und Kremsmünster ... Besonders gefielen die Variationen aus meiner neuen Sonate zu 2 Händen [offenbar das Andante der a-Moll-Sonate op. 42], die ich allein und nicht ohne Glück vortrug, indem mich einige versicherten, daß die Tasten unter meinen Händen zu singenden Stimmen würden, welches, wenn es wahr ist, mich sehr freut, weil ich das vermaledeyte Hacken, welches auch ausgezeichneten Clavierspielern eigen ist, nicht ausstehen kann, indem es weder das Ohr noch das Gemüth ergötzt.« Über Ferdinands Hypochondrie: »Könnte er nur einmal diese göttlichen Berge und Seen schauen, deren Anblick uns zu erdrücken oder zu verschlingen droht, er würde das winzige Menschenleben nicht so sehr lieben, als daß er es nicht für ein großes Glück halten sollte, der unbegreiflichen Kraft der Erde zu neuem Leben wieder anvertraut zu werden.« Über Carl, den frischverheirateten Landschaftsmaler: »Er hat wohl jetzt viel zu thun; denn ein verheiratheter Künstler ist verpflichtet, sowohl Kunst- als Naturstücke zu liefern, und wenn beide Arten gerathen, so ist er doppelt zu loben, denn das ist keine Kleinigkeit. Ich leiste Verzicht darauf.«

27. Juli: »Mit der deutschen Oper aber!! – ist es total aus; wie ich höre, wird nur Ballet und Opera italiana« (aus einem Wiener Brief an Schubert nach Steyr).

12. August: »Suleikas zweiter Gesang«, der als 31tes Werk Anna Milder gewidmet ist, erscheint im Verlag Anton Pennauer (Wien).

Mitte August: Reise über Salzburg nach Gastein, wo die Klaviersonate

D-Dur (op. 53; D 850) entsteht und die Lieder »Das Heimweh« und »Die Allmacht«, beide nach Pyrker (D 851/852), der in Gastein zu den Kurgästen gehört. In zwei großen Briefen an Ferdinand (vom 12. und 21. September) beschreibt Schubert seine Reiseeindrücke. Über ein Hauskonzert in Salzburg: »Die Art und Weise, wie Vogl singt und ich accompagnire, wie wir in einem solchen Augenblicke *Eins* zu sein scheinen, ist diesen Leuten etwas ganz Neues, Unerhörtes.« Über das Grab Michael Haydns in der Salzburger Peterskirche: »... in der Urne befindet sich sein Haupt. Es wehe auf mich, dachte ich mir, dein ruhiger, klarer Geist, du guter Haydn, und wenn ich auch nicht so ruhig und klar sein kann, so verehrt dich doch gewiß Niemand auf Erden so innig als ich.« Über das Lustschloß eines verwichenen Fürsterzbischofs: »So steuerten wir denn, in Wonne versunken über den schönen Tag und über die noch schönere Gegend, gemächlich fort, wo uns nichts auffiel, als ein niedliches Gebäude, welches Monat-Schlößchen heißt, weil es ein Churfürst in *einem* Monat für seine Schöne aufbauen ließ. Das weiß hier jeder Mensch, doch stößt sich Niemand daran. Eine Toleranz zum Entzücken.« Über eine Felsschlucht hinter dem Paß Lueg: »In dieser schreckenvollen Natur hat auch der Mensch seine noch schreckenvollere Bestialität zu verewigen gesucht. Denn hier war es, wo auf der einen Seite die Baiern, und die Tyroler auf der anderen Seite der Salzach ... jenes grauenvolle Morden vollbrachten, indem die Tyroler, in den Felsenhöhen verborgen, auf die Baiern, welche den Paß gewinnen wollten, mit höllischem Lustgeschrei herabfeuerten, welche getroffen in die Tiefe herabstürzten ... Dieses höchst schändliche Beginnen, welches mehrere Tage und Wochen fortgesetzt wurde, suchte man durch eine Capelle auf der Baiern Seite und durch ein rothes Kreuz in dem Felsen auf der Tyroler Seite zum Theil zu bezeichnen, und zum Theil durch solche heilige Zeichen zu sühnen. Du herrlicher Christus, zu wie viel Schandthaten mußt du dein Bild herleihen. Du selbst das gräßlichste Denkmal der menschlichen Verworfenheit, da stellen sie dein Bild auf, als wollten sie sagen: Seht! die vollendetste Schöpfung des großen Gottes haben wir mit frechen Füßen zertreten, sollte es uns etwa Mühe kosten, das übrige Ungeziefer, genannt Menschen, mit leichtem Herzen zu vernichten?«

13. September: »Wie geht's Dir, dickster Freund? Ich denke, Dein Bauch wird zugenommen haben; Gott erhalte ihn, u. lasse ihn gedei-

hen!« (Bauernfeld an Schubert nach Steyr) Bauernfelds Vorschlag, mit ihm und Schwind nach Schuberts Rückkehr zusammenzuziehen, findet Schuberts Beifall nicht.
Anfang Oktober: Schubert in Linz und auf Schloß Steyregg. Danach Rückkehr nach Wien, großer Empfang durch die Freunde.
27. November: »Es besteht kein Kreis um ihn [Schober]; Schwind hängt ihm an mit unbedingter Hingebung, auch Schubert ist noch gern mit ihm zusammen, und ein gewisser Bauernfeld ist sein Zimmergenosse. Von Schubert wüßte ich nichts Dir und uns Neues zu sagen, in seinen Werken offenbart sich der Genius, der Göttliches schafft, unverwüstlich durch die Affektionen einer lebhaft begehrenden Sinnlichkeit, und für Freunde scheint er ein wahrhaft treues Gemüt zu haben. Er ist heiter, und so hoff' ich, auch gesund« (Anton Ottenwalt an Spaun nach Lemberg).
9. Dezember: Bei Cappi & Kompagnie erscheint »das äußerst wohlgetroffene Porträt des Kompositeurs Franz Schubert, gemalt von Rieder« (Abb. 12, Seite *16*).
31. Dezember: »Silvester bei Schober, ohne Schubert, der krank war. Dramatische Parodie auf sämtliche Freunde und Freundinnen nach Mitternacht unter großem Beifall gelesen. Moritz [v. Schwind] erscheint darin als Harlequin, die Netti [Hönig] als Columbine. Schober ist Pantalon, Schubert Pierrot« (Bauernfeld).

1826

Januar: Das Streichquartett d-Moll (D 810) beendet (1824 begonnen). Schubert komponiert die Mignon-Lieder aus Goethes »Wilhelm Meister« (op. 62; D 877).
Anfang 1826: Schuberts a-Moll-Sonate erscheint als »Première Grande Sonate, op. 42« bei Anton Pennauer in Wien.
11. Januar: »Teltscher brachte Schubert *lithographiert*« (Tagebuchnotiz Sophie Müllers; s. Abb. 16, Seite *20*).
3. Februar: Schuberts Halbbruder Anton geboren.
23. Februar: Vater Schubert wird nach 45jährigem Schuldienst und 17jähriger Arbeit als Armenrat durch die Verleihung des Wiener Bürgerrechts geehrt.

März: Drei Lieder nach Johann Gabriel Seidl (D 878-880) und drei nach Ernst Schulze (D 882-884), darunter »Im Frühling« und »Lebensmut«. »Fischerweise« (Franz v. Schlechta; D 881).
1. März: Eingehende Besprechung der a-Moll-Sonate in der Leipziger »Allgemeinen musikalischen Zeitung«.
Ende März: »Schubert und ich halten treu zusammen gegen manche Schobersche Narrheit. Moritz schwankt hin und her« (Bauernfeld).
Frühjahr: Schubert und Schwind wohnen in dem Wiener Vorort Währing bei Schober.
5. April: Die »Sieben Gesänge aus Walter Scotts Fräulein vom See« erscheinen als op. 52 bei dem Verleger Matthias Artaria (Wien) als dessen erste Schubert-Ausgabe (Honorar 200 fl. C. M.), fortgesetzt am 8. April mit op. 53 (Second Grande Sonate, D-Dur) und op. 54 (Divertissement à la Longroise).
6. April: Mit dem 57ten Werk (drei Lieder nach Hölty und Friedrich Schlegel) und dem 58ten Werk (drei Lieder nach Schiller) beginnt Schuberts Verlagsbeziehung zu Thaddäus Weigl (Wien).
7. April: Bittgesuch Schuberts an Kaiser Franz II. (sic!) um »Verleihung der erledigten Vice-Hofkapellmeisters Stelle«. Das Gesuch (unter sieben weiteren Bewerbern befinden sich Ignaz v. Seyfried, Adalbert Gyrowetz, Konradin Kreutzer und Anselm Hüttenbrenner) wird am 27. Januar 1827 abschlägig beschieden; der bereits aus der Hofkasse honorierte Joseph Weigl (* 1766) erhält den Posten.

19. April: Aushebung des 1817 gegründeten Künstlerclubs »Ludlamshöhle« durch die Polizei; Haussuchung bei allen literarischen Mitgliedern.
2. Mai: Bauernfeld beginnt mit der Arbeit an dem Operntext »Der Graf von Gleichen«: »Die Verse fließen mir ziemlich leicht.«
Ende Mai: »Daß Du die Oper gemacht hast, ist ein sehr gescheidter Streich, nur wünschte ich, daß ich sie schon vor mir sähe. Man hat hier meine Opernbücher verlangt, um zu sehen, was damit zu machen sei. Wäre Dein Buch schon fertig, könnte man ihnen dieses vorlegen« (Schubert an Bauernfeld nach Villach).
20. Juni: Das Streichquartett G-Dur (D 887) begonnen (am 30. Juni vollendet).
26. Juni: Michael Vogl heiratet Kunigunde Rosa.
10. Juli: »Ich kann unmöglich nach Gmunden oder irgend wo anders hin

kommen, ich habe *gar* kein Geld, u. geht mir überhaupt *sehr* schlecht. Ich mache mir nichts daraus, u. bin lustig. Übrigens komme sobald als möglich nach Wien. Weil Duport [Bevollmächtigter des Opernpächters Barbaja] von mir eine Oper wünscht, aber die Opernbücher, welche ich gesetzt, gar nicht gefallen, so wäre es herrlich, wenn Dein Opernbuch günstig aufgenommen würde. Dann gäbe es wenigstens Geld, wo nicht gar Ehre!« (Schubert an Bauernfeld nach Gmunden)

Ende Juli: Bei der Rückkehr von seiner Sommerreise überreicht Bauernfeld Schubert den fertigen Text des »Graf von Gleichen«.

Juli: Drei Shakespeare-Lieder (D 888, 889, 891).

12. August: »In der Hoffnung, daß Ihnen mein Name nicht ganz unbekannt ist«, offeriert Schubert in zwei Briefen den Leipziger Musikverlagen Probst und Breitkopf & Härtel seine Werke. Breitkopf & Härtel will nur honorarlos drucken, Probst verweist darauf, »daß der eigne, sowohl oft geniale, als wohl auch mitunter etwas seltsame Gang Ihrer Geistesschöpfungen in unserem Publikum noch nicht genugsam … verstanden« werde.

September: »Nachthelle«, Chorlied nach Johann Gabriel Seidl (D 892).

17. September: Heirat von Leopold Kupelwieser und Johanna Lutz, Schubert macht Tanzmusik.

Im Laufe des Herbstes zieht Schubert wieder in die innere Stadt (mit Schober).

Oktober: Klaviersonate G-Dur (op. 78; D 894). Rondo h-Moll für Violine und Klavier (op. 70; D 895).

7. Oktober: Der Philosoph Julius Schneller, der durch die Veröffentlichung einer Geschichte Österreichs in seiner Linzer Heimat mißliebig geworden und in das liberale Freiburg gegangen ist, huldigt Schubert in einer Wiener Zeitschrift mit einem Gedicht, dessen an den »Wanderer« angelehnter Schlußvers lautet: »Dort, wo du, Harfner! bist, dort ist das Glück.«

12. Oktober: Die Gesellschaft der Musikfreunde fördert Schubert durch ein Geschenk von 100 fl. C. M. Im Hintergrund steht Schuberts Anfang Oktober bekundete Absicht, der Gesellschaft eine Sinfonie zu widmen. Offenbar will er die 1825 in Gmunden und Gastein skizzierte Partitur fertigstellen.

Oktober: »Der Operntext *von der Zensur verboten.* Schubert will sie trotzdem komponieren« (Bauernfeld).

Oktober: *Mit der Berufung des Grafen Kolowrat-Liebsteinsky zum dirigierenden Staats- und Konferenzminister setzt Franz I. ein Gegengewicht zu der Herrschaft Metternichs und Sauraus.*
15. Dezember: »Ich gehe zu Spaun, wo eine große große Schubertiade ist.« (Tagebuchnotiz Franz v. Hartmanns, der viele weitere Schubertiaden registriert.) Es ist der Abend, auf den sich Schwinds späte Bilder beziehen (Abb. 43–46, Seite *41–44*).
Am Jahresende zieht Schubert auf die Bastei beim Karolinentor.

1827

Januar: Drei Lieder nach Friedrich Rochlitz (D 903-905), eines nach Bauernfeld (D 906).
Februar: Acht Variationen über ein Thema aus der Oper »Marie« von Hérold für Klavier zu 4 Händen (op. 82/1; D 908). Zwei Lieder nach Franz v. Schober (D 909, 910). Beginn des ersten Teils der »Winterreise« (nach Wilhelm Müller).
28. Februar: »Schlachtlied« für acht Männerstimmen (Klopstock; D 912).
März: Schubert bezieht im Zentrum Wiens, nahe dem Graben, zwei Zimmer und eine Musikkammer in dem Haus »Zum blauen Igel«, in das Franz v. Schober und seine Mutter kurz zuvor eingezogen sind.
2. März: Bei Anton Diabelli (vormals Cappi & Diabelli) erscheinen als 62tes Werk die Mignon-Lieder zugleich mit dem 71ten und 72ten Werk (Liedern nach Leitner und Stolberg).
26. März: *Tod Beethovens in Wien.*
29. März: An Beethovens Leichenbegängnis nehmen als Fackelträger u.a. Schubert, Grillparzer und Raimund teil.
April: »Nachtgesang im Walde« für vier Männerstimmen und vier Hörner (D 913).
11. April: Bei Tobias Haslinger in Wien erscheint als 78tes Werk die G-Dur-Sonate unter dem Titel »Fantasie, Andante, Menuetto und Allegretto«.
16. April: Im Abonnement-Konzert des Schuppanzigh-Quartetts erklingt Schuberts F-Dur-Oktett von 1824. Die »Wiener Allgemeine Theaterzeitung« nennt es am 26. April »lichtvoll, angenehm und interessant«.

19. April: Œuvre 70 (Rondeau brillant für Klavier und Violine; D 895) bei Artaria & Co. Schubert wirkt als Klavierbegleiter von »Normans Gesang« in einem Konzert des Geigers Leopold Jansa mit.
Mai/Juni: Schubert wohnt in einem Gasthof in dem Vorort Dornbach.
12. Juni: Schubert, von der Gesellschaft der Musikfreunde zum Mitglied ihres Repräsentantenkörpers gewählt, nimmt dankend an.
19. Juni: In der Hoffnung auf eine durch Anna Milder vermittelte Berliner Aufführung beginnt Schubert mit der Komposition der Oper »Der Graf von Gleichen«.
Juli: »Ständchen«, Chorlied nach Grillparzer (D 920).
Im Lauf des Sommers Vier Impromptus für Klavier (op. 90; D 899).
6. August: Lieder von Schiller und Karoline Pichler (»Der Unglückliche«, »Hoffnung« und »Der Jüngling am Bache«) als 87tes Werk bei Pennauer.
11. August: Private Aufführung von Grillparzers und Schuberts »Ständchen« durch Josephine Fröhlich und ihre Schülerinnen.
28. August: »Der Name ›Schubert‹ hat einen guten Klang, seine durchaus unter dem Rosenschleier der Originalität und des Gefühls sich bergenden Werke stehen hoch in der Gunst des Publikums« (aus einer Besprechung in der Wiener Theaterzeitung).
2. September: Einer Einladung der Familie Pachler folgend, fährt Schubert mit Hans Jenger, dem Pianisten, im Eilwagen nach Graz.
3. September: Schubert hört in Graz Johann Nestroy als Sultan Aladdin in Meyerbeers »Il crociato in Egitto«.
8. September: In einem Wohltätigkeitskonzert des Grazer Musikvereins unter Anselm Hüttenbrenner kommen drei Vokalstücke von Schubert zu Gehör.
10. September: Ausflug von Schubert, Jenger und Anselm Hüttenbrenner (s. Abb. 17, Seite 21) nach Schloß Wildbach.
27. September: Schubert, wieder in Wien, dankt Frau Pachler für »die freundliche Herberge, ... wo ich seit langer Zeit die vergnügtesten Tage erlebt habe«. »Wien will mir noch nicht recht in den Kopf, 's ist freylich ein wenig groß, dafür aber ist es leer an Herzlichkeit, Offenheit, an wirklichen Gedanken, an vernünftigen Worten, und besonders an geistreichen Thaten. Man weiß nicht recht, ist man gscheidt oder dumm, so viel wird hier durcheinander geplaudert, und zu einer innigen Fröhlichkeit gelangt man selten oder nie.«

Oktober: Beginn des zweiten Teils der »Winterreise«.
November: Trio in Es-Dur für Klavier, Violine und Violoncello (op. 100; D 929). Schubert schenkt das Autograph 1828 Caroline v. Esterházy. (Das B-Dur-Trio [D 898] entsteht möglicherweise erst 1828.)
Schubert antwortet Friedrich Rochlitz, dem einflußreichen Leipziger Musiktheoretiker, auf dessen Bitte, ein Gedicht von ihm melodramatisch zu komponieren, mit dem Hinweis darauf, daß die melodramatische Form passé sei. »Mein sehnlichster Wunsch ist, ein reines Musikwerk ohne alle andere Zuthat, außer der erhebenden Idee eines großen durchaus in Musik zu setzenden Gedichts, zu liefern.«
Dezember: Fantasie für Violine und Klavier (C-Dur; D 934). Vier Impromptus für Klavier (D 935).
10. Dezember: Die Impromptus op. 90 erscheinen bei Tobias Haslinger.
12. Dezember: Die vier Lieder des 88ten Werks, darunter »An die Musik«, bei Weigl.
26. Dezember: Respektvoll-befremdete, sehr eingehende Besprechung der Klaviersonate op. 78 in der Leipziger »Allgemeinen musikalischen Zeitung«.

1828

Januar: »Der Winterabend« und »Die Sterne« nach Leitner (D 938/939). Beginn der Fantasie f-Moll für Klavier zu 4 Händen (op. 103; D 940).
12. Januar: In Schobers Lesegesellschaft werden Kleists »Marquise von O.« und Heines »Reisebilder« gelesen, in denen Schubert die sechs im August von ihm vertonten Gedichte findet. Im Februar liest Schober »Die Verlobung in St. Domingo« und Goethes »Pandora«, in der Mitte des Jahres Kleists »Käthchen«, den »Prinzen von Homburg« und »Faust«.
14. Januar: Als 89tes Werk erscheint der erste Teil der »Winterreise« (Lieder 1-12) bei Tobias Haslinger.
18. Januar: Schubert bittet Anselm Hüttenbrenner (»Du bist ein mächtiger Mann in Grätz«) in einem Brief, sich für seinen Bruder Carl zu verwenden, der sich in Graz um »eine Zeichnungslehrersstelle« bewor-

ben habe: »Er ist sehr geschickt, sowohl als Landschaftsmahler wie auch als Zeichner. ... Neulich ist von mir ein Trio für Pianoforte, Violin u. Violoncello bey Schuppanzigh aufgeführt worden und hat sehr gefallen. Es wurde von Boklet, Schuppanzigh u. Linke vortrefflich exequirt. Hast Du nichts Neues gemacht?«

23. Januar: Eingehende Rezension dreier Lieder (op. 79-81) in der Leipziger »Allgemeinen musikalischen Zeitung«. Weitere Rezensionen folgen am 30. Januar und am 6. Februar.

29. Januar: Schubert spannt Jenger ein, damit sein Bruder Carl die Stelle in Graz bekommt.

9. Februar: Der Verleger Probst wendet sich an Schubert, nunmehr »überzeugt, daß es gelingen werde, Ihren Namen tüchtig im übrigen Deutschland und dem Norden auszubreiten«. Am gleichen Tag schreibt der Mainzer Verlag B. Schotts Söhne an Schubert: »...wir hegten auch schon früher den Wunsch, von Ihren Arbeiten für unseren Verlag zu akquiriren, wenn wir nicht mit den Werken op. 121. 122. 123. 124. 125. 126. 127. 128 & 131 des seligen Beethoven, worunter manche sehr starke opus, zu lange Beschäftigung für unsere Arbeiter gehabt hätten.«

21. Februar: »Ich ... trete mit Vergnügen mit einer so soliden Kunsthandlung, welche ganz geeignet ist, meine Werke im Auslande mehr zu verbreiten, in nähere Verbindung« (Schubert an Schott mit einem Verzeichnis verfügbarer Kompositionen, darunter der Klavier-Fantasie, »der Comtesse Caroline Esterházy dedicirt«).

29. Februar: Die Firma Schott äußert »größte Freude« über Schuberts Antwort und ordert acht Kompositionen, um sie »nach und nach und so bald als möglich« herauszugeben.

März: »Mirjams Siegesgesang«, Kantate für Sopran, Chor und Klavier nach einem Text von Grillparzer (D 942). Der Siegesgesang gilt der Rettung des Volkes Israel vor dem Pharao im Roten Meer. »Auf dem Strom« (Rellstab; D 943). Die große C-Dur-Sinfonie (D 944) beendet.

26. März: »Im Lokale des österreich. Musikvereins« gibt Schubert ein Konzert mit eigenen Werken, darunter dem »Ständchen«, dem Es-Dur-Trio und dem ersten Satz des G-Dur-Quartetts. Mitwirkende sind u. a. Vogl (mit vier Liedern), der Pianist Carl Maria v. Bocklet (im Klaviertrio) und Josephine Fröhlich; Schubert begleitet die Lieder am Klavier. »Ungeheurer Beifall, gute Einnahme« (Bauernfeld). Der Reinertrag be-

trägt 800 fl. W. W. »Zur Schnecke, wo wir bis 12 Uhr jubelten« (Franz v. Hartmann).
29. März: Paganini konzertiert erstmals in Wien, Schubert ist beeindruckt. Enthusiastische Besprechung der »Winterreise« in der Wiener Theaterzeitung.
Im Lauf des Frühjahrs überreicht Schubert die neue C-Dur-Sinfonie der Gesellschaft für Musikfreunde, die die Aufführung zu schwierig findet.
10. April: Schubert schreibt an die Verlage Schott und Probst und bietet dem ersteren das Es-Dur-Trio für 100 fl. C. M. an. Von Probst verlangt er 60 fl. C. M. »für ein tüchtiges Heft«.
15. April: Probst akquiriert das Trio, von dessen Erfolg ihm Schubert lediglich berichtet hatte, und bezahlt im voraus 60 fl. C. M.
April: »Herbst« nach Rellstab (D 945).
24. April: Heirat von Joseph v. Spaun und Fanny Roner in Wien.
28. April: Schott, über Schuberts Honorarforderung erschrocken, beschränkt sich auf die Impromptus und das Schlachtlied.
10. Mai: Schubert gibt Probst das Trio zögernd für 60 fl.
19. Mai: Reisepläne für Gmunden (zu Traweger).
30. Mai: Zwei Lieder nach Schulze als op. 90 (richtig: 93) bei J. A. Kienreich in Graz.
Mai: Drei Klavierstücke (D 946). Allegro in a-Moll für Klavier zu 4 Händen (D 947). »Hymnus an den heiligen Geist« für Männer-Quartett (D 948).
Juni: Messe in Es-Dur (D 950), geschrieben für die Dreifaltigkeitskirche im Alsergrund. Rondo in A-Dur für Klavier zu 4 Händen (op. 107; D 951).
3. Juni: Auf einer Landpartie komponiert Schubert eine Fuge für Orgel oder Klavier zu vier Händen (e-Moll; D 952).
7. Juni: Die Wiener »Zeitschrift für Kunst« huldigt der »Winterreise«.
21. Juni: Der Halberstädter Musikverleger Brüggemann nimmt Verbindung zu Schubert auf.
Juli: »Der 92. Psalm« für Bariton und Chor, in hebräischer Sprache (D 953), ist, wie vielleicht auch der »Siegesgesang«, für die Wiener Synagoge komponiert und wird dort im Sommer 1828 aufgeführt.
4. Juli: Jenger schreibt Frau Pachler nach Graz von den »nicht ganz

brillanten Finanz Umständen« Schuberts, die ihn an einer Sommerreise hinderten.

7. Juli: Charlotte Fürstin Kinsky dankt Schubert für dessen Konzertmitwirkung in ihrem Haus und nimmt mit einem Geldgeschenk die Widmung der vier Lieder op. 96 an.

11. Juli: Bei Leidesdorf erscheinen die »Momens musicales« (richtig: Moments musicaux) und drei Goethe-Lieder als Œuvre 94 und 92.

1. August: »Das Opus des Trio ist 100. Ich ersuche, daß die Auflage fehlerlos ist, und sehe derselben mit Sehnsucht entgegen. Dedicirt wird dieses Werk Niemanden außer jenen, die Gefallen daran finden. Das die einträglichste Dedication.« (Schubert an Probst)

August: »Glaube, Hoffnung, Liebe« nach Kuffner (D 959). Beginn der Komposition von sieben Gedichten Ludwig Rellstabs und sechs Gedichten Heinrich Heines (D 957).

1. September: Schubert kränkelt und zieht auf ärztliches Anraten zu seinem Bruder Ferdinand in das Haus »Zur Stadt Ronsberg« in der Vorstadt Wieden, einen feuchten Neubau.

September: Streichquintett C-Dur (D 956). Drei Klaviersonaten (c-Moll, A-Dur, B-Dur; D 958-960).

6. September: Bauernfelds Lustspiel »Der Brautwerber« hat einen den Autor niederschmetternden Achtungserfolg im Burgtheater.

25. September: »Mit der Reise nach Grätz ists für heuer nichts, da Geld u. Witterung gänzlich ungünstig sind« (Schubert an Jenger).

2. Oktober: Schubert sendet Mahnbriefe an Schott (wegen der Impromptus, denen er die Opuszahl 101 gibt) und an Probst. »Ich frage mich an, wann denn endlich das Trio erscheint? Es ist das Op. 100. Ich erwarte das Erscheinen desselben mit Sehnsucht. Ich habe unter andern 3 Sonaten für's Pianoforte allein componirt, welche ich Hummel dediciren möchte. Auch habe ich mehrere Lieder von Heine aus Hamburg gesetzt, welche hier außerordentlich gefielen, und endlich ein Quintett für 2 Violinen, 1 Viola u. 2 Violoncello verfertigt« (an Probst).

Anfang Oktober: Schubert macht mit Ferdinand und zwei Freunden einen Ausflug nach Eisenstadt zu Haydns Grabstätte nahe dem Schloß des Fürsten Esterházy.

Oktober: Tantum ergo Es-Dur (D 962). »Intende voci orationis meae«,

Tenor-Arie mit Chor (D 963). »Der Hirt auf dem Felsen« für Sopran, Klarinette und Klavier (nach Wilhelm Müller und eigenen Versen; D 965). »Die Taubenpost« nach Seidl (D 965A).

11. Oktober: In einem langen Brief lädt Anton Schindler Schubert nach Pest ein, wo er ein Privatkonzert geben soll: »... und da man schon weiß, daß Ihre Timidität und Komodität [Scheu und Bequemlichkeit] bei einem solchen Unternehmen nicht viel selbst Hand anlegt, so mache ich Ihnen kund und zu wissen, daß Sie hier Leute finden werden, die Ihnen auf das willfährigste unter die Achseln greifen werden, so schwer Sie auch sind.« Franz Lachner trägt die Einladung mit.

22. Oktober: Schwind verläßt Wien, um nach München zu gehen.

30. Oktober: Schott tritt vom Verlag der Impromptus zurück (»als Kleinigkeiten zu schwer«).

31. Oktober: Schubert empfindet sich in einem Gasthaus am Himmelpfortgrund von einer Fischmahlzeit vergiftet.

3. November: In der Kirche von Hernals hört Schubert ein von seinem Bruder Ferdinand komponiertes Requiem.

4. November: Schubert nimmt mit Joseph Lanz, einem gleichaltrigen Kollegen, Fugenunterricht bei dem Theoretiker Simon Sechter.

12. November: »Ich bin krank. Ich habe schon 11 Tage nichts gegessen u. nichts getrunken u. wandle matt u. schwankend von Sessel zu Bett u. zurück. Rinna behandelt mich. Wenn ich auch was genieße, so muß ich es gleich wieder von mir geben. Sey also so gut, mir in dieser verzweiflungsvollen Lage durch Lecktüre zu Hilfe zu kommen. Von Cooper habe ich gelesen: Den letzten der Mohikaner, den Spion, den Lootsen u. die Ansiedler.« (Schubert an Schober)

14. November: Das Quartett von Karl Holz spielt an Schuberts Krankenbett Beethovens Streichquartett op. 131.

16. November: Ärztekonsilium.

17. November: Bauernfeld besucht Schubert, der von einer neuen Oper spricht.

19. November: Tod Schuberts, am Nervenfieber.

21. November: Begräbnis auf dem Währinger Friedhof, »drei Gräber entfernt von Beethoven« (Jenger). Am gleichen Tag erscheinen bei Joseph Czerny als 105tes Werk vier Lieder nach J. G. Seidl.

27. November: Seelenamt für Schubert mit Mozarts Requiem zu St. Ulrich.

11. Dezember: Das Rondo A-Dur (D 951) erscheint als Œuvre 107 bei Artaria.
23. Dezember: Totenfeier für Schubert in der Augustiner-Hofkirche mit dem Requiem in c-Moll von Anselm Hüttenbrenner.
24. Dezember: »Schubert ist tot und mit ihm das Heiterste und Schönste, das wir hatten« (Schwind an Schober).
30. Dezember: Mit dem zweiten Teil der »Winterreise« setzen sich die postumen Werk-Editionen fort.

Abbildungsverzeichnis

Siglen:
GdM Gesellschaft der Musikfreunde, Wien
KB   Kupferstichkabinett der Staatlichen Museen zu Berlin
     (Preußischer Kulturbesitz)
StB Staatsbibliothek zu Berlin (Preußischer Kulturbesitz)
HMW Historisches Museum der Stadt Wien

Textabbildungen

Seite 207 *Der zwanzigjährige Schubert.* Silhouette, Tusche (30/45 mm). Anonym. Datiert 1817. (Internationales Franz-Schubert-Institut Wien).

Seite 358 Vignette aus der Erstausgabe von Schuberts letzten Liedern (»Schwanengesang«, 1829).

Seite 369 Vignette zu den »Valses sentimentales« op. 50 (1825).

Kunstdruckteil

Abb. 1 Johann Passini (1798-1874): *Für das Jahr 1819.* Kupferstich (Platte 10,7/9,8 cm); signiert: »J. Passini sc«. (KB) Dieser sitzend schreibende oder zeichnende junge Mann aus dem Jahre 1818 ist vermutlich nicht Schubert, sondern der Zeichner und Radierer selbst, Johann Passini. Aber die Ähnlichkeit mit Schubert ist stupend, und jedenfalls ist der Typus getroffen, der eines zwanzigjährigen Musensohns im Wien jenes Zeitalters, das man später Biedermeier nannte. Passini war mit dem Kreis um Schubert durch zahlreiche Fäden verbunden; 1825 stach er die Riedersche Porträtzeichnung in Kupfer (Abb. 12).

Abb. 2 Franz Schubert: *Gesang der Geister über den Wassern / Göthe. Adagio molto.* (D 714. StB) Im Dezember 1820 komponierte Schubert den schon früher zweimal von ihm vertonten Goetheschen Text zuerst als klavierbegleitetes Vokal-Quartett und schließlich als streicherbegleitetes Oktett (vier Bässe und vier Tenöre). Die Abbildung zeigt die erste Seite der ersten Fassung.

Abb. 3 Leopold Kupelwieser (1796-1862): *Franz Schubert.* Bleistift, weiß gehöht (20,8/15,9 cm). Von Schubert unterschrieben: »Franz Schubert mpia / am 10. July 1821«. (HMW) Die Abkürzung mpia heißt manu propria, eigenhändig. Das Porträt entstand in Atzenbrugg.

Abb. 4 Franz v. Schober, Moritz v. Schwind und Ludwig Mohn: *Ballspiel in Atzenbrugg.* Kolorierte Radierung (9,8/16,7 cm); 1821 oder 1822. Signiert: »Schober del / Schwind staf / Mohn fe«. (GdM) Der aus Halle stammende Ludwig Mohn (1797-1857) radierte das Blatt nach einer Zeichnung Schobers, deren Figurenstaffage von Schwind stammte. In der Mitte des Vordergrunds von rechts nach links: Schubert (sitzend, mit Brille), der Sänger Vogl (sitzend, mit Gitarre), Schwind (sitzend), Ludwig Kraißl (stehend, mit Geige). Links Leopold Kupelwieser mit ausgebreiteten Armen, rechts von Schubert Franz v. Schober. Im Hintergrund Schloß Atzenbrugg.

Abb. 5 Leopold Kupelwieser: *Landpartie der Schubertianer.* Auf dem Weg von Atzenbrugg nach Aumühl. Aquarell (23/32 cm); 1820. (HMW) Links am Rand Schubert und Leopold Kupelwieser. Rechts im Hintergrund die Aumühle.

Abb. 6 Leopold Kupelwieser: *Charade.* Gesellschaftsspiel der Schubertianer in Atzenbrugg. Aquarell, 34/44 cm; 1821. (HMW) Das von der Gesellschaft zu erratende Wort heißt Sündenfall. Ganz links: Welser v. Hartmann (hinter dem Klavier), Schubert (am Klavier), hinter ihm der Hund Drago. Links auf dem Ofen Josef v. Gahy als Gottvater; in der Sündenfall-Gruppe Leopold Kupelwieser als Baum der Erkenntnis, über ihm Franz v. Schober als Schlange, vor ihm Franz und Therese Derffel als Adam und Eva, am Türrahmen Jeanette Cuny de Pierron als Cherub. Rechts von ihr Elise (stehend) und Emilie Stöger; weiter rechts

Abbildungsverzeichnis 361

(stehend) Anton Freiherr v. Doblhoff, ganz rechts Joseph v. Spaun mit Sophie v. Schober.

Abb. 7 Moritz v. Schwind: *Einsamkeit*. Federzeichnung (31/24,5 cm); signiert: »MS 1823«. (Vormals Sammlung v. Ravenstein, Karlsruhe)

Abb. 8 Moritz v. Schwind (1804-1871): *Schuberts Zimmer*. Federzeichnung; 1821. (HMW) Das von Schwind gezeichnete Zimmer im Gebäude des ehemaligen Theatinerklosters (später abgerissen, jetzt: Wipplingerstr. 21) war das erste, in dem er allein wohnte.

Abb. 9 Franz v. Schober: *Michael Vogl und Franz Schubert ziehen aus zu Kampf und Sieg*. Bleistiftzeichnung (20/15 cm); um 1825. (HMW) Durch seinen Freund Franz v. Schober lernte Schubert Anfang 1817 den 49jährigen Hofopernsänger Michael Vogl kennen, der seinen Liedern in Wien zum Durchbruch verhalf. Mehrfach machten beide musikalische Sommerreisen in Vogls oberösterreichische Heimat; darauf bezieht sich vermutlich die Schobersche Karikatur. »Nur Schubert«, schreibt ein Zeitgenosse über Vogl, den herrisch-eigenwilligen Theatermann, »hatte den Zauber, der diese derbe Natur zahm machte«.

Abb. 10 Moritz v. Schwind: *Franz Schubert*. Bleistiftzeichnung (16/10 cm); um 1825. Unsigniert, undatiert. Das aus Franz v. Schobers Nachlaß in eine Hamburger Sammlung gelangte Blatt ist erstmals 1906 in der Schwind-Monographie von Otto Weigmann veröffentlicht worden.

Abb. 11 Wilhelm Rieder (1796-1880): *Franz Schubert*. Aquarell (25/20 cm); datiert: »May 1825«. Signiert von Rieder und Schubert. (HMW)

Abb. 12 Johann Passini nach Wilhelm Rieder: *Franz Schubert*. Kupferstich (Platte 24,5/20,7 cm; Blatt 50,3/34,7 cm); 1825. Signiert: »W. Rieder pinx / Passini sc«. (StB) Das Blatt erschien im Dezember 1825 in dem Wiener Musikverlag Cappi und Kompagnie, der in diesem Jahr fünf Opus-Drucke von Schubert veröffentlicht hatte.

Abb. 13 Wilhelm Rieder: *Franz Schubert*. Lithographie (Blatt 30,4/ 21,7 cm) nach Rieders eigenem Aquarell (Abb. 11); undatiert. Signiert: »WR«. Das Blatt erschien »in Commission bey Artaria & Comp in Wien«; es trug den Vermerk: »gedr. Lith. Institut«. (StB) Das Lithographische Institut gehörte Schuberts Freund Franz v. Schober; der Verlag Artaria veröffentlichte erst 1827 erstmals eine Komposition Schuberts.

Abb. 14 Jakob Alt (1789-1872): *Blick auf Wien vom Donaukanal*. Kolorierte Lithographie (Großfolio); um 1820. Signiert: »gez. v. J. Alt / Druck v. Kunike«; Bildunterschrift: »Nieder-Österreich / Stadt Wien«. (Gebr. Haas, Bedburg-Hau) Jakob Alts Lithographien gehören zu den genauesten Bildzeugnissen Wiener Lebens in der Restaurationszeit.

Abb. 15 Jakob Alt: *Ansicht von der St. Carls-Kirche gegen die Stadt und Vorstädte Wiens*. Lithographie (Darstellungsgröße ohne Schrift 31,4/44,9 cm); 1819. (KB) Schubert wohnte vom Frühjahr 1825 bis zum Sommer 1826 neben der barocken Karlskirche, die am Rand der inneren Stadt lag.

Abb. 16 Joseph Teltscher (1801-1837): *Franz Schubert*. Lithographie (Blatt 30,2/22,6 cm); Januar 1826. Signatur: »J. Teltscher 1826 / Lith. bei Mansfeld und Comp[agn]ie«. (StB) »Franz Schubert mpia« (mpia = *manu propria*, d.i. eigenhändig) steht als facsimilierte Handschrift unter der Zeichnung. Die Ende 1828 noch einmal aufgelegte Lithographie beruht auf der Zeichnung Abb. 18.

Abb. 17 Joseph Teltscher: *Franz Schubert, Anselm Hüttenbrenner und Johann Baptist Jenger* (von rechts). Aquarell (32/42 cm); um 1826. (HMW) Anselm Hüttenbrenner kannte Schubert seit etwa 1815; beide waren Kompositionsschüler Antonio Salieris gewesen. Jenger, ein vorzüglicher Pianist, der von Beruf Militärbeamter war, stammte wie Hüttenbrenner aus Graz.

Abb. 18 Joseph Teltscher: *Franz Schubert*. Zeichnung; 1825. Unterschrift von Schuberts Hand: »Denken Sie möglichst oft an / Ihren / Franz Schubert mpia / Wien 1825.« (The Pierpont Morgan Library,

New York) Diese Zeichnung bildete die Grundlage für Teltschers Lithographie und sein Aquarell (Abb. 16/17).

Abb. 19 *Franz Schubert.* Lithographie (Blatt 28,9/22,6 cm) nach Joseph Teltscher; unsigniert, undatiert. (StB) Vermutlich stammt diese lithographische Fassung der undatierten Porträtzeichnung (Abb. 20) von Teltscher selbst.

Abb. 20 Joseph Teltscher: *Franz Schubert.* Kohlezeichnung (19,6/ 15,9 cm); rot gehöht. Unsigniert, undatiert.(HMW)

Abb. 21 Moritz v. Schwind: *Der Spaziergang vor dem Stadttor.* Öl auf Leinwand (60/94 cm); 1827. (Vormals Sammlung Wrba, Wien) Der Maler sitzt links am Wege (über ihm eine Freundin) und studiert die Landkarte für einen Ausflug, bei dem (links von dem Pfosten) auch Schubert und Michael Vogl sowie Franz v. Schober (rechts von dem Pfosten zwei Damen begrüßend) mit von der Partie sind.

Abb. 22 Moritz v. Schwind: *Vor dem Tor.* Lithographie (16,6/24,8 cm); 1827. (KB) Das Blatt ist eine lithographisch-seitenverkehrte Variation des Gemäldes. Von der Mauer sehen nun zwei Freundinnen auf den Kartenleser herab, Schober (rechts) grüßt zwei auf einer Bank sitzende Damen; links von ihm Schubert und Vogl.

Abb. 23 Joseph Teltscher: *Franz Schubert zu Besuch in Teltschers Atelier.* Aquarell (8,7/9,1 cm); um 1827. (HMW) Teltschers humoristischminiaturische Auffassung kommt in diesem Genrebild stimmiger zur Geltung als in seinen Porträts von Schubert.

Abb. 24 Unbekannter Maler: *Franz Schubert.* Öl (56/44 cm); um 1827. (GdM) Das unsignierte Bildnis, dessen Zuschreibung an Franz Eybl (1806-1880) ebenso ungesichert ist wie die frühere an den Anton-Graff-Schüler und Beethoven-Porträtisten Joseph Mähler (1778-1860), entstand für die Wiener Musikporträtsammlung Joseph Sonnleithners.

Abb. 25 Franz Schubert: *Messe in Es-Dur.* (D 950) *Kyrie. Andante con moto quasi Allegretto.* »Juny 1828 Frz. Schubert mpia«. Erste Seite der Partiturhandschrift. (StB)

Abb. 26 Franz Schubert: *Rondo für's Pianoforte zu 4 Händen.* (Op. 107; D 951) *Allegretto quasi And[ant]ino.* »Juny 1828 Frz. Schubert mpia«. »Op. 107« von fremder Hand eingetragen. Seite 1 der Partitur-Reinschrift Schuberts (Blattformat 25,1/31,5 cm). (StB) Das Rondo A-Dur ist die letzte von drei großen Kompositionen für Klavier zu vier Händen, die Schubert im Jahr 1828 schuf. Der Verlag Artaria & Co. brachte das Werk im Dezember 1828 postum mit der von Schubert angegebenen Opus-Ziffer heraus.

Abb. 27 Franz Schubert: *Rondo für's Pianoforte zu 4 Händen.* (Op. 107; D 951). S. 7 der Partiturhandschrift. (StB)

Abb. 28 Franz Schubert: *Rondo für's Pianoforte zu 4 Händen.* (Op. 107; D 951). S. 16 (Schluß) der Partiturhandschrift. (StB)

Abb. 29/30 Joseph Alois Dialer (1797-1846): *Franz Schubert.* Bildnisbüste für das Grabmal auf dem Währinger Friedhof (Gußeisen, nachträglich bronziert; Höhe 65 cm, Breite 37,7 cm, Tiefe 23,3 cm); 1829. (Wiener Männergesangverein) Die in Blansko (Mähren) gegossene Büste wurde im Juni 1830 aufgestellt.

Abb. 31 Unbekannter Photograph (vor 1888): Schuberts Grabmal auf dem Währinger Friedhof (Postkarte, Verlag Carl Simon, Berlin W). (StB) Die architektonische Einfassung »aus Margaretner Stein« beruhte auf Entwürfen von Ludwig Förster und Franz v. Schober, die Büste stammte von Joseph Dialer. Durch ein Gedenkkonzert am 30. Januar 1829 und die Neuauflage der druckgraphischen Bildnisse (Abb. 12 und 16) brachten Schuberts Freunde die Unkosten für das klassizistisch-strenge Grabmal auf, das seinen Platz 1830 nahe demjenigen Beethovens erhielt. Beider Grabstätten befinden sich seit 1888 auf dem Wiener Zentralfriedhof.

Abb. 32 Joseph Kriehuber: *Franz Schubert.* Lithographie (Blatt 58,9/43,7 cm); 1846. Signiert: »Kriehuber / Ged. bei J. Höfelich«. (KB) Auch dieses Franz Liszt gewidmete Blatt fußt direkt oder mittelbar auf Rieders Aquarell von 1825. Es ist im gleichen Jahr wie die Lithographie Abb. 33 und offenbar vor dieser entstanden.

Abb. 33 Joseph Kriehuber (1800-1876): *Franz Schubert.* Lithographie (Blattformat 36,5/27,0 cm); 1846. Signiert: »Kriehuber 1846 / K. k. Hof-Kunstdruckerei v. Reiffenstein & Rosch Wien«. (StB) Kriehuber, der Hauptmeister der Wiener Porträt-Lithographie, kannte Schubert spätestens seit 1823. Als Vorlage seiner beiden Schubert-Porträts diente das Riedersche Aquarell (Abb. 11) bzw. dessen druckgraphische Abkömmlinge (Abb. 12/13).

Abb. 34 Wilhelm Rieder: *Franz Schubert.* Öl (95,0/79,3 cm); signiert »W. Rieder 1875«. (HMW) Das Bild ist eine Transponierung von Rieders eigenem Aquarell (Abb. 11) ins Liederfürstliche.

Abb. 35 Joseph Teltscher: *Caroline Comtesse Esterházy von Galantha.* Mit Caroline Esterházy (1805-1851) verband Schubert eine besondere Zuneigung. In Schwinds Gemälde (Abb. 45) hängt ein dieser Zeichnung nachgeformtes Bild Carolines an der Wand.

Abb. 36 Joseph Kriehuber: *Sophie Müller.* Lithographie (Blatt 39,8/29,4 cm; Platte 28,5/18,5 cm); signiert »Kriehuber 1830«. (KB) Sophie Müller (1803-1830) war eine gefeierte Burgschauspielerin und vorzügliche Schubert-Sängerin; ihr Tagebuch verzeichnet zahlreiche Begegnungen mit Schubert und dessen Freunden.

Abb. 37 Joseph Kriehuber: *Le Duc de Reichstadt* (Der Herzog von Reichstadt). Lithographie nach einem Gemälde von Moritz Michael Daffinger (Blatt 45,4/31,2 cm; Platte 28,5/19,5 cm); signiert: »Daffinger pinx. / imp. par Mansfeld & Comp. / Kriehuber lith.« (KB) Herzog von Reichstadt war der Titel, den Napoleons I. einziger Sohn, Napoleon Franz Joseph Karl (1811-1832), von seinem Großvater, Kaiser Franz I., erhalten hatte, unter dessen Obhut und Aufsicht er am Wiener

Hof aufwuchs. Sein Erzieher, Matthäus v. Collin, war mit Schubert bekannt, der fünf Gedichte von ihm vertonte.

Abb. 38 Joseph Kriehuber: *Moritz v. Schwind.* Lithographie nach einem Selbstbildnis Schwinds (1827). Schwind lernte Schubert 1821 durch seinen Lehrer Kupelwieser kennen.

Abb. 39 Joseph Kriehuber: *Eduard v. Bauernfeld.* Lithographie. Bauernfeld, ein vielseitiger Schriftsteller, lernte Schubert durch Moritz v. Schwind kennen; 1826 schrieb er für ihn den Text zu der von Schubert nicht mehr vollendeten Oper »Der Graf von Gleichen«.

Abb. 40-42 Moritz v. Schwind: Drei Federzeichnungen aus der sog. Lachner-Rolle. (HMW) Schwind zeichnete diese Bildergeschichte 1862 für den Münchner Generalmusikdirektor Franz Lachner, seinen und Schuberts Jugendfreund.

Abb. 40 Schubert applaudiert Lachner bei einem imaginären Konzert im Kreis der Dichter. Links von ihm: Anastasius Grün, Eduard v. Bauernfeld, Joseph v. Gahy (?), Franz Grillparzer, Ernst v. Feuchtersleben, Franz v. Schober, Johann Mayrhofer (?). Links unten mit abgewandtem Gesicht Nikolaus Lenau.

Abb. 41 Lachner, Schubert und Bauernfeld in Grinzing.

Abb. 42 Schubert, Lachner, Vogl und Schwind bringen quartettsingend ein Richtfest-Ständchen dar.

Abb. 43 Moritz v. Schwind: *Schubert und Michael Vogl.* Federzeichnung; um 1868. (Wiener Stadt- und Landesbibliothek, Schubert-Fonds) Entwurf für die Zeichnung Abb. 45.

Abb. 44 Moritz v. Schwind: *Ein Schubert-Abend bei Joseph v. Spaun.* Federzeichnung; um 1868. (Graphische Sammlung der Albertina, Wien) Kompositionsskizze für die Zeichnung Abb. 45.

Abb. 45 Moritz v. Schwind: *Ein Schubert-Abend bei Joseph v. Spaun.* Sepiazeichnung; 1868. (HMW) Unter den Porträtierten dieser Reinzeichnung, die sich auf eine für den 15. Dezember 1826 bezeugte Schubertiade bezieht, sind auch anachronistische Figuren wie der 1820 aus

politischen Gründen verhaftete und später aus Wien ausgewiesene Johann Senn. Joseph v. Spaun, der Gastgeber, sitzt zur Linken Schuberts.
Stehend von rechts: Johann Mayrhofer / Johann Senn / Franz v. Bruchmann / Franz Grillparzer / Ernst v. Feuchtersleben / Franz Seligmann / Anton Dietrich / Ludwig Kupelwieser / Wilhelm Rieder / Moritz v. Schwind / Ferdinand Schnorr / Ludwig Kraißl.
Sitzend von rechts (bis an den linken Rand): I. F. Castelli / Eduard v. Bauernfeld / Justina v. Bruchmann / Franz v. Schober / Therese Hönig / Anna (Nettl) Hönig / Marie Ottenwalt / Joseph Kenner / Kunigunde Vogl / Anton v. Spaun / Franz v. Hartmann / Joseph v. Spaun / Franz Schubert / Michael Vogl / Marie Pinterics / Eleonore Stohl / Ignaz Lachner.
Stehend von links (bis an den linken Rand des Gemäldes über dem Flügel): Karl Pinterics / Joseph Witteczek / Franz Lachner / Friedrich Diez / Sophie Hartmann / Caroline Hetzenecker / Carl v. Schönstein / Benedikt Randhartinger / Joseph v. Gahy / Johann Steiger v. Amstein / Ferdinand Mayerhofer v. Grünbühel / Anton v. Doblhoff-Dier.

Abb. 46 Moritz v. Schwind: *Ein Schubert-Abend bei Joseph v. Spaun.* Öl auf Leinwand (88/66 cm); 1868. (HMW) Schwind ließ es bei diesem fragmentarischen Stadium des Bildes bewenden, das das Paar am Klavier (Schubert und Vogl)und die Gruppierung der Hörer gegenüber der Bleistiftzeichnung variiert.

Abb. 47 Moritz v. Schwind: *Franz Schubert.* Bleistift auf Marmor; um 1870. (Akademie der bildenden Künste, Wien)

Abb. 48 Friedrich v. Amerling (1803-1887): *Franz I., Kaiser von Österreich.* Öl; 1832. (HMW) Das Bild zeigt den Vierundsechzigjährigen im Ornat. Als Franz II. war der älteste Sohn Leopolds II. 1792 zum Kaiser des alten deutschen Reiches gekrönt worden; 1804 hatte er als Franz I. die österreichische Kaiserwürde begründet und 1806 nach Errichtung des Rheinbunds die deutsche Kaiserkrone niedergelegt.

Abb. 49 Joseph Kriehuber: *Le Prince de Metternich* (Der Fürst von Metternich). Lithographie (Darstellungsgröße mit Schrift 30,5/23,4 cm) nach dem Gemälde von Thomas Lawrence; 1815. Signiert: »Lawrence pinx. / Kriehuber del.« (KB) Der Koblenzer Clemens Wenzel Graf v. Metternich (1773-1859) wurde 1809 nach dem Scheitern der österreichischen Erhebung gegen Napoleon Außenminister und blieb es bis 1848; nach der Leipziger Völkerschlacht erhob ihn Franz I. in den Fürstenstand. 1821 wurde Metternich zum Haus-, Hof- und Staatskanzler berufen; seit 1826 fungierte er faktisch als Ministerpräsident. Es bedurfte einer Revolution, um die politische Zentralfigur des Restaurationszeitalters im Alter von 75 Jahren zum Rücktritt zu bewegen.

Abb. 50 Joseph Kriehuber: *Erzherzog Carl*. Lithographie (Darstellungsgröße ohne Schrift 29,8/22,9 cm); signiert: »Kriehuber 1834 / ged. bei Leykum & Co«. (KB) Carl v. Lothringen-Habsburg (1771-1847), der den Titel eines Herzogs von Teschen führte, war ein jüngerer Bruder Franz' I. und wuchs in den Kriegen gegen Frankreich zu einem der bedeutendsten Feldherrn seiner Zeit heran. 1806 zum Generalissimus ernannt, leitete er 1809 die österreichischen Operationen gegen Napoleon. Nach der verlorenen Schlacht von Wagram und einem Konflikt mit seinem Bruder legte er den Oberbefehl nieder und zog sich ins Privatleben zurück.

Abb. 51 Thomas Lawrence (1769-1830): *Friedrich v. Gentz*. Öl; 1815. (Hampton Court, London) Der Schlesier Gentz (1764-1832) trat 1802 in den österreichischen Staatsdienst und wurde zu einem der wichtigsten und höchstbezahlten Publizisten und Theoretiker erst der antinapoleonischen Bewegung, dann der antiliberalen Reaktion. Der »Sekretär Europas« fungierte als Redakteur und Protokollant des Wiener Kongresses und der ihm folgenden Kongresse in Karlsbad, Troppau, Laibach und Verona.

Abb. 52 August Weger (1823-1892) nach einer Photographie: *Charles Sealsfield*. Stahlstich; signiert: »Stich u. Druck v. Weger, Leipzig«. Der deutsch-amerikanische Schriftsteller Sealsfield (1793-1864) stammte aus Böhmen und hieß eigentlich Karl Anton Postl. 1828 veröffentlichte er in London die bis 1919 in der österreichischen Monarchie verbotene Schrift »Austria as it is« (Österreich, wie es ist).

Abbildungsverzeichnis

Abb. 53 Adalbert Franz Seligmann (1862-1945): *Schloß Zeliz* (heute Zseliz, Slowakei). (HMW) Zweimal, in den Jahren 1818 und 1824, hat Schubert mehrere Monate als Musikmeister auf dem ungarischen Landsitz des Grafen Johann Karl Esterházy von Galantha verbracht, um die beiden Comtessen Marie (geb. 1802) und Caroline (geb. 1805) zu unterrichten.

Bildquellen

Jörg P. Anders (Berlin): Abb. 1, 15, 22, 32, 36, 37, 49, 50.

Archiv des Autors: Abb. 7, 10, 14, 18, 21, 35, 38, 39, 40, 47 und Textabbildungen.

Archiv für Kunst und Geschichte (Berlin): Abb. 4, 5, 6, 11, 17, 24, 34, 41, 42, 43, 44, 46, 48, 51, 52, 53.

Historisches Museum der Stadt Wien: 23, 30, 45.

Erich Lessing (AKG Berlin): 8, 9.

Fotostudio Otto (Wien): 3, 20, 29.

Staatsbibliothek zu Berlin (Preußischer Kulturbesitz): Abb. 2, 12, 13, 16, 19, 25–28, 31, 33.

Register der Personennamen

Die Texte des Anhangs (Daten zu Leben und Werk / Abbildungsverzeichnis) sowie Franz Schuberts eigener Name sind nicht einbezogen.

Adamberger, Antonie 140
Aderhold, Werner 177
Adorno, Theodor W. 97, 107, 194
Alt, Jakob 115
Alt, Rudolf v. 115
Amerling, Friedrich v. 115
Archimedes 152
Ariost (Ludovico Ariosto) 152
Aristoteles 289f
Arneth, Antonie v. s. Adamberger, Antonie
Arndt, Ernst Moritz 35f
Artaria & Co. (Domenico und Matthias Artaria) 86

Bach, Johann Sebastian 101, 116, 147, 161, 214, 233
Batteux, Charles 148
Bauernfeld, Eduard v. 11, 15, 93, 100, 111, 121, 125, 129, 139, 140f, 157f, 210, 217, 223, 237, 239, 256, 261f, 264f, 285ff, 289f, 292f, 295f, 299ff, 315, 317
Baumberg, Gabriele v. 269
Becker, Wilhelm Gottlieb 201
Beethoven, Karl van 216
Beethoven, Ludwig van 25, 75, 90, 92, 94f, 101, 105, 122, 130, 134f, 138, 157, 175, 177, 186, 191, 194f, 198, 210–220, 223, 227f, 233, 236, 240, 256, 260, 268, 283f, 288, 291, 300, 314, 316f, 318
Benjamin, Walter 25, 74
Benn, Gottfried 312f
Béranger, Pierre Jean de 232
Blake, William 73, 104
Bloch, Ernst 127
Böhler, Otto 95, 145
Bolzano, Bernard 12, 14, 32
Braun v. Braunthal, Carl Johann 45f
Brecht, Bertolt 137, 233
Brentano, Bettine 192
Brentano, Clemens 203
Bruchmann, Franz v. 87ff, 113, 118, 121f, 126ff
Bruchmann, Justina v. 89, 126f
Bruchmann, Sybille v. 88
Bruckner, Anton 95, 136, 233
Brutus, Lucius Junius 34
Buchwieser, Catharina s. Lacsny, Catharina v.
Burckhardt, Jacob 276f, 278–282
Busch, Wilhelm 139
Byron, George Noel Gordon Lord 73

Cappi & Diabelli (Peter Cappi und Anton Diabelli) 96, 207
Cappi & Kompagnie (Johann und Peter Cappi) 79f, 86f
Carl, Erzherzog von Österreich 20, 54, 68, 172
Carolina Augusta, Kaiserin von Österreich 70
Castelli, Ignaz Franz 85, 141, 266
Cato, Marcus Porcius 34
Cellini, Benvenuto 129
Cervantes Saavedra, Miguel de 152
Chézy, Helmina v. 156, 255, 318
Chézy, Wilhelm v. 156, 262, 300
Chopin, Frédéric 98, 233
Chotek, Carl Graf 37
Cicero, Marcus Tullis 289
Cimarosa, Domenico 94
Clam-Gallas, Christian Christoph Graf 36
Claudius, Matthias 263, 284
Collin, Matthäus v. 160, 217
Columbus, Christoph 151
Cooper, James Fenimore 318
Cuny de Pierron, Jeanette 88, 121

Daffinger, Moritz Michael 135
Danhauser, Joseph 115, 123
Dante Alighieri 95, 152
Deinhardstein, Ludwig 201f
Demokrit 289
Derffel, Joseph (d. Ä.) 108, 122
Derffel, Joseph (d. J.) 122, 140
Derffel, Therese 122
Dessauer, Joseph 230, 314
Deutsch, Otto Erich 76, 80, 108, 119f, 135, 177, 211, 221, 240f, 266f, 296, 314f
Devrient, Eduard 133
Diabelli, Anton 80, 187, 198, 207f, 216
Dialer, Joseph Alois 99, 319
Doblhoff-Dier, Anton Freiherr v. 118, 121f
Dräxler, Philipp 183, 228
Duclos, Antoine-Jean 143
Duport, Louis Antoine 222
Dürer, Albrecht 152, 232
Dürr, Walther 177

Eckel, Georg Franz 90f
Eckermann, Johann Peter 196, 232, 234, 257, 272, 302f
Eichendorff, Joseph Freiherr v. 197
Eisler, Hanns 164
Eissler, Kurt R. 193
Elisabeth I., Königin von England 74
Enderes, Carl v. 140
Engels, Friedrich 18, 275
Esterházy von Galantha, Caroline Comtesse 142f, 145, 180, 252, 290–298, 306
Esterházy von Galantha, Johann Carl Graf 252, 291, 294ff
Esterházy von Galantha, Marie Comtesse 145, 295

Esterházy von Galantha, Nikolaus Fürst 49, 65
Eybl, Franz 135

Feil, Arnold 177
Fendi, Peter 135
Ferdinand I., Kaiser von Österreich 22, 30
Ferstl, Leopold 113
Fichte, Johann Gottlieb 16
Fielding, Henry 152
Filek, Frau 158
Fink, Gottfried Wilhelm 162f
Fischer-Dieskau, Dietrich 167f
Fleuriett, Leopold 96
Folliot de Crenneville-Poutet, Carl Graf 298
Forstern, Louise 98
Franz I., Kaiser von Österreich 9, 11, 15, 20, 22, 26, 29, 32, 40, 49–57, 60, 67ff, 71ff, 113, 116, 247f
Franz II., römisch-deutscher Kaiser, s. Franz I.
Freud, Sigmund 155
Friedrich II., König von Preußen 116, 149
Friedrich August I., König von Sachsen 17
Fröhlich, Anna 93, 99, 298, 319
Fröhlich, Catharina 93, 298

Gahy, Joseph v. 121, 140
Gellert, Christian Fürchtegott 147–150, 156, 273
Gentz, Friedrich v. 57, 62f

Gluck, Christoph Willibald 94f, 143, 283
Goethe, Johann Wolfgang v. 16, 31, 35f, 62ff, 70, 89, 100, 129, 136, 148f, 152, 154f, 160, 163, 168f, 170, 182f, 185f, 188f, 192f, 195–198, 203, 206, 219f, 225, 231–235, 238, 241, 257–260, 262, 264, 268, 273, 275, 300–305, 308, 313
Goldschmidt, Harry 167, 241
Gosmar, Louise 93
Gottsched, Johann Christoph 147
Grabner, Pauline 95, 290
Graf, Konrad 102
Graff, Anton 116
Greiner, Franz v. 159
Grillparzer, Franz 57, 64, 92ff, 122, 128, 139ff, 267, 298, 314
Grob, Therese 114f, 167f, 185, 227, 235
Grünstein, Leo 25
Gülke, Peter 114
Gymnich, August v. 210
Gyrowetz, Adalbert 222

Hadow, Sir William Henry 74
Hampden, John 38
Händel, Georg Friedrich 233
Hanslick, Eduard 249
Hartmann, Franz v. 122, 125, 139f
Hartmann, Fritz v. 122, 125, 140
Hartmann, Carl Philipp v. 119f

Hartmann, Welser v. s. Welser v. Hartmann 120
Haschka, Leopold 41, 71
Hauff, Hermann 47
Haydn, Joseph 41, 71, 75, 94f, 143, 160, 164, 175, 215, 283
Hegel, Georg Wilhelm Friedrich 97, 276
Heine, Heinrich 9–13, 15f, 35, 214, 276, 304, 314
Herbeck, Johann 132
Herder, Johann Gottfried v. 16, 148
Heuberger, Richard 95f
Hiller, Ferdinand 130, 239
Hilmar, Ernst 115, 131, 133, 136
Hippokrates 152
Hoffmann, Ernst Theodor Amadeus 81
Hoffmann, Rudolf 133
Hoffmann von Fallersleben, August Heinrich 267
Hofmann, Georg Ernst v. 221, 223
Holbein, Hans 232
Hölderlin, Friedrich 220, 279
Holzapfel, Anton 311
Hönig, Anna 104, 140
Hönig, Franz 140
Huber, Joseph 140
Hufeland, Christoph Wilhelm 120
Hummel, Johann Nepomuk 240
Hünich, Fritz Adolf 14

Hüttenbrenner, Anselm 131ff, 162, 196, 209, 221, 253
Hüttenbrenner, Heinrich 252
Hüttenbrenner, Joseph 196, 198, 208, 217, 253, 273, 284, 289f

Ingres, Jean Dominique 142

Jägermayr (Gastwirt) 270
Jean Paul (Johann Paul Friedrich Richter) 155f, 260, 264
Jenger, Johann Baptist 132ff
Johann, Erzherzog von Österreich 67f
Joseph II., römisch-deutscher Kaiser 20, 26–29, 33f, 36, 42, 54, 67f, 71, 75

Karl der Große 255f
Karl I., König von England 38
Kant, Immanuel 62, 149ff, 156, 273
Keats, John 73
Kenner, Joseph 112, 125–129, 300
Kiesewetter, Irene v. 176
Klarwill, Victor 13, 15
Klein, Johann Adam 83
Kleist, Friedrich Heinrich Graf v. Nollendorf 18
Kleist, Heinrich v. 122, 220
Kleyenböck, Anna s. Schubert, Anna 244
Klopstock, Friedrich Gottlieb 95, 147f, 174
Körner, Theodor 151, 311

Kreißle v. Hellborn, Heinrich 258, 260f, 295
Kretschmer, Ernst 234ff, 308f
Kreutzer, Conradin 222
Kriehuber, Joseph 98f, 135, 137, 209
Kroll, Renate 81
Kundmann, Karl 98, 145
Kupelwieser, Leopold 107–111, 114ff, 118ff, 122–125, 127ff, 140ff, 146, 198, 254, 256, 297
Kupelwieser, Joseph 82, 223
Kurzrock, Anna v. 140
Kutschera, Johann v. 69

Lachner, Franz 96, 137, 139, 141, 264f, 285f
Lacsny, Catharina v. 211, 239, 291f
Lacsny, Ludwig v. 291
La Mara (Lipsius, Maria) 119
Landon, Christa 177
Lange-Eichbaum, Wilhelm 259f
Leidesdorf, Maximilian Joseph 198
Lenau, Nikolaus 139
Lenz, Jakob Michael Reinhold 305
Leopold II., römisch-deutscher Kaiser 26, 34f, 42
Lessing, Gotthold Ephraim 147, 149, 156, 273, 286
Levine, James 136
Liebenberg und Zittin, Emanuel Carl v. 240
Liechtenstein, Fürst von und zu 108
Liszt, Franz 99, 123, 137, 175, 214
Lope de Vega, Félix 95
Lorenz (Hofrat) 42
Löwe, Ludwig 50–53
Löwenthal, Max 159
Ludwig XIV., König von Frankreich 13
Luther, Martin 232, 263
Lutz, Johanna 128

Mach, Ernst 314
Mahler, Gustav 233
Mähler, Willibrord 135
Mann, Thomas 238
Maria Ludovica, Kaiserin von Österreich 70
Maria Theresia, römisch-deutsche Kaiserin 20, 27, 32
Marie Louise, Kaiserin der Franzosen 12, 21
Marx, Karl 24, 64, 169, 274ff, 279, 281
Mayrhofer, Johann 102, 140f, 180ff, 199, 212, 230, 236ff, 252, 311
Mehring, Franz 169, 275
Meisl, Carl 122
Melegh, Gábor 136
Mendelssohn-Bartholdy, Felix 214, 222
Mereau, Sophie 203
Metternich, Clemens Fürst 11f, 14, 16, 21ff, 26f, 62ff, 69, 121
Meynert, Hermann 45, 49, 53

Michelangelo da Siena 129
Milder-Hauptmann, Anna 223ff, 318
Mirabeau, Honoré Graf von 231
Mitterbacher, Maria 158
Mohn, Ludwig 109, 121f
Mörike, Eduard 142
Motte-Fouqué, Friedrich de la 81
Mozart, Wolfgang Amadeus 28, 75, 92, 94f, 97, 101, 116, 143, 157, 160, 175, 177, 215, 227, 232, 240, 267, 283, 291f, 300, 308, 314f
Müller, Adam 57
Müller, Heiner 141
Müller, Sophie 133f
Müller, Wilhelm 256, 318

Napoleon I., Kaiser der Franzosen 9, 12, 17f, 20f, 35, 37, 43, 49, 53f, 57, 60, 68f, 120, 156, 175, 214, 232, 234f, 247, 288
Nero 262, 287
Nestroy, Johann 126, 218, 287
Neuhaus, Kajetan 292
Newton, Isaac 152, 304
Niemeyer, August Hermann 113
Nietzsche, Friedrich 72, 75, 97, 233, 278
Noël, Léon 99
Novalis (Friedrich v. Hardenberg) 113, 241

O'Donell, Josephine Gräfin 70
Ottenwalt, Anton 161, 270, 311

Paganini, Niccolò 303, 315
Paisiello, Giovanni 94
Pálffy, Joseph Fürst 211
Passini, Johann Nepomuk 79–82, 85, 90, 98f
Pennauer, Anton 173, 177
Perikles 74
Perlman, Itzak 136
Pesne, Antoine 116
Peters, Carl Friedrich 217
Pezzl, Johann 47
Phidias 232
Pichler, Caroline 159ff, 163f, 166ff, 170, 172, 206, 238
Pilat, Joseph Anton v. 14
Pinterics, Carl 211f, 226
Platen, August v. Graf 162, 241, 252, 254, 305f
Pöckelhofer, Josephine 292
Pompe, Johanna 140
Pope, Alexander 301
Pyrker v. Felsö-Eör, Johann Ladislaus 208f

Raffael (Raffaello Santi) 152, 232
Raimund, Ferdinand 99, 122
Reichstadt, Herzog von 12, 160, 251
Rellstab, Ludwig 190, 220
Rembold, Ludwig 105
Rembrandt (Rembrandt Harmensz van Rijn) 146

Richter, Ludwig 144
Rieder, Wilhelm 79, 81, 85ff, 89f, 98–102, 106f, 115, 131, 135, 137, 144f
Rizy, Theobald v. 158
Rollett, Hermann 76–79
Romano, Giulio 129
Rommel, Otto 24, 44, 47f
Rossini, Gioacchino 75
Rothschild, Salomon v. 24, 26
Roux, François 147
Rückert, Friedrich 162, 197
Rudolf von Habsburg, römisch-deutscher Kaiser 10

Saint-Aubin, Augustin de 143
Salieri, Antonio 92, 121, 131, 210, 291
Salis-Seewis, Johann Gaudenz v. 190, 194, 228
Sartori, Franz 236
Sauer, August 63
Sanssouci, Anna 236f
Saurau, Franz Joseph Graf 13ff, 63f
Schechner, Nanette 221ff
Schelling, Friedrich Wilhelm Joseph v. 154
Schikaneder, Emanuel 101
Schiller, Friedrich 16, 31, 36, 151f, 154f, 157, 160, 162, 170, 173–177, 179, 182–185, 196ff, 201, 203, 206, 219, 257, 266, 269, 274f, 308
Schimmelmann, Ernst Heinrich Graf von 203
Schindler, Anton 90, 211, 214–224, 226ff, 268, 300
Schlechta, Franz v. 140, 184, 229
Schlegel, August Wilhelm 198
Schlegel, Friedrich 57
Schlik, Elise Gräfin 36
Schlösser, Louis 218
Schmidt von Lübeck, Georg Philipp 200, 202f
Schober, Franz v. 86–89, 103f, 106, 108f, 111, 117, 119–131, 140f, 180, 204, 207, 239ff, 248f, 256, 270, 274, 291, 297, 300
Schober, Sophie 88, 119f
Schönstein, Carl v. 101, 134, 141f, 158f, 291, 294f
Schopenhauer, Arthur 273f, 277, 281, 301, 304
Schröder-Devrient, Wilhelmine 193, 218, 223
Schubart, Christian Friedrich Daniel 229
Schubert, Andreas 108
Schubert, Anna geb. Kleyenböck 252
Schubert, Anton 108
Schubert, Carl 310
Schubert, Elisabeth geb. Vietz 156, 244f, 309ff
Schubert, Ferdinand 102, 214, 267f, 301, 310, 318
Schubert, Franz sen. 156, 212, 243f, 247, 249, 309f
Schubert, Ignaz 156, 310,
Schubert, Maria Theresia 310f

Schulze, Ernst 133, 306
Schumann, Clara 138
Schumann, Robert 95, 214, 233
Schuppanzigh, Ignaz 284
Schwind, Moritz v. 15, 87, 89, 96, 102–106, 108f, 111, 122, 124f, 128ff, 137–145, 265, 294f, 297f
Scott, Walter 161
Sealsfield, Charles (Carl Postl) 12–15, 17, 19, 22f, 29, 36, 38, 48, 53, 58ff, 63–66, 70, 72
Sechter, Simon 318
Sedlnitzky, Joseph Graf 63, 113, 141
Seidl, Johann Gabriel 172, 311
Seligmann, Adalbert 145
Seneca, Lucius Annaeus 289
Senefelder, Aloys 83
Senn, Johann 87f, 112–115, 117, 121, 168, 183, 237
Seydelmann, Carl 51
Seyfried, Ignaz v. 156
Shakespeare, William 95, 129, 148, 152, 158, 248, 269
Shelley, Percy Bysshe 73
Smetana, Augustin 22
Smetana, Rudolf v. 88
Sokrates 148
Sonnleithner, Ignaz 93, 210f
Sonnleithner, Joseph 134
Sonnleithner, Leopold 90, 93, 95f, 101, 188, 207, 210, 290
Sonnleithner, Pauline s. Grabner, Pauline
Sophokles 152
Soret, Friedrich 231ff

Spaun, Joseph v. 87, 90, 96, 102, 111, 120ff, 125, 139ff, 176, 193, 208, 217, 227, 236, 249, 260f, 270, 289, 295
Spaun, Max v. 140, 270
Speidel, Ludwig 284
Spitzweg, Carl 85
Sprat, Thomas 148
Springer, Anton 22–25, 48, 54–57, 59f, 66-69
Stadion, Philipp Graf von 21, 54
Starhemberg, Ernst Rüdiger v. 70
Steiner, Siegmund Anton 219
Sterne, Laurence 152
Stieler, Karl Joseph 100
Stifter, Adalbert 134
Stockhausen, Julius 158
Strauß, Johann d. Ä. 122, 267
Streinsberg, Christian v. 88, 113

Tal/Groethuysen (Duo) 136
Talleyrand, Charles v. Herzog 62
Tasso, Torquato 95, 152
Teltscher, Joseph 130–134, 136, 142, 220, 294f, 298
Theer, Robert 135
Thun und Hohenstein, Graf von 36
Thürheim, Gräfin 65
Thurn und Taxis, Fürst 36
Tieck, Ludwig 129
Traweger, Eduard 79
Turner, William 73

Uhland, Ludwig 114, 197
Umlauff, Johann Carl 199f, 204, 209
Umlauff, Victor 200
Unger, Caroline 291
Uz, Johann Peter 174

Vandamme, Dominique Joseph, Graf von Hüneburg 18
Vetter, Walther 283
Vietz, Elisabeth s. Schubert, Elisabeth
Vogl, Johann Michael 78f, 103, 128, 130f, 138, 140ff, 157–161, 163, 172, 193, 209–214, 270, 293,
Vogl, Kunigunde 141
Voltaire, François Marie Arouet 158
Voß, Johann Heinrich 198

Wagner, Richard 137, 142, 169, 214, 218, 246, 288, 314, 317
Walcher, Ferdinand 172
Waldmüller, Ferdinand 115
Wallis, Joseph Graf 20, 24
Wanderer, Betty 140
Wanner, Leonhard 266f

Watteroth, Anna 140
Watteroth, Heinrich 183, 228
Weber, Carl Maria v. 156, 255
Weigl, Thaddäus 177, 222
Weintridt, Vincenz 14, 105
Wellington, Arthur v. 9
Welser v. Hartmann 120
Werner, Zacharias 71, 202, 206
Wilhelm I., Kurfürst von Hessen 16f
Willemer, Marianne v. 225
Winter, Eduard 32
Witteczek, Joseph Wilhelm 139, 141
Witteczek, Wilhelmine 140
Wolf, Hugo 168
Worzischek (Voříšek), Johann Hugo 283
Wrbna, Graf 70
Wurzbach, Constant v. 22

Zasche, Theo 145
Zauner v. Falpattan, Franz 111
Zechenter, Johann Ignaz 113, 118f, 121
Zelter, Carl Friedrich 89, 168
Zichy, Leopold Graf v. 25
Ziska v. Trocnov, Johann 38

Register: Christine Dieckmann